河南省"十四五"普通高等教育规划教材

第四版

Essentials
of Accounting

# 基 础 会 计 学

编　　著　秦海敏

副 编 著　王金喜　冯银波　苏淑艳

参 编 著　王　敏　阮渝生　朱　琳
　　　　　刘宏洲

南京大学出版社

**图书在版编目(CIP)数据**

基础会计学 / 秦海敏编著. —— 4 版. —— 南京 ：南京大学出版社，2022.3(2022.8 重印)

ISBN 978 - 7 - 305 - 23885 - 7

Ⅰ．①基… Ⅱ．①秦… Ⅲ．①会计学－高等学校－教材 Ⅳ．①F230

中国版本图书馆 CIP 数据核字(2020)第 210334 号

出版发行　南京大学出版社
社　　　址　南京市汉口路 22 号　　　　　邮　　编　210093
出 版 人　金鑫荣
书　　　名　**基础会计学**
编　　著　秦海敏
责任编辑　唐甜甜　　　　　　　　　编辑热线　025 - 83594087
照　　排　南京南琳图文制作有限公司
印　　刷　广东虎彩云印刷有限公司
开　　本　787×1092　1/16　印张 18.5　字数 462 千
版　　次　2022 年 3 月第 4 版　2022 年 8 月第 2 次印刷
ISBN 978 - 7 - 305 - 23885 - 7
定　　价　59.80 元

网址：http://www.njupco.com
官方微博：http://weibo.com/njupco
官方微信号：njupress
销售咨询热线：(025) 83594756

# 致教师

　　会计的发展和创新,离不开会计学的理论与实务研究、人才培养和实践应用。而教材建设一直是专业建设和教学改革的瓶颈。人才培养离不开教师您的心血。

　　基础会计学是所有经济类、管理类专业学生必须掌握的知识。本教材的导入案例将帮助您引领学生带着思考更好地进入课堂教学,并培养学生理论联系实际的能力。有机融入的课程思政元素,将帮助您在传授知识的同时,引导学生树立正确的世界观、价值观和人生观,培养良好的职业道德,切实落实立德树人的根本任务。教材各章后面均配有基本技能训练、本章小结、讨论思考或综合训练题,供您根据教学需要选用。在基础会计学教材百花齐放的时代,我们向您推荐此书,希望为您培养更多的适应经济社会发展的高素质会计人才和其他经济管理人才提供帮助,并感谢您的大力支持和帮助。

编写组

2022 年 1 月

# 致 学 生

"基础会计学"是会计学专业的入门课程,也是经济管理类各专业学生必须学习和掌握的一门重要专业基础课。该课程是会计学科中关于会计基本理论、基本方法和基本技能的一门应用科学,在市场经济中应用极为广泛,具有较强的实用性和可操作性。

本书将向您概括介绍会计的产生与发展,系统地介绍会计对象、会计职能和会计目标,会计核算前提和会计基础、会计信息质量要求、会计要素与会计等式、会计方法等基本概念和会计基本理论,理论结合实际阐述账户与复式记账、填制与审核会计凭证、登记会计账簿、成本计算、财产清查和编制会计报表等会计核算方法和技能,以及借贷记账法的应用和会计组织。帮助您了解会计信息是如何产生的,理解会计信息的用处,商业交易、企业内部管理和决策以及外部利益相关者如何利用会计信息,认识到会计信息质量要求等会计理论和爱岗敬业、诚实守信、客观公正、遵纪守法等会计职业道德并不是孤立存在的,它们隶属于社会主义核心价值观的内容。尽管本书不可能帮您解决会计领域的所有问题,还是相信您认真学习完本书后,会惊喜地发现您将能够:

• 掌握和理解会计基本概念、基本理论和会计核算专门方法,并能熟练应用会计基本操作技能,为今后学习专业课程和将来从事会计及其他经济管理工作打下良好的基础。

• 应用会计基本理论、基本方法和基本技能,对企业基本的交易事项进行会计处理,据以判断企业经营管理和决策的有效性;学会思考如何利用会计信息进行决策,比如企业的存货该如何买进和卖出、赊购赊销对企业的影响等。

• 培养职业敏感性,独立思考企业的经济活动应否作为会计对象进行反映和监督,如何进行会计处理,会计报告项目数据可以反映哪些方面的经营业绩,企业经营管理和决策存在的问题有哪些,如何改进。

• 树立正确的职业价值观,从会计伦理认识到会计工作对国家宏观决策、对单位内部管理和决策以及其他外部会计信息使用者的重要性。认识到提高会计信息质量,提供有用的会计信息,不仅有赖于会计人员的专业胜任能力,还有赖于管理人员及每个普通员工的商业伦理。

"基础会计学"是一门理论性和实践性都很强的课程,在学习过程中,一定要理论联系实际,掌握有效学习方法,提高学习领悟能力。首先,必须明确学习目标,按老师要求的课程内容(含课堂讲授和要求自学的内容)进度,将课本及有关延伸书目的对应内容认真详细地阅读,以便能更好地理解课程内容。其次,要善于对每个单元的学习要点与难点进行归纳与总结,并在此基础上消化与吸收。第三,就是要认真分析和独立思考导入案例、书中例题、拓展延伸练习、基本技能训练等资料,多做练习题,并善于将发现的问题与老师和同学讨论,对每个单元的知识掌握情况进行自测检验,巩固所学内容。每章结束时,应对所学知识点进行总体归纳,以便做到全章乃至全书内容融会贯通,待全部教学内容结束时还要进行系统、综合复习等。

编写组

2022 年 1 月

# 前 言

"基础会计学"是会计学专业的专业基础课,也是经济类与管理类各专业必修的一门重要的学科基础课。该课程主要阐述会计的基本理论、基本方法和基本操作技能,是会计学科体系中的基础课程,是掌握会计知识的入门和关键。为配合21世纪应用型高等院校经管类各专业教学改革的需要,2007年8月,我们根据我国最新颁布的会计准则及其指南,并参考国内外优秀教材,精心编写出版了《基础会计学》这本书,并得到广大读者的厚爱和支持,为不少高等院校和社会读者所选用。2016年2月,根据2014年财政部颁布的最新会计准则、税法、最新会计档案管理办法等相关法规进行修订,出版第三版。之后,又根据2017年11月5日起开始施行的《中华人民共和国会计法》,2017年、2018年、2020年财政部颁布的最新会计准则,财政部关于修订印发2018年度及2019年度一般企业财务报表格式的通知,最新税法等法规多次对第三版进行修改完善。2020年,结合教学中的经验总结,以及广大用户提出的宝贵意见,拟订出版第四版,第四版修订初稿得到教育部组织的评审专家的肯定,获得河南省"十四五"重点规划教材。为使本书内容更加科学、实用,体现河南省教育厅对规划教材的要求,我们组织作者多次修改、不断丰富完善教材内容体系,历时近两年终于将最终书稿交付出版。

在组织修订过程中,我们系统地研究了新时代本科教育的特点和要求,总结了多年教学、科研与实践经验,吸收会计最新研究成果,借鉴国内外同类教材的先进经验,以做到理论与实务并重,专业与思政有机融合,突出应用性,注重知识、能力和素养同时并举、循序渐进。在编写风格上,我们力求理论严谨,实例典型,内容精练系统。

具体来说,教材有如下特点:

1. 通俗易懂、可读性强。会计作为理论性、应用性、实践性和政策性都很强的学科,会计基本理论、基础方法和基本技能的重要性是不言而喻的,会计实务领域基本问题和复杂问题的解决都离不开会计理论的指导。但基本概念、理论和方法又是枯燥的,本书作为会计学习的入门教材,主要内容要与后续课程相衔接,涉及的会计基础知识及有关经济管理知识较为宽泛,很多知识点对初学者而言,抽象难懂,在会计教学实践中,不少教师和学生反映"难教"、"难学"。为便于学生理解和掌握,本书力求通过对基本概念和基本原理的辨析式阐述,结合案例和实际经济业务,循序渐进、深入浅出、简明扼要地表达;随着学生知识的增加和理解能力的提升,逐步提高这些概念和相关理论的应用难度,逐渐实现高阶性。

2. 实用性和可操作性强。社会经济发展,以及人工智能、区块链技术在经济管理中的渗透,使得社会对会计及其他经管人员会计分析与决策能力的要求越来越高,本书突出时代性、实用性和可操作性,坚持核算与管理并重。每章紧密联系会计实践,提炼本土真实案例或加工典型案例,通过案例分析、实例、基本技能训练及综合练习等,让学生明晰会计信息生成原理及过程,在熟练进行会计处理的同时,能从管理视角分析问题,并逐步加深理解会计人员遵守准则、诚实守信、客观公正等职业操守对保证会计信息质量的作用,达成知识掌握、能力进阶和素养提升的教学目标。

3. 注重引导学生思考和培养学生学习领悟能力。每章首均有学习目标、导入案例,帮助学生在学习各章内容之前,理解和把握学习要点。在具体阐述相关内容时,结合案例和问题讨论,启发学生思考、拓展学习,如阐述利润会计要素时,结合河南郑州等地遭遇"百年不遇"的"720"极端特大水灾,多家企业捐赠抗洪救灾业务,既让学生思考日常活动和非日常活动的会计处理区别,又促使学生思考社会责任问题。每章后均配有小结和延伸阅读书目,与内容提要遥相呼应,既便于教师组织讨论,又加深学生印象,同时有利于培养学生的学习能力。

4. 体系、内容和形式上注重创新。在继承的基础上,本书以会计核算方法为主线,以理论联系实际的方式系统地阐述了会计的基本理论知识、基本方法和基本技能,并着重加强了章节内容间的联系,使全书逻辑、体系更加合理,有助于读者把握各部分内容之间的关系。在内容上,注重会计学科发展时代要求和学术前沿动态,紧密结合最新会计准则及有关法规和会计实务变化,力求基本概念阐述科学、严谨、全面,比如有关权责发生制的概念,目前基础会计学教材几乎都是从收入和费用角度定义,而权责发生制作为会计核算基础,应该也是解决资产、负债归属期的规则。在形式上,有机融入拓展练习、小练习等,利用二维码等提供学生自我学习的相关法规和知识。修订后的教材第四版体现了教材的科学性和先进性,体系逻辑性更强,内容安排更为合理,相关概念更加严谨,形式更为丰富。

本书共分四篇十章。第一篇会计基础理论,第一章、第二章介绍了会计的基本理论知识;第二篇会计核算方法(上),第三章、第四章介绍了账户和复式记账原理及其应用,阐述了会计循环;第三篇会计核算方法(下),从第五章至第八章介绍了会计凭证、会计账簿和会计报表等基本会计核算方法及其操作技能;第四篇会计组织,第九章、第十章介绍了会计处理组织程序和会计工作组织。

本书由河南工业大学秦海敏担任主编著,秦海敏负责第一章、第二章;冯银波(河南工业大学)负责第三章、第六章;苏淑艳(河南工业大学)负责第八章、第九章、第四章第七节;王金喜(河南工业大学)负责第四章导入案例、第一节、第二节、第三节、基本技能训练、本章小结及综合练习、本书参考文献;阮渝生(河南工业大学)负责第四章第四节、第五节、第六节;王敏(河南工业大学)负责第五章;刘宏洲(河南工业大学)负责第七章;朱琳(河南工业大学)负责第十章;秦海敏和冯银波共同拟定本书大纲,秦海敏总纂定稿。

本书既可作为高等院校经济类及管理类专业教材用书,也可作为财会及其他经济管理领域等会计、经济实务工作者系统学习会计基础知识的参考书,也可供企业会计培训学习使用。在本书编写过程中,我们参考了国内外大量的文献,本书案例一部分由作者根据会计实践提炼而来,一部分摘自于公开出版的文献和网上资料,并在引用中加以提炼,文中一一注明出处,在此谨向有关作者和出版单位表示最诚挚的感谢。同时感谢第一版的参编人员程晓娟、第三版参编人员张韶华等,为本书质量的不断提高奠定了基础,感谢河南工业大学基础会计学课程组教师为本书的修订提供了宝贵的建议,感谢李天才的审核校对。我们还要特别感谢对于本书的出版高度重视并给予大力帮助的南京大学出版社。同时,河南省教育厅、河南工业大学十分重视和支持教材建设,在此我们对有关部门领导和相关人员深表谢意!

　　书中存在问题和不足之处,恳请广大读者批评指正,以便再版或重印时修改完善。

编写组

**2022 年 1 月**

# 目　录

## 第三篇 会计核算方法(下)
### ——会计核算基本操作技能

## 第四篇 会计组织

# 第一篇　会计基础理论

# 第一章　总　论

>>> **知识掌握**

① 了解会计的起源及发展;

② 理解会计的含义、会计对象、会计职能和会计目标;

③ 明确会计核算基本前提与核算基础;

④ 把握会计信息质量要求;

⑤ 初步熟悉会计核算方法的种类及其相互关系。

>>> **能力进阶**

① 具备应用会计基本理论、会计方法初步分析会计领域社会现象的能力;

② 具有初步辨析会计信息质量要求与会计职业道德的关联度的能力。

>>> **素养提升**

① 感受中华文明博大精深,增强会计文化自信;

② 培养职业敏感性,树立职业认同感,牢固树立爱岗敬业、诚实守信、客观公正、刻苦钻研的职业道德观念;

③ 具有终生学习意识,培养学习领悟能力。

## 导入案例

　　很久以前,欧洲某地住着一个农场主汤姆。某一年春天来临时,他赶紧叫来艾维和夫瑞两个雇农。

　　汤姆对两个人说道:"艾维,你耕种 20 英亩的那块土地,夫瑞耕种 10 英亩的那块。我会给艾维 20 蒲式耳小麦种子和 20 磅肥料,20 磅肥料可相当于 2 蒲式耳小麦,夫瑞会有 10 蒲式耳小麦种子和 10 磅肥料。我给你们每人一头牛来耕地,不过,你们要从工匠多尔处买犁。这两头牛,都只有 3 岁大,还没有耕过地,它们应该有 10 年的时光用于耕地,所以,照料好这两头牛,记住每头牛价值 40 蒲式耳小麦。"

　　转眼,秋季收获之后,艾维和夫瑞回来了。艾维说:"主人,我带来了一头只使用过几次的牛,还有一把不能再用的犁以及 223 蒲式耳小麦。但,今年春天从多尔处买犁的时候欠了他 3 蒲式耳小麦,还没有还给他。另外,我用完了全部种子和肥料。主人您也许记得,你已从我收获的小麦里取走了 20 蒲式耳小麦留给自己用。"

　　接下来,夫瑞说:"这是我用过的牛和犁。为了得到犁,我从收获的 105 蒲式耳小麦里拿出 3 蒲式耳小麦给了多尔。我也用完了全部种子和肥料。主人,您前几天也从我那里取走了 20 蒲式耳小麦。我相信这把犁还可以再用两个季节。"

"你们干得不错。"汤姆说道。两个农民带着汤姆的赏赐，道谢后离开了。他们离开后，汤姆想：他们干得不错，但哪一个做得更好一些呢？哪个农场经营状况和业绩更好呢？

我们思考一下，汤姆要作出判断是不是需要根据上述艾维和夫瑞上报的信息？显然需要，艾维和夫瑞将各自经营的农场的经营活动记录和计量下来，并报告给汤姆的行为，就是会计最基本职能。

假设你是会计分析师，如何找出汤姆想得到的答案呢？这就需要利用会计提供的数据信息，了解以下主要问题：① 在这个经营期间两个农场的收入、费用是多少，利润多少？在一定期间，特定主体从日常的生产经营活动中获得的经济利益的总流入，会计上称为收入。费用是为获取收入发生的经济利益的总流出或所付出的代价，收入大于费用，企业获得利润，收入小于费用，则企业发生亏损。收入、费用和利润是反映特定企业经营成果的基本要素，是利润表的基本架构。② 经营期结束后，有关两块土地的资产、负债和业主权益的数据信息。任何单位开展经营活动，都需要一定的资产，如银行存款、厂房、机器设备、原材料等。购置资产所需要的资金，首先是由投资人投入，比如这两块土地，以及种子、肥料和耕牛都是由汤姆投入的，汤姆作为投资人向农场投入资产的目的就是赚取收入和利润，对农场享有所有权，会计上把投资人在被投资单位应享有的权益称为所有者权益。所有者投入的资金不能满足经营需要的时候，就需要举债经营，比如，向银行借款、赊购设备和材料等，一方面带来资产的增加，另一方面导致负债的增加，负债需要向债权人偿还本金和利息。资产、负债和所有者权益是反映特定经济主体在某一时点财务状况的基本要素，是资产负债表的基本架构。③ 艾维和夫瑞的业务行为或经营决策对农场今后经营的影响等问题。以上这些问题都需要会计学来解释。本书将帮助你理解收入、费用、利润、资产、负债和所有者权益等方面的会计信息是如何生成和报告的，以及有关的会计基本理论、基本方法和基本技能，理解和解释会计信息内在的含义和作用。（请上巨潮网搜集一家上市公司的利润表和资产负债表，初步辨识这两大会计报表的基本要素及其结构）

了解了上述几个方面的基本情况，经过比较分析，你才能够帮助汤姆作出判断。学完本章内容之后你应该可以做好以下工作：① 把艾维和夫瑞经营农场所得收入和发生的费用以及利润计算出来，编报简化的利润表。② 把艾维和夫瑞经营农场期初和期末的资产、负债和所有者权益计算出来，编制简化的资产负债表。③ 能够应用基本的会计知识判断哪个农场经营得更好，评价艾维和夫瑞哪个干得更好，哪些做法是值得肯定的。④ 能描述"蒲式耳"计量单位的作用，理解汤姆为什么要告诉农民"20磅肥料可相当于2蒲式耳小麦"。⑤ 能够理解如果艾维、夫瑞在劳动之余附带进行的会计记录，没有如实反映农场的经济活动，违背了诚实守信的基本职业道德，对农场主汤姆接下来的经营和投资决策会带来的影响。

参考资料：该案例参考 Robert N. Anthony, David F. Hawkins & Kenneth A. Merchant. Accounting:Text & Cases. 11 edition. McGraw Hill, 2004;Case Baron Coburg，经整理而成。

# 第一节　会计的含义

在当今的经济社会,我们对"会计"并不陌生,诸如会计工作、会计部门、会计人员、会计学专业等有关会计的词汇,在我们的日常生活中经常出现。在实际工作中,每个员工或多或少会与会计打交道,比如工资的结算、发放和个人所得税的代扣代缴,以及出差借款和报销差旅费等都要通过会计部门。每个员工和部门进行的经济活动及其绩效信息,都要由会计反映出来。比如,上网查阅宇通客车(600066)发布的 2020 年度会计报告,可以看到宇通公司当年实现营业收入 217.05 亿元,这项数据反映的就是宇通所研发生产产品的市场竞争力以及营销等部门的业绩等信息。经常阅读经济报道、关注股票市场或从事经营管理的人,都能意识到看懂会计信息对正确决策日益重要,想了解有关企业在某一特定日期的财务状况、一定期间的经营业绩等会计信息,熟悉营业收入、毛利、净利润、资产、负债、股东权益、每股收益、每股净资产等会计基本概念。

几乎所有的单位——无论是作为营利组织的企业还是非营利组织大都设有会计部门、配备会计人员。这里所说的单位,是国家机关、社会团体、企业、事业单位和其他组织的统称。按单位的组织形式(单位存在的形态和类型),我们通常把单位区分为非营利组织和营利组织。非营利性组织是指以公众服务为宗旨、不以营利为目的的单位。比如,财政部门等政府机关、学校等事业单位,不是为营利而存在,就属于非营利组织。营利组织是指以营利为目的的经济组织,通常称为企业。企业运用土地、劳动力、设备、资本、技术和企业家才能等各种生产要素向社会提供产品或服务,实行自主经营、自负盈亏、独立核算。校园内的超市,要追求利润,就属于营利组织,即企业。

本书主要以企业为特定经济主体,介绍会计的基础理论知识、基本方法和基本技能。为更好地理解会计的含义及会计在企业中的作用,我们先讨论企业的组织形式。

## 一、企业的组织形式

企业通常包括服务型企业(向客户提供服务)、商业型企业(向客户销售的是从其他企业购买的商品)和制造型企业(向客户销售自身生产的产品)等类型。无论企业经营何种商品、提供何种服务、规模大小如何,都要依法设立,在工商管理部门注册登记,在工商管理部门注册的资金,通常称为注册资本,由投资者(也称为所有者、股东、业主)投入。企业作为依法设立的经济单位,应当在法律许可的范围内开展经营活动,自主经营,自负盈亏,独立核算,自我约束和自我发展,通过对社会提供商品和服务,在满足社会需要的同时,获得自身利益。企业按照所有权形式和承担责任不同,分为个人独资企业、合伙企业和公司制企业三种组织形式。

### (一) 个人独资企业

个人独资企业是指由一个自然人投资并承担无限责任的企业。通常所有者也是企业的管理者,自负盈亏,独享利润。所谓无限责任,是指所有者以其个人财产对企业债务承担连带责任,当企业的全部财产不足以清偿企业债务时,债权人有权要求企业的所有者以个人财产来清偿。小型零售商店等小微企业通常为个人独资企业。一般情况下,个人独资企业的生产经营、投融资等方面的会计信息,比如原材料、商品或服务成本,设备、租金、借款以及收入、费用和利润等情况,均不需要向社会披露,一般人也无法获取这些信息。

**(二)合伙企业**

合伙企业是由两个或两个以上投资者共同出资、共同拥有、共同经营的企业。合伙企业又分为普通合伙企业和有限合伙企业,普通合伙企业的合伙人对合伙企业债务承担无限连带责任。有限合伙企业是由普通合伙人和有限合伙人组成,普通合伙人负责合伙的经营管理,对合伙企业的债务承担无限连带责任;有限合伙人不执行合伙事务,仅以其认缴的出资额为限对合伙企业债务承担责任。也就是说,当有限合伙企业的全部财产不足以清偿到期债务的,尚未清偿的债务由普通合伙人承担无限连带责任。许多零售企业、会计师事务所、律师事务所采用合伙企业形式。

合伙制企业和个人独资企业都不需要缴纳企业所得税,投资者获得的企业生产经营所得应当由其个人作为纳税主体申报缴纳个人所得税。

**(三)公司制企业**

公司制企业简称公司,是一个独立的法人经济实体,在法律上和财产上均独立于公司所有者,公司的财产称为法人财产。公司又分为股份有限公司和有限责任公司。股份有限公司将注册资本划分为股份,每股金额相等,股东按认购的股份享有公司所有权。大家熟悉的宇通客车、格力电器等上市公司,就属于股份有限公司。有限责任公司的注册资本则不划分为股份,股东按认缴的出资额享有公司所有权。公司的显著特征是:公司以其全部资产对债务承担责任,股东则以其出资额为限对公司债务承担有限责任,换言之,股东个人的资产不受公司债权人的追索,减少了所有者的风险。另外,股东所有权可以依法转让,但不能擅自抽回资本,除非公司减少资本或解散。公司是以自身名义从事经营活动,而不是以所有者的名义经营,所有者也不会因公司的非法行为被起诉,管理者对公司的行为负责。公司经营所得需要缴纳企业所得税,股东取得现金红利后,还要再次按个人所得缴纳个人所得税,从所有者角度看,他们要为同一笔收益缴纳两次所得税。

不管企业组织形式如何,必然要根据面临的内外部环境制定企业战略,明确企业是干什么的、应该有什么目标、如何采取有效策略实现目标,思考企业应该做什么(投资决策),从哪种渠道和采用何种方式解决所需要的资金(筹资决策),如何开展经营活动实现企业目标(经营决策),这些都需要会计及时提供相关和可靠的会计信息,为战略决策、财务决策和业务决策提供支持。当然,企业决策不仅需要掌握自身经济活动的信息,还需要掌握外部有利害关系方的会计信息,任何企业都需要编报财务会计报告,向外部利益相关者提供会计信息。

## 二、会计的产生和发展

会计是基于社会生产发展和经济管理的客观需要产生和发展的。物质资料的生产经营是人类社会赖以生存和发展的基础,要使生产经营活动合理有效,以尽可能少的投入生产尽可能多的物质财富,就要加强经济管理,比较"所得"与"所费",客观上需要反映劳动耗费与劳动成果,计量、记录、计算、比较分析和考核经济活动过程及结果。人类社会的早期,生产力水平低下,劳动产品所剩无几,人们仅靠大脑记忆和计算即可满足需要。随着社会生产力的发展,出现了剩余产品,为了满足对生产和生活进行管理的客观需要,人们就有了结绳记事、刻石或刻木计数等计量和记录行为,标志着会计的萌芽。早期的会计活动只是生产职能的附带部分,在生产活动之外附带把收入、支出情况记录下来。随着社会生产活动的发展,会计逐渐从生产职能中分离出来,形成独立的职能,成为由专职会计人员从事的一项经济管理工作。一般认为,会计产生和发展历史可以划分为古代会计、近代会计和现代会计三个阶段。

**(一)古代会计阶段**

古代会计的起始时间至今尚无定论,一般认为古代会计是指原始社会末期或奴隶社会至封建社会末期这一时期的会计。其主要标志是:以实物和货币作为主要计量单位,以官厅会计为主,采用单式记账法,会计名词产生,会计专职人员和独立的管理职能逐步出现。

中国是世界文明古国之一,会计有着悠久的发展历史,中国古代会计在世界发展史上曾一度处于领先地位,并为世界会计的发展作出了杰出贡献。

远在伏羲时期就有结绳记事以及在树木、石头或龟甲上刻记符号记事等最初的会计手段,标志着会计萌芽的产生。到了原始社会末期,出现了书契计量,即用象形文字、原始数码刻记等方式对生产过程和结果进行简单登记和计量。河南安阳殷墟出土的大量甲骨卜辞中,出现按时间、地点、种类和数量记录出猎收获的事项,用"毕"和"获"表示收入,用"卯"和"埋"表示支出。

西周王朝(公元前 1046 年至公元前 771 年)建立了官厅会计,设置了严密的财计组织,设立"司会"官职专门管理全国钱粮赋税,掌管王朝之计政,定期对周王朝的收入、支出进行核对和考察,司会下设司书、职岁、职币负责账簿记录,对王朝的赋税征收、财物收入、支出等情况进行"月计岁会",并进行核查和监督。《周礼·天官》记载:司会"掌国之官府、郊野、县都之百物财用,凡在书契版图者之贰,以逆群吏之治,而听其会。以参互考日成,以月要考月成,以岁会考岁成,以周知四国之治,以诏王及冢宰废置。"司会掌管官府等行政机构财物的使用,负责保管书契副本,听取和考察地方各级官府的会计报告,根据书契副本及各级官府报送上来的日成(旬报)、月要(月报)和岁会(年报),盘其是否真实可靠,据以考核各级官府的政绩,再由周王和冢宰据以赏罚。就目前考证,《周礼·天官》中首次出现"会计"一词,清代学者焦循在《孟子正义》中,对西周时期"会计"的意义进行了解释:"零星算之为计,总合算之为会。"西周时期会计工作已经步入规范化、制度化,官厅会计的"财政收支分离、账物分管、审计独立监督"等会计思想,体现了"内部牵制"先进的会计管制思想,渗透政治经济管理领域,当时的记账、结账以及会计报告等会计技术方法对会计的发展作出了突出贡献,在古代世界会计文明中一度领先。美国会计史学家查特菲尔特教授依据《周礼》的内容得出"在内部控制、预算和审计程序等方面,中国周代在古代世界是无与伦比的"之结论。

春秋时期,孔子提出了早期的会计原则。《孟子》记载"孔子尝为委吏矣,曰:'会计当而已矣'",体现了"遵循财制,会计账目要明晰正确"的会计思想。春秋战国末期,开始使用"入"和"出"作为会计记账符号,成立了用于会计记录的"簿书"来反映收支事项。

秦朝时期,全国统一了度量衡,为货币逐渐成为会计的主要计量单位奠定了基础,而且在法律《效律》中严格规定了会计人员必须廉洁奉公,做到账实相符、记载正确和计算无误等要求。秦汉时期发展和确立了"三柱结算法",以"入""出"为记账符号,以"入-出=余"为结算基本公式,反映当期财物增减变化及其结果,也称为"入出(或收付)记账法",形成会计凭证、会计账簿、会计报告、财务保管和盘点等较为完备的会计制度。

唐宋时代也是我国会计发展的辉煌时期,出现了"四柱清册"结算法,也称"四柱结算法"。所谓"四柱",即旧管(期初结存)、新收(本期收入)、开除(本期支出)、实在(期末结存)。通过

"旧管＋新收－开除 ＝ 实在"之间的平衡关系进行结账,既可检查日常记录的正确性,又可分类汇总日常会计记录。"四柱清册"结算法奠定了当今世界通用的账户结算余额原理,也体现了中式会计收付记账法的基本原理,是中式会计方法的精髓,"四柱清册"结算法的完善与普及为我国由单式记账发展到复式记账奠定了基础,也为我国会计分析方法的产生创造了基本条件,是世界会计发展史上的重要成果。中国收付记账法最早传入国外,是唐代贞观末年(公元649年)传入日本。同时,唐宋时期在会计立法上日趋完善,会计制度规定了严厉处罚的条例,规定了会计报告的格式等要求,设立了专职的设计及机构——比部,到了南宋,出现了以"审计司"命名的审计机构。唐宋时期的会计位于当时世界最先进水平,对世界会计的发展发挥了重要作用。

在国外,大约4000年以前,巴比伦人就开始在金属或瓦片上记录商业交易;美索不达米亚人在泥版上用楔形文字记录神殿的财物收支和不动产等多类交易事项,出现文字记录的会计文明。据马克思考证:"在远古的印度公社中,已经有一个农业记账员,在那里,簿记已经独立为一个公社的专职。由于这种分工,节约了时间、劳力和开支。"公元前200年,在罗马的国家档案中已经有将政府收入、支出分设项目和在政府中设有会计官员的记载。从13世纪到15世纪,地中海沿岸某些城市的商业和手工业兴旺发达,经济繁荣,会计也随之迅速发展,在佛罗伦萨德银行账簿中,首先出现了"借主""贷主"项目,分别登记债权债务,成为"借贷记账法"中"借""贷"记账符号的基础。14世纪初,在热那亚,账簿记录得到进一步发展,除记录债权、债务外,还记录商品、现金等项目,并采用左右对照形式进行记录。15世纪初,威尼斯商人又将簿记的记录内容扩展到损益与资本,为借贷记账法奠定了基础。

### (二) 近代会计阶段

关于近代会计阶段,较多人认为是从15世纪末期到20世纪50年代初期。近代会计以借贷复式记账法、复式收付记账法的产生和应用,并注重成本及财务收支核算为主要标志。

1096~1291年,十字军东征沟通了中西方经济贸易往来,使得地中海沿岸商业经济空前发展。13世纪前后,意大利沿海城市佛罗伦萨等地金融业得以发展,管理上对会计记录提出了新要求,对每笔交易事项都要在有关账户中做相互联系的记录,即复式记账。1494年,意大利数学家卢卡·帕乔利(或译为卢卡·巴其阿勒,Luca Pacioli)出版《算术、几何、比及比例概要》一书,在"计算与记录详论"("簿记论")部分系统总结了威尼斯复式记账法,并对借贷复式记账法进行了详细介绍,使复式簿记方法在世界各国迅速传播和发展,确立了借贷复式记账法的地位,标志着近代会计的产生,也为会计理论体系研究和建立奠定了基础,是近代会计发展史上的第一个里程碑,卢卡·帕乔利也因此被誉为现代会计的奠基人。

其后,随着工业革命的高涨,尤其股份公司的不断出现,所有权与经营权分离,企业的股东和债权人加大了对会计信息的需求,迫切要求企业定期提供有关企业财务状况和经营成果的财务报表,并要求由第三方对企业提供的财务报表进行审查,客观上需要一套与之相适应的会计原则。于是,形成了以对外提供财务信息为主的财务会计,并催生了以"查账"为职业的执业会计师。1853年在苏格兰成立第一个会计师职业团体——爱丁堡会计师公会,1854年其会员获得皇家特许状认可的"特许会计师",这是近代会计发展史上的第二个里程碑。同时,企业主基于对利润的关心,非常注重对财务收支的核算,倍加重视生产过程中费用成本的核算,成本会计应运而生,会计理论、方法和技术等方面也都得到较快发展。

在中国,明朝的会计已开始以货币作为主要的计量单位。明末清初,民间商业组织为改善商业经营管理,开始建立和发展复式记账方法,其标志是民间商业所设计的较为严密、能够满足盈亏核算的"龙门账",该记账方法把全部账目划分为"进"(各项收入)、"缴"(各项费用)、"存"(各项资产)、"该"(各项资本和负债)四类,按照"有来必有去,来去必相等"记录反映各类交易事项,以"进－缴＝存－该"为会计试算平衡等式,钩稽全部账目的正误,采用双轨制核算盈亏,分别编制"进缴表"(类似利润表)和"存该表"(类似资产负债表)确认盈亏情况,进大于缴的差额为盈余额,进小于缴的差额为亏损额,如果"进－缴"之差与"存－该"之差相等称为"合龙门"(表明一般无差错,如果两者不等则表明记账有差错)。龙门账的记账程序为:首先在流水账(相当于日记账)中详细记录交易事项,再按期根据流水账登记的金额汇总入誊清账(分类账),期末结出"进"、"缴"、"存"、"该"各类账户的发生额和余额,根据"进"、"缴"账户发生额编制"进缴表",根据"存"、"该"账户余额编制"存该表",两表计算的差额结果相等则为合龙门,现代会计的利润表和资产负债表仍然保持这一钩稽关系。其关系如图 1－1 所示:

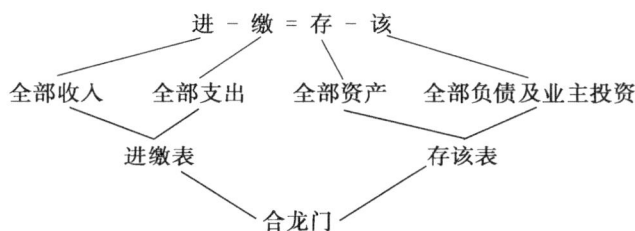

图 1－1 "龙门账"示意图

随着商品经济的进一步发展,清代又出现了一种比较成熟的"四脚账"复式记账方法,包括以现金为主体和现金与转账会计事项并重的两种记录法则。现金与转账会计事项并重的记录法则,是在"龙门账"的基础上加以改进而成,要求现金出纳、商品购销、内外往来等所有经济业务的会计处理,都要在账簿上记录两笔,在账簿上都要既登记"来账",又登记"去账",一律遵循"有来必有去,来去必相等"的记账规则,以反映同一账项的来龙去脉,这与借贷复式簿记有异曲同工之处。"龙门账"和"四脚账"的产生标志着中式会计由单式记账法转变为复式记账法。

清末,蔡锡勇认为发展产业,非改良会计不可,1905 年其所著《连环账谱》由湖北官书局出版,这部专著未使用"借、贷"作为记账符号,而是参照意大利借贷复式簿记原理,吸收中国传统收付账法之精华,列举实例,设计了一套账簿体系,对复式记账原理、账簿组织、记账程序、账簿总结等进行了全面系统的阐述。指出"连环账谱创自意大利国,欧美两洲经商者无不效之,其妙处在一收一付,一该一存,凡货物出入,经我手者,必有来历去处。我该即彼存,彼该即我存;我收即彼付,彼收即我付……",对我国原有会计思想的改良和借贷记账法的引进产生了深刻影响。1907 年,留学日本谢霖与孟森合著的《银行簿记学》在中国、日本两国同时出版发行,首次将借、贷这对记账符号及其借方与贷方的明确意义引入中国,使中国会计界人士开始对借贷记账法有明确的了解。谢霖还运用借贷复式记账原理和中国实际情况相结合,为大清银行设计了一整套会计制度。

近代会计的特点表现在:以货币为主要计量单位,以企业会计为主,采用复式记账法进行核算,形成了一套比较完整的会计核算方法。

### （三）现代会计阶段

现代会计阶段是指从 20 世纪 50 年代至今,其重要标志主要体现在:形成财务会计和管理会计两大分支、信息技术在会计行业逐步渗透、会计理论逐渐形成、会计规范逐渐国际化。

19 世纪,随着社会经济和科学技术的进步,以及 F. W·泰勒的科学管理的应用与推广,企业经营管理对内部会计信息的需求逐渐增多,19 世纪末,标准成本、预算控制和差异分析等技术方法引入会计体系,管理会计得到进一步发展。第二次世界大战后,特别是 20 世纪 50 年代以来,科学技术飞速发展,跨国公司大量涌现,企业规模扩大,生产经营日益复杂,企业市场竞争加剧,现代管理科学的"管理的重心在经营、经营的重心在决策"理论的应用,客观上要求会计工作向生产经营技术领域及决策支持方面渗透,企业管理不仅要求会计人员及时按照会计准则等法规计量和反映经济活动,更需要的是要预测企业未来的生产经营和市场行情、分析与控制经营活动、进行业绩评价,为决策提供支持,会计与经营管理活动的结合越来越紧密。这样,就促使会计的重心转向服务企业内部管理,系统论、控制论、运筹学、行为科学、数理统计与电子计算机技术等交叉融合,越来越广泛地应用于预测、决策、协调与控制、经营分析、业绩评价等会计领域,引发会计的深刻变化,会计分化为财务会计和管理会计两大分支。财务会计需要根据公认会计准则,向外部利益关系者报告单位的财务状况、经营成果和现金流量等信息,又称对外会计。管理会计是灵活及时地为企业内部管理和决策提供会计信息。同时,会计信息处理手段从手工操作逐渐电算化,1946 年在美国诞生了第一台电子计算机,1953 年便在会计中得到初步应用,工作效率和质量大大提高。管理会计的产生和电子会计信息系统的出现是会计发展史上的又一个里程碑。现代会计阶段,会计理论研究与实务也得到进一步发展,会计准则开始实质性国际趋同,会计规范逐步国际化。

经济越发展,会计越重要。随着社会经济的发展,会计的内涵和外延都在不断地丰富和发展。数字经济的不断发展以及大数据、人工智能、移动互联网、云计算、物联网和区块链等新技术在会计行业的深度应用,经济管理对数据信息的存储、处理及大数据分析与决策支持等方面法规对会计管理提出了更高要求,企业财税管融合日益密切,会计在日常经济管理和决策支持等方面将发挥日益重要的作用。

## 三、会计的含义

作为会计知识的初学者来说,你可能急于想知道会计究竟是干什么的? 会计的价值何在? 为什么不准备从事会计职业的人也需要学习会计知识?

我们在日常生活中需要做出各种各样的决策,并且希望自己所做出的决策是正确的。比如,高中毕业后,你决定是创立一个企业还是打工或是接受高等教育,是选择会计学专业还是市场营销专业或者其他专业,这就需要收集相关信息进行分析之后再做决定。通常一项决策越重要,对信息的需求就越强烈。决策的正确性不仅取决于是否占有充分而真实可靠的信息,而且还取决于决策者自身的决策能力,即作出正确决策应具有备的基本知识、能力和素养。

如果你是一个公司的股东,你是否需要了解该公司过去和现在做得怎么样? 拥有哪些资源? 承担哪些义务? 经营成果如何? 是不是需要了解该公司的发展前景?

如果有人找你借钱,你是不是要考虑他能不能按期还你? 假设你是一个公司的债权人,你如何判断它的偿债能力? 是否需要获取该公司的相关信息?

如果你需要这些信息,你将通过什么方式获取? 诚然,为解决上述决策问题,就需要会计信息予以支持,你需要去查阅他们的财务报表。会计信息,是会计采用专门的技术和方法,完整、系统地对特定经济主体的经济活动进行分类、确认、计量、记录、分析、汇总和解释,形成反映财务状况、经营成果和现金流量等情况的商业语言,以会计报告方式提供给内外部会计信息使用者。会计人员还会进一步分析财务数据,为内部管理和决策提供建议。经济主体包括企业、行政事业单位、其他组织以及国家。

作为公司的投资人、债权人,要了解公司过去做了什么和正在做什么,将来前景如何,以作出正确决策,如果没有会计人员的确认、计量、记录和报告来传递相关信息,不仅外部的经济利益相关者知之甚少,就是单位内部的管理层也无法恰当地掌握其财务状况、经营成果和现金流量等会计信息。在市场经济社会,不论制度的建立、市场的运行或者企业的经营,都离不开与决策相关的经济信息,其中最重要、最全面的经济信息就是由会计提供的。在竞争激烈的背景下,缺少信息支撑的决策,是无法满足高水平经济管理要求的。如果一个单位或组织没有会计信息,不仅外部的经济利益相关者对该主体的情况知之甚少,就是内部管理部门和决策部门对这些信息也难以准确把握,导致管理和决策缺乏信息基础和依据。

就企业而言,成功与否,并不是所有的活动都处于重要的地位,管理者必须判断哪些活动能使企业获得并保持竞争优势。经营管理人员为了使企业在激烈的市场竞争中立于不败之地,必须随时掌握必要的会计信息,如:实现的利润,当前的现金存量,所实现收入带来的现金流与顾客所欠货款,每月、每季、每年销售数额的增减变动及所销商品的成本(零售和批发企业甚至需要销货日报表),定期计划的产品收入与成本及其实际的出入情况,原材料及库存商品存量及周转情况,应付账款多少,当前产品所处的生命周期阶段等。面对需求的变化,还需要决定是制造产品还是提供服务、是否需要调整战略部署,就需要进一步了解顾客需求、这些产品或服务生命周期的长短,确认整个价值链上产品或服务生产周期的收入、费用及现金流等。管理者利用会计信息,可以及时根据市场变化和管理需求进行决策。

## ➤ 知识拓展

简言之,企业内部价值链是使企业的产品或服务创造价值的一系列经营活动。最基本活动包括:研究与开发新产品、服务或流程构想等,产品、服务或业务流程设计、生产作业(协调和配置资源以制造产品或提供服务)、市场和营销(让客户或潜在客户了解产品或服务的特点及价值)、配送、客户服务、支持性职能(为其他业务职能部门提供支持活动,例如会计与财务人员)等,会计人员在整个价值链管理中起着至关重要的作用,相对于价值链的其他经营活动,会计人员的工作涉及各项经济活动。在产品或服务研发和设计阶段,就需要提供预计产品或服务生命周期内的收入、成本费用、现金流量等资料。在设备及材料、商品采购阶段,可以在签约前快速向管理人员反馈如何降低成本、获取商业信用、选择有利的货款结算方式等,提供建议。生产作业阶段,可以帮助跟踪持续改进生产作业方案的实施及成果,反馈和协调资源的配置,通过作业成本核算反映、分析和提供每种产品的盈利状况,帮助使用者分析自己的每项作业或服务的成本是否具有竞争力,改善资源的规划和使用。市场营销和客户服务阶段,要提供产品或服务的成本和收益平衡点、促销成本、客户服务成本等。会计人员不仅要参与整个经济活动的计划与控制,制定计划和预算,还要提供财务会计报告、预算与业绩报告等,帮助各部门了解企业整体的财务状况、经营成果和现金流量、预算完成情况等信息,做好激励安排、改进方案和下一步的决策。会计在企业管理中的作用还有很多,在你以后的学习和工作中逐步认识。

会计信息是进行经营管理和决策的基础和依据。掌握恰当的会计信息，可以让决策者作出更好、更明智的选择。高质量的会计信息是正确决策的保障，会计人员要提供高质量的会计信息，就必须具备专业胜任能力，保持应有会计专业知识、技能和职业价值观。其他经济管理者要清楚会计的工作内容、职能、目标和作用，以更好地获得会计支持，有效发挥会计作用，并利用会计信息解决经营管理和决策中的实际问题，就必须掌握一定的会计知识和技能，就必须看懂财务报表和会计分析报告，明白这些会计信息为什么对决策和经营管理有用。同时，对我们个人来说，掌握会计知识能够给我们带来更好的职业发展机会。

请阅读以下决策问题：

（1）如果公司购买原材料，需要购买多少？

（2）请公司董事会讨论：是否应该给股东增加现金股利？

（3）公司的某种产品既可以直接对外出售，也可以进一步深加工，应选择哪种方案？

（4）拥有的某项新技术是否要开发投产？

（5）假设你以前购买了某公司的股票，现在是继续持有还是应该卖掉？

（6）假设你是一名银行信贷管理人员，你应否发放 A 公司申请的贷款？

（7）假设你有 100 万元现金，正考虑是购买格力还是海尔的股票，如何决定？

（8）如果你是税务部门管理人员，如何判断某家企业的纳税申报是否真实？

在经营环境日趋复杂的情况下，会计信息对经营管理和决策起着极其重要的作用。就企业而言，内部各级管理人员及普通员工负责企业的日常经营活动，需要会计及时提供相关、可靠的经营活动信息，如要决定购买多少原材料，就需要通过财务会计报告了解原材料存量，分析原材料的周转情况，同时也需要利用管理会计报表了解生产经营计划及对原材料的需求量等情况。是否应该给股东增加现金股利，既需要利用财务会计报告了解企业当前的现金存量、即将到期的应付账款等负债有多少、销售收入带来的现金流及顾客所欠货款，还有管理会计提供的企业重大投资计划（如购置设备）的预测信息。至于产品是直接对外出售还是进一步深加工的决策，则需要依据管理会计提供预测的两种方案的销售毛利信息。是否需要开发新产品，也要求会计编制该产品的预计会计报表，采用专门技术方法进行决策，这也是管理会计的职能。会计通过报告和分析解释会计信息，可以帮助管理者甚至普通员工注意经营管理不完善、低效率甚至无效率等问题以及面临的机会，了解是否存在资源闲置、债务危机，是否存在有营业收入而无利润、有利润而无现金等情况，以便及时调整战略和生产经营，加强控制与管理，确保企业的经营活动不偏离创造价值的轨道。

在经济社会，任何单位或组织都会与外界发生各种各样的经济关系，会计信息的使用者绝不限于内部有关人员，外部经济利益相关者（比如投资人、债权人、政府、供应商、客户等）也要基于自身决策需要，通过会计信息判断其以前做了什么和正在做什么及其结果，关注其将来的经济前景如何。作为股东如何处理手中持有的股票，首先要判断该股票是否"物有所值"，判断一家公司的股票价值，就需要通过其公开的财务会计报告，了解其现在做得怎么样、经营成果如何、拥有的资源及负债情况、能够得到的回报、准备做什么及发展前景，以及前期决策和经营管理否出现失误；作为潜在的投资人，决定是购买格力还是海尔的股票，也需要利用会计信息比较这两家公司，判断谁更有投资价值。银行信贷员决定是否向申请企业发放贷款，需要利用公司财务会计报告审核其历年经营业绩及信用情况，判断债务人的偿债能力。作为税务管理人员，判断企业是否依法纳税同样需要通过财务会计信息核实企业收入、费用和利润等数据。

　　财务会计和管理会计两者信息源相同,都是为了有效决策和改善经营管理提供信息支持,只是两者分工不同,工作各有侧重,主要原因则在于不同的经济利益主体使用会计信息的目的不同,需要的会计信息类型也不一样,对会计信息需求的侧重点就不同。本书主要以企业为特定主体,介绍财务会计的基本理论、基本方法和基本技能。

　　财务会计在对内服务的同时,侧重为投资者、债权人、政府部门、供应商及客户等外部使用者服务。财务会计是从整体上,以货币为主要计量单位,采用专门的技术方法,对特定主体发生的经济活动进行分类、确认、计量、记录、汇总、分析、解释和报告,为内外利益相关者决策提供以财务信息为主的经济信息。为保护外部使用者的利益,财务会计必须严格遵守会计法规、会计准则、会计制度等行为规范和标准,保证所提供会计信息真实可靠等质量要求,便于使用者比较不同行业、不同主体的经营业绩、投资价值和交易风险等。需要注意的是,不能因为财务会计被称为对外会计,就理解为会计信息只对外而不对内。以企业为例,外部决策者所关心的企业财务状况、经营成果和现金流量等信息,是企业前期决策与生产经营各方面工作质量的综合表现,既是全面评价和考核企业各方面业绩的重要依据,也是企业预测经济前景、做好下期决策和生产经营计划的重要参考,所以财务会计对内部经济管理也是至关重要的。在实际工作中,财务会计除了通过填制和审核会计凭证、登记账簿和编制财务会计报告等核算工作提供经济信息,还要进行财务报表和经营分析,为经营管理提供建议。

　　管理会计主要为组织内部管理者(包括高管及其他各级管理者、普通员工。实际上人人都是管理者,人人都需要决策。通常,我们所讲的管理者是指具有领导职务的人)决策服务,侧重考虑衡量和报告的会计信息将如何影响管理人员的决策。管理会计为帮助管理者完成企业战略目标,对会计信息进行收集、确认、计量、记录、分析、解释和交流,向内部经营管理和决策者提供可靠、相关和及时的信息,并直接参与企业经营活动的预测、决策、计划、分析与控制、业绩考评等。管理会计要满足组织内部战略规划、决策、制定计划、编制预算、实施激励安排、管控生产经营和评价经营业绩等多样化需求,要从不同的渠道收集、记录和分析各种各样的信息资料,比如面对采购、生产、人事、仓库等部门的成本信息,面对生产经营的统计信息、业务核算信息、资源利用信息等,这些信息既包括财务信息,也包括非财务信息,但是最基本的还是财务信息,只是管理会计需要根据不同的需求,采用专门的方法将财务信息加工成灵活多样的内部会计信息。管理会计有时也对外服务,比如事业部报告就通过财务会计以"分部报告"形式对外提供,但涉及顾客、成本、价格及经营、扩张规划等企业敏感性的信息一般不会对外公布。由于管理会计信息主要对内服务,所以需要何种信息,如何提供、提供的详略程度等,完全由企业根据自身具体情况以及经营管理和决策需要确定,基本不受外部制约,技术方法、程序和会计报表类型具有很大的自由度和弹性,灵活多样。在当今全球经济竞争加剧和技术进步的商业环境下,管理会计信息被用于整个价值链的各项经济活动、产品和服务的整个生命周期,管理会计信息支持决策的需求剧增,在帮助组织达成既定目标的过程中发挥着越来越重要的作用。

　　经济管理离不开计量,人们普遍认为会计是有关信息和计量的经济管理活动。在中国有句古语"亲兄弟,明算账",这告诉我们"账"将有助于更好地维持信任。这里所讲的"账",通常指的是经济账,即能以货币计量的财产物资。作为亲兄弟还要明明白白地"算账",经营一个单位,面对错综复杂的经济活动,人们不可能单凭观察和记忆掌握经济活动的全面情况,更需要会计采用专门的方法和程序,清晰地计量和反映经济活动的过程及其结果。会计以一定的计量单位从数量上反映经济活动的功能,称为会计核算。会计在核算经济活动的过程中,还要监督经济活动的合法性、合理性和有效性。各单位的日常经济活动错综复杂,会计需要采用实物量度(如件、千克、吨、辆、公里等)、劳动量度(工作的年、月、日、小时等时间)和货币量度(人民币、港币等)等量度从数量上反映经济活动。为保护财产物资的安全与完整,有效利用财产物资和劳动时间,会计就需要用实物量度和劳动量度,分别核算和监督各种实物数量和劳动时间,但两者都无法汇总和比较分析,不能评价、考核不同类别的交易或事项,不能反映经济管理所需要的综合性信息。货币是商品交换的一般等价物,作为一种价值尺度,能够衡量不同类型经济活动的共性本质,会计以货币为计量单位,可以综合反映经济活动过程及其结果,克服实物计量和劳动计量的缺陷。所以,会计管理活动的基本特征是价值管理,以货币为主要计量单位、以实物及劳动时间为辅助计量单位是会计的主要特点。以货币计量的信息称为财务信息,如收入、成本费用、利润、资产、负债等。非财务信息是指以实物量、时间等非货币单位计量或有助于理解财务报表的信息,如制造业的产品销售量、单位产品材料消耗量、单位产品电耗量、机器运行工时、市场占有率等,还有酒店的入住率等指标。

综上所述,我们将会计定义表述为:会计是以货币为主要计量单位,运用专门的方法和程序,对特定单位已发生的经济活动进行全面、连续和系统的核算和监督,并对经济活动进行预测、规划、控制、分析和评价,向内外利益相关者提供经济决策所需会计信息的一种经济管理活动。

# 第二节　会计对象

## 一、会计对象的含义

会计对象是指会计核算和监督的内容,即会计的客体。

马克思在《资本论》中关于会计是"对过程的控制和观念总结"的论述,明确了"过程"是会计核算和监督的内容(我国会计界通常把"控制"理解为监督,把"观念的总结"理解为核算或反映),这是对会计对象最一般、最概括的表述。这里的"过程"是社会再生产过程,由生产、分配、交换和消费4个相互联系的环节构成,既表现为各种物资的生产、交换、分配和消费,也表现为价值的形成和分配。社会再生产过程是通过企业及行政事业单位的经济活动来实现的。可以说,社会再生产活动具体体现为各个企业及行政事业单位的经济活动。特定主体经济管理的内容不仅包括以使用价值为中心的生产经营活动,还包括以价值为中心的资金活动。所谓资金,指的是各种财产物资的货币表现以及货币本身。会计是以货币为主要计量单位,对社会再生产过程中的经济活动进行反映和监督的一种管理活动,重点关注价值活动以及非货币计量但决策需要掌握的重要经济活动。所以,会计的对象不是社会再生产过程中全部的经济活动,而是会计信息使用者需要掌握的,需要会计管理且会计能够揭示的经济活动。比如,企业生产计划部门向车间下达制造产品的生产任务通知单等经济活动,既不能够用货币计量,会计信息使用者也不需要了解,会计也不能够在这方面发挥管理作用,会计就不需要反映和监督。凡是能够用货币计量的经济活动就属于财务活动,涉及资金问题,所有利益相关者都关心的重要信息,就属于会计核算和监督的内容。对于不能够用货币表现的经济活动,与会计信息使用者需求相关的非财务信息也是会计的对象,需要通过其他会计报告提供给使用者。

广义上,会计对象可概括为社会再生产过程中特定经济主体的经济活动,既包括以货币表现的经济活动,也包括影响使用者决策的非货币表现的相关经济活动。学术界对会计对象的传统定义,主要是基于会计主要是从价值量上核算和监督经济活动,把能以货币表现的经济活动抽象为价值运动或资金运动,将会计对象定义为社会再生产过程中的资金运动或价值运动,该定义可以看作是会计对象的狭义概念。从狭义上看,会计对象是指社会再生产过程中特定单位的价值运动(也可称资金运动)或以货币表现的经济活动。

本书主要帮助读者看懂会计报表的基本项目,理解会计信息是如何生成的,如何反映特定主体发生的经济活动过程及其结果,这些会计信息为什么对决策者有用,决策者如何利用信息,后续章节内容主要基于以货币计量的经济活动进行阐述。

会计学上,通常将会计对象的具体内容称为交易或事项,也称为经济业务或会计事项。交易(transactions)是指特定主体与其他单位或个人发生的经济业务,所引起的价值转移可以是双向的,比如甲方向乙方购买某商品并支付现金或承担未来支付现金的义务,而乙方则卖出商品并取得现金或获得未来收取现金的权利;它也可以是单向的,如甲企业向乙企业进行捐赠等。事项(events)通常是指发生在特定主体内部的经济业务,引起价值在内部各部门之间转移,比如生产车间领用原材料等。

## 二、会计对象的基本内容

各个企业及行政事业单位的经济活动性质和任务有所不同,资金运动的具体内容和形式也有差异,会计对象具体到特定主体也就各具特点。

行政事业单位主要是使用国家财政预算资金完成某种特定任务,不直接从事产品的生产和销售,但是要参与交换、分配和消费,我们将其称为非经营性会计主体。行政事业单位的经济活动主要是预算资金活动,包括各项预算业务收入和业务支出活动,其预算资金运动具体表现为预算资金的取得、拨出和使用。

企业作为独立的经济实体,主要目标是盈利并增加企业价值,我们将企业称为经营性会计主体。具体到企业,其资金运动主要表现为资金的筹集、运用、耗费、收回与分配等方面企业的经济活动,主要包括筹资活动、投资活动与经营活动。

### 1. 筹资活动

筹资活动也称融资活动。企业的筹资活动是为了满足投资和经营的需要,筹措和集中资金的行为。任何企业要顺利开展生产经营活动,都必须有一定的劳动资料、劳动对象和劳动力,这就需要从一定的资金来源渠道筹集所需要的资金,获取货币资金、场地、房屋、建筑物、机器设备、原材料或商品、经营用品等物质基础及其他必备的条件(如员工)。设立企业就是以融资为起点,任何企业设立时,首先都需要股东投资,企业取得的第一笔资金就是所有者投入的注册资本。企业正式设立后,筹资的两个基本来源是:① 向所有者筹集权益资金,所有者投入的资本,可以是现金和银行存款等货币资金,或者是机器设备和原材料等实物资产,或者专利权与土地使用权等无形资产,也可以发行股票筹资等。企业盈利是留存在企业的收益,也属于权益资金来源。② 通过债权人筹集债务资金,比如向银行借款、发行债券、赊购货物等就属于债务筹资活动,向债权人筹资,形成企业的负债,需要还本付息。

### 2. 投资活动

投资活动是指将所筹集的资金投放于长期性资产的行为。通常包括:① 购建房屋、建筑物、机器设备等固定资产,以及购买专利权、土地使用权等无形资产;② 投资开办新公司等;

③ 购买股票、债券、基金等长期性金融资产。

3．经营活动

经营活动是企业投资活动和筹资活动以外的所有交易和事项，是日常性的经济活动，包括购货、生产、营销等生产经营活动，比如企业采购材料或商品，生产产品、销售商品、提供服务，以及支付工资和水电费等。工业企业的经营活动主要包括供应活动、生产活动和销售活动；商品流通企业的经营活动主要是购买和销售商品；服务企业主要是购买设备等基本的劳动资料，向消费者提供服务。

企业的筹资活动、投资活动和经营活动等循环往复，周而复始，伴随着业务循环，资金也不断地循环和周转，形态不断变化。与商业企业相比，工业企业多了生产环节，业务循环和资金运动表现最为完整。工业企业典型的业务循环和资金运动主要表现为以下几个过程（见图1-2）：① 筹资过程。所有者向企业投资，可以是银行存款，也可以是机器设备、技术或土地使用权、原材料等，资金以货币资金、固定资产、无形资产、储备资金等多种形态存在。向银行借款会给企业带来货币资金。② 投资过程。购建场地、房屋、建筑物、机器设备等，为生产经营储备生产资料，货币资金转化为固定资产。企业有时还会对外投资，购买股票、债券等。③ 供应过程。用库存现金和银行存款等货币资金采购材料，形成生产储备，企业的资金形态由货币资金转化成储备资金。④ 生产过程。企业利用劳动资料对劳动对象进行加工，制造产品，为此就要发生材料费、机器设备等固定资产折旧费、人工费、水电费及其他生产费用，资金形态由储备资金、固定资产、货币资金等转化为生产资金，转移到产品的价值中，产品完工验收入库之后，生产资金进一步转化为成品资金。⑤ 销售过程。出售产品收回货款，又使成品资金转化为货币资金。⑥ 资金分配。企业在生产经营的过程中，还会向国家缴纳税费、向债权人还本付息、向股东分配利润，资金退出企业。留存的货币资金又可以购买材料、支付费用等，连同其他资金随着供应、生产和销售活动的不断进行，继续循环和周转。企业从运用资金采购材料或商品开始，到销售商品收回货款结束，这一过程称为营业周期或经营循环。企业营业周期的时间长短会因产品生产或服务过程的复杂性和周期长短而有所不同，大多数企业的营业周期在1年以内，而大型船舶制造业、房地产等企业的营业周期通常会超过1年。

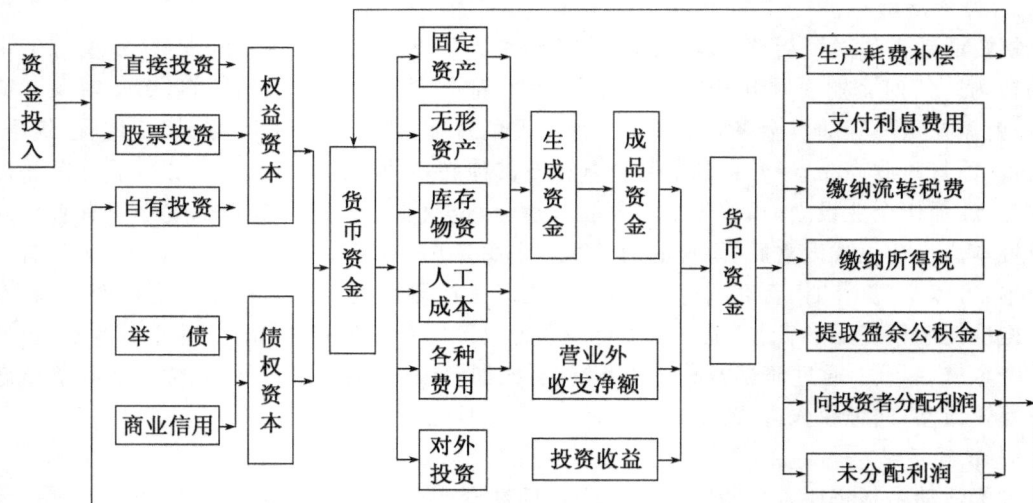

图1-2　工业企业业务循环及资金运动过程图示

会计所反映的企业经济活动,从资金运动表现的形态来看,就是资金的循环与周转。从不同形态资金的占用情况及其周转速度来看,实质上反映了企业各方面业务的开展情况及其绩效,可以说明企业在何时何处为何支出了资金或承诺了应付义务,各种形态的资金占用是否合理,资金的使用效率是否低下,是否存在决策和经营管理问题等。会计通过会计信息系统分析评价企业经济活动,找出决策和经营管理存在的问题及其原因,提出改进建议,帮助改善决策和经营管理。

### 三、企业会计对象的基本分类

会计对象是对会计反映和监督内容的高度抽象概括。为了分门别类地反映和监督特定主体的交易或事项,会计要素是根据财务报表目标要求对会计对象进行的基本分类。我国《企业会计准则——基本准则》按照企业交易或者事项的经济特征,将会计对象的具体内容分为资产、负债、所有者权益、收入、费用和利润六大会计要素。我们将在第二章具体阐述会计要素的概念、特点及其相互关系。

> ➤ **练一练**

在企业的经营活动中,如果存在赊购赊销活动,请你选择一个熟悉的企业类型,以流程图的形式描述其经营资金运动过程。

# 第三节 会计职能和会计目标

## 一、会计职能

会计职能是指会计在经济管理中所固有的功能。会计对象回答了会计是管什么的问题,会计的职能则回答如何管的问题,具体回答"干什么"和"怎么干"的问题。为了实现有效管理,就要充分发挥会计的功能作用。

马克思在《资本论》中就有对会计基本职能的著名论断:"生产过程越是按社会的规模进行,越是失去纯粹个人的性质,作为对过程的控制和观念总结的簿记就越是必要。"该论述被经济界延伸为"搞经济离不开会计,经济越发展,会计越重要",同时阐明会计之所以重要在于其本身具有"观念总结"和"过程控制"两大基本功能,学术界分别将两者概括为"核算或反映"和"监督或管理"。随着经济和信息技术的发展,会计工作领域逐步拓展,会计工作内容的边界、功能作用不断扩大,会计预测经济前景、参与经济决策、进行业绩评价等职能作用也日益凸显。我国学术界一般认为会计的基本职能是核算和监督。

### (一) 会计核算职能

会计核算职能,也称会计反映职能,是指会计以货币为主要计量单位,全面、连续和系统地对特定单位的经济活动进行确认、计量、记录和报告,从数量上反映经济活动的过程及其结果,为会计信息使用者提供会计信息的功能。会计核算是会计的首要职能,也是会计管理工作的基础。确认、计量、记录和报告是会计核算的基本程序,接下来我们以财务会计为例,来讨论这

4 个环节。

(1) 会计确认,是指照按规定的标准和方法,将交易或事项记入相关会计要素所属账户并列入财务报表的过程。会计确认是对经济活动是否作为会计要素加以记录和报告所作的认定,会计确认主要解决以下问题:① 应否确认。进行会计核算,首先辨认原始经济数据是否应由会计处理(是什么),排除不属于会计核算范围的经济数据。并非每个单位发生的所有事项都应该由会计系统处理,这就需要选择,选择的基本原则是:该事项是否影响有关会计要素发生变动和能否可靠计量。② 何时确认。纳入会计系统的交易或者事项在何时记录和报告,主要是确定交易或者事项影响的会计期间。③ 如何确认。对认定的交易或者事项,分析它们对会计要素的具体影响,将这些影响加以分类(按照影响资产、负债、所有者权益、收入、费用和利润等要素的个别项目加以分类),确定应记入相关会计要素所属账户并列示于所属会计报表的项目,也就是决定应计入哪一个会计要素中的什么账户,应列示到哪类会计报表中的哪个项目,即如何记录和报告。

会计核算首先要辨认出属于会计对象的经济活动并进行初始确认,然后再识别所属的会计要素及有关账户,再在运用账户进行记录,期末编制会计报表时还要进行再确认,最后编制会计报表传递所处理的信息。例如,2022 年 1 月 6 日,某超市用购入一批商品,买价 3 000 元和运杂费 100 元均通过银行转账支付,会计部门分别收到供应部门、仓库管理部门和银行传递过来的采购发票、商品入库单及付款通知单,该批商品该月末仍未售出。分析上述交易可知,该项交易涉及的库存商品和银行存款两个项目能够用货币计量,属于会计核算和监督的内容,进而得出以下判断:会计应在 2022 年 1 月份将这两项归属资产要素的项目,分别在"库存商品"和"银行存款"账户中进行记录,期末该批商品如果尚未出售,则应列示于资产负债表中的存货项目,向报表使用者报告。假设,期末该批尚未销售的商品已经毁损,无法出售,会计上就应在账上转销该库存商品,记录库存商品减少,该商品的损失具体如何处理,应通过哪一种报表的有关项目反映,要视具体原因而定,比如,如果该商品毁损是由责任人造成的应该由其赔偿,如果原因不明则应转入管理费用,有关知识将在第七章财产清查部分介绍。

(2) 会计计量,是指运用一定的计量单位,根据被计量对象的计量属性,对符合会计要素确认条件的项目记入账户并列报于财务报表时予以货币量化的过程。会计计量主要解决所确认会计项目应记金额问题,每一项被会计确认的交易或者事项,对会计要素增减变动的影响,是以货币为计量单位和恰当的计量属性进行计量的结果。在这个过程中,某一项目货币金额的确定取决于两个因素:计量单位和计量属性。

① 计量单位。计量单位也叫计量尺度,是指对计量对象量化时,采用的具体标准。如货币计量单位中的元、角、分等,实物计量单位中的千克、吨、米等,劳动计量单位中的小时、分钟等。由于只有货币才具有综合反映交易或事项的能力,从而使会计信息更适用于使用者的决策,所以会计以货币作为主要的、统一的计量单位,以实物、劳动等计量单位为辅。

② 计量属性。会计计量属性就是对被计量对象予以货币量化的具体表现形式,通俗地讲就是按什么金额标准记账和报账。会计计量属性主要包括:① 历史成本。历史成本是指形成某项会计要素项目时要付出的实际成本(经济业务的实际交易成本)。在历史成本计量下,资产按照购置时支付的现金或者现金等价物的金额,或者按照购置资产时所付出代价的公允价值计量。负债按照因承担现时义务而实际收到的款项或者资产的金额,或者承担现时义务的合同金额,或者按照日常活动中为偿还负债预期需要支付的现金或者现金等价物的金额计量。

② 重置成本。重置成本是指按照现时重新取得相同的某项会计要素项目可能付出的代价。在重置成本计量下,资产按照现在购买相同或者相似资产所需支付的现金或者现金等价物的金额计量。负债按照现在偿付该项债务所需支付的现金或者现金等价物的金额计量。③ 可变现净值。可变现净值是指某项资产或负债预计出售时可收回的净额。在可变现净值计量下,资产按照其正常对外销售所能收到现金或者现金等价物的金额扣减该资产至完工时估计将要发生的成本、估计的销售费用以及相关税金后的金额计量。④ 现值。现值是指未来的现金流量折合到现时的价值。在现值计量下,资产按照预计从其持续使用和最终处置中所产生的未来净现金流入量的折现金额计量。负债按照预计期限内需要偿还的未来净现金流出量的折现金额计量。⑤ 公允价值。公允价值是在有序的交易中,交易双方自愿形成的交易价格。在公允价值计量下,资产和负债按照市场参与者在计量日发生的有序交易中,出售资产所能收到或者转移负债所需支付的价格计量。企业将符合确认条件的会计要素项目登记入账并列报于会计报表及其附注时,应当按照规定的会计计量属性为基础进行计量,确定其金额。由于历史成本具有客观性和可验证性,企业会计的计量通常以历史成本为基础,比如上述超市购买的库存商品,其入账价值就是按取得时的历史成本进行计量,为取得该商品支付的实际成本包括买价 3 000 元和运杂费 100 元,故其入账金额为 3 100 元。但是采用历史成本计量,就不能真实体现会计主体的财务状况和经营业绩,从而削弱会计信息的有用性,因而有时会与其他计量属性结合使用,本书对该问题不予探讨,感兴趣的读者可以查阅相关资料进行学习。

（3）会计记录,是指会计运用专门的方法,将经过确认和计量的结果在特有的载体上记录的过程。会计记录是反映会计对象的具体内容发生和完成情况的手段,会计确认与计量的结果要通过会计记录的过程反映出来。会计凭证、会计账簿是记录和储存会计信息的主要载体。通过会计记录,将会计对象的具体内容转换为用会计语言表达的经济信息,帮助企业内部和外部人员对企业的经营业绩作出评价。如上述超市购买商品的经济活动,引起资产内部库存商品和银行存款各增减 3 100 元,就需要在会计凭证和账簿中分别记录,来反映该项交易或事项的发生和完成情况,及其对财务状况、经营成果和现金流量的影响。从该批商品的增减变动及其结存情况,可以判断资金运动和周转的速度,评价资金使用效果,内部管理者可以利用这些信息决定应该买进或卖出什么、应在何时买进和卖出等。

（4）会计报告,是指会计采用专门方法向会计信息使用者提供会计信息的过程。企业的财务会计报告包括资产负债表、利润表、现金流量表、所有者权益变动表及其附注和财务状况说明书。四大基本会计报表,反映企业特定时点的财务状况、某一经营周期的经营成果和现金流量等信息。会计报表附注,用于披露企业遵循的会计政策、会计报表主要项目的构成和变化以及影响会计报表信息的其他重要事项,包括重要的非财务信息(如内部控制、人力资源、环保及其他社会责任信息等),以帮助使用者更好地理解财务报表的内容,对企业过去、现在或者未来的情况作出评价或者预测。财务情况说明书,是对企业某一会计期间内生产经营、业务活动、财务、成本、利润、税金缴纳等情况,以及经营管理存在的问题进行分析总结的报告,是有关方面了解和考核企业经营业绩的重要资料。管理会计通过灵活多样的内部会计报表、对备选方案预期结果定量分析的可行性报告等,向相关方提供信息,满足公司内部管理和决策需要。

会计核算的 4 个基本环节相互联系。其中,确认和计量是记录和报告的前提,记录和报告是确认和计量的体现与结果。这 4 个过程主要解决两个问题:第一,何时和以何种金额并通过什么账户记录影响会计要素的交易或者事项(具体表现为业务记录过程);第二,何时以何种金额并通过什么要素项目列入财务报表(具体表现为财务报表的列报)。

企业的持续经营离不开会计信息。企业管理的主要职能是计划、组织、协调、控制和评价企业的经营状况。为了有效运行管理职能,企业管理者必须掌握企业过去做了什么、现在正在做什么,以及未来企业的发展方向和应该做什么等相关信息。传统上,会计信息系统主要是财务会计信息系统,核算能够提供企业过去交易或者事项的基本信息。在过去,基于当时的信息技术,企业为了满足内外会计信息使用者的特定需求,通常至少有两套不同的会计记录和会计报告,一套供外部决策使用,一套供内部决策使用。近几年,随着现代计算机信息技术的发展,大数据与人工智能的广泛应用,企业开始建立起所有数据的信息系统,可以反映每个业务领域、每个项目、每个部门等更细分的经济活动,既可以获取编制财务会计报告的相关信息,也可以获取管理会计报表的相关信息,管理者可以获取和使用任何与其决策相关的会计信息,使财务会计和管理会计有机融合。

会计核算职能的基本特点主要包括:

(1) 会计主要以货币为计量单位,从价值上综合反映特定主体的经济活动,着重提供财务信息。任何经济实体要进行经济活动,不可能只借助于理性的、抽象的定性分析来完成,都要求会计提供真实可靠、完整、系统的会计信息,这就需要会计从价值量上对经济活动进行确认、计量、记录和报告,将经济活动数据资料转换成可靠、相关的会计信息,及时传递给使用者。同时,也要采用实物量度、劳动量度进行记录,保证会计记录的完整性和准确性,主要为内部管理和考核提供依据。

(2) 会计核算具有完整性、连续性、系统性。会计核算的完整性,是指对属于会计对象的全部经济活动都要进行确认、计量、记录和报告,不能有任何遗漏;会计核算的连续性,是指对会计对象的确认、计量、记录、报告要按照时间顺序连续进行,不能间断;会计核算的系统性,是指对会计对象进行加工处理时,必须采用科学的核算方法,进行科学的正确分类并作出相互联系的记录,保证所提供的会计数据资料是一个有序的整体,以揭示经济活动的规律性;会计核算的完整性、连续性、系统性有机结合,使会计的核算职能与其他经济核算职能有了明显的区别。

(3) 会计核算是对特定主体经济活动的全过程进行反映。随着社会经济和科技的快速发展,市场竞争日趋激烈,企业经济活动及其环境日益复杂化,经营管理越发需要预见性。为此,会计在对已经发生的经济活动进行事后核算的同时,还要进行事前和事中核算,分析和预测经济前景,预计未来的经济活动,编制预算,为决策提供具有前瞻性的会计信息,以更好地发挥会计的管理职能。

(4) 会计具有一系列的专门方法。会计管理活动具有一套专门的方法,如会计核算方法、会计检查方法和会计分析方法,财务会计的核算方法包括设置会计科目和账户、复式记账、填制与审核会计凭证、登记账簿、成本计算、编制财务报告等。将在后续章节分别介绍。

**(二) 会计监督职能**

会计监督是指会计按照一定的目的和标准,对经济活动及会计核算进行督查和控制,使之按照有关法规、会计准则和预定目标的规定运行的功能。

会计监督的主要内容包括真实性、合法性、合理性和有效性等。① 真实性监督,主要是审查经济活动是否实际发生,会计核算是否依据实际发生的交易或者事项如实确认、计量、记录和报告。② 合法性监督,是审查经济活动和会计工作是否遵守国家的法律、法规和财经纪律及内部管理制度,保证依法依规行事,防止从事不合法的经济活动,提供虚假的会计信息。③合理性监督,是主要审查经济活动是否符合经济运行规律和经营管理要求、会计核算否恰当和正确,比如,审查某项目投资计划是否符合市场需求及其预计的财务报表数据是否符合实际情况,会计政策的选择是否符合业务特点和管理要求,会计处理有无虚增或虚减成本费用和利润现象,主要目的是发现和揭示经济管理中存在的问题,及时采取措施提高管理水平。④有效性监督,主要是审查经济活动和会计工作是否符合成本效益原则,是否存在损失浪费和低效率现象。

会计主要是利用价值指标监督经济活动。会计核算主要是利用价值指标综合反映经济活动的过程及其结果,会计监督主要是依据有关法规、制度及绩效考核目标等,通过这些价值指标进行监督,全面、及时地有效控制经济活动。比如,审核制定的计划和预算是否合理、有效和可行,审核有关收支是否符合有关法规和制度规定、考核经济结果是否符合预算及绩效目标,通过对会计记录和报告的异常数据分析检查会计处理是否符合法规和会计准则,是否弄虚作假等,这些会计监督活动主要是利用价值指标进行的。

会计监督贯穿于单位经济活动的全过程。会计对经济活动的监督包括事前、事中和事后监督。①事前监督,是指在经济活动开始之前进行的监督,会计在参与编制各种计划和预算时,审查未来经济活动是否符合有关政策、法令和制度,能否达到预期效果,计划和预算的金额是否合理,保证与预期目标一致。②事中监督,是日常的会计监督,是指对正在发生的经济活动及会计核算资料进行审查和分析,以及时发现问题并查找原因,提出改进方案和建议,督促有关部门及时改进,合理组织和控制经济活动。③事后监督,是指对已发生的经济活动及其会计核算资料进行审查、分析和考评,如通过审查会计凭证、核对账目、财产清查、预算控制等,将决策和业务活动的实际结果与计划进行比较,提供业绩报告向有关方面反映实际结果与计划及预期的差异,让有关部门和人员知道他们做得如何,同时还可以让上级领导清楚哪些地方还需要改进,针对发现的问题采取有效措施加以解决。

会计的核算与监督职能密不可分,相辅相成。会计核算是会计监督的基础和客观依据,没有会计核算,会计监督就成为无源之水、无本之木,失去了存在的基础,只有正确的核算,监督才有可靠的依据;会计监督则是会计核算的质量保证,没有会计监督,会计核算就失去了保障,会计信息的价值就会降低,只有做好会计监督,保证经济活动合法、合理和有效进行,才能发挥会计应有的作用。

随着社会生产的发展和经济管理需求的不断变化,会计的职能也不断拓展,会计预测经济前景、参与经济决策,会计分析、考核与评价经营业绩等功能,在实际工作中的作用将逐步凸显。

## 二、会计目标

目标是指从事某项活动的预期要达到的结果。会计目标是指在一定的客观历史环境下,人们期望会计实践活动所能达到的目的。会计目标取决于信息使用者的要求,也受制于会计对象和职能的内涵和外延。关于会计目标,学术界有两种观点:一是决策有用观,认为会计的目标是向会计信息使用者提供对他们决策有用的信息;二是受托责任观,该观点是以企业所有权与经营权分离为前提,认为会计的目标是向股东反映企业履行资源受托责任的信息,资源的受托者对股东负有解释企业受托资源经营业绩义务。

我国《企业会计准则——基本准则》将财务会计目标定义为：向财务会计报告使用者提供与企业财务状况、经营成果和现金流量等有关的会计信息，反映企业管理层受托责任履行情况，有助于财务会计报告使用者作出经济决策。该定义融合了上述两种观点。

会计目标可以概括为向会计报告使用者提供反映特定主体管理层受托责任履行情况，并有助于会计信息使用者作出经济决策的信息。会计目标需要回答的主要问题是：① 向谁提供信息（谁需要，谁是会计信息的使用者）？② 提供哪些信息（他们需要什么信息）？③ 以什么方式提供信息（如何提供信息）？

**（一）会计信息的使用者**

一般情况下，会计信息使用者是该单位的利益相关者。会计信息的使用者通常分为内部使用者和外部使用者两类。

1. 单位内部使用者

一个单位的各级管理部门和人员为了完成职责都需要信息。单位内部会计信息的使用者，包括高层管理者及其他各级管理者，以及普通员工。比如，需要利用会计信息制定短期经营计划和控制日常经营活动的管理人员，利用会计信息制定关涉公司战略、机器设备购置、高新技术研发、产品和服务定价、生产产品或服务项目的选择等重大决策及长期计划的管理人员。还有利用会计信息判断自身做得好还是不好、业绩怎样、问题在哪、怎么改进及机会如何的普通员工。内部人员利用会计信息的目的是作出正确的判断和决策，实现组织的预期目标。

企业管理者担负着实现企业目标的岗位职责，力求获取低成本资金，并以较低的成本获取货物或取得劳务，研发新产品、获取更多的市场份额和价格优势、争取信用优势等，以取得足够的盈利。所以，管理者要决策企业该做什么、怎样做，如何完成计划和实现企业目标等，这些都需要充分利用会计信息及其他资料。

2. 单位外部使用者

单位外部需要会计信息的使用者，主要是与单位有经济利益关系者。企业外部的利益相关者包括所有者、债权人、政府部门、客户、供货商和企业职工等。另外，潜在的投资者和债权人、社会公众、股票交易所、执行评估机构、证券分析师、经济新闻媒介等也会关注企业的会计信息。

（1）投资者。企业投资者是企业开办资金的来源者，是企业的所有者或股东，他们面临的决策往往是决定是否继续持有企业的投资或是否需要继续注入更多的资本。所以，他们需要监督检查管理层受托管理企业资源的受托责任完成情况，考评企业经营绩效，以便作出决策。所以，投资者最关心企业经营情况，需要评价企业的过去和现在，关心得到的投资报酬、企业的财务状况，更关注企业长远发展趋势和成长能力，以及未来的盈利、现金净流量及投资风险等，以判断企业未来的股利支付能力及企业的市场价值，从而作出决策。不过，不同的投资人持有公司的资本份额不同，投资目的不同，对公司的信息需求也不同。比如企业的控制股东或对企业有重大影响的股东，往往关心企业战略安排与发展前景、资本结构、盈利质量等有关的会计信息，而持有资本份额较少对企业没有重大影响的股东，更关心企业的短期业绩、短期现金流状况及利润分配政策等。

（2）债权人。债权人主要包括给企业提供贷款的银行和非银行金融机构，以及向企业赊销货物或提供劳务的供应商，向企业预付货款或定金的客户（如房地产企业预售商品房收取购房者的定金）等，他们最关心企业的偿债能力和信誉，所提供资金的本息能否按期收回，所以，有关企业财务状况和现金流动性方面的信息对债权人来说尤为重要,如企业流动资产与流动负债之间比例的增减变动情况、资产和负债之间比例结构的合理性等。因盈利能力是获取企业偿债资金的基本源泉,债权人仍然会关心企业的获利能力。债权人利用这些信息评价债权资金的安全性及获利性,进行经济决策,如信贷机构据以作出信贷决策(如决定是否继续提供贷款、发放贷款的金额和利率多少、已发放的贷款是否需要催收等决策),向企业赊销的供应商需要作出授信和催收决策(如是否继续提供商业信用,是否需要修改商业信用政策,已赊销的款项是否需要催收等决策)。

> **拓展训练**

这里引入了流动资产与流动负债两个会计术语,有关知识将在第二章介绍,好奇的同学请查阅有关资料,初步了解一下这两个名词的定义,以及资产和负债的定义。还可以在巨潮网、上海证券交易所、深圳证券交易所等网站查阅一些上市公司的资产负债表、利润表,初步思考一下会计报表有关项目的数据,反映了企业哪些方面的信息,这些信息对使用者来说有哪些主要用途。

(3) 政府及有关部门。作为宏观经济的管理者,政府及有关部门,与企业间的经济利益关系表现为多种形式,通过分析和汇总各企业上报的财务会计报告,了解各行各业、各地区的经济发展情况,制定宏观调控政策,优化资源配置,加强经济运行监管。税务机关更关注企业的盈利情况、应交税费及纳税信息,及时了解企业税负及依法纳税情况;社会保障机关需要企业缴纳的各项社会保障基金的信息;国资委、财政部门则关注企业资源配置情况、国有资产保值与增值等会计信息;证券监管部门、工商管理部门、主管部门等由于管理需要,也会关注企业的盈利能力、财务状况、可持续发展能力、社会的贡献及遵纪守法等方面的会计信息。社会有关部门更关注企业社会责任的履行情况。

(4) 职工。企业职工及工会,关心的是获取的薪酬及其前景、社会保障、工作环境、工作的稳定性、职业发展机会等,他们需要有关企业盈利能力、现金状况、工资水平、福利金及各类社会保障基金等信息。

(5) 供应商。商品和劳务的供应商,了解企业会计信息,目的是作出是否增加供货和中断供货、是否提供价格优惠、是否改变信用政策等决策。期望与客户建立长期的合作关系的供应商,所以关心企业的经济实力、经营的稳定性和可持续发展能力,他们需求的会计信息与投资者类似。而采取赊销方式的供应商,对企业会计信息的需求与企业债权人类似,需要了解客户的经营状况、信用及现金支付能力等方面的信息。

(6) 顾客。顾客对企业会计信息的需求,主要包括产品的销售信息、企业信誉、商业信用政策、可享受的价格优惠及付款期等会计信息。期望与企业建立长期合作关系的顾客,更关心企业长期供应货物或劳务的能力,需要获得企业发展潜力及长期获利能力等信息,决定是否另选供应商、是否需要中断采购或减少采购。

(7) 社会公众。社会公众可能是企业潜在的投资人、债权人或供应商、客户、职工等,也会关注企业的盈利能力、财务状况、可持续发展能力等方面的会计信息,了解企业,比较不同企业的优劣,作出有关决策。尤其是企业的竞争对手或潜在的竞争对手,或并购对象,期望获得企业各方面的会计信息及其他信息。还有社会中介基于自身业务,有时间也关注某些单位或组织的会计信息。

综上所述,企业会计信息使用者是从不同的方面了解所需信息,他们的决策在不同程度上影响企业的经营和发展,尤其是企业管理层、投资人和债权人的决策对企业的经营和发展有着直接影响。

### (二)会计信息的主要内容

尽管不同的会计信息使用者目的不同,对会计信息的需求也有所不同,不论企业内部经营管理决策,还是投资人和银行等进行投资决策和信贷决策,供应商制定销售与信用政策决策,客户制定采购决策,国家进行宏观经济政策调控等,内外部会计信息使用者对企业会计信息的需求,主要还是集中在财务信息,想要了解的主要问题是企业在某一特定时点的财务状况,某一经营周期的经营业绩。所以,给使用者提供有关资产、负债、所有者权益方面的会计信息,帮助他们了解企业财务状况,企业在某一特定时点所拥有的经济资源、所承担的现有债务及所有者对净资产的要求权;提供收入、费用和利润方面的信息,帮助使用者了解企业的经营成果,了解经营收入、经营成本及营业利润等情况;提供经营、筹资与投资活动三个方面的现金流量,帮助信息使用者了解企业现金来源、用途与余额变动原因,评价企业获取现金的能力、支付能力与偿债能力,并据以预测企业未来的现金流量,分析企业收益质量及影响现金流量的因素等,并提供所承担的社会责任、企业内部控制和风险管理等影响企业可持续发展的相关信息。

在向所有会计信息使用者提供上述共性的信息之外,会计还根据内部管理决策的需要,为内部提供决策相关信息,如:提供部门业绩、整个价值链活动中的成本与收入信息,帮助有关部门和人员作出决策,以更有效地控制和激励;提供盈亏平衡点,以及未来的收入、变动成本、固定成本、可避免成本、不可避免成本、每种产品的毛利和边际贡献及边际成本等信息,为生产决策提供支持,帮助营销人员决定接受哪些订单、如何定价等营销决策等。管理会计通过业务记录、报告和解释,最优的可行方案等多种形式提供信息,帮助管理者将注意力集中在能够产生最优决策的相关信息上,作出正确决策。

### (三)会计信息的提供方式

会计是通过会计凭证、会计账簿记录经济业务,但是会计凭证反映的是单项或多项同类的交易或者事项,信息分散,账簿虽然将分散在会计凭证中的交易或者事项,系统、连续和完整地加以反映并分类记录到有关账户,比会计凭证反映的信息更具条理性,但仍然不能内在联系地集中反映企业的财务状况、经营成果和现金流量等信息。所以,会计不是直接通过记录交易或者事项的会计凭证、会计账簿提供信息,而是通过会计报告提供信息。

财务会计是利用财务会计报告的形式提供信息,我们在前面会计核算的基本环节部分,已经简单介绍了财务会计报告的种类,具体内容将在第八章介绍。

管理会计报告的种类及形式根据各单位的业务性质、特点及管理要求而灵活设计,企业较为普遍的内部报表主要有:业绩与预算报告、产品或服务成本分析表、费用报表、质量成本报告、出纳日报表、销售日报表等。

### ➤ 拓展训练

决策者判断一家企业的经营是否成功,想要了解的主要问题包括企业某一特定时点的财务状况如何,某一经营周期的经营成果及现金流量怎样等。请查阅一家上市公司的财务会计报告,了解相关会计信息,初步判断其是否有投资价值。

# 第四节 会计核算的基本前提与核算基础

## 一、会计核算的基本前提

会计核算的基本前提,是指组织会计核算工作应当具备的前提条件。具体而言,是为了保证会计核算工作的正常进行和会计信息质量,对会计核算的空间范围、时间范围、分期结账报告及会计计量所做的合理设定。与其他学科一样,会计理论与实务需要建立基本的假设前提,会计假设是在长期的会计实践中逐步认识和总结出来的,是根据客观情况所做的合乎情理的推断,类似数学上的公理(比如两点一线),不需要证明但又很有必要,且能够被普遍接受,所以又被称为会计假设。会计基本假设通常包括会计主体、持续经营、会计分期和货币计量。

### (一)会计主体

会计是一门实用性很强的学科,其任务就是如何在一个特定主体(例如一个企业)中,确认、计量、记录和报告所发生的交易或事项,以反映该主体的经济活动和经营业绩。进行会计核算,首先就要明确会计主体,即为谁核算,为谁开展工作,核算谁的交易或者事项。会计主体是指进行会计核算的特定单位和组织,也被概括为会计工作所服务的特定单位或组织,即会计确认、计量、记录和报告的交易或事项要限定在特定的单位或者组织。任何一笔经济交易活动通常涉及两个或两个以上的经济实体,作为会计核算的范围,只能限定在其中独立核算的一方。例如,甲企业从乙企业购买电脑一台,对于该笔交易,销售活动的核算职能是乙方,采购活动的核算只能是甲方。

作为会计主体必须具备以下特征:① 在经济上独立,能够把不同主体之间的经济关系区分清楚;② 能进行独立的经济活动;③ 能进行独立核算。

一般情况下,凡是独立核算的单位或者组织,在会计上就可以作为一个会计主体,它可以是独立核算的企业、政府机关、事业单位或其他组织,如工厂、超市、财政局、学校、慈善机构等;它也可以是单位或组织内部的独立核算单位,如企业内部的车间、分厂、分公司和事业部,如果具有独立的经济关系,有自己的生产经营或服务等经济活动,并能单独核算自身的经济活动过程及成果,就可以作为一个会计主体,当然它们也只能记录本身的会计事项,不得包含其他部门的会计事项,比如宇通客车公司底盘车间进行会计核算时,不能够将焊装车间领用的材料等会计事项计入本车间的核算范围。它还可以是母公司及其子公司组成的企业集团,其内部的每个子公司都可作为独立法人编制财务报表,为了全面反映企业集团的财务状况、经营成果和现金流量等信息,企业集团就需要编制合并财务报表,它同样可以视为会计主体。

会计主体假设的意义在于:① 规定了会计人员进行核算应有的基本立场,应当站在本单位或组织的立场,简单地说:为"谁"服务,谁就是会计主体;② 限定了会计核算的空间范围,要区分本身的经济活动与其他会计主体的经济活动,区分自身的经济活动与投资者、债权人、职工等个人的经济活动。即某一会计主体的核算范围只能是本身发生的交易或事项,将本身的经济活动与其他任何会计主体或个人的经济活动区分开,不得包括其他任何会计主体的经济活动,也不得包括投资者、债权人、职工等个人的经济活动。

**例 1** 假定一家超市从三全食品公司购进汤圆一批,价款 5 000 元,已验收入库,款项暂欠。超市和三全食品公司都是独立的会计主体,双方的会计都必须站在各自服务的单位核算自身的交易,而不得核算对方的交易。这个交易对超市这个会计主体而言属于商品购进活动,它的会计只能确认、计量和记录库存商品和应付账款的增加。对三全食品公司来说,该项交易属于销售活动,它的会计只能确认、计量和记录营业收入和应收账款的增加。如果会计主体界限不清,核算范围混乱,记录了对方的经济业务或漏记本单位的经济业务,就会导致会计信息失去意义。

例2　假如,上述超市的老板从超市拿走成本 60 元、售价 90 元的汤圆供自己消费,款项未付。该超市虽然归老板所有,但是在财务上应该将个人的经济活动与企业的经济活动区分开来,超市作为一个会计主体,在经济上应该是独立的,不仅要把会计主体之间的经济关系区分清楚,也要把单位的财务活动与投资人、职工等个人的财务活动区分清楚。该老板拿走该汤圆供消费,对老板来说属于个人采购活动,对超市来说属于销售活动,该项交易发生后,使超市的库存商品减少了 60 元(库存商品的入账价值是按历史成本计量,也就是购进时发生的实际成本计量),销货成本增加 60 元,同时销货收入和应收账款均增加 90 元。如果企业和所有者个人的财务核算不独立,混淆在一起,就会导致企业的账目混乱,不能正确、真实地反映企业的财务状况和经营成果。所以,根据会计主体假设,超市的会计就应该根据销售凭证确认、计量和记录营业收入增加 90 元,同时记录应收账款增加 90 元,并根据出库单记录库存商品减少60 元,营业成本增加 60 元。

会计主体与法律主体是有区别的。法律主体也称法人主体,简称法人,是指在工商管理部门注册登记,有独立法人财产、能够独立承担民事责任的法律实体,强调的是法人实体与各方面的经济关系。会计主体则是为了正确处理本单位与其他单位、其他任何个人之间的独立经济关系,以及单位内部之间独立的经济关系而设定的。法人都可以是会计主体,但会计主体不一定是法人。或者说,会计主体既可以是法人,也可以是非法人。公司制企业、医院、学校、政府机关等,属于独立的法人单位,应当独立反映其会计信息,一般来说法律主体必然是一个会计主体。而个人独资企业、合伙企业、车间、分厂、分公司、事业部、企业集团,都不具有法人资格,但都可以成为会计主体。特定情况下,独立核算的特定业务活动也可以作为一个会计主体,比如社会保险基金、证券投资基金、企业年金基金等,不属于法律主体,但要对每项基金进行会计确认、计量、记录和报告,所以也属于会计主体。

在会计主体假设下,会计确认、计量、记录和报告的只是主体本身的交易或事项,会计人员能明晰哪些经济活动应当予以确认、计量、记录和报告,哪些经济活动不应核算。这样,才能够使特定会计主体所拥有的经济资源、承担的债务,以及所有者享有的净资产、收益,发生的费用和损失等会计信息独立反映出来,才有可能使投资人、债权人和内部管理者从会计报告中获得有价值的信息,作出是否投资、贷款决策及改善经营管理决策。

## (二)持续经营

持续经营是指一个会计主体的经营活动在可以预见的将来,会按当前的规模和状态持续经营下去,不会停业,也不会大规模削减业务。会计主体假设界定了会计核算的空间范围,而持续经营假设则界定了会计核算的时间范围,建立了一个赖以比较会计信息的基础,以更好地反映和监督经济活动。

对于参与市场竞争的每一个经济实体,都会存在市场风险、经营风险和财务风险,优胜劣汰是不可避免的。持续经营假设并不意味着企业将永久存在下去,也不是说清算价值永远不能采用,而是把破产清算作为意外,把持续经营作为正常,将会计核算建立在正常的基础上,才能使会计信息更有用。只要会计人员没有确切的证据摆明会计主体不具有持续经营的可能,就必须以持续经营为前提条件进行会计核算,也就是说持续经营假设要求会计核算以"非清算"为基本前提。如果会计人员有确切的证据表明会计主体将不能持续经营,会计主体处于破产清算中,会计核算的持续经营假设就不再适用,建立在持续经营基础上的会计原则、会计程序与会计处理方法就不能采用,就必须按破产清算会计进行处理,原有资产就要转为破产财产进行核算,历史成本计量将不再被接受,只能采用清算价格。如果一个企业不能持续经营时,仍按持续经营基本假设前提下的会计确认、计量和报告原则、程序与方法进行核算,就不能客观地反映企业的财务状况、经营成果和现金流量,会误导会计信息使用者的经济决策。

持续经营作为会计核算的前提条件,其意义在于:① 明确了会计是正常核算还是按清算会计核算,使会计方法和程序等基本原理得以建立在"非清算"基础之上,为会计确认、计量与报告原则、会计程序和方法的建立奠定了基础,为资产计价、收益确定提供了理论依据,解决了资产计价、收益确定等实际问题。在该假设前提下,意味着会计主体所持有的资产,要按既定的经营用途和目标正常使用、消耗、出售,承担的债务也能在正常的经营过程中清偿,这样,会计上才能够将未来预期能带来经济利益的经济资源确认为资产,将历史成本作为资产的计价基础;固定资产、无形资产也才能在预计使用年限内系统、合理地分摊,也只有在持续经营前提下,计提固定资产折旧、摊销无形资产才有实际意义;使负债按合约规定的偿债义务计量。② 保持了会计信息处理的一致性和稳定性。③ 为会计分期奠定前提条件。

我国《企业会计准则——基本准则》规定"企业会计确认、计量和报告应当以持续经营为前提"。对一个企业来说,如果没有持续经营假设这一前提条件,一系列会计准则和会计方法就会失去存在基础。

### (三) 会计分期

会计分期是指将会计主体持续经营的期间人为地划分为若干连续的、时间长度相等的期间,据以记录账目、分期结算账目和编制财务会计报告,以及时地提供有关特定主体某一特定时点的财务状况和某一期间的经营成果和现金流量等信息。会计分期假设是持续经营假设的必要补充,规定会计结账时间和报告会计信息所属的时间范围。这样,便于及时地为会计信息使用者提供会计信息。

持续经营假设,意味着会计核算是建立在企业的经济活动在时间上是永续的,而会计又必须及时提供决策所需要的会计信息,那么应该何时提供会计信息,提供的会计信息涵盖的时间范围如何? 显然,会计信息不能随意随时提供,也不可能等经济活动停止或经济活动全部结束再提供,只能在经济活动开展过程中的某个时间点结算账目并编制会计报告。因此,需要人为地将持续进行的经济活动期间划分为等间距的会计期间,按期确认、计量和记录交易或事项,定期汇总进行结账,并编制会计报告及时传递给会计信息使用者。

会计分期是持续经营这一核算时间假设的延伸解决了持续经营和及时提供会计信息的矛盾,进一步确定了会计核算的结账时间与所报告会计信息的具体时间范围,由此解决了具有期间特点的会计要素在何时确认、计量、记录与报告的问题。

会计期间的时间长短可根据需要而定,一般以 1 年为基本标准,称为会计年度,1 个会计年度还可以进一步划分为半年度、季度、月度等。会计年度可以采用日历年度,也可以采用营业年度,会计季度和月份通常与日历保持一致。美国、英国、加拿大、日本等国家按营业年度确定会计期间。我国规定按日历年度进行会计分期,不过中国香港地区的企业可自行确定会计期间。我国《企业会计准则——基本准则》规定,会计期间分为年度和中期。中期是指短于一个完整的会计年度的报告期间。例如,半年度、季度、月度均称为会计中期。

会计分期假设还为会计核算基础的选择提供了前提,解决了跨越多个会计期间经济业务的会计处理问题,会计分期假设区分了本期和他期,产生了当期、以前期间和以后期间,产生了应收与应付,实收实付等概念,从而出现了应计制(也称权责发生制、应收应付制)和现金制(也称实收实付制)两种不同的记账基础,为不同类型的会计主体规定了核算基础。进而产生了预收、应收、预付、应付、递延、摊销、计提等会计处理方法。同时,也为流动资产与长期资产、流动负债与长期负债的划分提供了期间基础。

### (四) 货币计量

货币计量是指会计主体的会计核算以货币作为统一的计量单位,记录和反映交易或事项。会计核算之所以选择货币作为统一的计量基础,是由货币本身的属性决定的,货币是从商品中分离出来的一般等价物,具有价值尺度、支付手段、流通手段和储藏手段的功能,能全面综合地反映会计主体的经济活动,更好地反映企业的经济实力、经营业绩和财务状况,而其他的计量单位不具有这些功能。所以我国企业会计准则规定,会计确认、计量和报告以货币作为计量单位。

**例 3** 假设,某家具厂某月末结账后,会计账簿记录显示:现金 30 000 元,原材料 7 000 吨,机器设备 20 台,厂房 1 栋,办公大楼 1 栋,销售产品 50 件,应收货款 200 000 元等。从以上记录中,我们既不能了解企业资产的总金额,也不能判断该企业的销售收入。如果将上述项目用货币统一计量,就可以得出对使用者有意义的信息,比如,企业资产的总金额能够揭示企业占有的经济资源,可以解释其经济实力及资金占用结构的合理性;一定期间的营业收入总额及收回的销货款情况,能反映企业的销售业绩及收益质量等。

货币计量还隐含着其他两层含义:① 币值稳定不变。货币本身也有价值,会随着供求关系等因素的影响发生贬值或升值,通过货币购买力或物价水平表现出来,市场经济条件下,物价水平总在不断变动,说明币值很不稳定,实践中难以做到随着币值的变化不断调整会计记录且没有必要,因此确定货币计量为会计核算计量基础的同时,必须确立价值稳定假设这一前提条件,以便使计量结果具有可比的基础。由于任何一种计量单位都必须要求自身度量上的统一性,货币是一种特殊的商品,即使币值发生变动,如果变动幅度不大,可以忽略不计,假设币值在今后基本上是稳定不变的。如果货币价值变动很大,仍然按币值稳定假设不变进行核算,会计信息的可信赖程度就会大大降低,有不少国家规定,在物价变动幅度大到一定水平时,可以采用物价变动会计。② 确定记账本位币。记账本位币是指会计主体在日常会计核算中统一使用的货币种类。在实际工作中,只选择一种基本货币单位作为统一的记账本位币。存在多种货币的情况下,将记账本位币以外的有关货币按记账汇率折合为记账本位币。我国会计法规定会计核算以人民币作为记账本位币。业务收支以人民币以外的货币为主的单位,也可以选定某种人民币以外的货币作为记账本位币,但向国内报送的财务会计报告应当折算为人民币来反映。境外企业向国内有关部门编制会计报表,也应折合成人民币来反映。

需要注意的是,尽管会计核算的前提条件,是基于客观规律所作的合乎情理的推断,使会计核算得以正常进行,是提高会计信息质量的基本前提,但持续经营、会计分期与货币计量前提条件的设定都有其局限性。虽然解决了很多实际问题,如有关资产计价、收益确定,交易何时确认、计量、记录和报告等,本期应计提多少固定资产折旧、摊销多少无形资产价值等。但这也意味着财务报表有关资产、负债、收入、费用和利润等要素中某些项目的数据并非绝对准确,是需要估计确定的,会计信息使用者必须了解报表的局限性,明白财务报表数据的价值取决于会计人员的职业判断能力,取决于他们选择的会计政策、会计估计、会计程序和会计方法以及计价基础是否适当,分配到各期间的收入、费用是否合理,以便在使用过程中加以辨析。

## 二、会计核算基础

我们在会计核算职能中讨论了会计确认问题,它主要解决应否确认、何时确认和如何确认3个关键问题。应否确认取决于是否符合基本确认标准和能否可靠计量。会计要素的确认标准要回答的问题将在第二章具体介绍。至于如何确认,第一步是运用复式记账原理进行记录(将在第二章至第七章逐步学习相关内容),第二步则是通过财务报表的列报来传递信息(第八章详细阐述)。剩下来的就是何时确认的问题,会计核算基础就是解决这一问题的规则。由于会计分期的存在,很多会计事项跨越多个会计期间,因此存在有的经济业务发生时间与货币资金的收付时间不一致等问题。

**例 4**　大华超市 2021 年 12 月 25 日赊销商品一批,企业开具的销售发票显示,该商品售价 10 000 元,商品已经发出,商品所有权已经转移给客户,合同约定该商品的货款将于 2022 年 1 月 25 日通过银行转账支付。那么,该笔交易涉及的有关项目应该在何时确认、计量和报告呢?这就需要确定何时核算的规则,该规则会计上称为会计核算基础,也简称会计基础,也被通俗地称为记账基础。

会计核算基础,是指会计主体发生的交易或事项在何时进行会计确认、计量、记录和报告的规则,是会计确认、计量、记录和报告的时间基础。它主要解决交易或事项所涉及的具体项目应在哪个会计期间确认、计量、记录和报告,即解决其归属期问题。会计核算基础有两种:权责发生制和收付实现制。

权责发生制,又称应收应付制或应计制,是指会计核算以交易或事项引起的权责关系实际发生和产生财务影响的期间作为会计确认、计量和报告的时间基础。

根据会计分期假设,会计必须分期核算交易或者事项,按照会计信息的及时性要求,本来只要经济活动发生,经辨认符合会计确认标准,就可以进行确认、计量、记录和报告。但是,由于商业信用制度,有时会出现交易或事项的发生与款项结算不是同期进行的情况(传统上,习惯将款项收付称为现金收付),就带来会计在不同的期间核算的问题:一项收入,是在交易发生、收取销货(或服务)款项的权利也得到客户承认时就确认,还是等到销货款结算、实际收到款项时确认?一项费用,是在交易已经发生,已承担未来向客户支付款项的责任时就确认,还是等到购货款结算、付出款项时确认?于是,在实践中,会计人员根据不同类型会计主体的特点和职业判断,作出不同的选择,产生了权责发生制和收付实现制两种核算基础。

虽然人们重视当期的现金流入和流出,但是这两种信息并不能反映企业当期的经营和财务业绩,因为商业信用会使企业产生应收款项和应付款项,当期的现金流入可能包括前期的收入而在本期才收到的款项;当期的现金流出,可能包括前期发生的费用而在本期才支付的款项。所以,企业选择权责发生制作为会计核算的时间基础,也是国际会计的惯例规则。

权责发生制的优点是:只要交易或事项已经发生,并对企业的经济资源或承担的义务的变化产生了财务影响,就加以确认、计量、记录和报告,这是收入、费用、资产、负债等会计要素在实质上的反映。之后,再发生收回款项和付出款项时再一次按又一项交易或事项加以后续核算,如收回以前销货款业务和支付前欠货款业务,这是交易或事项在信用结算中现金流动的反映。两次分不同的经济业务性质进行核算,反映了用于商业信用介入交易或事项的全过程。

按权责发生制核算提供的会计信息,不仅反映了涉及现金收付行为的过去交易或事项,而且还反映了将来支付现金的义务和将来可以收到现金的权利,更有助于会计信息使用者恰当评价和判断企业的过去、现在,以及预测未来的发展趋势,作出理智的正确决策。

需要注意的是,虽然权责发生制的产生,主要是为了解决收入和费用确认、计量、记录和报告的时间问题,同时也连带解决了在商业信用机制中资产和负债的核算时间问题。收入的实现和费用的发生,必然会对资产、负债及所有者权益有关项目产生财务影响(相关讨论将在后续章节进行介绍),所以权责发生制作为会计核算基础是涉及所有会计要素的。

在权责发生制下,确定一项收入或费用的归属期,不能根据该期间收入是否收到款项或费用是否支付款项来判断,而是根据该期间是否取得收入的权利和发生承担费用的责任来确定。如果交易或事项已经发生,并对企业的经济资源或承担的义务的变化产生了财务影响,上述权利和责任已经产生,收入和费用符合这两个要素的性质及确认标准,不论款项是否收付,就应该确认。

**例5** 上述大华超市2021年12月25日赊销的商品所实现的收入,以权责发生制为核算基础,企业应该在2021年12月份进行确认、计量、记录和报告,依据是该企业在2021年12月份销售业务已经完成,同时该商品所有权已经转移,取得了收取货款的权利。根据我国《企业会计准则第14号——收入》规定,企业应当在履行了合同中的履约义务,即客户取得相关商品的控制权,则收入已经实现,符合确认条件。所以应在2021年12月份进行会计确认、计量、记录和报告,销售商品收入属于超市的主营业务收入,属于收入会计要素项目,会计应在主营业务收入账户中增加10 000元,同时引起应收账款增加10 000元,应收账款属于资产要素的项目,所以还要在应收账款账户增加记录10 000元。而到了2022年1月25日收到款项时,该交易属于收回以前的销货款,使应收账款减少,会计应根据银行收款通知凭证,再记录银行存款增加10 000元,应收账款减少10 000元。

收付实现制是与权责发生制相对应的会计核算基础。收付实现制,又称现金制或实收实付制,是指以实际收到或付出款项的时间为标准作为收入和费用核算的基础,只有实际收到货币资金时才确认为当期收入,付出货币资金时才确认当期费用。在收付实现制下,对于涉及收入和费用的交易或者事项,是按照款项的实际收到和实际付出的期间进行核算,并据此确认收入和费用的归属期。

**例6** 仍以上述例子说明,以收付实现制为核算基础,大华超市赊销商品的款项是在2022年2月份收到的,就在该会计期间进行核算,确认收入10 000元,同时记录银行存款10 000元,显然不能恰当反映经营业绩和财务业绩,以及经济活动的全过程。

### ➤ 示范小练习

2021年7月1日,大华超市获取银行贷款100万元,年利率6%,期限3年,贷款期内支付利息的时间为以后年度的7月1日。请分别采用权责发生制和收付实现制分析该借款每月负担的利息,应该归属哪个会计期间进行核算。先不要看解析答案,结合你对权责发生制的认识进行思考,或与其他成员讨论分析,得出结论后再与书中的解析答案核对,两者结论是否一致,并根据会计核算基础的基本原理,进一步分析书中的解析是否正确。

（1）以权责发生制为会计核算基础

因大华超市在 2021 年 7～12 月份，每个月都占用了银行借款，应承担向银行支付利息的义务，付息责任已经发生，只是基于合同约定大华超市负担的利息集中在 2022～2024 年每年的 7 月份支付。所以权责发生制下，大华超市每月应该负担该借款的利息费用，应该分月确认。在会计上，企业发生的利息费用属于财务费用，每月末，会计应把当月负担的利息费用 5 000 元计算出来，记入财务费用账户（属于费用项目），并列入当月的利润表进行报告。同时，由于当月负担的利息尚未支付，属于应付利息（属于负债要素项目），还需要记录应付利息这项负债增加 5 000 元。

（2）以收付实现制为会计核算基础

根据收付实现制的基本原理，费用的归属期按实际付款的期间确认。则在收付实现制下，大华超市应该在 2022 年 7 月 1 日支付利息时，确认利息费用增加 60 000 元，银行存款减少60 000 元。

权责发生制是以持续经营和会计分期假设为前提，能更加准确地反映特定时点的财务状况和经营成果及现金流量等信息，所提供的会计信息对决策者更为有用。根据国际惯例，企业一般采用权责发生制。我国《企业会计准则——基本准则》第九条规定，企业应当以权责发生制为基础进行会计确认、计量和报告。收付实现制核算基础一般用于行政事业单位。

# 第五节　会计信息质量的要求

会计的目标是为使用者决策提供有用的会计信息，那么什么是"有用的会计信息"呢？其判断标准是什么？会计信息质量要求界定了其基本特征。会计信息质量要求是指会计信息所要达到的质量标准，是对会计主体所提供会计信息质量的基本要求，是有用的会计信息应具备的基本特征。会计信息质量要求是会计界普遍接受用于指导和规范会计工作的行动准绳，具有公认性和权威性，有利于使用者对不同企业及同一企业不同期间的财务报表进行有意义的比较，减少滥用会计政策、会计方法与程序、防止有关部门对会计实务的干预等。财务会计报表使用者判断企业的会计信息质量，首先要看它是否遵照会计信息质量要求进行核算。我国《企业会计准则——基本准则》规定的会计信息质量要求包括可靠性、相关性、可理解性、可比性、实质重于形式、重要性、谨慎性和及时性。

## 一、可靠性

可靠性要求企业应当以实际发生的交易或者事项为依据进行会计确认、计量、记录和报告，如实反映符合确认和计量要求的各项会计要素及其他相关信息，保证会计信息真实可靠、内容完整。

可靠性是会计信息最根本的质量要求，是高质量会计信息的重要基础和关键特征。会计信息是否有用，在很大程度上要以其可靠性来判断，可靠的会计信息应当是可验证的（或客观的）、中立的（或无偏向的），并如实表达，内容完整。具体包括以下要求：

（1）可靠信息是不受报告方约束的客观信息，企业应当以客观存在的实际交易或事项为依据进行会计确认、计量、记录和报告，不得以虚构或尚未发生的交易或事项为依据进行确认、计量、记录和报告。会计处理必须根据客观确定的合法原始凭证(如销货发票、领料单等),不得虚构会计信息,保证所提供的会计信息内容真实、资料可靠、数据正确,使决策者足以信赖,能经受住其他会计人员的独立检验,即若两个或两个以上合格的会计人员运用相同的证据、数据和记录,应当得到实质上相同的结论,确保企业的会计凭证和账簿资料能够验证核实会计信息的真实性、正确性是会计人员的基本职责。

(2) 企业应当公正、不偏不倚地反映实际发生的交易或者事项,公平公正地对待各方相关利益者,不得偏向任何一方,保持会计信息中立。在会计实务中,作为会计对象的许多经济现象和过程往往带有不确定性,某些会计数据的取得不得不依靠会计人员的职业判断,难免带有个人判断的主观估计成分,如固定资产折旧费和坏账准备的计提等,虽然会计上不要求会计估计事项做到绝对精确,但在选择会计政策、会计估计和会计方法时,不能受利益诱惑、偏见、利益冲突或他人的不当影响,偏向任何一方。否则,会计信息就失去了中立性。真实客观的交易或事项如果失去中立性,也就不再可靠和相关。所以,以真实客观的交易或事项为依据进行会计确认、计量、记录和报告,并非意味着会计信息一定是中立的。

> ➤ **拓展练习**

请思考,会计人员为管理层提供决策方案时,只强调某种方案的好处,而忽视其劣势以及其他方案的优势,这样的信息是不是中立的?

(3) 企业要如实记录和反映客观存在的实际交易或事项,不允许歪曲事实。也就是要求会计人员表达和提供的会计信息要与实际发生的交易或事项是一致的,做到原始凭证记录的是客观发生的实际经济业务,会计报告报告的会计信息与记账凭证、账簿记录的数据以及真实的原始数据都要一致,也就是会计上强调的账实相符、账证相符、账账相符,并如实列示于财务报表。原始凭证记录的实际交易事项,如果不能在记账凭证、账簿和报表中如实反映,表达和报告的会计信息与实际发生的交易或事项不符,提供歪曲的会计信息,这和提供虚假会计信息一样,也会误导使用者的决策。

(4) 企业要保证会计信息内容完整,不得隐瞒、遗漏已发生的交易或事项,保持会计信息完整性。一般情况下,一个理性的、对会计信息有充分理解能力的人,依据会计主体如实提供的会计信息能作出正确决策,就认为这些会计信息是可靠的。企业以虚假的交易或者事项进行会计确认、计量、记录和报告,是违法行为。《中华人民共和国会计法》第四十三条规定:伪造、变造会计凭证、会计账簿,编制虚假财务会计报告,构成犯罪的,依法追究刑事责任。会计准则规定:可靠性是我国企业会计准则则对会计信息质量提出的首要特征。不仅违反会计法律法规,也违背了会计职业道德规范,背离了诚实守信、客观公正、遵纪守法等会计职业道德规范要求,会严重降低会计信息质量,会计就失去了存在的意义,而且会误导会计信息使用者的决策,扰乱会计秩序和经济秩序。

> ➤ **预习会计职业道德规范提示**

会计职业道德是指在会计职业活动中应当遵循的、体现会计职业特征的、调整会计职业关系的职业行为准则和规范,具有一定的强制性、要关注公共利益等特征,在发生道德冲突时要坚持遵循会计法规和会计准则,把公共利益放在第一位。有关会计职业道德的基本内容在本书第十章第四节介绍,请大家提前预习,理解遵循会计职业道德与会计信息质量之间的高度相关性。在理解后续其他会计信息质量要求时，能够深刻认识遵循会计职业道德对会计信息有用性的影响，并能够清楚，在后续章节学习过程中，进行会计核算时应注意必须做到的会计职业道德规范，比如爱岗敬业、诚实守信、廉洁自律、客观公正、遵纪守法、提高专业胜任能力、保守机密、强化服务等，明白这些职业道德规范如何体现在实际会计工作中，能够辨析违背会计职业道德规范带来的不良后果。

## 二、相关性

相关性要求企业提供的会计信息应当与财务会计报告使用者的经济决策需要相关，有助于财务会计报告使用者对企业过去、现在或者未来的情况作出评价或者预测。相关性是对会计信息最根本的质量要求，是会计信息决策有用的重要体现。会计信息的价值在于能够影响决策，信息使用者最需要的是及时可靠且相关的会计信息，判断会计信息的相关性在于其是否会影响使用者的判断和决策，相关性的具体特征主要是预测价值、反馈价值和及时性。相关的会计信息要么能帮助决策者预测企业的未来（具有预测价值），要么能让使用者获得会计信息后帮助其证实或修正以前的认识和预测（反馈价值），相关的会计信息还必须是及时的。如果企业只提供一期的年度报表，那么该信息即不满足相关性。相关性，要求会计核算在搜集、加工、处理和提供会计信息过程中，应考虑会计信息使用者决策需求的不同特点，能够满足企业内外相关方面决策的需要。但这不等于说会计信息必须满足每个会计信息使用者的所有需求，而应是使用者能够共享的通用会计信息。事实上，受会计本质、对象和职能的限制，即使再全面的会计报告也不可能满足所有方面的需要。相关性因使用者目的不同，其相关程度也不同，对某使用者决策高度相关的信息可能对于其他使用者完全无关。

## 三、可理解性

可理解性是指企业提供的会计信息应当清晰明了，便于使用者理解和使用。由于会计信息使用范围越来越广泛，可理解性对于会计信息使用者来说至关重要。会计信息的价值在于对决策有用，对使用者来说，要利用会计信息进行决策，就必须了解会计报表的作用，懂得会计信息的内涵，明白会计信息反映的问题。可理解性要求企业提供会计信息时，必须考虑到会计信息使用者的理解能力。会计交易或事项的确认、计量、记录和报告应建立在明晰易懂要求之上。

对于会计人员来说，应当使用通俗易懂的表达方式,，会计凭证与账簿记录应清晰、简明、会计报表数量关系应清楚、项目应完整，易于使用者理解和运用。对会计报表项目的有关会计政策、会计估计以及存在重大不确定性的资产、负债项目，在表外的会计报表附注中应加以披露，解释说明有关理由、计算过程，以及对未来事件的估计和判断的依据。当然，会计人员提供会计信息时，是以使用者具有基本的会计知识为前提。

对于会计信息使用者来说，应该具有一定的会计知识和对会计信息充分理解的能力。如果用户能看懂会计报告，能充分理解会计信息，就有利于其作出正确决策。如果用户看不懂会计报告，不能充分理解会计信息，那么即使这些会计信息是真实可靠的且与所作的决策相关，对使用者来说也是无用的，会计信息的作用就发挥不出来。同时，会计信息使用者还应该认识到，会计报告提供的信息是有局限性的，是有关某特定会计主体的信息，并不能反映整个行业和整个经济的有关情况，会计的很多数据往往不是精确的计量而是"接近的"。通常，会计确认包含判断、分类、汇总和分配,会计计量包含很多计量模式的选择、估计,财务会计信息主要反映已经发生的交易或者事项的财务影响等,这些会计处理的合理性取决于会计人员的职业判断能力。基于此,会计信息使用者要熟悉会计知识,以便在使用会计信息决策时能够识别、辨析会计局限性的影响。同时,还要意识到会计信息只是经济决策的依据之一,除会计信息之外,还有不少会计报告不能提供的非会计信息也对决策有用,需要通过其他途径获取。

➤ **名言名句**

会计师的责任,在处理数字和发现事实之后,把数字加以综合,并清楚、简明和合理地说明它们之间的内在真相,以便管理者可以阅读。(罗伯特·蒙哥马利)

## 四、可比性

可比性是指一个会计主体的会计信息能够与类似的企业的同类信息进行比较。有用的会计信息必须可比,能够让使用者将企业的会计信息与其他会计期间相同或类似信息进行比较,或在同一期间能与其他企业相同或类似信息进行比较,这样的信息才更有用。所以,为便于会计信息使用者比较不同企业之间的财务状况、经营业绩及现金流量,以及比较或追踪一家企业不同时期财务状况、经营业绩及现金流量的发展趋势,企业提供的会计信息应当具有可比性。

企业提供的会计信息具有可比性包括:同一企业不同时期的可比(纵向可比性)和同一期间不同企业间的可比(横向可比性)。比如宇通客车 2011~2020 年会计报表信息的可比,就属于纵向可比性。三全食品公司与思念食品公司 2020 年度的利润可比,格力电器与美的电器 2020 年末资产总额的可比,就属于横向可比性。

(1)同一企业不同期间会计信息可比,也称一致性或一惯性要求。一致可比性要求同一企业不同时期发生的相同或者相似的交易或事项,应当采用一致的会计政策,不得随意变更。确需变更的,应当在附注中说明。会计信息使用者为更好预测企业未来的获利能力及财务状况,往往需要比较企业前后各期的财务报告,分析其变动趋势,这就要求对交易或事项的处理基础要一致。企业发生的交易或事项具有复杂性和多样性,对于某些交易或事项可以有多种会计处理方法,如发出存货的计价方法,可以采用先进后出法、加权平均法或者个别计价法。如果同样的交易或事项,企业在会计确认、计量和报告中采用不同的基础和会计处理方法,往往会造成不同时期的会计报表所显示的信息不具可比性,产生的信息并不能说明什么问题,从而不利于决策者使用。所以企业根据自己的业务特点和管理要求,确定会计政策、方法和程序之后,就要在以后各期尽量保持一贯。对相同或者相似的交易或事项,企业只有在不同时期使用同一种会计处理方法,比较才有意义。

例7 比如,2020 年双汇发展(000895)营业收入 738.6 亿元,同比增长 22.5%,实现净利润 62.6 亿元,同比增长 15%。其中,肉制品营业收入 280.98 亿元,增长 11.7%,毛利率同比提升 2.1%;生鲜产品营业收入 482.67 亿元,同比增长 23.4%,毛利率下滑 2%。只有 2020 年度与 2019 年度收入、成本费用是基于相同的会计处理方法进行确认、计量、记录和报告时,才能分析收入、利润增减变动的真正原因,为企业管理采取有效措施改善管理提供依据,为决策者提供参考。

如果一家企业的收入、利润的增加是因为违背会计信息质量的一致性要求,改变了会计政策、会计估计、会计方法或程序,就会让使用者误判企业的经营业绩。如果一家不停地变动会计处理方法,长期比较也很难进行,比较的实际意义会大打折扣。

会计强调会计政策在不同会计期间的一致性,并不意味着所选择的会计处理方法不允许做任何变更。在经济环境、企业经营情况及管理要求发生重大变化时,有充分的理由和根据证明变更会计处理方法之后能够使会计信息质量提高,有必要变动,才可以变动;同时应于变动当期在财务会计报告中充分揭示变更的性质、内容和原因及其对企业财务状况和经营成果的影响。

企业只有按照可比性要求进行会计处理,才能够使会计报表更加有用。在会计核算时,坚持一贯性原则,使得前后各期保持对比关系,有利于提高会计信息的有用性价值,便于分析企业财务状况、经营成果和现金流量的变化趋势,有助于全面、客观评价企业过去的决策和管理业绩,使预测和决策符合经济规律。同时,可以制约和防止会计主体通过随意变更会计政策、会计估计、会计方法和程序,弄虚作假,虚增或虚减资产、成本、费用和利润等,提供虚假的会计信息,误导使用者决策。

(2)不同会计主体相同期间的会计信息要可比。它要求不同企业发生的相同或者相似的交易或者事项,应当采用规定的会计政策,确保会计信息口径一致、相互可比。将不同行业、企业之间的会计核算建立在共同的基础之上,就是要减少不同会计主体之间因使用不同的会计处理方法和程序所产生的误差,便于信息使用者有效判断不同企业的优劣。横向可比性要求企业在选择会计政策和处理方法、编制会计报表时,都应该遵守会计法规、会计准则的统一规定或在允许的范围内进行选择,且符合企业的业务特点和管理要求。这样不仅是为了保证不同企业的会计信息可比,也防止企业违背诚实守信、客观公正、遵纪守法等会计职业道德规范,因利益诱惑、偏见、利益冲突或他人的不当影响,随意变更会计政策和处理方法,损害有关利益相关者的利益。

会计信息的有用性,在很大程度上取决于用户把会计报表相关项目之间联系起来的能力,以及把会计信息和相关财务指标相联系的能力。有时,孤立地看会计报表某一个项目的数据,往往难以获取想要的有价值信息,比如某公司报表显示 2021 年 12 月 31 日应付账款 20 万元,仅这一项数据,只能反映出该企业承担的商业信用引起的现时债务是 20 万元,想进一步了解该数据真正的意义,还需要与其他相关项目数据等资料联系起来分析。会计信息使用者进行会计报表分析,通常要利用相关比率分析其经济活动的有效性,判断其偿债能力、盈利能力、运营能力和发展能力,判断其收益质量,所以会计信息使用应结合有关经济指标或业绩指标比较,才能发挥会计信息有用性价值。

可见,可比性也是会计信息的基本质量要求,是提高会计信息可利用程度的重要规范。如果会计信息不能达到可比性要求,同样会导致决策失误,影响市场经济秩序的正常运行和资本市场的良性发展。

## 五、实质重于形式

实质重于形式要求企业应当按照交易或者事项的经济实质进行会计确认、计量、记录和报告,不应仅以交易或者事项的法律形式为依据。

通常情况下,企业发生的交易或事项的经济实质和法律形式是一致的,但有些时候,在实际工作中也会出现交易或事项的外在法律形式并不总能完全反映其实质内容。所以,会计信息要想反映其拟反映的交易或事项,就必须根据交易或事项的经济实质进行核算,而不应仅仅根据它们的法律形式进行核算。

例如,企业租赁机器设备、营业用房等固定资产,从法律形式上看,在租赁期间所租资产的所有权并未转移给承租人,所有权仍然属于出租人。但从经济实质上看,承租人在使用期间拥有了租入资产的控制权,与该资产有关的风险和报酬几乎已经转移给承租人,因此,承租人要将租入的固定资产视同自有资产进行管理,进行核算,除短期租赁和低价值资产租赁租入的固定资产(具体内容一般在高级财务会计教材介绍)。

再如,企业按照销售合同已经将商品赊销给客户,增值税发票已经开出,商品已经发给客户,客户也取得相关商品的控制权,承认其承担的现时付款义务,企业刚办妥委托银行收款的手续时,得知客户因有关事项出现了重大财务损失,经确认该笔销货款难以收回,该交易事项在将来难以给企业带来经济利益的流入。那么,尽管从法律形式上看,企业拥有该笔应收账款的权利,对方应该按照合同约定支付货款,给企业带来收入,但是从经济实质上来看,有足够的证据证明,目前企业行使收取该应收账款权利困难,出售的该批商品难以给企业带来现金或现金等价物,与所有权有关的风险并未转移,不符合收入确认条件,所以,尽管形式上显示企业的销售已经获得收款权利,当期也不能确认、计量和报告该项应收账款和收入。

实质重于形式会计信息质量特征,要求企业在会计核算过程中,不能仅注重法律形式,要以经济实质为重,体现了对经济实质的重视,能保证会计信息的客观性,符合客观事实。

## 六、重要性

重要性要求企业提供的会计信息应当反映与企业财务状况、经营成果和现金流量等有关的所有重要交易或者事项。

从会计信息使用者角度看,主要是为了了解企业主要的会计信息,特别是对经济决策有重要影响的经济事项,而不要求事无巨细全面详细具体报告。重要性信息质量标准要求企业按交易或事项的重要程度,采用不同的会计处理方法分别核算。具体而言,就是对于对会计信息有用性有较大影响,并进而影响信息使用者据以作出合理判断的重要交易或事项,必须按照规定的会计方法和程序进行处理,并在财务会计报告中单独列报,予以充分、准确披露,并在财务会计报告中重点说明;对于次要的交易或事项,在不影响会计信息真实可靠和不至于误导会计信息使用者作出正确判断的前提下,可适当简化核算,合并报告。如订书机等低值易耗品,从理论上说,是可以在较长时间内发挥效用的资产,但从重要性考虑,因其价值太低,采用简化的处理方法,对成本费用信息价值的有用性影响不大,所以,允许领用时采用一次摊销法将其成本直接计入当期费用,而不需要按其使用期计提折旧。

重要性可以理解为当一项会计信息被遗漏或错误表达时,可能影响依赖该信息的使用者的判断,即财务报表某项目的省略或错报会影响使用者据此作出经济决策的,该项目就具有重要性。具体哪些交易或事项应视为重要,从本质上讲是一种职业判断。确定交易或事项的重要性取决于企业自身规模及会计人员的职业判断,一般情况下,主要从性质和数量规模两个方面确定重要性。从性质上讲,某交易或事项有可能对会计报表使用者的决策产生影响,就属于重要的。从数量上来看,当某交易或事项涉及的数量达到一定规模时,也属于重要的。重要性的数量化具有一定的主观性,例如,10万元的损失在小公司可能被判断为重要,而在大公司则可能并不重要。同样的金额,因自然灾害原因造成的与员工挪用公款造成的相比,后者要严重得多。所以,重要性判断要兼顾企业规模及业务性质。

运用重要性原则,既可以使会计信息使用者便于关注关键信息内容,更好地利用会计信息;也可以使会计人员适当简化核算程序,减少核算工作量,可以提高工作效率。

## 七、谨慎性

谨慎性,也称稳健性,要求企业对交易或者事项进行会计确认、计量、记录和报告时,应保持应有的谨慎,不应高估资产或收益、低估负债或费用。

在市场经济条件下,企业生产经营面临很多不确定性和风险,例如,应收账款可能发生坏账,售出商品可能发生退回和返修,存货可能发生跌价,固定资产也可能发生减值等,可能会对企业的财务状况产生影响,如果不提前考虑风险,预先判断和处理上述情况出现的可能性,可能会导致高估资产和收益,低估负债和费用的情况出现,将扭曲企业实际的财务状况、经营成果,从而影响使用者的合理判断,也会误导决策。所以,企业会计人员在进行会计核算时,要保持应有的职业谨慎,对可能发生的风险要用适当方法加以估计,既不高估资产或收益,也不低估负债或费用。例如,企业对可能收不回来的应收账款,合理估计坏账损失,计提坏账准备;对带有一定期限内"三包"条件的售出商品,合理预计很可能发生返修、换货和退货带来的损失,确认预计负债等,就属于谨慎性原则的运用。

谨慎性要求使企业在会计核算中,保持应有的职业谨慎,充分考虑可能发生的费用和损失,而不考虑可能取得的收入或利得。会计信息比较稳健,有利于保持会计信息的相关性。

## 八、及时性

及时性要求企业对于已经发生的交易或者事项,应当及时进行会计确认、计量、记录和报告,不得提前或者延后。及时性要求是保证会计信息的时效性,以使有关方面及时获取信息,相关的信息必须是及时的,这也是保证会计信息有用性的主要质量标准。有用的会计信息不仅可靠,还必须保证时效,在失去其决策作用之前就要为决策者所掌握。如果会计信息提供得不及时,错过了会计信息使用者的决策时间,所谓的相关信息也就变成不相关了,即使它具有可靠性,也会因缺乏相关性而成为无用的信息,所以说相关性会计信息除了预测价值和反馈价值特征,还有及时性这一限制要素。

会计主体只有及时地进行会计核算,才能确保会计信息的时效性。会计主体必须在交易或事项发生后及时进行会计处理。首先,会计人员要及时收集原始凭证,然后及时进行会计确认、计量、记录和编制会计报告,最后及时报送会计报告。

# 第六节 会计核算方法

会计方法是指反映和监督会计对象,执行会计职能,完成会计任务的手段。财务会计方法包括会计核算方法、会计分析方法和会计检查方法等;在管理会计领域,会计方法主要是指会计预测与决策方法。其中,会计核算方法是财务会计方法体系的核心,也是其他财务会计方法和管理会计方法基础,其他会计方法是在会计核算的基础上,利用会计核算资料进行。

会计核算方法是对会计对象的具体内容(交易或事项)进行完整、连续和系统地确认、计量、记录和报告所运用的专门方法。具体包括设置会计科目和账户、复式记账、填制和审核凭证、登记账簿、成本计算、财产清查和编制财务报表等方法。本书主要阐述会计核算方法,至于会计分析方法、会计检查方法、会计预测与决策方法将在后续的专业课中学习。

## 一、设置会计科目和账户

会计科目是对会计对象具体内容进行分类核算所形成的项目。设置会计科目和账户是对会计对象具体内容进行科学分类核算所采用的一种专门方法。会计对象包含的具体内容繁杂,会计核算和监督的内容多种多样。如厂房、建筑物、机器设备、各种材料、半成品、包装物、低值易耗品等财产物资的购买和领用,商品的销售以及向银行借款,投资者投入资本等方面的信息,都需要会计核算出来。交易或事项的复杂性,要求会计对其进行科学分类,为设置账户以全面、连续、系统核算交易和事项提供依据。设置账户是特定会计主体根据会计对象的具体内容的不同特点和经济管理的要求,选择一定的标准进行科学分类所形成的项目,并确定每个项目的名称,规定其核算内容。

账户是根据会计科目设置的、具有特定格式,记录交易或事项的载体(也称工具)。为了对繁杂多样的交易或事项进行科学的记录,将会计对象的具体内容分门别类地进行记录,还需要根据事先分类形成的会计科目开设账户。设置会计科目和账户是对会计对象的具体内容进行科学分类核算的专门方法,为全面、连续、系统记录交易或事项,提供决策所需要的核算指标奠定基础。如通过设置"固定资产"科目,可以用来核算企业的厂房、设备、运输车辆等单位价值较大、使用期限较长的劳动资料,反映企业的生产经营能力和规模。正确、科学地设置会计科目和账户,是满足经营管理需要,发挥会计职能作用,完成会计核算任务的基础。

## 二、复式记账

复式记账是指对每一项交易或事项都要以相等的金额同时在两个或两个以上的相关账户中进行记录的一种记账方法。任何一项交易或事项都会引起资金的增减变动。比如,以银行存款购买原材料,一方面引起原材料的增加,另一方面引起银行存款的减少;从银行取得借款,一方面引起银行存款增加,另一方面会引起银行借款增加。采用复式记账,使每项交易或事项所涉及的两个或两个以上的相关账户之间产生一种平衡的钩稽关系,既可以全面地、相互联系地反映资金的增减变化情况,掌握资金的来龙去脉,也能对所有交易或事项进行试算平衡,检查会计记录的正确性。

## 三、填制和审核会计凭证

会计凭证是记录交易或者事项,明确经济责任的书面证明,是登记账簿的依据。填制和审核会计凭证是为保证会计记录内容完整、真实可靠,审查经济活动合法性、合理性和有效性的一种专门方法。会计凭证分为原始凭证和记账凭证两种。对已经发生或已经完成的每一项交易或者事项,都要由经办人员或有关单位如实填制原始凭证,并签名盖章,以确保原始数据的可查性。会计人员必须审核原始凭证所反映交易或事项的真实性、合法性、合理性和有效性,再根据审核无误的原始凭证,填制和审核记账凭证。所有会计凭证只有经过会计部门和有关部门审核无误后,才能作为记账的依据。填制和审核会计凭证,可以为经济管理提供真实可靠、合法、合理的原始数据资料,从而确保会计核算的信息质量,也是实行会计监督的一项重要内容。

## 四、登记账簿

账簿是由具有专门格式、相互联系的账页组成,用来全面、连续、系统地分类记录交易或事项的簿籍,是编制财务报表的主要依据。登记账簿是根据填制和审核无误的会计凭证,在账簿中进行全面、连续、系统和分类记录交易或事项,并进行对账、定期结账的专门方法。登记账簿,可以全面、连续、系统地反映每一类经济活动的信息,为经济管理提供所需要的经济指标,为编制财务报表提供完整而又系统的会计数据。

## 五、成本计算

成本计算是指在生产经营过程中,按照一定的对象归集和分配发生的各种耗费,以确定该对象的总成本和单位成本的一种专门方法。在工业企业,通过成本计算,可以核算和监督生产经营过程中物化劳动和活劳动的耗费程度,确定外购材料或商品的采购成本、产品生产成本和产品销售成本以及在建工程成本等,为分析各项成本费用的升降原因提供分析资料,以监控发生的各项成本费用是否合理、合法,促进企业不断降低成本,并为正确计算盈亏提供数据资料。

## 六、财产清查

财产清查是指通过实地盘点、核对账目查明货币资金、财产物资、往来款项实有数,查明账实是否一致、保证账实相符的一种专门方法。通过财产清查可以查明货币资金和各项财产物资的使用情况、往来款项的结算情况,及其实际结存数与账面结存数是否相符,并查明账实不符的原因,通过一定的审批手续进行处理,并对盘盈盘亏情况进行账务处理,以保证账实一致、会计信息真实可靠,为编制会计报表提供正确的资料。

## 七、编制会计报表

会计报表是定期编制的,总括反映会计主体某一特定日期的财务状况和某一会计期间的经营成果、现金流量等会计信息的书面文件。编制财务报表是根据账簿记录,以其特定的结构和内容,通过数据描述企业财务状况、经营业绩、现金流量等方面信息的一种专门方法。财务报表是会计工作成果的最终体现,提供的资料是会计信息使用者决策的重要依据,也是进行会计分析、会计检查的重要依据。

各种会计核算方法不是孤立的,而是相互联系、密切配合的,构成了一个完整的会计核算方法体系(见图1-3)。对于日常生产经营活动中发生的每一项交易或者事项,首先要由经办人员取得或填制原始凭证,经过会计人员审核整理后,运用复式记账法,按照设置的会计科目和账户,填制和审核记账凭证,并依据审核无误的会计凭证登记账簿,会人员还要依据会计凭证和账簿记录进行成本计算,为保证账实一致,还要定期不定期地进行对账与财产清查,经过试算平衡,在确保账证、账账、账实相符的基础上,每期末进行结账,定期编制会计报表,在规定的时间内向用户报告。

交易或事项发生后,均要按一定的程序,通过一系列的会计核算方法,从确认开始,依次经过计量、记录和报告;通过取得或填制及审核原始凭证、填制和审核记账凭证、登记账簿、对账、结账、试算平衡、编制报表,完成一个会计期间的会计循环。

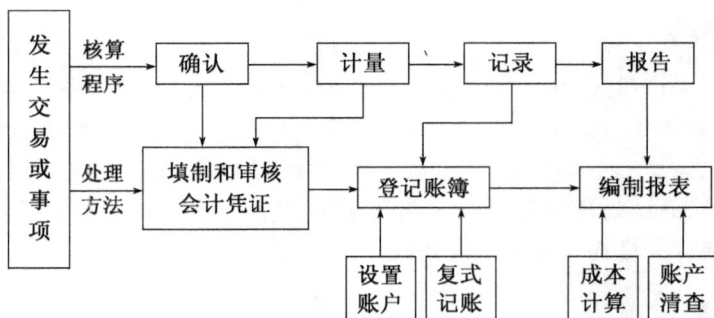

图 1 - 3    会计核算程序与会计核算方法体系图示

> ➤ **应用技能训练**

1. 刚刚学了一部分基础会计学的李华对一位会计学教授说道:"我仔细阅读了课本,并认真地听您讲课,但很遗憾,对于实际生活中的大量问题,您的课程并没有给我一个答案,我仍然感到困惑不解。"

教授回答道:"在实际中,并不是专业领域所有复杂问题都可以在一节或几节课中能得到解决,甚至也不是一门学科的知识可以解决的,就像法律、医学,或者事实上其他任何一门专业课一样,许多问题都是用系统的高级知识来解决的,这就需要我们不断地积累知识、技能和职业价值观。而且,知识的积累、能力和素质的培养也不能完全依赖课堂,需要利用课外时间,借助各种各样的平台、环节和机会,去主动自我学习、自我积累,提高学习和领悟能力才能更好地帮助你学好每一门课,不断地完善知识结构,提高综合能力。不过,我们已经讨论过的有些基本的具体问题,运用你学过的原理,应该可以能非常满意地加以解决。如果你愿意记下来现在感到困惑的事情,我可以与你一起讨论一下。但是,你要先想想怎样去合理地解决。遇到问题,要善于思考,并探索如何解决问题。"一周后,李华交回了下面的清单:

(1) 某会计咨询公司于 2021 年 7 月 1 日从某客户处收到 20 000 元的服务咨询费,同意提供为期 1 年的普通会计服务咨询。客户要求的特殊会计服务,如代理记账、纳税服务、会计制度设计等费用需另外支付。没有办法预先知道客户要求提供咨询的时间或次数,而且很可能根本就不需要咨询,那么在 2021 年应将这 20 000 元中的多少确认为收入? 为什么?

(2) 某幼儿园拥有一小块长着圣诞树的土地,到 2021 年 11 月 1 日,这些树已经长了 5 年了。截至 2021 年 11 月 1 日,幼儿园已为每棵树支付了 50 元的成本。某批发商提出愿意以每棵 70 元的价格购买这些树,并额外支付砍伐和捆扎的成本。该幼儿园园长认为让这些树再多长一年将会获得更多的利润,因而拒绝了这项建议。只会额外增加一点点成本,圣诞树的价格会因高低、粗细不同而有很大差距。那么 2021 年这个园长是否该为这些圣诞树而确认收入呢? 为什么? 2021 年底,基于相关性的考虑,会计在表达这些圣诞树资产时以每棵 70 元计价,这样做合适吗?

2. 某单位招聘会计人员,应届会计学专业的毕业生小张前来应聘,招聘人员问道:"办事员小李购买办公用品到会计处报销时,向会计人员提供了销货方出具的 300 元的发票,但他又告诉会计人员他实际支付 290 元。请问会计反映如何处理?"小张稍加思索回答道:"会计处理应以原始凭证为依据,如果按 290 元入账会造成账实不符。所以,应按 300 元入账。"你认为他的回答正确吗? 如果你认为他的回答不正确,那么,请你指出应如何处理,并说明理由。

### 本章小结

　　本章主要阐述了基础会计的基本理论、基本知识和基本方法,尽管会计理论和方法非常枯燥,但非常重要,会计实务以会计理论为指导,必须掌握相关的基本概念、基本原理和基本事实。会计的产生和发展历史,有助于我们更好地认识会计的含义和作用,本章进行了简要概括,从中我们还可以体会中国会计文明对世界会计发展的贡献,树立文化自信。会计是以货币为主要计量单位,运用专门的方法和程序,对特定单位已发生的经济活动进行全面、连续和系统地核算和监督,并对经济活动进行预测、规划、控制、分析和评价,向内外利益相关者提供经济决策所需会计信息的一种经济管理活动。本书主要从狭义的会计对象概念界定来阐述其他会计的基本理论。我们将会计的狭义概念定义为社会再生产过程中特定会计主体的资金运动或能以货币表现的经济活动。反映和监督是会计的基本职能。会计的基本目标是向会计信息使用者提供经济决策有用的会计信息。会计核算的基本前提包括会计主体、持续经营、会计分期、货币计量,并以权责发生制为基础进行核算。在介绍可靠性、相关性、可理解性、可比性、实质重于形式、重要性、谨慎性和及时性八大企业会计信息质量要求时,探讨了职业道德规范与会计信息质量的高度相关性,为保持会计基本理论和会计知识的内在逻辑性,我们把会计职业道德放在了第十章第四节阐述,大家可以事先预习。会计知识的前后关联度非常高,第一章涉及的基本理论不仅在后续章节进行应用,而且也涉及后续章节的知识,这也是刚开始学习会计学普遍感到困难的原因,但是任何知识都是循序渐进积累的,随着掌握的会计知识越来越多,目前感到困惑的地方以后可能会迎刃而解。最后本章重点介绍了会计核算方法,会计核算方法也是会计基本理论的重要组成。

### 关键词

　　会计;会计对象;会计职能;会计假设;会计主体;持续经营;会计分期;货币计量;权责发生制;会计信息质量要求;会计核算方法

### 综合练习

**一、思考与练习**

1. 什么是会计对象?

2. 会计信息使用者可分为哪几类? 分析他们对会计信息的需求的侧重点。

3. 会计的基本职能有哪些? 如何理解会计核算的主要特点?

4. 会计的基本假设有哪些?

5. 会计信息质量的一般要求有哪些? 诚实守信、客观公正的会计职业道德规范与哪些会计信息质量要求高度相关?

6. 会计确认与会计计量分别主要解决什么问题?

7. 如果你作为出资人创建了两家独资公司:一家物流公司和一家超市,但它们是分开经营,独立核算的。请你回答:

(1) 这两家公司是两个独立的会计主体吗？

(2) 如果你购买了一辆私人小轿车,此项交易是否与你的物流公司和超市有关？

(3) 假设你计划开设一个咖啡店,以期获取利润,你聘请的会计把咖啡店看成是独立于你这个业主之外的会计主体,你认为这种做法对吗？

8. 请课后查阅和讨论以下问题：

(1) 技术进步会给会计带来哪些影响？

(2) 如果你和朋友准备创业设立公司,担心因经营不善无力偿还债务,你们应该选择什么样的企业组织形式？

(3) 如果企业会计信息呈现出资源闲置、债务危机、有营业收入而无利润、有利润而无现金等问题,请列举背后业务方面的可能原因。

## 二、单项选择题

1. 会计的基本职能是 （　　）

　　A. 反映和管理　　　B. 控制和监督　　　C. 反映和监督　　　D. 反映和分析

2. 我国会计是以（　　）为统一计量单位。

　　A. 实物量度　　　B. 劳动量　　　C. 人民币　　　D. 货币

3. 企业会计的坏账准备,是（　　）会计信息质量要求的具体运用。

　　A. 相关性　　　B. 配比原则　　　C. 谨慎性　　　D. 权责发生制

4. 在会计假设中,限定会计核算空间的是 （　　）

　　A. 会计主体　　　B. 持续经营　　　C. 会计分期　　　D. 货币计量

5. 会计对象的基本分类称为 （　　）

　　A. 会计科目　　　B. 会计账户　　　C. 会计要素　　　D. 会计项目

6. 会计的产生和发展是基于 （　　）

　　A. 社会分工的需要

　　B. 科学技术进步的需要

　　C. 商品经济产生和发展的需要

　　D. 社会生产的发展和加强经济管理的需要

7. 根据目前的史记记载,我国"会计"一词最早出现的朝代为 （　　）

　　A. 宋代　　　B. 战国　　　C. 西周　　　D. 唐代

8. 会计核算的主要特点是 （　　）

　　A. 价值管理　　　B. 实物管理　　　C. 技术管理　　　D. 物资管理

9. 会计方法中最基本的方法是 （　　）

　　A. 会计分析方法　　　　　　B. 会计预测方法

　　C. 会计决策方法　　　　　　D. 会计核算方法

10. 企业在对资产进行计量时,一般应当采用（　　）计量属性。

　　A. 重置成本　　　B. 历史成本　　　C. 现值　　　D. 公允价值

## 三、多项选择题

1. 会计核算的基本前提有 （　　）

　　A. 会计主体　　　B. 会计分期　　　C. 持续经营　　　D. 货币计量

E. 可比性　　　　F. 权责发生制

2. 下列属于会计核算方法的有　　　　　　　　　　　　　　　　　　　（　　）

   A. 设置科目和账户　B. 计量　　　　　C. 确认　　　　　　D. 编制会计报表

   E. 财产清查

3. 及时性会计信息质量特征要求对已发生的交易或事项及时进行会计处理,表现在

                                           （　　）

   A. 及时取得、审核原始凭证　　　　　B. 及时完成交易或事项

   C. 及时传递会计信息　　　　　　　　D. 及时反馈会计信息

4. 会计反映经济活动,可以采用的量度包括　　　　　　　　　　　　　（　　）

   A. 货币量度　　　B. 实物量度　　　　C. 劳动量度　　　D. 空间量度

5. 会计核算的基本特点主要有　　　　　　　　　　　　　　　　　　　（　　）

   A. 以货币为主要计量单位

   B. 具有一系列专门的方法

   C. 会计只反映财务信息

   D. 会计核算具有全面性、连续性和系统性特征

   E. 会计核算是对特定主体经济活动的全过程进行反映

6. 下列属于会计核算范围的事项为　　　　　　　　　　　　　　　　　（　　）

   A. 从银行取得 1 年期借款　　　　　　B. 用银行存款购买材料

   C. 收到所有者投入的设备　　　　　　D. 下发生产任务通知

   E. 签订经济合同书

7. 对于收益和费用归属期的确定,在会计处理上可以采用的记账基础有　（　　）

   A. 权责发生制　　　　　　　　　　　B. 永续盘存制

   C. 收付实现制　　　　　　　　　　　D. 实地盘存制

   E. 配比制

8. 以下属于会计信息质量要求的是　　　　　　　　　　　　　　　　　（　　）

   A. 权责发生制　　　B. 及时性　　　　C. 可靠性　　　　D. 重要性

   E. 相关性

9. 可比性会计信息质量特征包含如下要求　　　　　　　　　　　　　　（　　）

   A. 可检验　　　　B. 具有预测价值　　　　C. 同一企业不同期间的会计信息可比

   D. 不同企业会计政策必须相同　　　　E. 不同企业会计信息应当可比

10. 大华公司从诚信公司租入设备一台,预计使用期限 10 年,租赁期 8 年,以下表述正确

的是　　　　　　　　　　　　　　　　　　　　　　　　　　　　　　（　　）

   A. 大华公司是会计主体

   B. 诚信公司是会计主体

   C. 大华公司对该设备的确认应以法律形式为主

   D. 大华公司对该设备的确认应符合实质重于形式要求

   E. 大华公司应视同自有固定资产核算

**四、判断题**

1. 在会计假设中,解决持续经营和及时提供会计信息矛盾的是会计分期假设。（　　）

2. 会计主体就是作为法律实体的企业法人。 （　　）

3. 企业持续经营前提下和破产清算情况下所采用的资产计价基础和会计方法是没有区别的。 （　　）

4. 企业的会计处理和程序前后各期必须一致,一律不得改变。 （　　）

5. 货币计量前提还包括币值稳定前提。 （　　）

6. 成本计算和登记账簿都是会计核算的专门方法。 （　　）

7. 可比性会计信息质量要求是从不同企业会计信息的角度提出的要求。 （　　）

8. 会计核算应当区分特定主体自身的交易或事项与其他单位的交易或事项。 （　　）

9. 会计中期是指短于1个完整的会计年度的报告期间。 （　　）

10. 会计核算只强调完整性,不强调连续性和系统性。 （　　）

## 五、业务分析题

1. 不论是独资企业、合伙制企业和公司制企业,作为独立的会计主体只能核算本企业范围内发生的交易或事项,即使是一家个人独资企业,会计也只记录本企业交易或事项,而不记录企业所有者等个人的经济活动,当然也不得核算其他单位的经济活动。张山设立了一家个人独资洗衣店,请你帮他分析和判断以下各项活动都是洗衣店的交易或事项吗? 并思考:为什么?

(1) 张山向其父亲借入现金15万元,购买一辆供家庭使用的轿车。

(2) 张山将借入的货币资金20万元投入洗衣店,款项通过银行收讫。

(3) 洗衣店从银行取得短期借款4万元,期限8个月。

(4) 洗衣店与顾客签订购买设备合同,合同价款30万元。

(5) 张山购买私人住房一套60万元。

(6) 洗衣店收到客户交来的支票,金额3万元。

2. 案例分析:权责发生制与收付实现制的比较。

发达商场2021年12月份,发生如下交易:

(1) 支付上月水电费3 000元。

(2) 收到上个月的商品销售货款20 000元。

(3) 支付下年度的办公用房租金50 000元。

(4) 本月销售商品收到销售收入30 000元,存入银行。

(5) 支付本月工资费用50 000元,其他工资费用60 000元暂欠。

(6) 出租闲置房屋一栋,本月应收租金5 000元,款项尚未收到。

(7) 本月水电费20 000元,将在下月支付。

思考与讨论:

(1) 运用权责发生制计算确定发达商场12月份的收入、费用和利润。

(2) 运用收付实现制计算确定发达商场12月份的收入、费用和利润。

(3) 权责发生制和收付实现制两种会计核算基础有何区别? 按国际惯例,说明企业选择权责发生制的利用。

>>> **延伸阅读书目**

1. 刘峰. 会计学基础 [M]. 第4版. 北京:高等教育出版社,2018.

2. 朱小平,周华,秦玉熙.初级会计学[M].北京:中国人民大学出版社,2020.

3. 许家林.西方会计学名著导读[M].北京:中国财政经济出版社,2004.

4. 约翰·J.怀尔德,等.会计学原理[M].崔学刚译.北京:中国人民大学出版社,2015

5. 中华人民共和国财政部.企业会计准则——基本会计准则[M].北京:经济科学出版社,2014.

6. 国家税务总局.中华人民共和国税收基本法规(2018 年)[M].北京:中国税务出版社,2018.

7. 王红云.财经法规与会计职业道德[M].第 2 版.北京:人民出版社,2017.

8. 中华人民共和国会计法(2017 年 11 月 4 日第十二届全国人民代表大会常务委员会第三十次会议《关于修改〈中华人民共和国会计法〉等十一部法律的决定》第二次修正).

# 第二章　会计要素和会计等式

>>> **知识掌握**

① 明确会计要素类别及其特征、确认标准和分类；

② 解释会计等式的基本含义、作用与平衡原理；

③ 理解任何交易或事项的发生都不会破坏会计等式的恒等性。

>>> **能力进阶**

① 能够辨析企业交易或事项应归属的会计要素及应列示的会计报表项目；

② 能够正确运用会计等式原理分析交易或事项对会计要素的具体影响。

>>> **素养提升**

① 认知会计要素确认标准和会计信息质量的内在关联，树立坚持准则的职业价值观；

② 培养科学的会计思维，客观公正进行职业判断：是否属于会计事项？应该如何处理？

## 导入案例

### 初始财务报表

2012年12月财政部发布了《加强企业财务信息管理暂行规定》，要求财政部门规范和加强对企业财务信息的收集汇总和利用，以充分发挥企业财务信息在国家宏观经济管理和企业改革发展中的重要作用。我们已经知道，企业财务信息是通过财务报表提供的，那么财务报表的构成要素有哪些？这些要素之间存在何种关系呢？我们先简单浏览一下大华公司2021年提供的资产负债表和利润表。通常，判断一个企业的经营和财务是否成功，可能首先想知道的是这个企业有利润吗？赚钱了吗？利润体现在哪些项目上？出于对特定期间经营成果的关注，我们先来认识大华公司的利润表（见表2-1）。

表2-1　利润表（简表）

编制单位：大华公司　　　　　　　　　　2021年　　　　　　　　　单位：万元　　　会企02表

| 项目 | 期末数 | 年初数 |
|---|---|---|
| 一、营业收入 | 8 450 | 8 350 |
| 　减：营业成本 | 3 590 | 3 410 |
| 　　　税金及附加 | 82 | 79 |
| 　　　销售费用 | 830 | 870 |
| 　　　管理费用 | 1 950 | 1 990 |
| 　　　研发费用 | 125 | 0 |
| 　　　财务费用（收益以"—"号填列） | —38 | 12 |

续表

| 项　目 | 期末数 | 年初数 |
|---|---|---|
| 　　加：其他收益 | 0 | 0 |
| 　　加：投资收益（损失以"－"号填列） | 0 | 0 |
| 二、营业利润（亏损以"－"号填列） | 1 911 | 2 009 |
| 　　加：营业外收入 | 12 | 9 |
| 　　减：营业外支出 | 23 | 18 |
| 三、利润总额（亏损总额以"－"号填列） | 1 900 | 2 000 |
| 　　减：所得税费用 | 475 | 500 |
| 四、净利润（净亏损以"－"号填列） | 1 425 | 1 500 |

在财务报表中，最为人所知的可能就是利润表了，从大华公司的利润表我们可以看出，所列示的项目是收入、费用及和利润及它们之间的相互关系，主要揭示企业特定期间的收入实现情况、费用的发生情况以及根据收入减去费用计算出企业的利润（或亏损）情况。

接下来，我们初步了解一下利润包括哪些项目。利润表给我们提供的主要项目有：① 营业收入。营业收入反映我们研发生产的产品、采购的商品或开发的服务被市场接受的情况。② 营业成本。对工业企业来说，营业成本是已销售商品的生产成本，对零售或批发企业来说，是所销售商品的采购成本，对提供服务企业来说，是发生的服务成本。就工业企业来说，产品的生产成本包含生产过程中发生的材料费、人工费及其他费用，营业成本反映了采购部门及生产部门的业绩。③ 销售费用。销售费用是指企业营销（业务）部门在销售商品和材料、提供劳务的过程中发生的各种费用，营业收入和销售费用两个指标均可反映营销（业务）部门的经营业绩。④ 管理费用。管理费用反映了经理办公室、人力资源部门、财会部门等行政管理部门的耗费情况。⑤ 财务费用。财务费用反映的是借款发生的费用与存款获取的收入差额。⑥ 税金及附加。税金及附加是由企业日常活动产生的收入负担的应交给国家的税费（如消费税、城市维护建设税、教育费附加、印花税等），也是计算利润的减项。⑦ 其他收益。其他收益是指与企业日常活动相关的政府补助。⑧ 投资收益。投资收益是企业对外投资所取得的收益或发生的损失。⑨ 营业外收入与营业外支出。该项目是与企业日常的生产经营活动没有直接关系、非日常事项带来的经济利益的流入和流出，如接受捐赠的利得、与企业日常活动无关的政府补助应当计入营业外收入，公益捐赠支出、罚款支出应计入营业外支出等。⑩ 所得税费用。所得税费用是根据《企业会计准则——所得税准则》确认的应当从当期利润总额中扣除的所得税。

在这里，我们只是先认识一下财务报表的基本项目，从本章开始，我们将要逐步学习财务报表的基本项目，在第八章我们会具体学习财务报表的有关内容。

利润表反映了企业一定期间的经营成果，我们从大华公司的利润表中可以看到：营业利润、利润总额和净利润的数据信息。企业的经营业绩和获利能力必然要依赖企业所拥有的资源多少及其运用情况，受企业资源占用资金来源情况的影响，判断一个企业的经营是否成功，最终还是要了解企业财务状况方面的信息，这就需要看资产负债表（见表2-2）。

## 表 2-2 资产负债表

编制单位：大华公司　　　　　2021 年 12 月 31 日　　　　　单位：万元　会企 01 表

| 项目 | 期末数 | 年初数 |
|---|---|---|
| 流动资产 | | |
| 　货币资金 | 1 686 | 1 920 |
| 　应收票据 | 1 082 | 1 260 |
| 　应收账款 | 936 | 940 |
| 　预付款项 | 260 | 350 |
| 　存货 | 1 100 | 1 300 |
| 流动资产合计 | 5 064 | 5 770 |
| 非流动资产 | | |
| 　固定资产 | 2 642 | 1 800 |
| 　无形资产 | 496 | 480 |
| 非流动资产合计 | 3 138 | 2 280 |
| 资产总计 | 8 202 | 8 050 |
| 流动负债 | | |
| 　应付账款 | 552 | 770 |
| 　预收款项 | 980 | 670 |
| 　应付职工薪酬 | 200 | 170 |
| 　应交税费 | 110 | 160 |
| 流动负债合计 | 1 842 | 1 770 |
| 负债合计 | 1 842 | 1 770 |
| 所有者权益 | | |
| 　实收资本 | 5 700 | 5 700 |
| 　盈余公积 | 540 | 390 |
| 　未分配利润 | 120 | 190 |
| 所有者权益合计 | 6 360 | 6 280 |
| 负债和所有者权益总计 | 8 202 | 8 050 |

　　我们从大华公司的资产负债表可以看出，资产负债表所列示的项目是资产、负债及所有者权益及其相互关系，反映的是企业某一特定时点的财务状况。在资产负债表左边部分列示的是企业的资产项目，揭示的是企业某一特定时点所占有经济资源的总体规模及具体分布形态，是企业决策实施和所开展生产经营活动的结果，通过对具体项目的质量及其结构关系的整体分析，可以了解经营状况、资源配置和利用情况，判断企业战略、决策的制定与执行效果。资产负债表的右边，提供的是企业资产资金来源国模及资本结构情况，上半部分反映的是企业在某一日期负担的负债规模及其结构，下半部分反映的是企业所

有者权益及其结构。通过对资本来源的具体项目及结构的分析,可以了解企业的财务风险、偿债能力,还有融资决策及其执行的效果。资产负债表的项目较多,我们将在本章及以后相关内容分别介绍。

现金流量表是以"现金"为基础编制的,反映企业一定期间内现金流入、流出情况,表明企业获取现金及现金等价物的能力,在这不再具体介绍。有关企业资产负债表、利润表和现金流量表的一般格式,见附件2-1、2-2、2-3。

| 附件2-1 | 附件2-2 | 附件2-3 |
|---|---|---|
|  |  |  |
| 资产负债表 | 利润表 | 现金流量表 |

财务信息使用者主要是通过财务报表了解企业当前财务状况、经营成果和现金流量,而财务报表是企业会计要素确认、计量、记录和报告的最终结果。要看懂企业的财务报表及其披露的实质性内容,首先必须理解和掌握具体会计要素的含义、特征、确认标准和类别,以及他们之间的关系,以更好地判断特定企业会计要素的确认、计量、记录和报告的过程和结果是否符合会计信息质量要求。生成和提供会计信息的会计人员更需要掌握会计要素及其之间的内在关联的基本理论知识,以更好地解决会计实务问题,提高会计信息质量,为国家宏观经济调控、企业内部管理以及投资者、债权人等利益相关者决策提供有用的财务信息。

你可能已经发现一个奇妙的现象:大华公司的资产负债表所提供的两期数据,均出现资产总额与负债及所有者权益总额相等的情况,这是为什么呢?下一年度大华公司再发生新的交易或者事项,会不会打破这种平衡呢?构成资产负债表的资产、负债、所有者权益要素,已经构成利润表的收入、费用和利润要素,它们之间到底存在何种关系?会计要素的具体含义如何界定、有何特征,确认标准有哪些,具体项目是如何分类的,什么情况下才能列入报表?诸如上述问题等,你是不是还比较困惑?学完本章,你应该能够回答上述问题,解释其基本原理。

# 第一节　会计要素

会计要素是按交易或事项的经济特征对会计对象的基本内容所做的分类,是企业财务报表的基本构成要素,也是反映企业财务状况和经营成果的基本单位。会计要素是会计对象的具体化,我国《企业会计准则——基本准则》将会计要素划分为资产、负债、所有者权益、收入、费用和利润。其中,资产、负债、所有者权益反映企业在特定时点的财务状况,称为静态要素,是组成资产负债表的内容。收入、费用、利润反映一定时期的经营成果,称为动态要素,是组成损益表(利润表)的内容。

会计对象和会计要素的关系类似于树木和具体树种的关系,如图2-1所示。

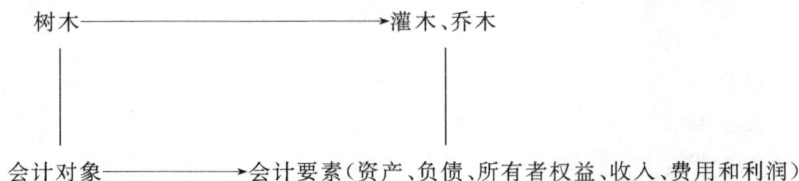

树木 ──────────────→ 灌木、乔木

会计对象 ──────────→ 会计要素(资产、负债、所有者权益、收入、费用和利润)

**图2-1 会计对象和会计要素关系**

## 一、资产

俗话说:巧妇难为无米之炊。任何企业,无论规模大小,为了正常开展经营活动,就必须拥有一定量的资产——下锅之"米"。资产是指企业过去的交易或者事项形成的、由企业拥有或者控制的、预期会给企业带来经济利益的资源。

1. 资产的基本特征

根据资产的定义,资产具有以下特征:

(1)资产预期会给企业带来经济利益。这是资产的实质性特征,企业之所以将某项经济资源确认为资产,最本质的就是能够给企业带来经济利益。预期能够给企业带来经济利益是资产的本质所在和重要特征,如果一项资源预期不能为企业带来经济利益,就不能确认为资产,所以不是所有的资源都可以确认为资产。资产预期会给企业带来经济利益,是指资产将来能够直接或者间接导致现金或现金等价物流入企业,带来经济利益的形式可以是直接增加现金或现金等价物流入(如出售的商品),也可以因被耗用(如消耗的材料)或使用(如使用的固定资产、无形资产)提供经济效用,或节约未来的现金或现金等价物流出(如清偿债务、置换其他资产);可以单独带来净现金流入,某些情况下则需要与其他资产结合起来才能直接或间接地产生净现金流入。资产的这一特征,决定了那些不能再为企业创造未来经济利益的资源,不应再作为企业资产确认。企业已经取得的某项资产,如果为企业创造未来经济利益的能力已经不复存在,就不能继续作为资产,而应转为费用或损失处理。

例如,财产清查中发现已毁损的存货、设备等,预期不会给企业带来经济利益,不符合资产定义,就不能确认为资产,不能列入资产负债表。

如果将不能为企业带来经济利益的经济资源作为资产核算,就会使企业虚增资产和利润,低估费用和损失,就违背了如实反映的可靠性要求及谨慎性要求。

(2)资产必须是由企业拥有或者控制的资源。这里的"拥有"是指企业拥有资产的所有权,"控制"是指企业虽然不拥有某些资产的所有权,但实际上能够自由支配和使用(控制权)。并非所有的经济资源,企业都可以确认为资产,资产是由企业拥有或者控制的资源。一般情况下,某项经济资源能确认为企业资产,企业应该拥有其所有权,可以按自己的意愿使用或处置,其他企业或个人未经本企业同意,不能擅自使用。而有些情况下,企业虽然没有某些经济资源的所有权,但企业实质上能够实际控制这些经济资源,能够从中取得经济利益,按实质重于形式要求,也符合资产定义,就应该将该资源确认为资产,并列入资产负债表,向会计信息使用者传递。

例如,企业从银行借入的款项,尽管所有权不归企业所有,到期需要归还,但借款期企业可以支配使用,也要确认为资产。

再如,企业租入的机器设备,在租赁期满之前,企业虽然对该机器设备没有所有权,但可以控制支配,并且与企业拥有所有权的资产一样能为企业带来未来经济利益,企业应当在租赁期间将其视为自有资产确认为固定资产入账。

企业控制的经济资源能够给企业带来经济利益,而企业却没有加以确认,就违背了实质重于形式要求和相关性要求,无法让会计信息使用者正确判断企业真正占有的经济资源及其生产能力。

(3)资产是由过去的交易或者事项形成的。资产是由过去已经发生的交易或事项形成的现实资产,而不是预期资产,企业预期在未来发生的交易或者事项不形成资产。企业能够利用的经济资源,当期能不能确认为资产,区分的标准之一就是该资源是否是已经发生的交易或者事项形成的,不能根据未履行的合同或计划的交易或事项来确认资产。

例如,企业有购买机器设备的意愿,或已经签订了购买合同但是尚未进行实质性购货行为,由于交易或者事项尚处于计划之中或未正式发生,企业也不可能拥有未来可能取得的该项资源的所有权或控制权,不符合资产的定义,因此不能确认为企业的资产。

如果将处于计划之中或未正式发生的资源确认为资产,列入资产负债表,属于虚假信息,违背了可靠性要求,会误导决策者。

2. 资产的确认条件

在会计上,一项经济活动发生后,能不能确认为会计要素加以记录,并列入财务报表,要按照某一具体会计要素的定义和确认条件来认定。特定会计主体确认会计要素首先要符合具体会计要素的定义(可定义性)。被确认的项目必须符合某一会计要素的定义。比如,会计人员取得企业购买一批生产所用圆钢的发票,这批圆钢必须符合资产要素的定义,或具有资产要素的基本特征,才可以确认为资产的内容。

企业将一项经济资源确认为资产,除了需要符合资产的定义,还要同时满足以下两个确认条件:

(1)与该经济资源有关的经济利益很可能流入企业。从资产的本质看,预期带来经济利益是资产的本质特征。而在现实的经济社会,企业经营面临很多不确定因素,与经济资源有关的经济利益能否流入企业或者流入的可能性有多大、能够流入多少都具有不确定性。基于此,资产的确认应考虑相关的经济利益流入的不确定程度,有确凿证据能够说明与该资源有关经济利益很可能流入企业,就符合资产预期带来经济利益很可能流入的确认条件,又同时符合其他确认标准,正应将其作为资产予以确认。反之,不能确认。

例如:企业赊销形成的应收销货款,有足够的证据证明客户有能力支付该货款,则应将确认为资产,通过“应收账款”账户进行记录。如果在该销货款尚未入账之前,客户就出现了财务状况严重恶化而导致无力支付货款的情况,则应将该笔销货款直接作为坏账进行处理。如果是已经入账的“应收账款”,遇到客户财务状况严重恶化而导致无力支付货款的情况,也不能继续将该“应收账款”作为资产进行确认,应作为坏账加以转销。

遵循该确认条件,是谨慎性等会计信息质量的客观要求。

(2)该经济资源的成本或者价值能够可靠计量。成本或价值不能可靠计量的经济资源,不能作为资产进行入账。一般情况下,在会计实务中,企业购买、生产、建造、接受投资等方式取得的资产,当时都会发生实际成本,会计上可以用历史成本计量;购买的股票、债券等交易性金融资产,按当时的公允价购买,可以用公允价值计量。只要是实际购买、生产、建造、接受投资取得资产的成本能够可靠计量,就符合资产定义的可计量条件。

符合资产定义和资产确认条件的资源,才能在资产的有关账户记录,在资产负债表有关项目列示。尽管符合资产定义,但不符合资产确认条件,或虽然符合资产确认条件,但不符合资产定义的,均不得确认为资产项目进行记录,也不当列入资产负债表。

3. 资产的分类

资产的分类,资产具体项目的属性不同,其效用和管理要求不同,会计处理方法的选择也不同,所以就需要进行具体分类,以便于使用者通过各种资产之间的比例关系,分析评价企业资源配置、资金安排的合理性,企业生产经营活动的有效性,以便于查找经营战略制定及日常管理存在的问题,据以及时修正和改善管理。

从特定企业看,资产的形式多种多样,有的以货币形态存在,如库存现金、银行存款等就属于货币资金项目的内容;有的以实物形态存在,如属于存货的原材料、库存商品、在产品等;有的属于固定资产,如房屋、建筑物、机器设备、机械、运输工具等;有的则以债权形态存在,如应收票据、应收账款、其他应收款等各种应收款项;还有的以特殊权力存在,如专利权、非专利技术、商标权、著作权、特许权和土地使用权等无形资产。

企业资产按照流动性不同,通常可以将其分成流动资产和非流动资产两类。资产的流动性是指资产的转化为现金或被耗用掉的速度(简称变现速度)。一般情况下,流动资产是指可以或准备在1年或者超过1年(含1年)的一个正常营业周期内变现、出售或耗用的资产。非流动资产是指在1年以上或超过1年的一个正常营业周期以上的期限可以或准备变现、出售或耗用的资产。关于营业周期,回顾一下,第一章已经简单介绍过,一般来说,营业周期是指企业从支付货币资金购买商品或劳务到重新转化为企业货币资金为止的时间。对大多数企业来说,营业周期通常短于1年,比如零售业、批发业等商品流通企业,服务业和大多数的制造企业等,这类企业通常按照一年为标准划分流动资产和非流动资产,1年内可以或准备变现、出售或耗用的资产为流动资产,如购买的原材料,生产或购进的库存商品;反之,为非流动资产,例如,为生产商品、提供劳务、出租或经营管理而持有的,使用寿命超过一个会计年度的固定资产。而实际中,仍然有一些行业中的企业营业周期通常长于1年,如工程建筑企业、造船企业等,这类企业通常按照营业周期为标准划分流动资产和非流动资产。

(1)流动资产

资产满足下列条件之一的,应该归类为流动资产:预计在一个正常营业周期中变现、出售或耗用;为主要交易目的而持有;预计在资产负债表日(通常指年度资产负债表日,也可能是月末、季末、半年末)起1年内(含1年)变现;自资产负债表日起1年内,交换其他资产或清偿其他债务的能力不受限制的现金或现金等价物。

流动资产主要包括库存现金、银行存款、交易性金融资产、应收账款、预付款项、存货等。在我们国家的资产负债表上,各流动资产按照其变现能力,依次按照货币资金、交易性金融资产、衍生金融资产、应收账款、应收款项融资、预付款项、其他应收款、存货、合同资产、持有待售资产、1年内到期的非流动资产、其他流动资产列示。

(2)非流动资产

通常非流动资产是指不符合流动资产条件的资产,主要是满足企业正常的生产经营需要持有的劳动资料以及专利权和土地使用权等无形资产、对外的长期性投资等,以保持企业适当的竞争力。在会计实务中,某些价值低易损耗的资产,尽管其使用期限超过 1 年或超过一个营业周期,如包装物、低值易耗品,大部分企业都是作为流动资产进行管理,按照会计信息质量要求中的重要性原则,会计上将其作为流动资产进行确认,列于资产负债表中的存货项目。

非流动资产通常包括债权投资、长期应收款、长期股权投资、投资性房地产、固定资产、在建工程、无形资产、开发支出和其他非流动资产等。各非流动资产的列示顺序大家可以扫码查看附件 2-1。

## 二、负债

负债是指企业过去的交易或者事项形成的、预期会导致经济利益流出企业的现时义务。负债是企业欠他人的款项。

1. 负债的基本特征

(1) 负债是企业承担的现时义务。这是负债的一个基本特征。现时义务是指企业在现行条件下已承担的义务。未来发生的交易或者事项形成的义务,不属于现时义务,不应当确认为负债。这里所指的现时义务可以是法定义务,也可以是推定义务。法定义务通常是指企业经营管理过程中,依照法律、法规规定必须履行的责任,通常在法律意义上要强制执行,例如应向国家缴纳的税费、应付职工的薪酬、购货或接受劳务应支付的款项,向银行借入的款项等。推定义务,通常是指企业在特定情况下产生或推断出的责任,是企业多年来的习惯做法以及公开承诺或公开宣布的政策所导致企业将承担的责任。例如一定期限的三包、售后服务就属于推定义务,会计上要确认为预计负债进行记录,并列于资产负债表。如果对推定义务不加以确认,就会低估企业的负债和费用,违背了谨慎性要求,使决策者不能正确评价当前的经营成果、预判未来的现金流量,也不符合可靠性和相关性要求。

(2) 负债的清偿预期会导致经济利益流出企业。这是负债的一个本质特征,只有在企业履行义务时会导致经济利益流出企业,才符合负债定义。企业负债不论对应的是法定的还是推定义务,其履行都会导致经济利益流出企业,负债通常是以现金形式归还,还可以通过提供劳务或以转让实物资产及股权等方式来清偿债务。

(3) 负债是企业过去的交易或者事项形成的。和资产一样,负债也是由企业过去的交易或事项形成的,比如企业采用商业信用方式购货或接受劳务形成的负债(称为应付账款),如果没有发生赊购活动,相应的应付账款现在就不会存在。再如,银行借款是由于企业过去向银行贷款形成的,同理,没有接受银行贷款的融资活动发生,欠银行的负债也不会存在。只有过去的交易或事项才形成企业的负债,未履行的未来承诺或贷款合同或计划的交易或事项不形成负债。

2. 负债确认的基本条件

企业要将一项义务确认为负债,除了符合负债定义以外,还要同时满足以下两个确认条件:

(1) 与该义务有关的经济利益很可能流出企业。从负债的本质特征看,预期会带来经济利润流出企业。由于与该义务有关的经济利益能否流出企业也具有不确定性,所以,负债的确认应与相关经济利益流出的不确定性判断结合起来。有确凿证据能够说明与该义务有关经济利益很可能流出企业,就符合确认条件。反之,则不符合。

（2）该义务未来流出的经济利益能够可靠计量。即未来履行义务时，偿还的金额能够计量出来。

符合负债定义和负债确认条件的义务，才能在负债的有关账户记录，在资产负债表有关项目列示。尽管符合负债定义，但不符合负债确认条件，或虽然符合负债确认条件，但不符合负债定义的，均不得确认为负债项目进行记录，也不当列入资产负债表。

3．负债的分类

负债按其流动性可以分为流动负债和非流动负债两类。

（1）流动负债

流动负债是指在1年或者超过1年（含1年）的一个正常营业周期内清偿的债务。满足下列条件之一的，应该归类为流动负债：预计在一个正常营业周期中清偿；为主要交易目的而持有；预计在资产负债表日起1年内（含1年）到期且应予以清偿；企业无权自主地将清偿推迟至资产负债表日后1年以上。流动负债主要包括短期借款、应付票据、应付账款、预收账款、应付职工薪酬、应交税费、应付股利、其他应付款以及1年内即将偿还的长期负债等。

（2）非流动负债

非流动负债是指偿还期在1年以上或者超过1年的一个正常营业周期以上的债务。不满足流动负债条件的均为非流动负债，包括长期借款、长期应付款、应付债券等。与流动负债相比，流动负债具有金额大、偿还期限较长的特点。各负债项目在资产负债表中的排列见附表2-1。

➢ **课外拓展练习**

查阅导入案例大华公司的资产负债表流动资产合计和流动负债合计，你能从两者之间的比例关系判断其短期偿债能力吗？如果判断企业的长期偿债能力，还需要关注什么？

## 三、所有者权益

所有者权益是指企业资产扣除负债后，由所有者享有的剩余权益。所有者权益反映了所有者对企业资产的剩余索取权，即所有者对企业净资产的要求权。所有者权益在数量上变现为资产减去负债后的差额。

1．所有者权益的特征

负债和所有者权益两者可统称为权益，都代表对企业资产的要求权（claim），但两者却有着本质的区别。债权人享有依法或依约事先确定的求偿权，必须按期归还本息。相对于负债而言，所有者权益具有以下特点：

（1）所有者权益所产生的股东义务不具有法定偿还性。所有者投入资本是企业的永久性资本，是企业赖以生存和维持经营的基础，在企业经营期内无须偿还，除非发生减资或清算（终止经营）。

（2）所有者权益是所有者对企业资产的剩余权益。在企业清算时，所有者对企业的剩余财产不具有优先求偿权，按照法律规定，债权人对企业资产享有优先清偿权，所有者只能对债权人索偿后的剩余资产享有权益。

（3）所有者权益享有按出资比例分享利润权。这是所有者的基本权利，而负债则不能参与企业利润分配。

2. 所有者权益的确认

所有者权益体现的是所有者对企业资产的剩余权益。一般情况下,除了所有者投入资本需要单独确认,其他项目的确认、计量主要依赖于资产、负债、收入和费用等其他会计要素的确认与计量。以前面已经分析讨论过的收入和费用为例,企业实现收入、发生费用,都会引起资产或负债发生增减变动,相应地会引起所有者权益随之变动。

企业日常经营管理的好坏,企业资产和负债的质量决定着所有者权益的增减变化情况和资本的保值增值。企业日常经营管理的好坏,企业资产和负债的质量都可以通过财务报表反映出来。

➤ **即问即答**

(1)企业的收入实现,可能会引起哪些会计要素发生何种变化?

(2)企业的费用发生,可能会引起哪些会计要素发生何种变化?

3. 所有者权益的分类

所有者权益一般包括所有者投入资本、留存收益两大类内容,有时也会发生直接计入所有者权益的利得和损失(指不应计入当期损益、会导致所有者权益发生增减变动、与所有者投入资本或向所有者分配利润无关的利得或损失,该内容本书不做阐述)等。

(1)所有者投入资本。所有者投入资本包括实收资本和资本公积。

实收资本是指投资者按照企业章程或合同、协议的约定,实际投入企业的注册资本,是企业在工商管理部门登记的注册资本。在股份制企业,实收资本称作股本。

资本公积是所有者投入资本的组成部分,主要包括资本溢价和其他资本公积(主要是以权益结算的股份支付,股份支付是指企业为获取职工提供服务而授予股票期权等,或承担以股票期权为基础确定的负债交易。企业为激励职工更好地为企业服务,可以实行股票期权等激励政策,《中级财务会计》讲述,本书不做介绍)。

资本溢价,是指所有者的出资额大于其在企业注册资本中所占份额的那部分资本。一般情况下,初创企业,所有者按照其在注册资本中所占的份额出资,不会出现资本溢价。企业经营一段时间之后,新的投资者加入时,新股东的出资往往会大于其在注册资本中所占的比例。例如,甲企业在发展过程中,张三作为新股东入资,合同约定出资 110 万元,享有认缴的注册资本份额 100 万元的权利,则超出其在注册资本中所占份额的 10 万元,就属于资本溢价。

(2)留存收益。留存收益是企业历年实现的净利润留存于企业的部分,主要包括盈余公积和未分配利润。

盈余公积,是企业从净利润中提取的具有特定用途的留存利润。盈余公积包括法定盈余公积和任意盈余公积。法定盈余公积,是按《公司法》规定,根据企业净利润和法定比例计提的盈余公积。任意盈余公积是在企业法定盈余公积之后,根据企业需要,按股东大会等类似权力机构决议,从净利润中提取的。盈余公积主要用于企业扩大生产经营,也可与用于弥补企业亏损或转增资本(或转增股本)。

未分配利润,是指企业留存以后年度进行分配的留存利润(或未弥补亏损)。留存利润是指企业实现的净利润中尚未指定用途的、留待以后年度向所有者分配的利润,是企业净利润分配后的剩余部分,企业对这部分利润的使用具有较大的自主权。

## 四、收入

收入是指企业在日常活动中形成的、会导致所有者权益增加的、与所有者投入资本无关的经济利益总流入。

1. 收入的基本特征

(1) 收入是日常活动中形成的。日常活动是指企业为完成其经营目标所从事的经常性经营活动以及与之相关的活动,是经常性的、持续重复进行的活动。比如,面粉厂加工并销售面粉、超市销售水果及肉制品等商品、运输公司提供运输劳务、商业银行吸收存款和发放贷款、租赁公司出租资产、会计咨询公司提供服务等,均属于企业的日常活动。企业非日常活动所形成的经济利益流入,不能确认为收入,而应该直接计入利润。明确界定收入是日常活动产生的,主要是为了将收入与直接接利润的利得(是偶然活动形成的)区分开。比如,出租固定资产收取的租金属于日常活动中形成,确认为收入;而出售转让固定资产取得的净收益为非日常活动所形成,就不能确认为收入,应确认为直接利润的利得。这样,分别提供收入和直接计入利润的利得的相关信息,将更能满足会计信息使用者的决策需求,符合相关性和明晰性会计信息质量要求。

(2) 收入会导致所有者权益增加。这是收入的基本特征。收入的实现是以经济利益的流入为条件的,这种经济利益的流入必然表现为企业资产增加或负债减少(比如以销售商品或提供劳务的款项抵债),或者两者兼而有之。不论是资产增加或负债减少,最终都会导致企业净资产增加,可见收入的实质是导致所有者权益增加。从利润的构成看,收入是利润的增加项,收入增加带来利润增加,利润增加最终会导致所有者权益增加。不能导致所有者权益增加的经济利益流入不符合收入的定义,不应确认为收入。比如,企业从银行取得的借款,尽管也带来经济利益的流入,但这项流入带来的是负债的增加,而不是所有者权益的增加,与收入无关。

收入不包括为第三方或客户代收的款项。在企业的日常经营活动中,经常发生为第三方或客户代收的款项,如代收代缴的税金、代收的利息、代收的运杂费等。代收款项一方面增加企业资产,另一方面增加企业负债,不会导致企业所有者权益增加,而且代收的款项是其他会计主体的经济利益流入,不会给本企业带来经济利益流入,所以不作为收入核算。

应当注意的是,会计上所强调的收入指的是收入本身,也就是所谓的毛收入的概念,既没有扣除相关成本费用的收入。企业收入扣除相关成本费用后的净额,既可能会增加所有者权益,也可能会减少企业所有者权益,所以在收入的定义中,强调收入带来的是经济利益总流入。

(3) 收入是与所有者投入资本无关的经济利益流入。收入会给企业带来经济利益流入,会导致所有者权益增加,而与所有者投入资本无关。所有者投入资本,虽然也会引起经济利益流入企业,会导致所有者权益增加,但这属于企业筹集权益资本活动,是所有者投入的"实收资本"或"资本公积",是所有者权益的直接增加项目,不能确认为收入,而是直接确认为所有者权益。

2. 收入的确认条件

尽管企业销售商品、提供劳务和让渡资产使用权形成的收入来源不同,确认的具体条件也存在一些差异。企业确认收入仍然要严格遵循确认标准,除符合定义,还要同时满足以下确认条件:

(1) 与收入有关的经济利益很可能流入企业。

（2）经济利益的流入额能够可靠地用货币加以计量。

（3）经济利益流入企业会导致企业资产增加或者负债减少，或者两者兼而有之。

这就意味着，确认收入的同时，要确认资产的增加或者负债的减少，或者资产增加与负债减少均予以确认。例如，企业销售售价5万元的商品，款项收到存入银行，在确认收入增加的同时，还要确认银行存款增加；如果该销售为赊销，则在确认收入增加的同时，要确认应收账款增加；如果该销售原来已经预收货款，则是在确认收入增加的同时，要确认预收账款这项负债（预收账款属于负债，将在第三章、第四章介绍）减少；如果该销售原来已经预收2万元的货款，销售商品时收到余款3万元，在确认收入增加的同时，一方面确认预收账款减少2万元，另一方面还要确认银行存款增加3万元。

符合收入定义和收入确认条件的项目，才能列入利润表。

3．收入的分类

我国企业会计准则中对收入的定义，指的是狭义的收入，仅指营业收入，是企业主要的、经常性的业务收入，包括销售商品收入、提供劳务收入和让渡资产使用权收入（如租金收入）等。按照企业所从事日常活动的重要性，收入可分为主营业务收入和其他业务收入。

主营业务收入是指企业为完成其经营目标所进行的主要的经常性业务活动产生的收入，是利润形成的主要来源。不同行业的企业业务性质不同，主营业务收入包括的内容也不同。例如，对工业企业来说，自营业务收入是销售所生产产品的收入；酒店企业的主营业务收入主要包括客房收入、餐饮收入；流通企业销售商品的收入、运输企业提供劳务产生的收入、租赁公司的租金收入，对企业来说都是主营业务收入。

其他业务收入是指企业在生产经营过程中除主营业务之外的其他业务产生的各项收入，例如，对工业企业来说销售材料、提供运输、租赁收入等，就属于其他业务收入。

## 五、费用

费用是指企业在日常活动中发生的、会导致所有者权益减少的、与向所有者分配利润无关的经济利益的总流出。

我国企业会计准则中，费用是从狭义定义的，与狭义收入有着因果关系。特定的会计主体在哪一个期间确认费用，会直接影响当期利润的计算，企业的费用要严格按照权责发生制的要求以及与存在因果关系的收入相配比的原则进行确认。

1．费用的基本特征

（1）费用是企业在日常活动中发生的。与收入有着因果关系的费用，是为取得收入而付出的代价，也必然是日常活动中发生的。比如，2021年1月5日企业销售商品，售价5万元，成本2万元。为实现5万元的收入，付出的代价是发生购买成本2万元，已销售商品的成本，就属于费用。企业购销活动都属于日常活动。明确界定费用是日常活动发生的，主要是为了将费用与直接利润的损失区分开，分别提供费用和直接计入利润的损失的相关信息，有利于会计信息使用者判断企业的经营成果及成本费用管理水平。企业因非日常活动发生的经济利益流出，不是企业的费用，应按损失予以确认，直接计入利润。

（2）费用是与向所有者分配利润无关的经济利益流出。费用的发生是以经济利益的流出为条件的，这种经济利益的流出既可能表现为资产的减少，也可能表现为负债的增加，或者两者兼而有之。但该流出不包括向所有者分配的利润，企业向所有者分配利润，虽然也会引起资产减少或负债的增加,进而导致所有者权益减少,但该经济利益的流出属于企业实现净利润的分配,是所有者权益的直接抵减项目,不属于企业为实现收入而发生的耗费,不是企业发生费用的交易,不能确认为费用。

(3)费用能够导致企业所有者权益的减少。费用最终会导致企业所有者权益减少,这是费用的基本特征。费用的发生导致的经济利益流出,不论是表现为企业资产减少,还是表现为企业负债增加,或者两者兼而有之,都会导致企业净资产减少,可见费用的实质是所有者权益的减少,从利润的构成来看,费用是企业利润的减少项,费用增加带来利润减少,利润减少最终带来所有者权益减少。因此,与费用相关的经济利益的流出最终会导致所有者权益减少。不会导致所有者权益减少的经济利益流出不符合费用的定义,不应确认为费用。比如,向银行偿还借款,会带来经济利益流出企业,但该交易引起的是负债的减少,而不是所有者权益的减少,因此与费用无关。

2. 费用的确认的条件

企业确认费用,除符合定义外,还要同时满足以下确认条件:

(1)与费用有关的经济利益很可能流出企业。

(2)经济利益的流出额能够可靠地用货币加以计量。

(3)经济利益流出企业会导致企业资产减少或者负债增加,或者两者兼而有之。

符合费用定义且同时符合费用确认条件的项目,才能确认为费用进行记录,列入利润表。

例如:企业行政管理部门当月耗用的电费,与供电部门约定下月支付。根据电表显示的耗电量以及电价,能够用货币计量该电费,且企业财务有能力支付,下月支付时会导致经济利益流出企业,尽管本月没有支付,形成欠供电部门的一项应付电费,带来负债增加,最终会导致所有者权益减少,符合费用的定义及确认条件。

3. 费用的分类

在实际工作中,成本和费用两个概念通常一起使用,都是企业日常生产经营活动中发生的耗费。成本是按一定对象所归集的耗费,从广义上说可以看作对象化的费用,与一定种类和数量的产品、商品或劳务相联系,而不论发生在哪个期间。在工业企业,广义的费用按照其经济用途可以分为狭义的费用和生产费用。狭义的费用与特定的会计期间相联系,而与特定对象无关,也不包括直接计入利润的利得(偶然的事项带来的经济利益流入,直接利润)。生产费用是指产品生产过程中发生的一切费用,由企业所生产的产品负担,计入产品的生产成本(具体核算将在第四章第四节介绍),当销售行为发生后,产品的生产成本才转化为费用。

我国企业会计准则中对费用的定义,指的是狭义的费用,在日常活动中发生的、会导致所有者权益减少的、与向所有者分配利润无关的经济利益的总流出,主要包括营业成本、期间费用、税金及附加和所得税费用等。

营业成本是与营业收入相关的、已确定归属期和归属对象的销货成本或服务成本。例如,某工业企业销售 A 产品的生产成本,某超市销售 B 商品的进货成本。营业成本又分为主营业务成本和其他业务成本。主营业务成本是企业主要经营活动的销货成本或提供劳务的成本。其他业务成本是指的企业在生产经营过程中除主营业务之外的其他业务产生的各项销售成本或服务成本。工业企业销售产品的生产成本就属于主营业务成本,而已销售材料的采购成本则属于其他业务成本。

期间费用是指与特定对象(如产品、商品)的增减变动没有直接关系,不能直接或间接归属某个特定对象的各种费用。期间费用发生期间明确，易于确定归属期，但很难判别为哪个特定对象而发生，难以判断其归属期。企业发生的费用与当期实现的收入相关，因而在发生的当期，应该从收入扣除，得到补偿，因此计入当期损益，称为期间费用。期间费用主要包括管理费用、销售费用、财务费用等。

税金及附加是企业经营活动负担的各种税金及教育费附加，包括消费税、城市维护建设税、资源税、房产税、土地使用税、车船税、印花税及教育费附加等相关税费。

缴纳所得税会带来经济利益流出企业，而且会导致企业所有者权益减少，是企业一项重要的费用。有关所得税费用，请回顾导入案例对所得税费用的介绍，并查阅资料进一步了解有关知识。

### 六、利润

利润是指企业在一定会计期间的经营成果。利润指标是评价企业生产经营管理业绩的重要指标之一，也是投资者等财务会计报告使用者进行决策时需要的重要信息。

利润包括收入减去费用后的净额、直接计入当期利润的利得和损失等。其中，直接计入当期利润的利得和损失，是指应当计入当期损益、会导致所有者权益发生增减变动的、与所有者投入资本或者向所有者分配利润无关的利得或损失。

比如，企业接受捐赠 100 万元，是偶然事项，不属于企业日常活动引起的经济利益流入，不能确认为收入，应确认为利得，直接计入利润。企业对外捐赠支出，也是企业非日常活动，也不能确认为费用，该经济利益流入确认为损失，直接计入利润。比如在 2021 年 7 月 20 日，河南郑州等地遭遇"百年不遇"的极端特大水灾，多家企业及爱心人士纷纷捐款捐物援助抗洪救灾，据《公益时报》记者统计，截至 7 月 21 日 22 时，一天内包括阿里集团、腾讯、百度、字节跳动、美团、牧原股份、小米、万科集团、宇通客车、建业集团等 45 家知名企业纷纷宣布捐钱捐物，紧急驰援河南，大额捐款近 20 亿元人民币，担当起社会责任。企业的这些捐赠支出，带来的经济利益流出，就属于偶然事项，要确认为损失，直接计入利润。

利润不单独确认和计量，其确认与计量取决于资产、负债、收入和费用，以及直接计入当期利润的利得和损失的确认与计量。

利润分为营业利润、利润总额和净利润三个基本层次。影响利润的主要因素可参见本章导入案例中附件 2-2。

# 第二节　会计等式

## 一、会计等式的含义

会计等式，也叫会计恒等式，是指运用数学方程原理表达会计要素之间内在基本关系和企业产权归属关系，即会计要素之间内在相互关系的一种数学表达式。会计等式是设置账户、复式记账及编制财务报表等会计核算方法的理论基础，在会计核算中具有重要意义。

任何企业无论规模大小，要进行正常的生产经营活动，都必须拥有或控制一定种类和数量的资产，资产是企业创造未来经济利益的基础。随着经济活动的开展，这些资产分布在经济活动的各个方面,表现为不同的资金占用形态,如库存现金、银行存款、原材料、库存商品、机器设备、房屋、建筑物等。企业资产占用的资金来源包括两个方面,一是投资人提供的所有者权益,二是债权人提供的负债。负债及所有者权益是企业资产占用资金的两个来源,是对企业资产的要求权,统称为权益。从静态来看,资产不能脱离权益而独立存在,没有无资产的权益,也没有无权益的资产;从数量上看,在任何一个时日,企业持有多少数额资产,就必然有多少数额的资金来源,也就是说,资金占用的金额必然等于资金来源的金额。因此,一个企业所拥有的资产总额必然等于权益总额,两者相互依存,在金额上永远保持恒等的关系,这种平衡关系公式表示如下:

$$资产 = 权益$$

上述会计等式表明了企业资产与权益之间的基本关系,其基本含义是:企业某一特定时点用于生产经营活动的资产,其占用的资金来源于权益,企业的资产和权益是同一资金的两个不同方面,是从两个不同侧面对资金反映的结果,有一定数额的资产,就必然有一定数额的权益。反过来说,有一定数额的权益,就必然形成相应数额的资产。也就是说,企业的资金,从其存在、分布与使用的形态来看是资产,而从其形成与取得的来源来看是权益,即资产是资金的占用形态,表明企业筹集的资金用于哪些方面,权益是资金的来源,表明企业资产从哪里来。将上述会计等式右边的权益,按资金来源的性质不同,可以进一步展开为所有者权益和负债两个方面,就形成资产、负债及所有者权益之间内在的数量关系,用等式表述如下:

$$资产 = 负债 + 所有者权益$$

该会计等式反映了资产、负债及所有者权益三个静态要素之间的内在联系和企业产权的归属,表明企业某一特定时点的财务状况,说明企业资产占用的资金有两个来源,一是来自所有者,一是来自债权人,或者说企业从所有者和债权人那里筹集的资金,必然投放到各项资产。如上所述,会计等式反映的是企业同一资金的两个侧面,左边表示企业拥有什么经济资源,拥有多少经济资源,右边表示谁提供了这些经济资源,谁对这些经济资源拥有要求权。企业的任何资产,都是经济资源的一种实际存在形态或表现形式,从另一个角度看,这些经济资源占用的资金又都是从一定的渠道进入企业的。资产所需资金是所有者和债权人提供的,所有者和债权人对企业资产都应该有相应的要求权。

上述等式是企业资金运动的静态表现,我们称之为基本会计等式,也称会计恒等式、静态会计等式、存量会计等式,揭示了三个静态会计要素——资产、负债和所有者权益之间内在联系和数量上的基本关系,是建立资产负债表、设置账户和复式记账的理论基础,是编制资产负债表的理论依据。

**例1** 李福投资开设一家个人独资企业——福美公司,销售日用百货,2021年6月8日将投入资本200 000元通过工商银行汇入公司账户。福美公司是一个独立的会计主体,李福是该店的所有者,以其出资额对公司资产享有要求权。福美公司需要将自身经济活动与李福个人的经济活动相区分。

**解析** 福美公司收到李福投资,一方面公司资产(银行存款)增加200 000元,另一方面所有者权益(投入资本)增加200 000元,就形成了该公司最初的会计等式:

$$资产(200\,000) = 所有者权益(200\,000)$$

此时,会计等式成立。

企业的资产以货币资金的形态存在,资金来源只有所有者权益。

所有者向企业投入资本,目的是为了获利,希望企业能够利用获得的经济资源,通过生产经营获取利润,增加财富,为此企业就必须开展生产经营活动。以李福的福美公司为例,就需要进行购货和销售等活动。

**例 2**　假设,2021 年 6 月 9 日,福美公司购买电脑、货架等办公和营业设备一批,成本110 000 元,货款均暂欠。

**解析**　由于该项交易为赊购活动,一方面使企业资产(假设上述设备对福美公司来说,金额较大,均做固定资产入账)增加 110 000 元,另一方面,供应商则拥有收回其赊销货款的权利,成为企业的债权人,对企业资产享有索偿权,福美公司则需要在以后偿还这笔欠款,形成一项负债(现时义务),购货应付而未付的款项称为应付账款,因此公司的负债(应付账款)增加110 000 元。债权人权益与李福投入资本形成的所有者权益,尽管都是企业资金的来源,但有着本质上的区别,属于两个不同的会计要素,应该分别确认。上述赊购业务发生后,会计等式被扩展为:

$$资产(310\ 000) = 负债(110\ 000) + 所有者权益(200\ 000)$$

会计等式仍然平衡。

此时,企业资产分别以货币资金、固定资产的形态存在,资金来源包括所有者权益和负债。

**例 3**　2021 年 6 月 11 日,福美公司购买货物一批,买价 30 000 元(暂不考虑增值税),商品验收入库,货款已通过工商银行网银支付。

**解析**　由于该项交易发生后,一方面使企业资产中的库存商品增加 30 000 元,另一方面,使企业资产中的银行存款减少 30 000 元,是资产内部的同增同减,资产总额不变,不涉及会计等式右边的会计要素,会计等式仍然表现为:

$$资产(310\ 000) = 负债(110\ 000) + 所有者权益(200\ 000)$$

会计等式仍然平衡。

不过,等式左边的资产内部结构发生了变化。此时,企业资产分别以货币资金、固定资产、存货的形态存在,资金来源包括所有者权益和负债。

随着业务的不断发生,企业资金的占用形态会不断变化,表现为各种形态。会计记录能够清晰地反映业务的发生情况,反映出各个业务板块形成的资产结构,进而帮助管理者判断经营决策的合理性,管理的有成效性,并能通过资产的结构与对应的资金来源期限结构等比较,判断企业的偿债能力及财务风险。比如你可以将流动资产与流动负债比较,判断企业的短期偿债能力。

> ➢ **即问即答**

请你判断一下,此时福美公司的短期偿债能力是强还是弱? 如果会计没有如实记录,能帮助你做出正确的判断吗?

如前所讲,企业吸收所有者投资和举债筹集资金,目的是通过开展生产经营活动,充分利用有限的经济资源(资产)创造更多的财富。所以,企业仅有购货业务是不够的,还需要把产品销售出去,才能够赚取财富。如果只是不断购货,带来的只能是:要么带来资产增加,负债增加(赊购),要么带来货币资金转化为商品(支付购货款,资金内部转移,由货币资金转化为商品资金,企业资产总额不变),如果企业购进的货物或生产的产品总是处于库存状态,售不出去,资产就不会给企业带来经济利益,也就失去了存在的意义,会计上也不符合资产的定义。这样,不仅无法实现资本增值,资本保值也无法做到,企业也无法生存。所以,企业必须做好营销工作,当然也必须做好其他各方面的业务活动。在企业正常的生产经营过程中,就会发生收入和费用,将一定时期的收入和费用进行合理配比,就可以计算出企业当期的利润(或亏损),向有关方面反映企业一定时期经营成果的动态。企业有了收入、费用和利润,会计要素之间的关系则体现为:

$$利润 = 收入 - 费用$$

该会计等式是资金运动的动态表现,反映企业某一会计期间的经营成果,是编制利润表的基础。

企业在生产经营过程中,有时还会发生非日常活动(偶然事项),导致经济利益流入或流出,就应该分别确认为直接计入当期利润的利得和直接计入当期利润的损失,此时,上述动态会计等式表达为:

$$利润 = 收入 - 费用 + 直接计入当期利润的利得 - 直接计入当期利润的损失$$

**例4** 假设,福美公司6月12日销售货物10件,销货发票显示,售价共计9 200元,款项均存入公司银行账户。商品出库单显示,该批销售商品进货成本3 000元。

**解析** 从销货发票看出,福美公司通过销售活动,把商品出售给顾客,给企业带来银行存款9 200元,是经常性的日常活动带来的经济利益流入,为企业的主营业务收入。该销售业务使企业收入(主营业务收入)增加9 200元,同时带来资产(银行存款)增加9 200元。从商品出库单看出,福美公司该销售活动,使库存商品减少3000元,转化为销货成本。企业的销售行为发生后,所销售库存商品的成本就转化为费用,即已销售商品的成本是费用,出库单反映的是福美公司发出所销售商品业务,反映的是资产(库存商品)减少3 000元,费用(主营业务成本)增加3 000元。

企业的收入、费用和利润之间的关系,以会计等式表达,则体现为:

$$利润(6 200) = 收入(9 200) - 费用(3 000)$$

同时,福美公司该项销售业务,实现的销售收入带来资产中的银行存款增加9 200元,资产中的库存商品减少3 000元,净资产增加6 200元,资产总额为316 200元(200 000+110 000+9 200-3 000)。企业实现的利润(或亏损)则由所有者享有(或承担),此时福美公司的所有者权益共计206 200元,包含李福投入的资本200 000元和实现的销售毛利6 200元。销售毛利是营业收入减去营业成本后的金额。该销售业务综合到会计的基本等式之中,就体现为:

$$资产(316 200) = 负债(110 000) + 所有者权益(206 200)$$

此时,会计等式仍然平衡。

资金运动是静态表现和动态表现的综合,在不存在非正常活动的情况下,描述资金运动静态表现的会计等式"资产=负债+所有者权益"与描述资金运动动态表现的会计等式"利润=收入-费用"可以综合为一个静、动态结合的会计等式,表现为:

$$资产 = 负债 + 所有者权益 + (收入 - 费用)$$

存在非正常活动的情况下，综合会计等式则表达为：

资产＝负债＋所有者权益＋（收入－费用＋直接计入当期利润的利得－直接计入当期利润的损失）

到了会计期末，将企业发生的所有收入和计入利润的利得，减去所有费用和计入利润的损失，就可以计算出当期实现的利润总额（或亏损总额）。企业实现的利润（或亏损）则由所有者享有（或承担）。会计等式表现为：

资产＝负债＋所有者权益＋利润（或亏损）

每个会计期末，企业都要按照规定计算利润并进行分配，利润在按规定程序进行分配以后，分配给所有者的利润会直接带来所有者权益减少（利润分配所有者之后，留在企业的未分配利润必然随之减少），企业留存利润（也称留存收益，包括盈余公积和未分配利润）仍为所有者权益项目，归属于所有者权益要素，会计等式又归属于静态：

资产＝负债＋所有者权益

也就是说，会计等式又恢复到"资产＝负债＋所有者权益"这一基本会计等式。只是，这时是在新的时点上建立的一种新的平衡关系。

总的来说，在任何一个时点，企业所有的资产不论以何种形态存在，都必定有一定的资金来源，或者是从债权人那里借入的，或者是所有者提供的（包括所有者投入资本和生产经营过程中形成留存利润）。

在任何情况下，"资产＝负债＋所有者权益"这一会计等式左右双方的平衡关系都不会被破坏。

## 二、交易、事项对会计等式的影响

企业在日常生产经营过程中，会不断地发生各种具体的交易或者事项，如接受所有者投入资本、购进材料、销售产品、向银行借款等。企业发生的每一项交易或事项都会影响会计要素，从而影响企业的财务状况、经营成果和现金流量等，因此必须被记录下来。通过上述分析，我们知道，每项交易或事项的发生至少会从两个方面影响会计要素具体项目增减变动，但是，不管企业发生的交易或事项如何复杂多变，都不会影响会计等式的平衡关系，故我们把"资产＝负债＋所有者权益"称为会计恒等式。下面我们通过实例，结合交易或事项对会计等式的影响类型进行分析说明。

在实际工作中，一个企业实际发生的交易或事项是多种多样的，但是它们对会计等式的影响概括起来不外乎以下 4 种类型。

（1）交易或事项引起会计等式左右两边会计要素同时等额增加。

这种类型交易或事项的发生，等式两边增加的金额相等，不会破坏会计等式的平衡关系，如图 2－2 所示。

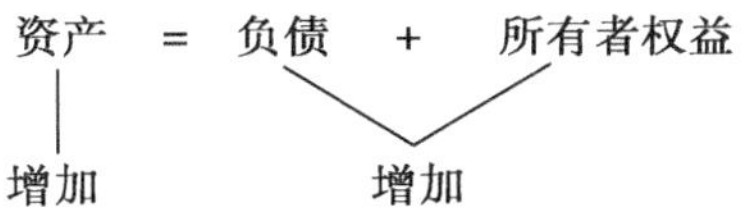

图 2－2　交易或事项引起会计等式左右同时等额增加

假设,2021 年 9 月 5 日,李福又和金亚公司一起投资开设一家有限责任公司——永昌公司,主营女士服装零售。注册资本 1 200 000 元。协议约定:金亚公司认缴注册资本份额 200 000 元,以 300 000 元全新设备出资(包括空调、电脑、柜台、货架等),超过所认缴注册资本的部分作为资本公积金;李福认缴注册资本份额 1 000 000 元,以货币资金出资。现在的会计主体是永昌公司,以下反映的交易或事项均以永昌公司为主体进行核算。以下所有交易均为永昌公司 2021 年 9 月份发生的交易。

**例 5**　10 日,李福通过银行转账向公司投入资本 1 000 000 元。

**解析**　这项交易的发生,一方面使永昌公司的资产中的银行存款增加 1 000 000 元,另一方面所有者权益中的实收资本增加 1 000 000 元,对会计等式的影响为:

$$资产(1\ 000\ 000)＝所有者权益(1\ 000\ 000)$$

资产和所有者权益同时等额增加 1 000 000 元,会计等式两边要素的金额均为 1 000 000 元,会计等式成立。

**例 6**　11 日,永昌公司收到金亚公司投入全新设备,价值 300 000 元。

**解析**　这项交易的发生,使永昌公司的资产中又增加固定资产 300 000 元,同时所有者权益中实收资本增加 200 000 元、资本公积增加 100 000 元。对会计等式两边会计要素影响的结果为:资产总额变为 1 300 000 元(1 000 000＋300 000),所有者权益总额变为 1 300 000 元(1 000 000＋300 000)。会计记录之后,对会计等式的影响为:

$$资产(1\ 300\ 000)＝所有者权益(1\ 300\ 000)$$

即　　　　资产(1 000 000＋300 000)＝所有者权益(1 000 000＋300 000)

资产和所有者权益同时等额增加 300 000 元,等式两边总额均变为 1 300 000 元,等式仍然成立。

**例 7**　15 日,永昌公司从工商银行借入款项 200 000 元。

**解析**　这项交易的发生,使公司的资产又增加银行存款 200 000 元,同时带来银行借款这一负债增加 200 000 元。对会计等式两边会计要素影响的结果为:资产总额变为 1 500 000 元(1 000 000＋300 000＋200 000),负债为 200 000 元,所有者权益总额不变仍为 1 300 000 元(1 000 000＋300 000)。会计记录之后,会计等式表达为:

$$资产(1\ 500\ 000)＝负债(200\ 000)＋所有者权益(1\ 300\ 000)$$

即　　　资产(1 300 000＋200 000)＝负债(200 000)＋所有者权益(1 300 000)

资产和负债同时等额增加 300 000 元,等式两边总额均变为 1 500 000 元,等式仍然成立。

**例 8**　15 日,从美雅公司购进服装 90 000 元,货款未付。

**解析**　该项交易的发生,使得永昌公司资产中库存商品增加 90 000 元,同时使负债中的"应付账款"也增加 90 000 元。对会计等式两边会计要素影响的结果为:资产总额变为 1 590 000 元(1 000 000＋300 000＋200 000＋90 000),负债总额变为 260 000 元(200 000＋90 000),所有者权益总额不变仍为 1 300 000 元(1 000 000＋300 000)。会计记录之后,会计等式表达为:

$$资产(1\ 590\ 000)＝负债(290\ 000)＋所有者权益(1\ 300\ 000)$$

即　资产(1 500 000＋90 000)＝负债(200 000＋90 000)＋所有者权益(1 300 000)。

资产和负债同时等额增加 90 000 元,会计等式两边总额均变为 1 590 000 元,等式仍然成立。

(2)交易、事项引起会计等式左右两边会计要素同时等额减少。

这种类型交易或事项的发生,会计等式两边减少的金额相等,不会破坏会计等式的平衡关系,如图 2-3 所示。

$$资产\ =\ 负债\ +\ 所有者权益$$

$$减少\qquad\qquad 减少$$

**图 2-3　交易或事项引起会计等式左右同时等额减少**

**例 9**　20 日,用银行存款 60 000 元偿还美雅公司购货款。

**解析**　这项交易的发生,使永昌公司资产中的银行存款减少 60 000 元,同时也使对应负债中的应付账款减少 60 000 元。对会计等式两边会计要素影响的结果为:资产总额变为 1 530 000 元(1 000 000+300 000+200 000+90 000-60 000),负债变为 230 000 元(200 000+90 000-60 000),所有者权益总额不变仍为 1 300 000 元(1 000 000+300 000)。会计记录之后,会计等式表达为:

$$资产(1\ 530\ 000)=\ 负债(230\ 000)+所有者权益(1\ 300\ 000)$$

即　资产(1 590 000-60 000)=负债(290 000-60 000)+所有者权益(1 300 000)

资产和负债同时等额减少 60 000 元,总额均变为 1 530 000 元,会计等式仍然成立。

**例 10**　20 日,按法定程序报经批准,以银行存款 100 000 元退回李福投资款。

**解析**　该项交易的发生,使永昌公司的资产中银行存款减少 100 000 元,同时使所有者权益中的实收资本减少 100 000 元,对会计等式两边会计要素影响的结果为:资产总额变为 1 430 000 元(1 000 000+300 000+200 000+90 000-60 000-100 000),负债总额仍为 230 000 元(200 000+90 000-60 000),所有者权益总额变为 1200 000 元(1 000 000+300 000-100 000)。会计记录之后,会计等式表达为:

$$资产(1\ 430\ 000)=\ 负债(230\ 000)+所有者权益(1\ 200\ 000)$$

即　资产(1 530 000-100 000)=负债(230 000)+所有者权益(1 300 000-100 000)

资产和所有者权益同时等额减少减少 100 000 元,资产和权益总额均变为 1 430 000 元,会计等式仍然成立。

(3) 交易或事项引起会计等式左方即资产内部有关项目发生增减变动,且增减金额相等。

这种类型交易或事项的发生,资产、负债和所有者权的总额都保持不变,会计等式仍保持平衡,不破坏会计等式的平衡关系,如图 2-4 所示。

$$资产\ =\ 负债\ +\ 所有者权益$$

$$增加同时减少$$

**图 2-4　会计等式左方有关项目等额增减**

**例 11**　21 日,从银行提取现金 5 000 元,以备日常零用。

**解析**　该项交易的发生,使永昌公司的资产中库存现金增加 5 000 元,同时也使资产中的银行存款减少 5 000 元。对会计等式两边会计要素影响的结果为:资产、负债和所有者权益三个会计要素的总额均不发生变化,分别为 1 430 000 元、230 000 元和 1 200 000 元。会计记录

之后,会计等式表达为:

$$资产(1\ 430\ 000)=\ 负债(230\ 000)+所有者权益(1\ 200\ 000)$$

会计等式左边资产项目之间出现此增彼减,等额增减 5 000 元,负债和所有者权益均无变化,资产总额仍为 1 430 000 元,会计等式仍然成立。

(4) 交易或事项引起会计等式右方即负债与所有者权益两个会计要素有关项目之间发生增减变动,且增减金额相等。

即负债内部之间或所有者权益内部之间或负债与所有者权益之间,有关项目发生增减变动,且增减金额相等,负债总额和所有者权益总额均不变,或负债及所有者权益合计总额不变,会计等式仍保持平衡,如图 2-5 所示。

资产　＝　负债　＋　所有者权益

增加同时减少

**图 2-5　会计等式右方有关项目等额增减**

**例 12**　22 日,应付给美雅公司的应付购货款 20 000 元,经双方协商转作美雅公司对永昌公司的投入资本。

**解析**　这项交易的发生,使公司对美雅公司的一项负债——应付账款减少 20 000 元,同时使美雅公司对永昌公司的净资产享有权益,导致所有者权益中的实收资本增加 20 000 元。对会计等式两边会计要素影响的结果为:资产总额仍为 1 430 000 元,负债总额变为 210 000 元(200 000＋90 000－60 000－20 000),所有者权益总额变为 1 220 000 元(1 000 000＋300 000－100 000＋20 000)。会计记录之后,会计等式表达为:

$$资产(1\ 430\ 000)=\ 负债(210\ 000)+\ 所有者权益(1\ 220\ 000)$$

$$资产(1\ 430\ 000)=\ 负债(230\ 000-20\ 000)+\ 所有者权益(1\ 200\ 000+20\ 000)$$

会计等式右边所有者权益增加 20 000 元,负债减少 20 000 元,负债和所有者权益两个会计要素之间出现此增彼减,等额增减 20 000 元,负债和所有者权益合计不变,资产总额无变化,会计等式仍然成立。

实际工作中,如果公司实现了净利润,公司可以按照股东大会决定计算出应付给投资者利润,这样会使公司应付股利这项负债增加,同时使所有者权益中的未分配利润减少,这也是只涉及会计等式右边两个会计要素之间发生增减变动,只是引起公司负债增加的同时所有者权益减少,增减金额相等,会计等式仍然成立。

**例 13**　25 日,按照规定将资本公积 100 000 元转增资本。

**解析**　该项交易的发生,使公司的所有者权益中实收资本增加 100 000 元,同时使所有者权益中的资本公积减少 100 000 元。会计记录之后,会计等式表达为:

$$资产(1\ 430\ 000)=\ 负债(210\ 000)+所有者权益(1\ 220\ 000)$$

会计等式右边,所有者权益要素内部项目之间出现此增彼减,且等额增减 100 000 元,所有者权益总额不变,资产和负债总额也不发生变化,会计等式仍然成立。

**例 14**　25 日,经与银行协商,将短期借款 200 000 元转为长期借款。

**解析**　该项交易的发生,使永昌公司负债的短期借款减少 200 000 元,同时使另一项负债

"长期借款"增加 200 000 元。会计记录之后,会计等式表达为:

$$资产(1\ 430\ 000) = 负债(210\ 000) + 所有者权益(1\ 220\ 000)$$

等式右边负债项目之间出现此增彼减,等额增减 200 000 元,负债总额不变,资产和所有者权益总额均无变化,会计等式仍然成立。

企业在日常的经营活动中,有收入、费用或直接计入当期利润的利得和损失发生时,这些交易或事项对静、动态结合会计等式产生的影响可归纳为以下两种类型。

(1)企业收入的取得,或者表现为资产要素和收入要素同时等额增加(等式左右双方同增),或者表现为收入要素增加和负债要素同时等额减少(等式右方要素项目同额增减),会计等式仍然保持平衡。同样的道理,企业取得直接计入当期利润的利得,也不会破坏会计等式的平衡关系。回顾一下:其基本原理我们在分析收入要素的特征时已经讨论,企业收入增加时,表现为企业资产增加或负债减少,或者两者兼而有之。不论是资产增加或负债减少,最终都会导致企业净资产增加,可见收入的实质是导致所有者权益增加。从利润构成看,收入是利润的增加项,收入增加带来利润增加,利润增加最终会导致所有者权益增加。所以当企业发生销售商品或提供劳务业务而实现收入交易时,也不会影响会计等式的平衡关系。

(2)企业费用的发生,或者表现为负债要素和费用要素同时等额增加(等式右方同额增减),或者表现为费用要素的增加金额和资产要素减少的金额同等(等式左右双方同减),等式仍然保持平衡。同理,企业发生直接计入当期利润的损失,也不会破坏会计等式的平衡关系。我们知道,费用的发生既可能表现为资产的减少,也可能表现为负债的增加,或者两者兼而有之。所以当企业发生销售费用增加的交易也不会影响会计等式的平衡关系。

由于收入、费用和利润三个要素的变化,以及直接计入当期利润的利得或损失的变化实质上都可以表现为所有者权益的变化,因此,上述两种情况都可以归纳到前面我们总结的 4 种类型之中。

在李福开办的福美日用百货商店的业务分析中,我们已经解析了这类问题。由于收入和费用的会计处理,对初学者来说,比较抽象,接受起来困难,接下来我们再以永昌公司为例加以说明。

**例 15** 21 日,销售服装一批,货款 30 000 元(不考虑增值税)存入银行。

**解析** 该项交易的发生,一方面使永昌公司收入中的主营业务收入增加 30 000 元,另一方面使永昌公司资产中的银行存款增加了 30 000 元。会计记录之后,我们用综合会计等式表达为:

$$资产(1\ 430\ 000 + 30\ 000) = 负债(210\ 000) + 所有者权益(1\ 220\ 000) + 收入(30\ 000)$$

会计等式两边同时增加 30 000 元,等式仍然成立。

**例 16** 22 日,用银行存款支付广告费 5 000 元。

**解析** 该项交易的发生,使永昌公司费用中的销售费用增加了 5 000 元,同时使资产中银行存款减少了 5 000 元,对会计等式的影响为:

$$资产(1\ 460\ 000 - 5\ 000) = 负债(210\ 000) + 所有者权益(1\ 220\ 000)$$
$$+ [收入(30\ 000) - 费用(5\ 000)]$$

等式两边同时减少 5 000 元,等式仍然成立。

**例 17** 25 日,销售产品一批,价款 10 000 元(不考虑增值税),直接偿还前欠美雅公司购货款。

**解析** 该项交易的发生,使永昌公司收入中的主营业务收入增加了 10 000 元,同时使负债中的应付账款减少了 10 000 元,对会计等式的影响为:

$$资产(1\,455\,000) = 负债(210\,000 - 10\,000) + 所有者权益(1\,220\,000)$$
$$+ [收入(30\,000 + 10\,000) - 费用(5\,000)]$$

会计等式右边收入增加 10 000 元,负债减少 10 000 元,右边要素之间同增同减,等式仍然成立。

**例 18** 30 日,接到电费账单,本月应付办公用电费 1 000 元(不考虑增值税),款项下月支付。

**解析** 该项交易的发生,使永昌公司费用中的管理费用增加了 1 000 元,同时使负债中的应付账款增加了 1 000 元,对会计等式的影响为:

$$资产(1\,455\,000) = 负债(200\,000 + 1\,000) + 所有者权益(1\,220\,000)$$
$$+ [收入(30\,000 + 10\,000) - 费用(5\,000 + 1\,000)]$$

等式右边费用增加 1 000 元,负债增加 1 000 元,但费用是利润的减项,最终会带来所有者权益减少,等式仍然成立。

期末,根据会计记录进行结账,结账后得出,企业收入共计 40 000 元,费用 6 000 元(假设没有发生其他费用),收入减去费用之后,得出企业的利润 34 000 元,利润又可以归入所有者权益部分。会计等式又恢复到:

$$资产(1\,455\,000) = 负债(201\,000) + 所有者权益(1\,254\,000)$$
$$资产(1\,455\,000) = 负债(201\,000) + 所有者权益(1\,220\,000 + 34\,000)$$

会计等式又在新的时点上保持平衡。

通过以上分析,可以说明资产、负债、所有者权益、收入、费用和利润六大会计要素之间存在着一种恒等关系。会计等式即反映了这种恒等关系,它始终是成立的。

综上所述,我们可以得出以下结论:

(1) 任何一项交易或事项的发生,至少会引起两个或两个以上会计要素的具体项目发生变化,但这种变化是有规律的,无外乎 4 种基本类型,但每种类型的交易或事项都不会破坏会计恒等式,资产与权益总额始终保持平衡关系。

(2) 交易或事项的发生,涉及资产与权益两个方面的项目变动的,会使双方总额发生增加或减少,但变动后的双方总额依然相等。

(3) 交易或事项的发生,只涉及资产或权益一个方面项目变动的,不但原来双方的总额相等,而且原来双方总额还不变。

## ➤ 课外拓展

永昌公司欲请你代为编制资产负债表和利润表,请尝试。

## ➤ 应用技能训练

李福于 2021 年 10 月 1 日成立了东西贸易公司,从事批发生意,以该公司名义在银行开立账户。第一个月的交易情况如下:

（1）2 月 1 日李福从自己本人的银行账户转入 200 000 元至东西公司的银行账户。

（2）1 日又将价值 35 000 元的货车投入公司使用。

（3）2 日赊购商品一批，成本 50 000 元。

（4）2 日以支票支付本月仓库租金 1 000 元。

（5）3 日以 52 000 元出售货品，款项未收到。

（6）3 日商品出库单显示出售货品的成本 40 000 元。

（7）3 日从银行提取现金 5 000 元，以备零用。

（8）3 日以支票支付私人住所的一季度租金 1 400 元（至 4 月 1 日止）。

（9）15 日收回债务人支票 40 300 元。

（10）30 日以支票支付助手工资 3 500 元。

（10）30 日通过网银支付水电费 300 元。

（11）以支票支付应付购货款 32 000 元。

李福聘请在校大学三年级会计专业学生王尚兼职公司会计，王尚纳闷：

（1）企业该月的交易和事项涉及哪些会计要素？每笔交易涉及的项目应列入会计报表及报表中的哪一项目？对应于记录的会计要素项目其应记金额是多少？

（2）每笔交易对会计等式的影响？

（3）公司月末的财务状况如何？

请你代王尚分析说明。

### 本章小结

本章主要介绍了会计要素与会计恒等式。会计要素是会计核算对象（内容）的具体化，在我国，会计要素分为资产、负债、所有者权益、收入、费用和利润六大类。会计恒等式可表达为：

$$资产＝负债＋所有者权益$$

### 关键词

交易；事项；会计要素；资产负债；所有者权益；收入；费用；利润；会计恒等式

### 综合练习

**一、复习思考题**

1. 什么是会计要素？会计要素包括哪些？会计要素的划分对会计核算有什么作用？

2. 负债和所有者权益有哪些区别？

3. 交易、事项发生后引起会计要素增减变化的类型有哪些？

4. 什么是会计等式？交易、事项对会计等式的影响如何？

5. 简述会计对象、会计要素和会计科目的关系。

**二、单选题**

1. 以银行存款上缴所欠上月税款，将使 （    ）

    A. 企业的所有者权益总额增加　　　B. 企业的负债减少

    C. 会计基本等式受到破坏　　　　　D. 企业的资产和负债同时减少

2. 在下列交易中,能够引起会计等式两边会计要素相关项目金额发生变化的有　（　）

    A. 以银行存款购买材料　　　　　B. 从银行取得借款存入银行账户

    C. 计算出应向股东分配的利润　　D. 从银行提取现金

3. 投资人投入企业的所认缴的注册资本在会计上叫　（　）

    A. 资本公积　　　B. 盈余公积　　　C. 实收资本　　　D. 未分配利润

4. 流动资产的变现期或耗用期是　（　）

    A. 一年以内　　　　　　　　　　B. 超过一年的一个营业周期以内

    C. A 或 B　　　　　　　　　　　D. A 和 B

5. 长期负债的偿还期限是　（　）

    A. 一年以上　　　　　　　　　　B. 超过一年的一个营业周期以上

    C. A 或 B　　　　　　　　　　　D. A 和 B

6. 某企业的资产总额为 600 万元,发生下列交易之后:取得短期借款 20 万元,用银行存款购买设备 10 万元,用银行存款支付以前所欠购买材料款 5 万元。其资产总额是　（　）

    A. 615 万元　　　B. 610 万元　　　C. 605 万元　　　D. 635 万元

7. 企业从税后利润中按照 10% 的比例自留的部分叫　（　）

    A. 资本公积　　　B. 盈余公积　　　C. 实收资本　　　D. 未分配利润

8. 总经理出差预借差旅费,所引起的会计要素变化的是　（　）

    A. 资产和所有者权益同时增加　　B. 资产中一个项目增加,一个项目减少

    C. 资产和负债同时减少　　　　　D. 负债中一个项目增加,一个项目减少

9. 下列项目中不属于流动负债的是　（　）

    A. 应付账款　　　B. 预付账款　　　C. 预收账款　　　D. 应付职工薪酬

10. 在下列交易中,能够引起资产内部项目一增一减的是　（　）

    A. 以银行存款购买专利权　　　　B. 偿还银行借款

    C. 支付水电费　　　　　　　　　D. 赊销商品

### 三、多选题

1. 下列各项中,能够独立确认的会计要素有　（　）

    A. 资产　　　　　B. 负债　　　　　C. 所有者权益　　D. 收入

    E. 费用　　　　　F. 利润

2. 下列各项中,属于流动资产的有　（　）

    A. 原材料　　　　B. 预收账款　　　C. 固定资产　　　D. 应收账款

3. 下列各项中,构成企业资金来源的有　（　）

    A. 向银行借款　　　　　　　　　B. 支付欠款

    C. 赊购材料　　　　　　　　　　D. 所有者投入资金

4. 下列各项能够引起会计等式左右两边同时增加的有　（　）

    A. 生产领用原材料　　　　　　　B. 以银行存款偿还借款

    C. 赊购设备　　　　　　　　　　D. 所有者投入设备

5. 某工业企业发生下列交易,能够确认为收入的有　（　）

    A. 实现销售商品　　　　　　　　B. 提供运输劳务

    C. 接受捐赠　　　　　　　　　　D. 出售设备价款

6. 以下项目属于资产要素的有 （　　）
   A. 无形资产　　　B. 存货　　　C. 货币资金　　　D. 在建工程
7. 以下费用属于期间费用的有 （　　）
   A. 生产车间负担的水电费　　　　B. 管理费用
   C. 财务费用　　　　　　　　　　D. 销售费用
8. 下列属于收入要素的有 （　　）
   A. 出售材料收入　　　　　　　　B. 出售产品收入
   C. 罚没收入　　　　　　　　　　D. 投资者投入的资本
9. 下列交易属于资产与负债同时增加的交易有 （　　）
   A. 赊购原材料　　　　　　　　　B. 投资者投入机器设备
   C. 向银行借款8万元存入银行　　D. 向银行偿还借款
10. 下列不属于利润要素的有 （　　）
    A. 实收资本　　　B. 本年利润　　　C. 未分配利润　　　D. 资本公积
11. 所有者权益与负债有着本质不同，表现在 （　　）
    A. 两者性质不同　　　　　　　　B. 两者享受权利不同
    C. 两者风险程度不同　　　　　　D. 两者对企业资产要求权的顺序先后不同
12. 利润总额包括的内容主要有 （　　）
    A. 营业利润　　　B. 营业外收入　　　C. 营业外支出　　　D. 代收款项
13. 下列属于流动负债的有 （　　）
    A. 应付票据　　　B. 应付账款　　　C. 预付账款　　　D. 预收账款
14. 企业取得收入时可能会使 （　　）
    A. 资产增加　　　B. 负债减少　　　C. 资产减少　　　D. 费用增加

## 四、判断题

1. 负债包括企业承担的现实义务和潜在义务。 （　　）
2. 收回以前销售商品的货款构成资产的来源。 （　　）
3. 所有者权益是对企业总资产的要求权。 （　　）
4. 偿还期限只有在一年以内的负债才属于流动负债。 （　　）
5. "收入－费用＝利润"是设置账户的理论依据。 （　　）
6. 资产的成本不能可靠计量时，可以估计入账。 （　　）
7. 只要是企业拥有或控制的资源都可以确认为资产。 （　　）
8. 资本公积和盈余公积的来源相同。 （　　）
9. 利润反映了企业一定时期的财务成果。 （　　）
10. 费用是与一定种类和数量的产品相联系的各种耗费。 （　　）

## 五、练习题

训练目的：练习应用会计等式基本原理分析交易或事项对会计要素的具体影响。

资料：美味饮食公司2021年12月发生下列交易或事项。

(1) 收到投资者投入资本300 000元存入银行。

(2) 营业部购置物料用品一批买价2 500元，以银行存款支付，另以现金支付所购物料用品的运杂费 100 元。

（3）购置空调设备 6 台，价款共计 110 000 元，以银行存款支付。

（4）购入大米、面粉等主食品所需原料一批，共计 6 000 元，以银行存款支付 5 000 元，其余货款暂欠。

（5）从银行存款中提取现金 5 000 元，以备零星开支使用。

（6）以现金支付采购员差旅费 1 200 元。

（7）外送定购盒饭 50 盒，价款共计 500 元，饭款未收。

（8）当日收到的营业收入款 30 000 元存入银行。

（9）以银行存款缴纳上月所得税 1 200 元。

（10）以银行存款支付本月营业用水电费 680 元，办公室用水电费 50 元。

（11）向银行借入期限 1 年的借款 600 000 元存入银行。

（12）通过银行转账发放工资 100 000 元。

要求：（1）分析每笔交易所引起会计要素有关项目的增减变化情况。

（2）将分析结果在会计等式中显示出来。

（3）分析上述交易、事项发生后对企业的资产总额和权益总额的影响情况。

>>> **延伸阅读书目**

1. 中华人民共和国财政部. 企业会计准则——基本会计准则[M]. 北京：经济科学出版社，2014.

2. 中华人民共和国财政部. 企业会计准则——应用指南（2006）[M]. 北京：中国财政经济出版社，2006.

3. 中华人民共和国财政部. 企业会计准则——应用指南[M]. 上海：立信会计出版社，2018.

4. 石本仁. 会计学原理[M]. 北京：中国人民大学出版社，2015.

5. 朱小平，周华，秦玉熙. 初级会计学[M]. 北京：中国人民大学出版社，2020.

6. 财政部会计司. 企业会计准则第 30 号——财务报表列报. 北京：中国财政经济出版社，2021.

7. 郑新成，秦海敏，张献英. 基础会计学. 上海：立信会计出版社，2005.

8. 刘永泽，陈文铭. 会计学. 大连：东北财经大学出版社，2016.

# 第二篇　会计核算方法（上）
## ——账户和复式记账原理及其应用

# 第三章　账户和复式记账

>>> **知识掌握**

　① 解释会计科目与账户的含义和作用,明确二者的关系;

　② 理解复式记账的原理和特点,能够解释借贷记账方法的基本内容;

　③ 解释平行登记的含义、要点和作用。

>>> **能力进阶**

　① 会设置"T"型账户,并能正确登记;

　② 能正确运用借贷记账方法记录基本的经济业务,并能加以解释;

　③ 讨论平行登记的作用和方法。

>>> **素养提升**

　① 根据复式记账原理,学会系统化思考问题;

　② 基于总账与明细账的平行登记,理解相互之间控制与监督的作用。

## 导入案例

　　张林和王月夫妇所承包的果园连年丰收,每年都会剩有销售不出去的水果,于是张林和王月夫妇寻思之后,决定投资300万元开办一个果酱加工厂。很快所有事宜都办妥了,但是张林和王月都不懂账目,就高薪聘请了同村刚从大专毕业的周宏担任果酱厂的会计。

　　周宏虽说是学会计的,但是由于经验不足,果酱厂的账目又都是空白,从何入手呢?怎样为果酱厂建立一套切实可行的账目,设置哪些账户能够保证日常核算顺利进行,提供分类、系统的信息呢? 日常发生交易或事项之后,应该怎样做记录呢? 而且,所做的记录会不会出错呢? 如果错了,如何检查出来呢? 周宏还真有点为难了,学了本章内容之后,希望你能为周宏提供某些帮助。

# 第一节　会计科目和账户

## 一、会计科目

### (一) 会计科目设置的意义及原则

1. 会计科目设置的意义

所谓会计科目就是对会计对象的具体内容进行分类核算的项目。如前所述,会计要素是对会计对象的基本分类,是概括反映会计对象的具体内容。但仅反映特定会计主体资产、负债、所有者权益、收入、费用和利润六大方面的总括信息,还不能够满足经济决策和管理需求,更需要会计提供更具体的信息,以进一步了解经济活动的过程及结果。企业在经营过程中,经常与股东、债权人、供应商、顾客及税务部门等发生各种各样的交易或者事项,必然会引起各个会计要素之间或各会计要素内部项目之间发生错综复杂的增减变化。而且,我们很难从某一交易对会计要素的影响上找到可供决策者直接使用的信息。即使是同类会计要素,其经济内容、作用、运动方式都有很大差异,如只借助于会计等式来反映,那是很不现实的。所以,为了科学地进行会计核算,全面、连续、系统、分类核算会计主体的经济活动及其结果,提供有用的会计信息,我们就必须采用专门的方法进一步科学地对会计要素进行分类,使之具体化,以便分门别类地予以核算和监督。

设置会计科目,就是根据特定单位的业务特点和经济管理要求,将会计对象的具体内容按照经济特征进一步分类,形成核算的特定项目,赋予会计要素所属每个具体分类项目具有特定含义的名称,并规定其核算内容。设置会计科目时,将会计要素按照一定的共性特征划分为若干个类别(项目或标志),对每一个类别根据其内容特征确定一个标准名称,并规定它应核算的特定内容和范围。比如,对于导入案例中,张林和王月夫妇投资开办的果酱加工厂,企业占用的货币资金,有的存放在银行或其他金融机构,而有的则存放在企业,这就需要按其保管方式、管理办法和用途的不同划分为库存现金和银行存款两个类别。设置"库存现金"和"银行存款"两个名称不同的会计科目分别进行核算和监督;规定"库存现金"科目核算企业的库存现金的收付和结存情况,"银行存款"科目核算企业存放在银行或其他金融机构的各种款项(特定用途的存款,比如存出投资款,不在本科目核算,再另设"其他货币资金"科目核算)。企业生产果酱使用的机器设备、厂房、运输车辆等有一个共性,就是劳动资料,但与企业生产果酱需要消耗的各种各样的水果和辅助材料等劳动对象相比,它们的性质和作用显然不同,就不能归为一类,两者必须划分为不同的具体类别。把企业生产产品耗用的具体品种、形态多样的各种原料及主要材料、辅助材料、外购半成品、包装材料等归为一类,取名"原材料",用来核算企业库存的各种材料。对于劳动资料,实际工作中,为简化核算工作量、突出会计信息使用者需要的重要信息,还需要根据重要性会计信息质量要求,对劳动资料进一步分类,我们在前两章也进行过讨论。把单位价值高、使用期限长(至少超过 1 个会计年度)的机器设备、厂房和运输车辆等作为一类,根据其特点取名"固定资产",用来核算企业增加固定资产、减少固定资产及期末持有固定资产的原价。把低值易耗的劳动资料单独归为一类,设置"周转材料"科目进行核算。

为了反映和监督各项资产的具体增减变动情况,需要设置库存现金、银行存款、原材料、库存商品、固定资产、无形资产等科目;为了反映和监督负债及所有者权益的具体增减变动,需要设置短期借款、应付账款、长期借款、实收资本、资本公积、盈余公积等科目;为了核算收入和费用的具体增减变动情况,需要设置主营业务收入、其他业务收入、销售费用、管理费用、财务费用等科目。通过设置会计科目,对会计要素的具体内容进行科学分类,可以将复杂的经济信息,变成有规律的、易识别的具体项目,为设置账户奠定基础,以全面、连续和系统地记录和反映交易或事项的发生情况和结果,为会计信息使用者提供科学、详细的分类指标体系。在会计核算的各种方法中,设置会计科目占有很重要的地位,它决定着账户的设置、报表结构的设计,是一种基本的会计核算方法。

会计科目按其反映的经济内容分类,可以分为资产类、负债类、所有者权益类、成本类和损益类五大类。按六大会计要素分成五类会计科目,基本原理及特点为:① 收入和直接记入利润的利得以及费用和直接记入利润的损失归并为"损益类",具有共同的特点,反映的是经营成果的形成过程。② 利润归入所有者权益,利润是企业开展生产经营活动的结果,形成的利润应该归属企业的所有者,所以根据利润要素设置的科目归为所有者权益类。③反映产品生产成本的"在产品"从"资产"中剥离出来单独归类。请注意,要想成为合格的会计或其他经济管理者,必须掌握书中所附的会计科目表中常见的科目及其分类。

2. 会计科目的设置原则

会计科目作为分类信息的项目或标志,在设置过程中应努力做到科学、合理、适用,设置会计科目时,应遵循以下原则。

(1) 设置会计科目必须结合会计对象的特点。各单位的日常交易、事项有其共性,也有其个性,甚至相差很大。为此,就需要根据不同单位交易或事项的特点,本着全面核算且不影响会计核算的要求和会计报表指标汇总,以及对外提供统一财务会计报告的前提下,可以根据企业会计准则应用指南,结合企业的实际情况来确定设置哪些会计科目。例如,工业企业是制造产品的行业,根据其业务特点,就必须设置核算和监督产品生产过程的会计科目,如"生产成本"、"制造费用"等;商业企业是组织商品流通的行业,它不组织产品生产,而是以商品买卖作为主要经营业务,就需要设置核算和监督商品买卖过程的会计科目,如"商品进销差价"等,粮食企业为核算企业按照计划收购、调拨、进口中央(或地方)储备粮油,就需要设置"储备粮油"科目,但其他商品流通企业则不必设置该科目。

(2) 设置会计科目必须符合经济管理的要求。即设置会计科目要符合国家宏观经济管理的要求,以及其他有关方面了解企业财务状况和经营成果的需求,又要符合企业自身经济管理的要求。由于企业内部管理与企业外部有关方面对会计信息的要求不尽相同,这就要求在设置会计科目时,既要设置能够提供满足外部信息使用者决策需要的总括核算指标的会计科目,又要设置能提供明细核算指标的明细科目,以满足企业内部经营管理的需要。会计信息的使用者主要是利用会计报表了解的情况进行决策,而会计报表又是依据会计科目开设的账户资料编制的。因此,设置会计科目就必须与会计报表的指标项目密切配合。

(3) 设置会计科目要体现统一性与灵活性相结合。由于企业的交易或事项千差万别,在分类核算会计要素的增减变动时,需要将统一性与灵活性相结合。所谓统一性,是指在设置会计科目时,应根据《企业会计准则——基本准则》、《企业会计准则——应用指南》及具体会计准则对主要会计科目的设置及核算内容所做的统一规定,保证会计核算指标的计算标准、口径的一致性,以便在一个部门,乃至更大范围内的可加性(逐级综合汇总)、可比性和分析利用。所以,在我国,要求企业必在设计本单位会计科目时,必须选择国家统一规定的会计科目。所谓灵活性,是指在保证能够提供统一核算指标的前提下,各个单位可以根据自身的具体情况和经济管理要求,在统一规定的会计科目的基础上进行必要的增减或合并。比如,规模较小的个体、私营企业、乡镇企业可适当将经济内容相近的科目合并在一起。要注意的是一套会计科目不是越多越好,也不是越少越好,既要防止会计科目过于简单,不能满足经济管理的要求,又要防止会计科目过于烦琐,加大会计核算的工作量。

(4) 设置会计科目要简明确切,通俗易懂。会计科目作为分类核算的标志,涉及的会计科目体系既能包含所有的交易、事项,即发生所有的交易、事项都要有特定的会计科目反映,又能根据企业业务特点的变化增减科目。而且,任何一笔交易、事项只能在特定的会计科目中反映,每一个科目都要有特定的、明确的核算内容,各科目之间既要有联系,又要有明确的界限,不能含糊不清,模棱两可。会计科目的名称是日后在账簿中所开设账户的名称、所编制记账凭证的主要内容,会计报表中大部分项目与会计科目一致。而且投资人、债权人等会计信息使用者并不一定熟知会计知识,所以,会计科目的名称要通俗易懂,核算内容要表述得简明确切,要让阅读者能从会计科目的名称中了解它的含义和核算内容,避免产生误解,为便于记忆、使用和会计电算化的需要,每个会计科目还要有相应的编号。

(5)设置会计科目既要适应交易或事项的发展需要,又要保持相对稳定性。会计科目的设置,要适应经济环境的变化以及本单位交易或事项的发展需要。但同时,为了便于在不同时期分析比较会计核算指标和在一定范围内汇总核算指标,应尽量保持会计科目相对稳定,不能经常变动会计科目的名称、内容、数量,以保证会计指标具有可比性。

**(二)会计科目的级次**

会计科目按其提供指标的详细程度,可以分为两类:总分类科目和明细分类科目。

1. 总分类科目

总分类科目也叫总账科目或一级科目,它是对会计要素的具体内容进行总括分类的会计科目,是进行总分类核算的依据,提供总括核算指标。总分类科目原则上是由财政部统一制定的,我国一般企业采用的会计科目见表 3-1。

表 3-1　会计科目表

| 顺序号 | 编号 | 会计科目名称 |
| --- | --- | --- |
| 一、资产类 | | |
| 1 | 1001 | 库存现金 |
| 2 | 1002 | 银行存款 |
| 3 | 1015 | 其他货币资金 |
| 4 | 1101 | 交易性金融资产 |
| 5 | 1121 | 应收票据 |
| 6 | 1122 | 应收账款 |
| 7 | 1123 | 预付账款 |
| 8 | 1131 | 应收股利 |
| 9 | 1132 | 应收利息 |
| 10 | 1231 | 其他应收款 |
| 11 | 1241 | 坏账准备 |
| 12 | 1321 | 代理业务资产 |
| 13 | 1401 | 材料采购 |
| 14 | 1402 | 在途物资 |
| 15 | 1403 | 原材料 |
| 16 | 1404 | 材料成本差异 |

| 顺序号 | 编号 | 会计科目名称 |
|---|---|---|
| 17 | 1406 | 库存商品 |
| 18 | 1407 | 发出商品 |
| 19 | 1410 | 商品进销差价 |
| 20 | 1411 | 委托加工物资 |
| 21 | 1412 | 包装物及低值易耗品 |
| 22 | 1431 | 周转材料 |
| 23 | 1461 | 存货跌价准备 |
| 24 | 1473 | 合同资产 |
| 25 | 1474 | 合同资产减值准备 |
| 26 | 1475 | 合同履约成本 |
| 27 | 1476 | 合同履约成本减值准备 |
| 28 | 1477 | 合同取得成本 |
| 29 | 1478 | 合同取得成本减值准备 |
| 30 | 1481 | 持有待售资产 |
| 31 | 1482 | 持有待售资产减值准备 |
| 32 | 1485 | 应收退货成本 |
| 33 | 1501 | 债权投资 |
| 34 | 1502 | 债权投资减值准备 |
| 35 | 1503 | 其他债权投资 |
| 36 | 1504 | 其他权益工具投资 |
| 37 | 1524 | 长期股权投资 |
| 38 | 1525 | 长期股权投资减值准备 |
| 39 | 1526 | 投资性房地产 |
| 40 | 1531 | 长期应收款 |
| 41 | 1541 | 未实现融资收益 |
| 42 | 1601 | 固定资产 |
| 43 | 1602 | 累计折旧 |
| 44 | 1603 | 固定资产减值准备 |
| 45 | 1604 | 在建工程 |
| 46 | 1605 | 工程物资 |
| 47 | 1606 | 固定资产清理 |

| 顺序号 | 编号 | 会计科目名称 |
|---|---|---|
| 48 | 1621 | 生产性生物资产 |
| 49 | 1622 | 生产性生物资产累计折旧 |
| 50 | 1631 | 油气资产 |
| 51 | 1632 | 油气资产减值准备 |
| 52 | 1701 | 无形资产 |
| 53 | 1702 | 累计摊销 |
| 54 | 1703 | 无形资产减值准备 |
| 55 | 1704 | 使用权资产 |
| 56 | 1705 | 使用权资产累计折旧 |
| 57 | 1706 | 使用权资产减值准备 |
| 58 | 1711 | 商誉 |
| 59 | 1801 | 长期待摊费用 |
| 60 | 1811 | 递延所得税资产 |
| 61 | 1901 | 待处理财产损溢 |
| | | 二、负债类 |
| 62 | 2001 | 短期借款 |
| 63 | 2101 | 交易性金融负债 |
| 64 | 2201 | 应付票据 |
| 65 | 2202 | 应付账款 |
| 66 | 2204 | 合同负债 |
| 67 | 2205 | 预收账款 |
| 68 | 2211 | 应付职工薪酬 |
| 69 | 2221 | 应交税费 |
| 70 | 2231 | 应付股利 |
| 71 | 2232 | 应付利息 |
| 72 | 2241 | 其他应付款 |
| 73 | 2245 | 持有待售负债 |
| 74 | 2314 | 代理业务负债 |
| 75 | 2411 | 预计负债 |
| 76 | 2501 | 递延收益 |
| 77 | 2601 | 长期借款 |

| 顺序号 | 编号 | 会计科目名称 |
|---|---|---|
| 78 | 2602 | 应付债券 |
| 79 | 2801 | 长期应付款 |
| 80 | 2802 | 未确认融资费用 |
| 81 | 2811 | 专项应付款 |
| 82 | 2901 | 递延所得税负债 |
| 83 | 2801 | 短期借款 |
| 三、共同类 | | |
| 85 | 3101 | 衍生工具 |
| 86 | 3201 | 套期工具 |
| 87 | 3202 | 被套期项目 |
| 四、所有者权益类 | | |
| 88 | 4001 | 实收资本 |
| 89 | 4002 | 资本公积 |
| 90 | 4003 | 其他综合收益 |
| 91 | 4101 | 盈余公积 |
| 92 | 4103 | 本年利润 |
| 93 | 4104 | 利润分配 |
| 94 | 4201 | 库存股 |
| 95 | 4301 | 专项储备 |
| 96 | 4401 | 其他权益工具 |
| 五、成本类 | | |
| 97 | 5001 | 生产成本 |
| 98 | 5101 | 制造费用 |
| 99 | 5201 | 劳务成本 |
| 100 | 5301 | 研发支出 |
| 110 | 5401 | 工程施工 |
| 111 | 5402 | 工程结算 |
| 112 | 5403 | 机械作业 |
| 113 | 5501 | 合同结算 |
| 六、损益类 | | |
| 114 | 6001 | 主营业务收入 |

| 顺序号 | 编号 | 会计科目名称 |
|---|---|---|
| 115 | 6051 | 其他业务收入 |
| 116 | 6101 | 公允价值变动损益 |
| 117 | 6111 | 投资收益 |
| 118 | 6115 | 资产处置损益 |
| 119 | 6117 | 其他收益 |
| 120 | 6301 | 营业外收入 |
| 121 | 6401 | 主营业务成本 |
| 122 | 6402 | 其他业务成本 |
| 123 | 6405 | 税金及附加 |
| 124 | 6601 | 销售费用 |
| 125 | 6602 | 管理费用 |
| 126 | 6603 | 财务费用 |
| 127 | 6701 | 资产减值损失 |
| 128 | 6711 | 营业外支出 |
| 129 | 6801 | 所得税费用 |
| 130 | 6901 | 以前年度损益调整 |

应用于银行及其他金融机构主要会计科目见表 3-2。基于银行及其他金融机构的业务特点,该类企业没有成本类科目。

表 3-2　会计科目表

| 顺序号 | 编号 | 会计科目名称 |
|---|---|---|
| | | 一、资产类 |
| 1 | 1003 | 存放中央银行款项 |
| 2 | 1011 | 存放同业 |
| 3 | 1021 | 结算备付金 |
| 4 | 1031 | 存出保证金 |
| 5 | 1111 | 买入返售金融资产 |
| 6 | 1132 | 应收利息 |
| 7 | 1201 | 应收代位追偿款 |
| 8 | 1211 | 应收分保账款 |
| 9 | 1212 | 应收分保合同准备金 |
| 10 | 1301 | 贴现资产 |

| 顺序号 | 编号 | 会计科目名称 |
|:---:|:---:|:---|
| 11 | 1302 | 拆出资金 |
| 12 | 1303 | 贷款 |
| 13 | 1304 | 贷款损失准备 |
| 14 | 1311 | 代理兑付证券 |
| 15 | 1321 | 代理业务资产 |
| 16 | 1431 | 贵金属 |
| 17 | 1441 | 抵债资产 |
| 18 | 1541 | 存出资本保证金 |
| 19 | 1821 | 独立账户资产 |
| 二、负债类 | | |
| 20 | 2002 | 存入保证金 |
| 21 | 2003 | 拆入资金 |
| 22 | 2004 | 向中央银行借款 |
| 23 | 2011 | 吸收存款 |
| 24 | 2012 | 同业存放 |
| 25 | 2021 | 贴现负债 |
| 26 | 2111 | 卖出回购金融资产款 |
| 27 | 2231 | 应付利息 |
| 28 | 2251 | 应付保单红利 |
| 29 | 2261 | 应付分保账款 |
| 30 | 2311 | 代理买卖证券款 |
| 31 | 2312 | 代理承销证券款 |
| 32 | 2313 | 代理兑付证券款 |
| 33 | 2314 | 代理业务负债 |
| 34 | 2601 | 未到期责任准备金 |
| 35 | 2602 | 保险责任准备金 |
| 36 | 2611 | 保户储金 |
| 37 | 2621 | 独立账户负债 |
| 三、共同类 | | |
| 38 | 3001 | 清算资金往来 |
| 39 | 3002 | 货币兑换 |

| 顺序号 | 编号 | 会计科目名称 |
|---|---|---|
| 四、所有者权益类 | | |
| 40 | 4102 | 一般风险准备 |
| 41 | 4201 | 库存股 |
| 五、损益类 | | |
| 42 | 6011 | 利息收入 |
| 43 | 6021 | 手续费及佣金收入 |
| 44 | 6031 | 保费收入 |
| 45 | 6041 | 租赁收入 |
| 46 | 6201 | 摊回保险责任准备金 |
| 47 | 6202 | 摊回赔付支出 |
| 48 | 6203 | 摊回分保费用 |
| 49 | 6411 | 利息支出 |
| 50 | 6421 | 手续费及佣金支出 |
| 51 | 6501 | 提取未到期责任准备金 |
| 52 | 6502 | 提取保险责任准备金 |
| 53 | 6511 | 赔付支出 |
| 54 | 6521 | 保单红利支出 |
| 55 | 6531 | 退保金 |
| 56 | 6541 | 分出保费 |
| 57 | 6542 | 分保费用 |

**2. 明细分类科目**

明细分类科目也叫细目,是对总分类科目进行更详细分类的会计科目,是进行明细核算的依据,并提供明细核算指标。如果总分类科目下设置的明细科目太多,可以在总分类科目和明细科目之间增设二级科目,也叫子目。二级科目提供的指标详细程度介于总分类科目和明细科目之间,也可以多层次地进一步分类。明细分类科目一般是由企业根据自己实际需要设置的。会计对象、会计要素和会计科目级次之间的关系如下:

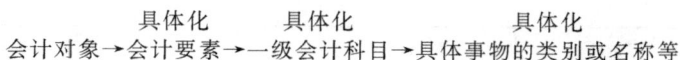

具体化　　　　具体化　　　　　具体化<br>
会计对象→会计要素→一级会计科目→具体事物的类别或名称等

现举例说明会计科目的级次关系,见表 3-3。

表 3 - 3　会计科目(按提供指标详细程度分类)

| 总分类科目<br>(一级科目) | 明细分类科目 | |
| --- | --- | --- |
| | 二级科目(子目) | 三级科目(细目) |
| 生产成本 | 第一车间 | 甲产品 |
| | | 乙产品 |
| | 第二车间 | 丙产品 |
| | | 丁产品 |
| 原材料 | 原料及主要材料 | 甲材料 |
| | | 乙材料 |
| | 辅助材料 | A 材料 |
| | | B 材料 |

## 二、账户

### (一)账户的概念

会计科目只是对会计对象的具体内容进行分类的项目,没有一定的结构格式,它本身不能进行具体的核算。为了连续、全面、系统地把交易或事项的发生而引起的会计要素的增减变动记录下来,还必须根据会计科目设置账户。

所谓账户,是指具有一定格式,用来分类、连续地记录交易或事项,反映会计要素增减变动及其结果的一种工具。设置账户是重要的会计核算方法之一。通过设置账户可以对大量繁杂的交易或事项进行分类核算和监督,从而提供不同性质和内容的会计信息。

### (二)账户与科目的关系

账户与会计科目是两个既有联系又有区别的概念。账户是根据会计科目设置的,账户的名称就是会计科目。账户是会计科目的具体运用,没有会计科目,账户便失去了设置的依据;没有账户,会计科目就无法发挥作用。

账户与会计科目的共同点在于:两者都是对交易或事项进行分类,都说明一定的交易或事项内容,并且分类的指标、口径是一致的。两者的不同点在于:会计科目只是交易或事项分类核算的项目或标志,只是说明一定的交易或事项内容;而账户不仅表明交易或事项的内容,而且具有一定的结构格式,可以把交易或事项内容的增减变动及其结果具体地记录下来,提供具体的数据资料。然而,由于会计科目就是账户的名称,所以在实际工作中,会计科目与账户常被当做同义语来理解,互相通用,不加区别。

在实际工作中,为满足会计核算的要求,应分别按总分类科目开设总分类账户,进行总分类核算,提供总分类核算指标;按明细分类科目开设明细分类账户,进行明细分类核算,提供明细分类核算指标。

### (三)账户的基本结构及格式

经济活动所引起的会计要素具体内容的变化是错综复杂的,但是从数量上看,不外乎就是增加和减少两种情况。所以,用来记录会计要素增减变动的账户就相应地分成两个基本部分,一方登记增加额,一方登记减少额。这就是账户的基本结构。至于哪方登记增加额,哪方登记减少额,则要依据所采用的记账方法和账户的性质而定。但是不管采用什么样的记账方法,也不论是什么性质的账户,其基本结构是不会变的。

一个完整的账户结构,一般应包括以下内容:① 账户名称,即会计科目;② 日期和摘要,即交易或事项发生的时间和内容;③ 凭证号数,即账户记录的来源和依据;④ 反映增加和减少的金额及其余额,见表 3-4。

表 3-4  账户名称(会计科目)

| 年 | | 凭证号数 | 摘 要 | 借 方 | 贷 方 | 借或贷 | 余 额 |
|---|---|---|---|---|---|---|---|
| 月 | 日 | | | | | | |
| | | | | | | | |

为了便于授课和学习,在会计学教学中,我们常用一种简化的格式来表示,即"T"型账户,其具体格式如图 3-1 所示。

账户中一般有 4 个金额要素,即期初余额、本期增加发生额、本期减少发生额和期末余额。本期增加发生额是指在一定会计期间,记录到增加方的金额合计数;本期减少发生额是指在一定会计期间,记录到减少方的金额合计数。本期增加发生额和减少发生额相抵后的差额就是期末余额。本期的期末余额转入下一期,就是下一期的期初余额。上述 4 个金额要素的关系如下:

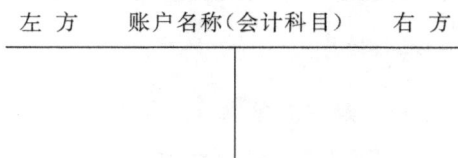

图 3-1  "T"型账户示意图

$$本期期末余额=本期期初余额+本期增加发生额-本期减少发生额$$

例如某企业在某一会计期间"库存商品"账户记录如图 3-2 所示。

库存商品

| 期初余额 | 10 000 | | |
|---|---|---|---|
| 本期增加 | 8 000 | 本期减少 | 11 000 |
| 本期发生额 | 8 000 | 本期发生额 | 11 000 |
| 期末余额 | 7 000 | | |

图 3-2  "库存商品"账户结构

## (四) 账户按经济内容的分类

每一个账户只能记录企业经济活动的某一个方面,不可能对企业的全部交易或事项加以记录。而企业的经济活动作为一个整体,是需要一个相互联系的账户体系加以反映的,因此对账户进行科学的分类就显得尤为必要了。账户可以按不同的标准进行分类,一般可以按经济内容、用途和结构分类及提供指标的详细程度分类等。其中,按经济内容分类是最基本的分类方法,是所有账户分类中的基础分类,在此做一介绍,其他分类在后面章节中介绍。通过账户的经济内容,可以确切地了解各个账户反映和监督的具体内容,即该账户的核算口径有多大,什么样的交易、事项(交易或事项)可通过该账户反映。所以账户的经济内容是我们认识每一个账户的起点。

企业所有交易、事项引起的资金运动,都可以归结为 6 个会计要素,即资产、负债、所有者权益、收入、费用、利润的增减变动及其结果,也就是会计对象的具体内容。因此,账户按其反映的经济内容进行分类,实质上便是按会计要素进行分类,即账户按经济内容可以分为资产类账户、负债类账户、所有者权益类账户、收益类账户、费用类账户和利润类账户六大类。由于在会计实务中,为了系统、分类反映"直接计入当期利润的利得和损失",对发生的所谓"直接计入当期利润的利得和损失",并不是直接记入反映利润的有关账户,而是通过设置"营业外收入"和"营业外支出"账户分别反映,而会计上把营业收入(通常所讲的会计要素中的"收入")和营业外收入统称为"收益",把费用和营业外支出称为费用损失。所以,我们可以认为,账户按其反映的经济内容分类,可以分为资产类账户、负债类账户、所有者权益类账户、收益类账户、费用损失类账户和利润类账户六大类。

1. 资产类账户

资产类账户是反映各种资产增减变动及结余额的账户。通常按资产流动性的不同,可以分为反映流动资产的账户和非流动资产的账户两类。

(1)反映流动资产的账户,如"库存现金"、"银行存款"、"应收账款"、"应收票据"、"其他应收款"、"交易性金融资产"、"原材料"、"库存商品"等账户。

(2)反映非流动资产(长期资产)的账户,如"固定资产"、"累计折旧"、"无形资产"、

2. 负债类账户

负债类账户是核算企业各种负债增减变动及结余额的账户。按负债的偿还期不同,负债类账户可以分为反映流动负债的账户和反映长期负债的账户两类。

(1)反映流动负债的账户,如"短期借款"、"应付账款"、"应付票据"、"其他应付款"、"应付职工薪酬"、"应交税费"等。

(2)反映非流动负债的账户,如"长期借款"、"长期应付款"、"应付债券"等。

"商誉"、"长期股权投资"等。

3. 所有者权益类账户

所有者权益类账户是核算企业所有者权益增减变动及结余额的账户。按照所有者权益的来源和构成,又可以分为反映所有者原始投资的账户、反映经营积累的账户和所有者权益其他来源的账户。

(1)反映所有者原始投资的账户有"实收资本"等账户。

(2)反映经营积累的账户有"盈余公积"等账户。

(3)反映所有者权益其他来源的账户有"资本公积"等账户。

4. 收益类账户

收益类账户是核算企业在生产经营过程中所取得的各种经济利益的账户。按照收益的不同性质和内容,可以分为反映营业收入的账户和反映非营业收入的账户两类。

(1)反映营业收入的账户有"主营业务收入"、"其他业务收入"、"投资收益"等账户。

(2)反映非营业收入的账户有"营业外收入"等账户。

5. 费用损失类账户

费用类账户是核算企业在生产经营过程中发生的各种费用支出的账户。按照费用的不同性质和内容,可以分为反映经营费用的账户和反映非经营费用的账户两类。

(1)反映经营费用的账户有"生产成本"、"制造费用"、"主营业务成本"、"其他业务支出"、

"管理费用"、"财务费用"、"销售费用"、"所得税费用"等账户。

（2）反映非经营费用的账户有"营业外支出"等账户。

6. 利润类账户

利润类账户是核算利润的形成和分配情况的账户。可以分为核算利润形成情况的账户和核算利润分配情况的账户两类。

（1）反映利润形成情况的账户有"本年利润"账户。

（2）反映利润分配情况的账户有"利润分配"账户。

工业企业的主要账户，按其所反映的经济内容进行分类情况，通过图 3-3 列示如下：

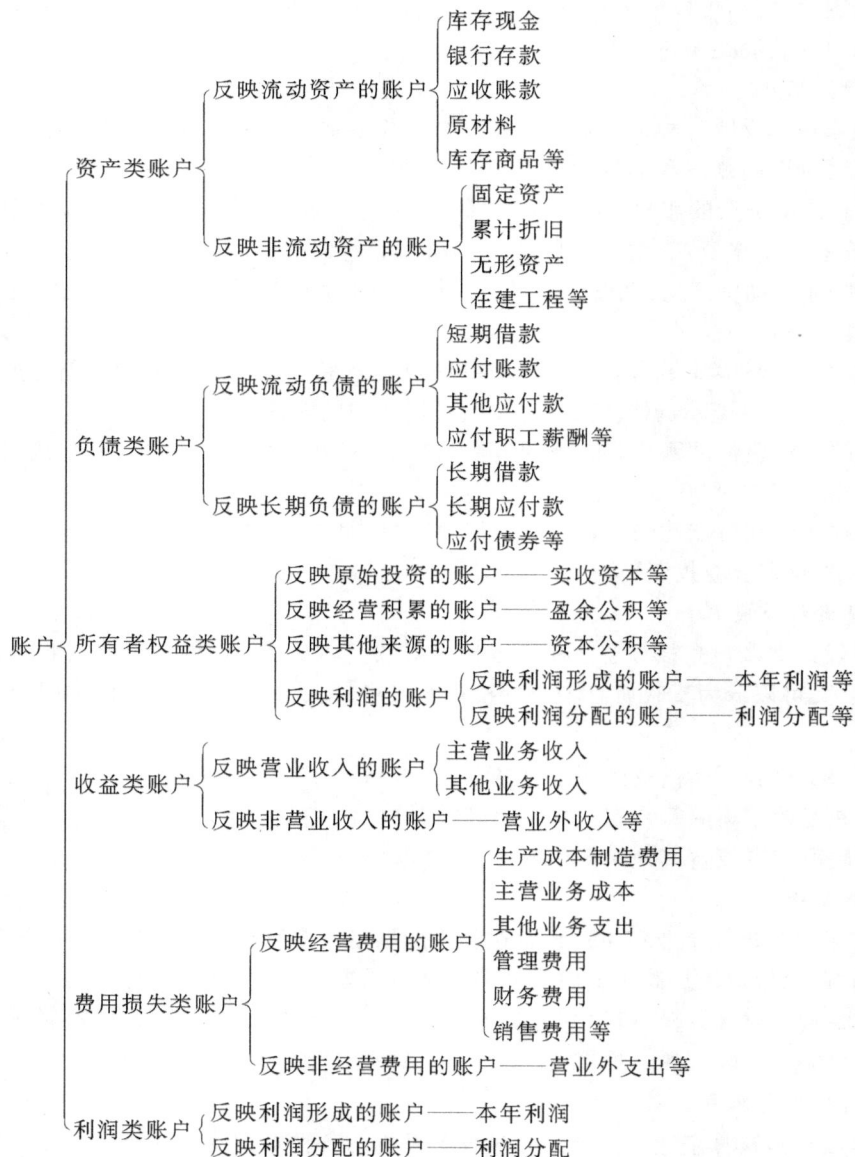

图 3-3　账户按经济内容分类

根据前述会计科目按其反映的经济内容分类的分析,账户按照反映经济内容的性质,可以分为资产类、负债类、所有者权益类、成本类和损益类五大类。

# 第二节　复式记账

## 一、复式记账法

### (一)记账方法

为了对会计要素进行核算和监督,除了按一定的原则设置会计科目,按会计科目设置账户外,还需要采用一定的记账方法将会计要素的增减变动记录在账户中。所谓记账方法,是指按照一定的原理和规则,使用一定的符号,利用文字和数字,在账户中登记交易或事项的技术方法。概括地讲,就是交易、事项发生后,如何将其记录在账户中去。在会计发展史上,记账方法有单式和复式之分,即单式记账法和复式记账法。单式记账法是会计上最早出现的记账方法。

单式记账法是对发生的每一项交易或事项所引起的会计要素的增减变动,一般只从一个方面在一个账户中进行单方面记录的方法。这种单方面的记录一般只记录现金、银行存款的收付业务和应收、应付款的结算等业务。例如,企业用现金1 000元购买原材料,在单式记账法下,只记现金方面减少的1 000元,而不记录原材料方面的增加,至于财产物资的结存数只有通过实地盘点得出。单式记账法下没有完整的账户体系,账户记录没有直接的联系,几乎不存在账户之间的对应关系,有关数据也就缺乏严密的内在联系,也没有相互平衡的关系。所以,既不能全面、系统地反映交易或事项的来龙去脉,也不便于通过试算平衡来检查账户记录的正确性、真实性。可见,单式记账方法是一种简单、不完整、不科学的记账方法,逐步被复式记账方法所取代,目前已很少采用。

复式记账法是单式记账法的对称方法,它是指每项交易、事项发生后,都要以相等的金额在两个或两个以上相互联系的账户中进行登记的一种记账方法。仍以购买原材料为例,我们分析复式记账方法的特点,比如用银行存款购买1 000元原材料,在复式记账法下,一方面要在"银行存款"账户的减少方登记1 000元,另一方面要在"原材料"账户的增加方登记1 000元。再比如,从银行提取现金,一方面要在"银行存款"账户中记录减少数,另一方面还要以相等的金额在"库存现金"账户中记录增加数。

与单式记账法相比,复式记账法有以下几个主要的特征:① 复式记账法设置了完整的账户体系,可以全面、系统地反映全部会计对象具体内容的增减变动情况;② 对每一项交易、事项都要在两个或两个以上账户中进行记录,在有关账户之间有着明确的账户对应关系和数字钩稽关系,可以反映每项交易、事项的来龙去脉,使用者可以全面、系统地了解经济活动的过程和结果;③ 由于复式记账要求以相等的金额在两个或两个以上账户中同时登记,因此可以对账户记录的结果进行试算平衡,以检查账簿记录的正确性。

复式记账法,根据其使用的记账符号、记账规则、试算方法的不同,又分为几种具体的方法,主要有借贷记账法、增减记账法、收付记账法。其中,借贷记账法是各国普遍采用的一种记账法。

### （二）复式记账原理

复式记账法是以资产等于负债和所有者权益这一会计平衡公式为理论基础的。如前所述,各单位交易、事项的发生引起会计要素各个项目的增减变动,具体到对会计等式的影响概括起来不外乎第二章所述的 4 种类型。对于每一项交易、事项的发生,都会引起会计要素的两个或两个以上的项目发生增减变动,并且增减变动的金额相等,例如一项资产的增加必然引起另一项资产的减少,或者负债的增加,或者所有者权益的增加,但是都不会打破资产和权益之间的平衡关系。这样就要求会计在记账时,对发生每项交易、事项所涉及的会计要素项目的增减变动,都必须在两个或两个以上相联系的账户中进行等额的记录,才能完整、全面地反映资金运动的来龙去脉,保证资金平衡关系不被破坏。

## 二、借贷记账法

### （一）借贷记账法的产生与发展

借贷记账法是以"借"和"贷"为记账符号的一种复式记账方法。借贷记账法最早起源于13 世纪的意大利。当时,西方的资本主义商品经济有了发展。在商品交换中,为了适应借贷资本家和商业资本家的管理需要,逐步形成了这样一种记账方法。

"借"、"贷"两字的含义,最初是从借贷资本家的角度来解释的。借贷资本家以经营货币资金的借贷为主要业务,对于借进的款项,记在贷主的名义下,表示自身的债务增加;对于贷出的款项,记在借主的名义下,表示自身的债权增加。这样,"借"、"贷"两字分别表示借贷资本家的债权、债务及其增减变化情况。

随着商品经济的发展,经济活动的内容日趋复杂,会计所记录的交易或事项不再仅限于货币资金的借贷,逐渐扩展到财产物资、经营损益、经营资本等的变化。这时,为了达到账簿记录的统一,对于非货币资金的借贷业务,也利用"借"、"贷"两字来说明交易或事项的变化情况。这样,"借"、"贷"两字就逐渐失去了原来的含义,演变为一种单纯的记账符号。到了 15 世纪,借贷记账法已逐渐完备,被用来反映资本的存在形态和所有者权益的增减变动。随着西方会计学者提出借贷记账法的理论依据,即"资产＝负债＋资本"的会计平衡公式,并据此确立了借贷记账法的记账规则,借贷记账法日益完善,并被世界各国广泛采用。

20 世纪初,借贷记账法传入我国,为一部分企业所采用。新中国成立后,我国会计工作者在借贷记账法的基础上提出并运用了一些新的记账方法,如增减记账法、收付记账法等。为了统一记账方法,加强国际间的经济交往,我国于 1992 年 11 月 30 日颁布,1993 年 7 月 1 日实施的《企业会计准则》明确规定,境内所有企业在进行会计核算时,都必须采用借贷记账法。我国于 2006 年 2 月 15 日颁布,2007 年 1 月 1 日实施的《企业会计准则——基本准则》第十一条也规定企业应当采用借贷记账法记账。

### （二）借贷记账法的基本内容

#### 1. 借贷记账法的记账符号

借贷记账法是以"借"、"贷"作为记账符号的。随着时代的演进和社会经济的发展,"借"、"贷"两字已完全脱离了原来的含义,转化为单纯的记账符号,变为专门的会计术语,成为账户中两个对立的记账部位,即"借方"和"贷方",显示记账的方向,指明发生的每一笔交易、事项应该记录的既相互依存又相互对立的账户中的两个不同的方位。"借"表示记入账户的借方;

"贷"表示记入账户的贷方。

2. 借贷记账法的账户结构

在借贷记账法下,任何账户都分为"借方"和"贷方"两个基本部分,通称左方为"借方",右方为"贷方"。账户的借贷两方必须做相反方向的记录,即对于每一个账户来说,如果规定借方用来登记增加额,则贷方就用来登记减少额;如果规定贷方用来登记增加额,则借方就用来登记减少额。在一个会计期间内,借方登记的合计数称为借方发生额;贷方登记的合计数称为借方发生额。至于到底账户的哪方登记增加额,哪方登记减少额,则要看账户反映的经济内容,也就是由它的性质来决定。不同性质的账户,其结构是不同的。也就是说,只有把"借"、"贷"这一对记账符号,同具体的账户联系在一起,才能够了解借方反映什么,贷方反映什么,余额在哪一方及显示什么性质,可概括如下:

(1)资产类、成本、费用类账户,借方登记增加额,贷方登记减少额;

(2)负债类、所有者权益类和收入类账户,贷方登记增加额,借方登记减少额;

(3)余额在借方,可判定为资产性质(一般为资产类账户,或为成本类账户);

(4)余额在贷方,可判定为权益性质(通常为负债类账户或所有者权益类账户);

(5)期末结账后,没有余额,可判定为损益性质(通常为收益类账户或费用损失类账户)。

通常将结账后期末有余额的账户为实账户,即资产类、负债类、所有者权益类和成本类账户,也就是说实账户的期末余额反映企业的资产、负债和所有者权益,列示于资产负债表中;结账后期末没有余额的账户为虚账户,即损益类账户,期末余额反映企业的收益、费用和损失,列示于利润表中。

(1)资产类、成本类账户

资产类、成本类账户的结构是:账户的借方登记增加额,贷方登记减少额,期末若有余额,一般在借方,表示资产、生产成本的实有数额。该类账户的期末余额用公式表示如下:

资产、成本类账户期末借方余额=期初借方余额+本期借方发生额-本期贷方发生额。

资产类账户的结构如图3-4所示。

| 借　方 | | 资产类账户 | 贷　方 | |
|---|---|---|---|---|
| 期初余额 | ××× | | | |
| 增加额 | ××× | 减少额 | ××× | |
| 本期发生额 | ××× | 本期发生额 | ××× | |
| 期末余额 | ××× | | | |

图3-4　资产类账户结构图

(2)负债及所有者权益类账户

负债及所有者权益类账户由会计平衡公式"资产=负债+所有者权益"所决定,负债及所有者权益类账户的结构与资产类正好相反,其贷方登记负债及所有者权益的增加额,借方登记负债及所有者权益的减少额。如果有期末余额,一般余额在贷方,表示负债或所有者权益的实有数额。该类账户的期末余额用公式表示如下:

负债或所有者权益类账户期末(贷方)余额=期初(贷方)余额+本期贷方发生额-本期借方发生额。

负债及所有者权益类账户的结构,如图 3－5 所示。

| 借　方 | 负债及所有者权益类账户 | | 贷　方 |
|---|---|---|---|
| | | 期初余额 | ×××　 |
| 减少额　　　×××　 | | 增加额 | ×××　 |
| 本期发生额　×××　 | | 本期发生额 | ×××　 |
| | | 期末余额 | ×××　 |

**图 3－5　负债及所有者权益类账户结构图**

（3）费用损失类账户

费用成本类账户的结构与资产类账户的结构基本相同,账户的借方登记费用成本的增加额,贷方登记费用成本的减少（转销）额,期末结转后通常没有余额。成本费用类账户的结构,如图 3－6 所示。

| 借　方 | 费用损失类账户 | | 贷　方 |
|---|---|---|---|
| 增加额　　　×××　 | | 转出额 | ×××　 |
| 本期发生额　×××　 | | 本期发生额 | ×××　 |

**图 3－6　成本费用类账户结构图**

（4）收益类账户

收益类账户的结构与负债和所有者权益类账户的结构基本相同,账户的贷方登记收入的增加额,借方登记收入的减少（转销）额,通常期末结转后没有余额。收益类账户的结构如图 3－7 所示。

| 借　方 | 收益类账户 | | 贷　方 |
|---|---|---|---|
| 转出额　　　×××　 | | 增加额 | ×××　 |
| 本期发生额　×××　 | | 本期发生额 | ×××　 |

**图 3－7　收益类账户结构图**

在借贷记账法下,各类账户的余额一般与记录增加额的方向一致。即资产类、成本类账户的期末余额一般在借方,负债及所有者权益类账户的余额一般在贷方。因此,我们可以根据账户余额所在的方向,判断账户的性质,即账户若是借方余额,则为资产类、成本类账户;若是贷方余额,则为负债或所有者权益类账户。

3. **借贷记账法的记账规则**

借贷记账法的记账规则,概括地说就是"有借必有贷,借贷必相等"。它包含两方面的含义:

第一是说对于任何一项交易或事项,如果在一个账户的借方进行了登记,必须同时在另外一个或几个账户的贷方进行登记;如果在一个账户的贷方进行了登记,必须同时在另外一个或几个账户的借方进行登记。第二是说在借方账户登记的总额与在贷方账户登记的总额必然相等。

下面举例说明借贷记账法的记账规则。

**例1**　永昌公司 2019 年 2 月 1 日收到亚华集团投入的资本 600 000 元存入银行。

这项交易或事项一方面导致企业的资产——银行存款增加,应在"银行存款"账户的借方登记;另一方面导致企业的所有者权益——实收资本增加,应在"实收资本"账户的贷方登记,如图 3-8 所示。

| 借 | 银行存款 | 贷 | | 借 | 实收资本 | 贷 |
|---|---|---|---|---|---|---|
| 600 000 | | | | | | 600 000 |

图 3-8　"银行存款"、"实收资本"账户登记图

**例2**　2 月 3 日,永昌公司用银行存款 150 000 元偿还前欠林安公司的材料款。

这项交易或事项一方面导致企业的资产——银行存款减少,应在"银行存款"账户的贷方登记;另一方面导致企业的负债——应付账款减少,应在"应付账款"账户的借方登记,如图 3-9 所示。

| 借 | 银行存款 | 贷 | | 借 | 应付账款 | 贷 |
|---|---|---|---|---|---|---|
| | | 150 000 | | 150 000 | | |

图 3-9　"银行存款"、"应付账款"账户登记图

**例3**　2 月 6 日,永昌公司购入设备一台 200 000 元,已安装完毕,价款开出现金支票付讫。

这项交易或事项一方面导致企业的资产——银行存款减少,应在"银行存款"账户的贷方登记;另一方面导致企业的另一项资产——固定资产增加,应在"固定资产"账户的借方登记,如图 3-10 所示。

| 借 | 银行存款 | 贷 | | 借 | 固定资产 | 贷 |
|---|---|---|---|---|---|---|
| | | 200 000 | | 200 000 | | |

图 3-10　"银行存款"、"固定资产"账户登记图

**例4**　2 月 10 日,永昌公司将资本公积 160 000 元转赠资本。

这项交易或事项一方面导致企业的所有者权益——资本公积减少,应在"资本公积"账户的借方登记;另一方面导致企业的另一项所有者权益——实收资本增加,应在"实收资本"账户

的贷方登记,如图 3-11 所示。

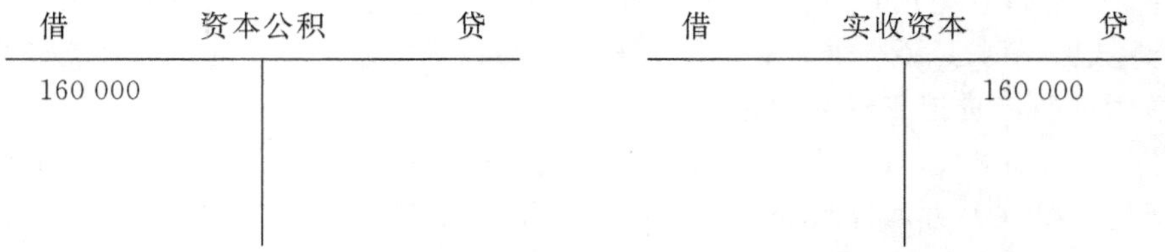

| 借 | 资本公积 | 贷 | 借 | 实收资本 | 贷 |
|---|---|---|---|---|---|
| 160 000 | | | | 160 000 | |

**图 3-11  "资本公积"、"实收资本"账户登记图**

通过上面例题可以看出,不管是资产与负债或所有者权益同增同减的业务,还是资产内部一增一减的业务,或是负债和所有者权益内部一增一减的业务,都同样适用于"有借必有贷,借贷必相等"的记账规则。

4. **借贷记账法的试算平衡**

所谓借贷记账法的试算平衡,就是指根据"资产=负债+所有者权益"的平衡关系,按照记账规则的要求,通过汇总计算和比较,来检查账户记录的正确性和完整性。

在借贷记账法下,对于每一项交易或事项都是按照"有借必有贷,借贷必相等"的记账规则来记账,那么每一项交易或事项发生后,记入借方账户的金额与记入贷方账户的金额必然是相等的,所以在一定时期内,所有记入借方账户的发生额合计数与记入贷方账户的发生额合计数也必然是相等的;同样,所有借方账户的期末余额合计数与所有贷方账户的期末余额合计数也必然是相等的。这样,我们就可以通过所有账户借贷两方本期发生额和期末余额的试算,来检查账户记录是否正确。如果借贷两方金额相等,则可以认为账户记录基本正确;如果借贷两方金额不相等,则表明账户记录发生了错误。

采用借贷记账法进行试算平衡,可以采用下列公式试算:

全部账户的借方发生额合计=全部账户的贷方发生额合计,

全部账户的借方余额合计=全部账户的贷方余额合计。

在实际工作中,试算平衡工作一般是在月末结出各个账户的本月发生额和月末余额后,通过试算平衡表来进行。试算平衡表有两种编制方法:一种是将本期发生额和期末余额分别列表试算,见表 3-5 和表 3-6;另一种是将本期发生额和期末余额合并在一张表上进行试算,见表 3-7。

**表 3-5  总分类账户本期发生额试算平衡表**  单位:元

| 账户名称 | 借方发生额 | 贷方发生额 |
|---|---|---|
| | | |
| | | |
| | | |
| 合　计 | | |

表 3 - 6　总分类账户余额试算平衡　　　　　　　　　　　单位:元

| 账户名称 | 借方余额 | 贷方余额 |
|---|---|---|
|  |  |  |
| 合　计 |  |  |

表 3 - 7　总分类账户本期发生额及余额试算平衡　　　　　单位:元

| 账户名称 | 期初余额 | | 本期发生额 | | 期末余额 | |
|---|---|---|---|---|---|---|
|  | 借　方 | 贷　方 | 借　方 | 贷　方 | 借　方 | 贷　方 |
|  |  |  |  |  |  |  |
| 合　计 |  |  |  |  |  |  |

通过试算平衡表来检查账户记录是否正确并不是绝对的,如果试算不平衡,说明账户记录一定有错误;如果试算平衡,也不能说明账户记录一定正确。因为有些错误并不影响借贷双方平衡,例如重记或漏记某项交易或事项,或者借贷方向记反了,或者方向正确但是记错了账户等,就不能通过试算平衡而检查出错误。

### 三、会计分录和账户的对应关系

#### (一) 会计分录

为保证记账的正确性,在账户中记录任何一笔交易或者事项,都应当根据交易或者事项所涉及的账户及其应借、应贷的方向和金额,编制会计分录。在实际工作中,这项工作是通过在记账凭证或普通日记账上编制会计分录来完成的。所谓会计分录,就是按照一定的格式标明每笔交易或者事项涉及的应借、应贷账户的名称及其金额的记录。编制会计分录是会计工作的初始阶段,是对交易或事项所做的会计确认,为账户记录提供依据。

会计分录的编制可以分 3 个步骤进行:

第一,确定账户。分析交易或事项内容,找出会计要素变动所涉及的账户。

第二,确定方向。分析会计要素的变动是增加还是减少,依据账户的性质,判断应该记入账户的借方还是贷方。

第三,确定金额。分析各会计要素的变动金额是多少,据以确定应该记入账户中的金额。

必须注意,会计分录编制的方法是,先确定科目名称,后确定借、贷方向,并先借后贷。

例如前面 4 笔交易或事项可做如下会计分录:

**例 1**　借:银行存款　　　　　　　　　　　　　　　　　　600 000
　　　　　　贷:实收资本　　　　　　　　　　　　　　　　　　　600 000

**例2** 借:应付账款　　　　　　　　　　　　　　　　150 000

　　　　贷:银行存款　　　　　　　　　　　　　　　　　　150 000

**例3** 借:固定资产　　　　　　　　　　　　　　　　200 000

　　　　贷:银行存款　　　　　　　　　　　　　　　　　　200 000

**例4** 借:资本公积　　　　　　　　　　　　　　　　160 000

　　　　贷:实收资本　　　　　　　　　　　　　　　　　　160 000

会计分录有两种类型:简单分录和复合分录。所谓简单分录是指由两个账户组成的会计分录,即"一借一贷"的会计分录,如上面4笔分录都是简单分录。所谓复合分录是指由两个以上账户相对应组成的会计分录,可以是"一借多贷"、"多借一贷"、"多借多贷"的会计分录。现将复合分录举例如下。

**例5** 永昌公司从长安公司购入原材料一批50 000元,其中30 000元开出现金支票付讫,其余的20 000元暂欠(不考虑增值税)。

这项交易或事项,一方面导致企业的资产——原材料增加,应在"原材料"账户的借方登记;另一方面导致企业的另一项资产——银行存款减少,应在"银行存款"账户的贷方登记;企业的负债"应付账款"增加,应在"应付账款"账户的贷方登记。其会计分录为:

借:原材料　　　　　　　　　　　　　　　　　50 000

　　贷:银行存款　　　　　　　　　　　　　　　　30 000

　　　　应付账款　　　　　　　　　　　　　　　　20 000

需要注意的是,为了便于了解经济活动的内容,使账户对应关系清晰明确,我们一般编制"一借一贷"、"一借多贷"、"多借一贷"的会计分录,交易或事项本身需要时,也可以编制"多借多贷"的会计分录。但是绝对不允许把性质不同的多笔交易或事项合并编制"多借多贷"的会计分录。

### (二) 账户的对应关系

我们从上面几项交易或事项可以看出,采用借贷记账法,在交易、事项发生时,都要在两个或两个以上相关的账户中登记,这样在有关账户之间就形成了一种应借、应贷的对应关系,这样的关系就叫作账户的对应关系,发生对应关系的账户叫作对应账户。如例1,永昌公司2019年2月1日收到亚华集团投入的资本600 000元存入银行,编制的会计分录为:

借:银行存款　　　　　　　　　　　　　　　　600 000

　　贷:实收资本　　　　　　　　　　　　　　　　600 000

"银行存款"账户的借方和"实收资本"账户的贷方分别登记了600 000元,这样"银行存款"和"实收资本"两个账户就发生了对应关系,这两个账户也就成了对应账户。掌握账户的对应关系很重要,通过账户的对应关系可以了解交易或事项内容,检查对交易或事项的处理是否正确。

## 第三节　总分类账户和明细分类账户的平行登记

### 一、总分类账户和明细分类账户的关系

在会计核算工作中,为了适应经济管理的需要,对于所有的交易或事项都要在有关账户中进行登记,既要提供总括的核算指标,又要提供详细的核算指标。为此,企业既需要设置总分类账户,又需要设置明细分类账户。

总分类账户,也叫一级账户,是按照总分类科目设置的,用来对交易或事项的具体内容进行总括核算,提供总括核算指标;明细分类账户是按照明细分类科目设置的,用来对交易或事项的具体内容进行明细核算,提供详细核算指标。

总分类账户和明细分类账户都是用来提供会计核算指标的。但从提供核算资料的角度看,总账提供总括资料,明细账提供详细、具体资料;从其提供指标之间的关系来看,总分类账户对其所属的明细分类账户起到控制和统驭的作用,而明细分类账户对其总分类账户起着补充和说明的作用。从数量角度看,总账某一账户的本期发生额等于所属的明细账户的本期发生额之和;总账某一账户的本期余额等于所属的明细账户的本期余额之和。但两者反映的是同一笔交易或事项,它们所提供的核算资料互相补充,只有把两者结合起来,才能既总括又详细地反映同一核算内容。因此,总分类账户和明细分类账户必须采用平行登记。

### 二、总分类账户和明细分类账户的平行登记

所谓平行登记,是指对所发生的交易或事项一方面要根据有关凭证在总分类账户中进行登记,另一方面又要在该总分类账户所属的明细分类账户中进行登记。平行登记有 4 个登记要点:

(1)同依据。对发生的交易或事项都要根据审核后的有关会计凭证为依据,一方面登记总分类账户,另一方面登记其所属的明细分类账户。

(2)同方向。登记总分类账户和明细分类账户的方向必须相同,即总分类账户记入借方,其所属的明细分类账户也记入借方;总分类账户记入贷方,其所属的明细分类账户也记入贷方。

(3)同期间。对每一项交易或事项,在记入总分类账户和明细分类账户的过程中,可以不是同一时间点,但必须在同一个会计期间。

(4)同金额。记入总分类账户的金额与记入其所属明细账户中的金额合计是相等的。

根据上述要点,对总分类账户和明细分类账户进行平行登记后,同一会计期间,总分类账户和明细分类账户之间必然会产生下列数量关系:

总分类账户本期发生额＝总分类账户所属明细分类账户本期发生额,
总分类账户期末余额＝总分类账户所属明细分类账户期末余额。

在实际工作中,可以利用上述关系检查账户记录的正确性。

下面举例说明总分类账户和其所属明细分类账户的平行登记方法。

**例 6**　永昌公司 2018 年 2 月 28 日"原材料"账户的期末余额见表 3-8。

表 3-8　"原材料"账户期末余额　　　　　　　　　　单位:元

| 材料名称 | 计量单位 | 数　量 | 单　价 | 金　额 |
|---|---|---|---|---|
| 甲材料 | 件 | 100 | 200 | 20 000 |
| 乙材料 | 千克 | 400 | 50 | 20 000 |
| 合　计 | | | | 40 000 |

2018 年 3 月该公司有关原材料采购及收发业务如下:

① 3 月 3 日购入材料一批,货已验收入库,款项暂未支付(不考虑增值税)。具体见表3-9。

表 3-9　采购材料明细表　　　　　　　　　　　　单位:元

| 材料名称 | 计量单位 | 数　量 | 单　价 | 金　额 |
|---|---|---|---|---|
| 甲材料 | 件 | 600 | 200 | 120 000 |
| 乙材料 | 千克 | 800 | 50 | 400 000 |
| 合　计 | | | | 520 000 |

该项交易或事项应编制会计分录如下:

借:原材料——甲材料　　　　　　　　　　　　　　　120 000
　　　　　——乙材料　　　　　　　　　　　　　　　400 000
　　贷:应付账款　　　　　　　　　　　　　　　　　　　　520 000

② 3 月 15 日,仓库发出材料全部用于产品生产,具体见表 3-10。

表 3-10　发出材料汇总表　　　　　　　　　　　单位:元

| 材料名称 | 计量单位 | 数　量 | 单　价 | 金　额 |
|---|---|---|---|---|
| 甲材料 | 件 | 500 | 200 | 100 000 |
| 乙材料 | 千克 | 800 | 50 | 400 000 |
| 合　计 | | | | 500 000 |

该项交易或事项应编制会计分录如下:

借:生产成本　　　　　　　　　　　　　　　　　　　500 000
　　贷:原材料——甲材料　　　　　　　　　　　　　　　100 000
　　　　　　——乙材料　　　　　　　　　　　　　　　400 000

根据上述资料,登记"原材料"总分类账户及其所属的明细分类账户,见表 3-11,表 3-12,表 3-13。

表 3 – 11 总分类账户

账户名称：原材料 单位：元

| 2018 年 | | 凭证号数 | 摘 要 | 借 方 | 贷 方 | 借或贷 | 余 额 |
|---|---|---|---|---|---|---|---|
| 月 | 日 | | | | | | |
| 3 | 1 | | 期初余额 | | | 借 | 40 000 |
| | 3 | ① | 购入材料 | 520 000 | | 借 | 560 000 |
| | 15 | ② | 发出材料 | | 500 000 | 借 | 60 000 |
| | 31 | | 本月合计 | 520 000 | 500 000 | 借 | 60 000 |

表 3 – 12 原材料明细分类账户

账户名称：甲材料 单位：元

| 2018 年 | | 凭证号数 | 摘 要 | 单位 | 收 入 | | | 发 出 | | | 结 余 | | |
|---|---|---|---|---|---|---|---|---|---|---|---|---|---|
| 月 | 日 | | | | 数 量 | 单价 | 金 额 | 数量 | 单价 | 金 额 | 数 量 | 单 价 | 金 额 |
| 3 | 1 | | 期初余额 | 件 | | | | | | | 100 | 200 | 20 000 |
| | 3 | ① | 购入材料 | 件 | 600 | 200 | 120 000 | | | | 700 | 200 | 140 000 |
| | 15 | | 发出材料 | 件 | | | | 500 | 200 | 100 000 | 200 | 200 | 40 000 |
| | 31 | | 本月合计 | 件 | 600 | 200 | 120 000 | 500 | 200 | 100 000 | 200 | 200 | 40 000 |

表 3 – 13 原材料明细分类账户

账户名称：乙材料 单位：元

| 2018 年 | | 凭证号数 | 摘 要 | 单位 | 收 入 | | | 发 出 | | | 结 余 | | |
|---|---|---|---|---|---|---|---|---|---|---|---|---|---|
| 月 | 日 | | | | 数 量 | 单价 | 金 额 | 数量 | 单价 | 金 额 | 数 量 | 单 价 | 金 额 |
| 3 | 1 | | 期初余额 | 千克 | | | | | | | 400 | 50 | 20 000 |
| | 3 | ① | 购入材料 | 千克 | 800 | 50 | 400 000 | | | | 1 200 | 50 | 420 000 |
| | 15 | ② | 发出材料 | 千克 | | | | 800 | 50 | 400 000 | 400 | 50 | 20 000 |
| | 31 | | 本月合计 | 千克 | 800 | 50 | 400 000 | 800 | 50 | 400 000 | 400 | 50 | 20 000 |

从上述"原材料"总分类账户及其所属明细分类账户平行登记的结果中可以看出,"原材料"总分类账户的期初余额 40 000 元,与其所属的两个明细账户的期初余额之和 40 000(20 000＋20 000)相等;"原材料"总分类账户的本期借方发生额 520 000 元,与其所属的两个明细账户的本期借方发生额之和 520 000(120 000＋400 000)相等;"原材料"总分类账户的本期贷方发生额 500 000 元,与其所属的两个明细账户的本期贷方发生额之和 500 000(100 000＋400 000)相等;"原材料"总分类账户的期末余额 60 000 元,与其所属的两个明细账户的期末余额之和 60 000(40 000＋20 000)相等。

### ➤ 应用技能训练

利华公司 2018 年 6 月初各账户余额如表 3－14 所示。

表 3－14　利华公司 2009 年 6 月初各账户余额　　　　　　　　单位:元

| 资产类账户 | 金　额 | 负债及所有者权益类账户 | 金　额 |
|---|---|---|---|
| 银行存款 | 100 000 | 短期借款 | 40 000 |
| 原材料 | 90 000 | 应付账款 | 90 000 |
| 库存商品 | 70 000 | 实收资本 | 560 000 |
| 固定资产 | 350 000 | | |
| 应收账款 | 80 000 | | |
| 合　计 | 690 000 | 合　计 | 690 000 |

该公司 2018 年 6 月份发生下列交易或事项:

(1) 购买材料一批 20 000 元,款已支付,材料已验收入库。

(2) 收到投资者投入设备一台,价值 50 000 元。

(3) 用银行存款偿还前欠货款 90 000 元。

(4) 从银行借入短期借款 50 000 元,存入银行。

(5) 收到购货单位偿付的前欠货款 80 000 元,存入银行。

(6) 销售商品 30 000 元,款项未收。

(7) 结转上述商品的销售成本为 25 000 元。

根据上述利华公司交易或事项,编制会计分录如下(不考虑增值税):

(1) 借:原材料　　　　　　　　　　　　　　　　　　　20 000

　　　 贷:银行存款　　　　　　　　　　　　　　　　　　　20 000

(2) 借:固定资产　　　　　　　　　　　　　　　　　　　50 000

　　　 贷:实收资本　　　　　　　　　　　　　　　　　　　50 000

(3) 借:应付账款　　　　　　　　　　　　　　　　　　　90 000

　　　 贷:银行存款　　　　　　　　　　　　　　　　　　　90 000

(4) 借:银行存款　　　　　　　　　　　　　　　　　　　50 000

　　　 贷:短期借款　　　　　　　　　　　　　　　　　　　50 000

(5) 借:银行存款　　　　　　　　　　　　　　　　　　　80 000

     贷：应收账款              80 000
（6）借：应收账款             30 000
     贷：主营业务收入             30 000
（7）借：主营业务成本            25 000
     贷：库存商品              25 000

将以上会计分录过入总分类账户，期末结出各账户的本期发生额和期末余额如下所示。

| 借 | 银行存款 | 贷 | | 借 | 原材料 | 贷 |
|---|---|---|---|---|---|---|
| 期初余额 100 000 | | | | 期初余额 90 000 | | |
| （4）50 000 | （1）20 000 | | | （1）20 000 | | |
| （5）80 000 | （3）90 000 | | | | | |
| 发生额 130 000 | 发生额 110 000 | | | 发生额 20 000 | 发生额 0 | |
| 期末余额 120 000 | | | | 期末余额 110 000 | | |

| 借 | 应收账款 | 贷 | | 借 | 库存商品 | 贷 |
|---|---|---|---|---|---|---|
| 期初余额 80 000 | | | | 期初余额 70 000 | | |
| （6）30 000 | （5）80 000 | | | | （7）25 000 | |
| 发生额 30 000 | 发生额 80 000 | | | 发生额 0 | 发生额 25 000 | |
| 期末余额 30 000 | | | | 期末余额 45 000 | | |

| 借 | 固定资产 | 贷 | | 借 | 短期借款 | 贷 |
|---|---|---|---|---|---|---|
| 期初余额 350 000 | | | | | 期初余额 40 000 | |
| （2）50 000 | | | | | （4）50 000 | |
| 发生额 50 000 | 发生额 0 | | | 发生额 0 | 发生额 50 000 | |
| 期末余额 400 000 | | | | | 期末余额 90 000 | |

| 借 | 应付账款 | 贷 | | 借 | 实收资本 | 贷 |
|---|---|---|---|---|---|---|
| | 期初余额 90 000 | | | | 期初余额 560 000 | |
| （3）90 000 | | | | | （2）50 000 | |
| 发生额 90 000 | 发生额 0 | | | 发生额 0 | 发生额 50 000 | |
| | 期末余额 0 | | | | 期末余额 610 000 | |

| 借 | 主营业务收入 | 贷 | | 借 | 主营业务成本 | 贷 |
|---|---|---|---|---|---|---|
| | （6）30 000 | | | （7）25 000 | | |
| 发生额 0 | 发生额 30 000 | | | 发生额（7）25 000 | 发生额 0 | |
| | 期末余额 30 000 | | | 期末余额 25 000 | | |

*101*

根据账户记录进行试算平衡。试算平衡表如表 3-15 所示。

表 3-15　总分类账户本期发生额及余额试算平衡 　　　　　　　　　　单位:元

| 账户名称 | 期初余额 | | 本期发生额 | | 期末余额 | |
|---|---|---|---|---|---|---|
| | 借　方 | 贷　方 | 借　方 | 贷　方 | 借　方 | 贷　方 |
| 银行存款 | 100 000 | | 130 000 | 110 000 | 120 000 | |
| 原材料 | 90 000 | | 20 000 | | 110 000 | |
| 应收账款 | 80 000 | | 30 000 | 80 000 | 30 000 | |
| 库存商品 | 70 000 | | | 25 000 | 45 000 | |
| 固定资产 | 350 000 | | 50 000 | | 400 000 | |
| 短期借款 | | 40 000 | | 50 000 | | 90 000 |
| 应付账款 | | 90 000 | 90 000 | | | |
| 实收资本 | | 560 000 | | 50 000 | | 610 000 |
| 主营业务收入 | | | | 30 000 | | 30 000 |
| 主营业务成本 | | | 25 000 | | 25 000 | |
| 合　计 | 690 000 | 690 000 | 345 000 | 345 000 | 730 000 | 730 000 |

要求:(1) 分析判断利华公司上述账务处理中,体现了几种会计核算方法。这几种方法之间的关系如何?

(2) 解释上述会计核算的基本步骤。

### >>> 本章小结

在前面研究会计基本理论问题的基础上,本章开始转入对会计核算基本方法的研究,重点讲述了设置账户和复式记账两种会计核算方法。

为了反映和记录所发生的交易或事项,在会计上采用设置账户的方法。账户是按会计科目设置的,对所发生的交易或事项进行连续、系统的记录的一种工具。不管什么样的账户都有一个基本结构,分为两个部分。

复式记账法是单式记账法的对称,它是指每一项交易或事项发生后,都要以相等的金额在两个或两个以上相互联系的账户中进行登记的一种方法,目前普遍采用的是借贷记账法。

借贷记账法以"借"和"贷"为记账符号,以"有借必有贷,借贷必相等"为记账规则。登账之前要以会计分录的形式在记账凭证中做记录,全部交易或事项的会计分录入账之后,可以通过试算平衡来检查账户记录的正确性。

总分类账户对其所属的明细分类账户起到控制和统驭的作用,而明细分类账户对其总分类账户起着补充和说明的作用。对于发生的每一笔交易或事项都要在总分类账户和明细分类账户中进行平行登记。

>>> **关键词**

会计要素;资产;负债;所有者权益;收入;费用;利润;会计等式;会计科目;账户;复式记账;会计分录;试算平衡

>>> **综合练习**

### 一、复习思考题

1. 什么是会计科目? 会计科目在会计中起什么作用?

2. 什么是账户? 它与科目有什么区别和联系?

3. 什么是账户结构?

4. 简述复式记账法的特点。

5. 简述借贷记账法的内容。

6. 账户为什么要按提供指标的详细程度进行分类? 简述总分类账与明细分类账户的联系和区别,说明总分类账与明细分类账户平行登记的要点。

### 二、判断题

1. 企业必须对资产拥有所有权。 （　　）

2. 权益是所有者对净资产享有的或可以主张的权利。 （　　）

3. 任何交易或事项的发生都不会破坏会计等式的平衡关系。 （　　）

4. 会计科目是由会计制度规定的。 （　　）

5. 会计科目与会计账户反映的经济内容是相同的。 （　　）

6. 如果定期汇总的全部账户记录平衡说明账户金额记录完全正确。 （　　）

7. 收益类账户与费用类账户结转后一般没有期末余额,但有期初余额。 （　　）

8. 会计分录包括交易或事项涉及的账户名称、记账方向和金额三方面。 （　　）

9. 账户余额一般与增加额在同一个方向。 （　　）

10. 在借贷记账法下,"借"表示增加,"贷"表示减少。 （　　）

11. 按照复式记账原理,一定时期的账户记录经试算平衡后,某一账户借方发生额和其贷方发生额一定相等。 （　　）

12. 平行登记要点中"同金额"是指对于同一笔交易或事项,登记在总分类账户中的金额与登记其所属的明细账户中的金额之和是相等的。 （　　）

13. "有借必有贷,借贷必相等"是借贷记账法的记账规则。 （　　）

### 三、单选题

1. 下列不能作为企业资产判定依据的是 （　　）

　　A. 所有权　　　　　　　　　　　B. 控制权

　　C. 存放地点　　　　　　　　　　D. 预期给企业带来经济利益的能力

2. 期间费用不包括 （　　）

　　A. 生产费用　　　　　　　　　　B. 销售费用

　　C. 财务费用　　　　　　　　　　D. 管理费用

3. 会计科目是对 （　　）

　　A. 会计对象分类所形成的项目　　B. 会计账户分类所形成的项目

C. 会计方法分类所形成的项目　　　　D. 会计报表内容分类所形成的项目

4. 会计账户的开设是依据　　　　　　　　　　　　　　　　　　　（　　）

    A. 会计对象　　　　　　　　　　　B. 会计要素

    C. 会计科目　　　　　　　　　　　D. 会计方法

5. 编制会计分录不能出现的形式有　　　　　　　　　　　　　　　（　　）

    A. 一借一贷的分录　　　　　　　　B. 一借多贷或一贷多借的分录

    C. 同一交易或事项多借多贷的分录　D. 不同交易或事项合并编制多借多贷的分录

6. 复式记账法是对每一项交易或事项，都以相等的金额在　　　　　（　　）

    A. 一个账户登记　　　　　　　　　B. 两个账户登记

    C. 一个或两个账户登记　　　　　　D. 两个或两个以上账户登记

7. 账户之间的试算平衡关系不包括　　　　　　　　　　　　　　　（　　）

    A. 期末余额平衡　　　　　　　　　B. 差额平衡

    C. 本期发生额平衡　　　　　　　　D. 期初余额平衡

8. 在借贷记账法下，资产类账户的期末余额一般在　　　　　　　　（　　）

    A. 借方　　　　　　　　　　　　　B. 增加方

    C. 贷方　　　　　　　　　　　　　D. 减少方

9. 存在对应关系的账户称为　　　　　　　　　　　　　　　　　　（　　）

    A. 一级账户　　　　　　　　　　　B. 对应账户

    C. 总分类账户　　　　　　　　　　D. 明细分类账户

10. 在借贷记账法下，所有者权益账户的期末余额等于　　　　　　（　　）

    A. 期初贷方余额＋本期贷方发生额－本期借方发生额

    B. 期初借方余额＋本期贷方发生额－本期借方发生额

    C. 期初借方余额＋本期借方发生额－本期贷方发生额

    D. 期初贷方余额＋本期借方发生额－本期贷方发生额

11. 开设明细分类账户的依据是　　　　　　　　　　　　　　　　（　　）

    A. 总分类科目　　　　　　　　　　B. 明细分类科目

    C. 试算平衡表　　　　　　　　　　D. 会计要素内容

12. 复式记账法的理论依据是　　　　　　　　　　　　　　　　　（　　）

    A. 会计要素　　　　　　　　　　　B. 会计原则

    C. 会计职能　　　　　　　　　　　D. 会计恒等式

13. "应收账款"账户期初借方余额 1 000 元，本期减少发生额 2 000 元，期末借方余额 800

元，则该账户本期借方发生额为　　　　　　　　　　　　　　　　（　　）

    A. 1 800　　　　　　B. 2 000　　　　　　C. 200　　　　　　D. 2 200

14. 下列会计科目属于负债类的是　　　　　　　　　　　　　　　（　　）

    A. 制造费用　　　B. 预付账款　　　C. 应付利息　　　D. 其他应收款

15. "累计折旧"账户属于　　　　　　　　　　　　　　　　　　　（　　）

    A. 资产类账户　　B. 负债类账户　　C. 费用类账户　　D. 损益类账户

**四、多选题**

1. 属于引起会计等式左右两边会计要素变动的交易或事项有　　　　（　　）

A. 收到某单位前欠货款 20 000 元存入银行

B. 以银行存款偿还银行借款

C. 收到某单位投资机器一台,价值 80 万元

D. 以银行存款偿还前欠货款 10 万元

E. 以银行存款 8 000 元购买原材料

2. 下列内容属于流动资产的有　　　　　　　　　　　　　　　　　　　（　　）

　　A. 存放在银行的存款　　　　　　　B. 存放在仓库的材料

　　C. 厂房和机器　　　　　　　　　　D. 企业的办公楼

3. 设置会计科目时应遵循的原则有　　　　　　　　　　　　　　　　　（　　）

　　A. 必须结合会计要素的特点　　　　B. 必须符合经济管理的要求

　　C. 统一性与灵活性相结合　　　　　D. 会计科目要简明、适用

　　E. 既要适应交易或事项的发展需要,又要保持相对稳定性

4. 明细分类科目　　　　　　　　　　　　　　　　　　　　　　　　　（　　）

　　A. 也称一级会计科目　　　　　　　B. 是进行明细分类核算的依据

　　C. 是进行总分类核算的依据　　　　D. 提供详细具体的指标

　　E. 是对总分类科目内容详细分类的科目

5. 账户一般可以提供的金额指标有　　　　　　　　　　　　　　　　　（　　）

　　A. 期初余额　　　　　　　　　　　B. 本期增加发生额

　　C. 本期减少发生额　　　　　　　　D. 期末余额

6. 在借贷记账法下,账户的借方登记　　　　　　　　　　　　　　　　（　　）

　　A. 资产增加　　B. 资产减少　　　　C. 权益增加　　　D. 费用的增加

7. 总分类账户和明细分类账户的平行登记要点有　　　　　　　　　　　（　　）

　　A. 原始依据相同　　B. 方向一致　　　C. 金额相等　　　D. 期间相同

　　E. 资料详细程度相同

8. 下列账户中,在会计期末结转后一般没有余额的账户有　　　　　　　（　　）

　　A. 资产类账户　　　　　　　　　　B. 负债类账户

　　C. 所有者权益类账户　　　　　　　D. 收益类账户

　　E. 费用类账户

9. 通过试算平衡表不能发现的记账错误有　　　　　　　　　　　　　　（　　）

　　A. 漏记了交易或事项　　　　　　　B. 重记了交易或事项

　　C. 漏记分录中的一方　　　　　　　D. 借贷方向记反

　　E. 方向正确但记错账户

10. 企业用银行存款偿还应付账款,引起会计要素变化的有　　　　　　（　　）

　　A. 资产增加　　B. 资产减少　　　　C. 负债增加　　　D. 负债减少

　　E. 收入减少　　　F. 所有者权益减少

11. 复合会计分录是指　　　　　　　　　　　　　　　　　　　　　　（　　）

　　A. 一借一贷的会计分录　　　　　　B. 一借多贷的会计分录

　　C. 多借一贷的会计分录　　　　　　D. 写出明细科目的会计分录

12. 借贷记账法的记账符号"贷"对于下列会计要素表示增加的有　　　（　　）

A. 资产　　　　　　B. 负债　　　　　　C. 所有者权益　　D. 收入

E. 费用

13. 下列各项中,构成账户内容的有　　　　　　　　　　　　　　　　　　　　(　　)

A. 日期　　　　　　B. 摘要　　　　　　C. 会计科目　　　D. 金额

14. 下列各项中,属于成本类账户的有　　　　　　　　　　　　　　　　　　　(　　)

A. 主营业务成本　　B. 生产成本　　　　C. 劳务成本　　　D. 制造费用

15. 下列各项中,按账户经济内容分类属于所有者权益类账户的有　　　　　　　(　　)

A. 实收资本　　　　B. 本年利润　　　　C. 利润分配　　　D. 存货

## 五、业务题

1. 目的:熟悉按经济内容对会计科目的分类。

资料:某公司 2016 年 2 月末,财务状况的各项相关资料如下。

要求:(1) 将上述项目按会计要素具体内容进行分类,确定会计科目名称并将该会计科目名称填入表内"所属会计科目"栏次,然后将其金额填入所属会计要素的相关栏内。

(2) 根据"资产＝负债＋所有者权益"的等式,计算并核对上述关系。

| 项　　　　目 | 所属会计科目 | 资产金额 | 负债金额 | 所有者权益金额 |
|---|---|---|---|---|
| 股东投入资本 1 000 000 元 | | | | |
| 库存现金 2 500 元 | | | | |
| 从银行借入 2 年期借款 500 000 元 | | | | |
| 应收销货款 162 000 元 | | | | |
| 库存完工产品 156 000 元 | | | | |
| 应付购料款 240 000 元 | | | | |
| 仓库保管原料 94 000 元 | | | | |
| 向银行借入为期 9 个月的借款 200 000 元 | | | | |
| 房屋及建筑物 400 000 元 | | | | |
| 机器、设备 1 200 000 元 | | | | |
| 正在加工中的产品 85 500 元 | | | | |
| 尚未分配的利润 408 000 元 | | | | |
| 资本公积金 260 000 元 | | | | |
| 在建工程项目 400 000 元 | | | | |
| 公司存在银行的存款 189 000 元 | | | | |
| 应付职工的工资、津贴、奖金 81 000 元 | | | | |
| 合　　计 | | | | |

2. 资料:某企业 2018 年 12 月初有关总分类账户的余额如下表。

单位:元

| 科目名称 | 期初余额 | 科目名称 | 期初余额 |
|---|---|---|---|
| 库存现金 | 300 | 短期借款 | 10 000 |
| 银行存款 | 200 000 | 应付账款 | 50 000 |
| 原材料 | 4 700 | 实收资本 | 320 000 |
| 固定资产 | 160 000 | | |
| 生产成本 | 15 000 | | |
| 合　计 | 380 000 | 合　计 | 380 000 |

12 月份该企业发生如下交易或事项:

(1) 收到投资者投入的货币资金投资 200 000 元,已存入银行。

(2) 用银行存款 40 000 元购入不需要安装的设备一台。

(3) 购入材料一批,价款 15 000 元,尚未支付。

(4) 从银行提取现金 2 000 元。

(5) 借入短期借款 20 000 元,存入银行。

(6) 用银行存款 35 000 元偿还应付账款。

(7) 生产产品领用材料一批,价值 12 000 元。

(8) 用银行存款 30 000 元偿还短期借款;

要求:

(1) 根据所给交易或事项编制会计分录;

(2) 开设并登记有关总分类账户;

(3) 根据账户登记结果编制"总分类账户发生额及余额试算平衡表"。

3. 利华公司 2018 年 3 月 1 日"应付账款"账户期初有余额 56 000 元,其所属明细账户余额如下:

华威工厂　35 000 元

光明工厂　9 000 元

长风工厂　12 000 元

该公司本期发生以下往来结算业务:

(1) 2 日,以银行存款偿还前欠华威工厂货款 18 000 元、光明工厂货款 6 000 元。

(2) 5 日,向华威工厂、光明工厂、长风工厂购入材料,价值分别为 16 000 元、30 000 元、20 000 元,货款均未支付。

(3) 10 日,以银行存款偿还前欠华威工厂货款 15 000 元、光明工厂货款 25 000 元、长风工厂货款 18 000 元。

要求:

(1) 按平行登记要求根据本期发生的交易编制会计分录。

(2) 根据上述资料及编制的会计分录登记"应付账款"总分类账户及其所属的各明细分类账户,并进行试算平衡。

>>> **延伸阅读书目**

1. 中华人民共和国财政部.企业会计准则——基本会计准则[M].北京:经济科学出版社,2014.

2. 中华人民共和国财政部.企业会计准则——应用指南(2006)[M].北京:中国财政经济出版社,2006.

3. 中华人民共和国财政部.企业会计准则——应用指南[M].上海:立信会计出版社,2018.

4. 白建东.财务会计学[M].西安:西北大学出版社,2005.

5. 朱小平,周华,秦玉熙.初级会计学[M].北京:中国人民大学出版社,2020.

6. 财政部会计资格评价中心.初级会计实务[M].北京:中国财政经济出版社,2021.

# 第四章　借贷记账法的应用

>>> **知识掌握**

① 了解会计程序、明确交易和事项;

② 理解制造企业的基本业务活动,并能够正确编制分录;

③ 了解账户按用途和结构的分类方法。

>>> **能力进阶**

① 能够对业务活动进行合理分析,并判断是否属于会计确认内容;

② 能熟练运用借贷记账方法,运用会计语言进行正确记录;

③ 通过对经济业务的处理,具备分析问题、解决问题的能力。

>>> **素养提升**

① 遇到问题时,要学会进行职业判断:是否属于会计事项? 应该如何处理?

② 通过学习账户的不同分类,学会多角度看待问题。

## 导入案例

　　胡可是一名毕业不久的大学生,有多次担任暑假中小学学生夏令营旅行导游的经验,现决定自己创办一企业。2018 年 6 月 1 日,胡可成立了桦木旅行社,以该社名义在银行开立账户,并把个人储蓄 10 000 元存入该账户。6 月 1 日该社从胡可的父亲处借来现金 20 000 元,约定 3 年后偿还本金,签开 3 年期无息借据一张给其父亲,款项已存入银行。

　　2018 年 6 月 1 日同时发生下列数笔交易:

　　(1) 购买外出旅行露营设备,总成本为 60 000 元,支付 10 000 元,剩余部分约定于 60 天内偿清。

　　(2) 购买旅行用品,包括帽子和旅行包等共 5 000 元,款项已支付。

　　7 月 2 日胡可又以自己的储蓄 10 000 元增加投资于旅行社,且购买露营设备所发生的应付账款已在约定期限内偿清。依据收到银行对账单列示,2018 年 9 月 1 日银行存款余额为 20 300 元。

　　由于没有会计知识,胡可的唯一记录是支票簿与支票存根上的备忘录。企业所收现金,均全数存入银行,而收到的费用账单,均签发支票支付。截至 9 月 1 日暑假结束,所有的账单在已全部签开支票支付,但是其父亲的款项还没有偿还。

　　2018 年学生暑假结束时,露营设备的状况良好,而胡可计划在来年暑假继续营业,筹划新的旅游线路,事实上他已接受顾客们的预定。预计露营设备可用 4 年。旅行用品还剩余 200 元,胡可把旅行用品退还给供应商,但款项尚未收到。

2018 年 9 月 1 日暑期旅游结束后，胡可请会计专业的你帮他计算企业的财务状况。通过本章的学习，希望你能解决他的问题。

# 第一节　会计程序

企业在日常经营过程中，会发生各种交易或事项，如何处理它们呢？需要一定的程序，以实现会计确认、计量、记录、报告的目的，简单说就是由证（凭证）到账（账簿）再到表（报表）的处理程序。另外，处理交易或事项，除了运用复式记账原理外，还需掌握交易或事项的类别，掌握各类交易或事项的处理方法。企业日常发生的交易或事项，大致可分为：① 筹资业务。资金的筹集和归还，如借款的借入及日后本息的归还。② 经营业务。企业的供产销等活动。③ 投资业务。如固定资产的购建和处置，以及对外投资股票、债券等。

## 一、会计信息系统

会计作为一个信息系统，其基本功能是向信息的使用者提供相关和可靠的财务信息，包括辨别、分析、记录、汇总及报告经济事项对企业财务状况、经营成果的影响。

任何会计系统的第一要务是辨别经济事项，并用会计术语在会计系统中表达。辨别的含义应该是该事项是否是影响企业财务状况的经济事项，也就是说并非所有对企业产生影响的事项均可以在会计系统中表达。

会计信息使用者获取的信息是由会计人员通过运用复式簿记系统（包括分录簿或会计凭证、会计账簿和会计报表系统）对交易或事项进行记录（记账）、分类、汇总、计算、整理（算账），并在此基础上编制和解释财务报告来完成的。在这个系统中，记账、算账是会计人员"生产"信息（加工数据）的过程，财务报告是会计人员"生产"的产品，会计所生成的信息主要是以财务报告的方式提供给信息使用者的。

会计信息处理是一个周而复始、循环往复的过程，称为会计程序（accounting process）或会计循环（accounting cycle），其基本步骤包括：

（1）交易或事项分析，确定各项交易对会计要素的影响。

（2）编制分录，在分录簿（会计凭证）中序时记录已发生的交易或事项。

（3）过账，将交易或事项对各账户的影响结果分类归入到其所影响的账户中，即把分录簿（会计凭证）记录的内容过入到相应的分类账中。涉及货币资金收付的，除过入分类账外，还需要登记日记账。

（4）编制调整前试算平衡表，检验分类账中的各项借方余额和贷方余额是否相等，并将分类账中的这些数据资料用编制财务报表所需的适当方式进行汇总。

（5）编制期末调整分录并过账，使各账户的余额得到更新。

（6）编制调整后试算平衡表，再次检验分类账中的各项借方余额和贷方余额是否相等。

（7）编制正式财务报表，以说明本期会计主体的财务状况、经营成果和现金流动情况。

（8）结账并过账，结平暂时性账户的余额，注意，暂时性账户不仅仅是损益类账户，将本期永久性账户的期末余额结转为下一期的期初余额。

由上可知,会计要向内外部信息使用者提供财务信息,第一步必须对交易或事项进行分析,并采用一定的方法予以记录,解决会计确认和计量问题。这里所谓的交易或事项,是指那些能用货币计量,并足以引起会计要素增减变动的经济事项。

## 二、交易、事项的会计处理

分析交易、事项,然后将其登记在分录簿(或会计凭证)中是会计信息处理的第一个基本步骤。首先,会计人员必须从大量纷繁复杂的经济事项中筛选出需要进入会计信息系统处理程序的交易、事项。

交易、事项是进入会计信息系统的基本经济数据或输入数据。交易(transactions)是指发生在两个不同会计主体之间的价值转移。这种转移通常是双向交换,即一方买进某项资产,同时支付现金或承担未来支付现金的义务,另一方卖出资产,同时取得现金或获得收取现金的权利;还有一些活动,发生在企业内部,如原材料的消耗,计提折旧,预计负债等,往往称为事项。

在会计上,对企业财务状况、经营成果产生直接影响,并能可靠计量的事项(reality)称为经济事项。经济事项可分为外部事项和内部事项。企业与外部主体之间发生的经济事项,称外部事项,即会计上所称的交易。如购买存货、向银行贷款、支付职工工资等。影响财务状况、经营成果而又不涉及其他主体的经济事项,被称为内部事项,即会计上所称的事项。

有些内部事项缘于权责发生制,企业为了恰当地反映财务状况和经营成果而必须记录,如估计坏账损失等。这类内部事项通常在会计期末,编制财务报表之前进行处理,在会计循环中,称为编制调整分录。期末的内部调整事项,通常可分为两大类,涉及收入的调整和涉及费用的调整,每一类,又可分为应计的和递延的,即应计收入的调整、递延收入的调整、应计费用的调整、递延(预付)费用的调整4种情况。

应计事项的特点是收入和费用确认在前,而款项的收付在后,而递延事项则刚好相反,款项的收付在前,而收入和费用确认在后。举例来说,计提工资费用应该属于应计费用调整,折旧计提属于预付费用调整,应收利息属应计收入的调整,而预收账款调整则属于递延(预收)收入调整。

通过该调整,使企业的费用不仅包括已支付的费用,还包含发生了但尚未支付的费用。比如,计提工资费用,在我国又称为工资费用的分配,通过该项会计处理,不仅确认了属于当期的工资费用,同时与工资有关的负债也得以确认,符合权责发生制的要求。同理,通过对涉及收入的调整,使企业的收入不仅包括已收款的收入,还包含了已实现但尚未收款的收入,比如计提的利息收入。也就是说,权责发生制要求进行期末调整,通过期末调整,可以恰当地反映企业的财务状况和经营成果,使得资产、负债、费用、收入等账户的金额更新至期末数。

企业发生的各种交易和事项,会计都要确认、计量、记录和报告,分析和解释有关交易或事项的信息。我们以下分别介绍筹资活动、供产销活动以及利润及利润分配活动中发生的交易或者事项,以及如何进行会计处理。

# 第二节　资金筹集的核算

企业筹资的来源渠道可分为两大类：一是企业所有者投入的资本，它形成企业的永久性资本，会计术语称为所有者权益，通常又可分成两部分：投入资本和留存收益。二是企业向债权人借入的资本，这部分资本具有明确的还本付息期限，当债务到期时，企业应立即归还，如不能按时归还，有可能面临法律诉讼，对企业的日常经营产生不良后果，会计上通常称为负债。

负债和权益这两个资本来源渠道由于在性质、还款方式及支付收益方式上均存在较大区别，因此，企业负债和所有者权益增减变化的信息必须要设置不同的账户分别提供。下面简要说明企业主要筹资业务的核算。

## 一、投入资本的核算

国家相关法律规定，设立企业必须有法定的资本。它是保证企业正常经营的必要条件，也是企业承担经营风险的保障。资本是由所有者认缴的，并经工商行政管理部门核准的投资总额，所有者投入资本后，一般情况下不允许抽回或减资。所有者可以用现金投资，也可以用现金以外的其他有形资产投资，符合国家有关规定的，还可以用无形资产投资。

企业实际收到投资者投入的资本时，通过"实收资本"账户来反映，股份有限公司应将该科目改为"股本"。该账户属于所有者权益类账户，贷方登记所有者投入的资本额。该账户借方一般没有发生额，如果所有者按法律程序抽回投资，才能通过借方反映。期末余额在贷方，表示期末所有者投资的实有数。该账户应按投资者设置明细账，进行明细分类核算。

由于溢价发行股票、投资者超额缴入资本等原因，企业收到投资者的超出其在企业注册资本（或股本）中所占份额的投资，通过另一个所有者权益类账户——"资本公积"来反映。

企业核算时，投资者投入现金时，应在实际收到或存入企业开户银行时，按实际收到的金额，借记"银行存款"科目；以实物资产投资的，应在办理实物产权转移手续时，借记有关资产科目；以无形资产投资的，应按照合同、协议或公司章程规定移交有关凭证时，借记"无形资产"科目；按投入资本在注册资本或股本中所占份额，贷记"实收资本"或"股本"科目，按其差额，贷记"资本公积"科目。

**例1**　2019 年 1 月，A 有限责任公司成立，注册资本 2 000 万元，甲、乙两出资人所占比例分别为 55%，45%。公司已收到投资者一次缴足的款项。

这项交易或事项，一方面使企业的银行存款增加，另一方面使投资者投入的资本也增加。

应编制如下会计分录：

借：银行存款　　　　　　　　　　　　　　　　　　　　20 000 000

　　贷：实收资本——甲　　　　　　　　　　　　　　　　　　11 000 000

　　　　　　——乙　　　　　　　　　　　　　　　　　　9 000 000

**例2**　B 股份有限公司通过某证券公司发行普通股 1 000 万股，每股面值 1 元，扣除手续费等费用后股款 1 250 万元已存入银行。需要注意的是，股本数额是以股票面值计算的，即 1 000 万元，超出部分应全数记入"资本公积"账户。

借：银行存款　　　　　　　　　　　　　　　　　　　　12 500 000

```
    贷:股本                                                      10 000 000
      资本公积——股本溢价                                          2 500 000
```

## 二、借入款项的核算

企业在经营过程中,除了所有者投入资本外,还需要利用借入款项,以满足企业的资金需求。投入资本和借入款项构成企业的资本结构,两者的比例是否恰当,会影响到企业的财务状况。

借入款项按偿还期限的长短可分为短期借款和长期借款。短期借款是指企业在生产经营过程中,向银行或其他金融机构借入的、偿还期限在一年(含一年)以内的各种借款。在资产负债表上,它属于流动负债。

长期借款是企业向银行或其他金融机构借入的、偿还期限在一年以上的各种借款。这类借款一般用于固定资产的购建、改建和扩建等特定用途。在生产经营过程中,在满足有关规定的情况下,企业还可以按照法定程序通过发行企业债券借入资金(一般是长期资金)。企业发行长期债券筹资,应设置"应付债券"科目核算。在会计期末,这些长期负债距到期日不足一年时,在会计报表上,这部分借款应在流动负债类内列示。

为了反映各项借款的取得、偿还及结欠的情况,企业应设置"短期借款"和"长期借款"等账户。"短期借款"账户属负债类账户,贷方登记取得的短期借款,借方登记到期偿还的短期借款,余额在贷方,反映尚未偿还的短期借款本金。

"长期借款"账户的结构与"短期借款"账户的结构基本相似,不同的是,对于企业借入的一次还本付息借款,"长期借款"账户还反映应付而未付的利息,即贷方登记取得的各种长期借款及应付而未付的利息,借方登记到期偿还的各种长期借款的本金和利息。如果是分期支付利息,则本账户只核算借款本金部分。

"短期借款"和"长期借款"账户都应按借款的种类设置明细账,进行明细核算。

**例3**　C公司向银行借入期限为3个月的借款600 000元,年利率5%,款项存入银行。

此借款业务导致资产和负债同时增加,因借款期限在一年以内,故增加的负债记入"短期借款"账户。

```
    借:银行存款                                                  600 000
      贷:短期借款                                                600 000
```

短期借款到期偿还本金时,应做相反分录,即

```
    借:短期借款                                                  600 000
      贷:银行存款                                                600 000
```

**例4**　D公司向银行借入期限为3年的长期借款900万元,年利率6%。款项已存入银行。

这项借款期限超过一年,应属长期借款,所以应编制分录如下。

```
    借:银行存款                                                9 000 000
      贷:长期借款                                              9 000 000
```

在市场经济环境下,举债经营是企业的一项重要经营策略,适当举债经营对企业是有利的。借入款项的一个特征就是:按期还本付息,无论企业经营状况如何,都必须按事先约定归还本金并支付利息。

借款利息是企业使用借入资本所必须支付的代价或成本,为此,应设置"财务费用"账户。其借方登记企业本期所发生的为筹集生产经营所需资金而发生的筹资费用,包括借款利息、借款手续费、债券发行成本等;所有本期的财务费用期末都要通过贷方转入"本年利润"账户,结转后无余额。"财务费用"账户的明细核算可以按借款项目设置,也可以按费用项目设置。

**例5** E公司以银行存款支付本期借款利息 6 000 元,其中 1 000 元为短期借款利息,5 000 元为长期借款利息。应编制分录如下:

借:财务费用　　　　　　　　　　　　　　　　　　　　　　6 000
　　贷:银行存款　　　　　　　　　　　　　　　　　　　　　　　6 000

需要说明的是,并非所有的借款利息都要反映在"财务费用"账户上。短期借款的利息处理比较简单,通常在发生时直接计入当期财务费用。长期借款利息的计提与处理相对较复杂,企业借入长期借款,通常都是为了一些大型项目,如建造厂房、投产新的项目等,此时的问题是:利息费用是应该资本化还是费用化? 这涉及借款费用资本化问题,这些问题将在财务会计课程中讲授。

另外,期末企业应该将在本期已发生,但偿还期通常在一年以内的应支付的利息,通过"应付利息"科目反映出来,超过一年的期间支付的,计入"长期借款"等科目。这样要求的基本目的是,将负债区分为流动负债和长期负债,符合流动负债定义的,应计入"应付利息"科目。

# 第三节　材料采购过程核算

企业筹集的资金,要投入到生产经营中去。对制造业企业来说,产品的生产必须要有适当的材料储备。从具体的经济活动来看,材料采购部门要按照事先确定的生产计划,及时、足额地提供生产过程各阶段所需的各种材料,包括原材料和相应的辅助性材料。会计部门要及时、准确地反映材料采购部门的活动及业绩,如所采购材料的种类、成本、领用情况、库存情况等,还要及时与供货单位结算货款,维护企业良好信用。

## 一、材料采购业务核算的账户设置

根据对材料采购业务核算的要求,需要设置以下主要账户来处理数据,加工信息。

### (一)"在途物资"账户

"在途物资"账户是资产类账户,用来核算企业采用实际成本进行材料日常核算。企业购入尚未到达或尚未验收入库的各种材料的实际成本(包括买价和采购费用),据以计算材料采购成本。也就是说,本账户用来核算材料的采购成本,采购成本一般包括买价和采购费用两部分。

企业购入材料,按应计入材料采购成本的金额(如材料价款和运杂费等),借记本科目,按可抵扣的增值税额,借记"应交税费"科目,按实际支付或应付的款项,贷记"银行存款"或"库存现金"、"应付账款"、"预付账款"、"应付票据"等科目,不能抵扣的增值税,应记入材料采购成本中,列入"在途物资"借方。

平时或月末,应核对入库材料凭证,对已经付款或已经开出、承兑商业汇票的收料凭证,借记"原材料"等科目,贷记本科目。对于月末尚未收到发票账单的收料凭证,应暂估入账,借记

"原材料"等科目,贷记"应付账款",下月初做相反分录予以冲回。

期末余额,反映企业已经收到发票账单付款或已经开出、承兑商业汇票,但货尚未到达也未验收入库的在途材料的采购成本。

为了确定每一种材料的采购成本,应按所采购材料的种类设置"在途物资"的二级账户,再按材料品种设置明细账户。企业如果有固定的采购人员,每个采购人员所采购的材料种类基本固定,为便于控制所采购材料的成本,考核采购人员(或常设采购机构)的业绩,该账户也可按采购人员设置二级账,再按所采购材料种类设置明细账。

在实际工作中,材料收发核算可采用计划成本或实际成本。在账户设置上,材料收发核算应用计划成本计价时,不设置本账户,应设置"材料采购"账户。对于委托加工等业务,还可设置"委托加工物资"、"周转材料"等账户。

**(二)"原材料"账户**

"原材料"账户是资产类账户,用于核算企业库存各种材料的实际成本或计划成本,反映库存材料收入、发出、结存情况。该账户应按材料的保管地点(仓库)、材料的类别、材料的品种及规格分别设置二级和明细账户进行明细核算,以便核算每一种材料的收入、发出、结存情况。

购入并已验收入库的原材料,按实际成本借记本科目,贷记"在途物资"等科目(实际工作中原材料按计划成本核算的,应贷记"材料采购"科目)。生产经营领用材料时,按用途借记"生产成本"或"制造费用"、"管理费用"等科目,贷记本科目。

**(三)"应交税费——应交增值税(进项税额)"账户**

核算一般纳税人在材料采购或接受应税劳务(如工业性劳务)过程中,所取得的增值税专用发票上注明的增值税税额,以及企业取得的运费普通发票上注明的运费中允许抵扣的增值税进项税额等。企业发生的增值税进项税额记入本账户的借方。

**(四)"应付账款"账户**

"应付账款"账户是负债类账户,用于核算企业因采购材料物资和接受劳务供应等经营活动而应付给供应单位的款项。

购入材料等验收入库,但货款尚未支付,根据有关凭证(发票上载明的实际价款或暂估价值),按应付的价款,贷记本科目。借方登记实际归还款项的数额,余额一般在贷方,表示尚未归还供应单位款项的数额。若出现借方余额,则表示企业多付或预付的货款,在资产负债表上应转作"预付账款"项目。

企业按照合同规定应预付给供应单位款项的,可单独设置"预付账款"科目,也可直接在"应付账款"账户的借方反映。

**(五)"应付票据"账户**

"应付票据"账户是负债类账户,核算企业对外发生债务时所开出承兑的商业汇票,包括银行承兑汇票和商业承兑汇票。其贷方登记企业开出或以承兑汇票抵付货款的金额,借方登记已偿还的到期汇票。企业应设置"应付票据备查簿",详细登记每一应付票据的种类、号数、到期日、金额等详细资料,以便加强对票据的管理,及时清付到期票据,保证企业在市场中的良好信用。

### 二、材料采购业务举例

以下以 A 公司为会计主体,举例说明材料采购业务的会计处理。A 公司为一般纳税企业,购买材料适用的增值税率为 13%。

**例 6**　假定向甲公司购入 A 材料 5 000 千克,每千克单价 2 元,价款共计 10 000 元,增值税进项税额 1 300 元,价款和增值税进项税税额已由银行存款支付,材料尚未运到企业。

这项交易或事项包含两项会计信息:一是企业已付出的货款;二是所有权属于企业但尚未运到的材料。其会计处理如下:

借:在途物资——A 材料　　　　　　　　　　　　　　10 000
　　应交税费——应交增值税(进项税额)　　　　　　 1 300
　　贷:银行存款　　　　　　　　　　　　　　　　　　　11 300

**例 7**　采购部门交来该批材料的运输费单据计 500 元,当即以现金支付,取得运输普通发票。同时,上述 A 材料运达企业,验收入库。

材料采购过程中所发生的各项采购费用,有能够直接区分费用归属对象的直接费用,如本例中 A 材料的运输费;有两种以上材料共同发生、不能直接区分归属对象的间接采购费用,如同时采购两批材料的运输费。对直接费用,可按对象直接记入"在途物资"账户;对间接费用,应确定适当的费用分配标准,经分配后记入"在途物资"账户。通常的分配标准有重量、体积、发票价格等。本例中的运输费是直接费用,不需要分配,依据税法规定,所支付的运费 500 元取得的是普通发票,应直接计入 A 材料的成本。

应根据运输费单编制如下分录:

借:在途物资——A 材料　　　　　　　　　　　　　　500
　　贷:库存现金　　　　　　　　　　　　　　　　　　　 500

**例 8**　向乙公司购入 B 材料 4 000 千克,价款 20 000 元,增值税 2 600 元。价款及对方代垫运输费 800 元均未支付(运输发票为普通发票),材料已验收入库。

这是材料采购中的另一种情况,即材料与账单均已收到,材料已验收入库,但货款尚未支付。一般情况下,通过"在途物资"集中反映外购材料成本,会计处理为:

借:在途物资——B 材料　　　　　　　　　　　　　　20 800
　　应交税费——应交增值税(进项税额)　　　　　　 2 600
　　贷:应付账款——乙公司　　　　　　　　　　　　　23 400

实际工作中,有的单位为简化核算手续,料单同时到达,入库材料成本直接计入"原材料"账户:

借:原材料——B 材料　　　　　　　　　　　　　　　20 800
　　应交税费——应交增值税(进项税额)　　　　　　 2 600
　　贷:应付账款——乙公司　　　　　　　　　　　　　23 400

如果该项业务的价款是通过开出商业汇票结算的,则应贷记"应付票据"账户。

**例 9**　向丙公司购入 A 材料 5 000 千克,单价 2.1 元,价款 10 500 元,增值税 1 365 元,B 材料 4 000 千克,单价 4.9 元,价款 19 600 元,增值税 2 548 元,均以银行存款支付,材料尚未到达。另以银行存款支付 A、B 材料市内运输、装卸费等共计 180 元。

企业日常采购发生的运杂费和装卸费,如果是专门为某一批材料采购发生的,可以直接计入该批材料采购成本。如果为某几批材料采购而由专门的运输、装卸单位承接并单独付费的，就应该分配计入所购各批材料的采购成本。本例中的材料运输、装卸费假定按照所装卸材料的重量进行分配，则

$$[180/(5\,000+4\,000)]\times 5\,000=100(元)$$
$$[180/(5\,000+4\,000)]\times 4\,000=80(元)$$

从分配结果看 A 材料应分摊市内运输、装卸费 100 元，B 材料应分摊市内运输、装卸费 80 元。将采购费分摊到 A、B 材料后，上述材料采购费用的会计处理是：

借：在途物资——A 材料　　　　　　　　　　　　　　　　10 600
　　　　　　——B 材料　　　　　　　　　　　　　　　　19 680
　　应交税费——应交增值税（进项税额）　　　　　　　　3 913
　　贷：银行存款　　　　　　　　　　　　　　　　　　　　34 193

实际工作中，企业外购材料发生的市内零星小额的运杂费用，为简化起见，可计入"管理费用"。

**例 10**　上述向丙企业购入的 A、B 两种材料均已验收入库，结转材料采购成本。

理论上言，材料验收入库，采购过程已经完成，就应编制结转采购成本的分录。但实际上，与材料采购有关的各项费用开支，可能在材料验收入库后才会入账。因此，材料采购成本必须在各项费用开支等全部入账后才能确定。通常，企业一般在收到外购材料所有发票等结算凭证，编制会计分录并入账后，再根据收料凭证结转外购材料的成本，或在月底对当月所采购的材料成本汇总进行结转。

沿用上述资料，假设例 6～10 例所采购 A、B 材料，均通过"在途物资"账户核算，并均在月末结转入库材料成本，则应编制的会计分录为：

借：在途物资——A 材料　　　　　　　　　　　　　　　　21 100
　　　　　　——B 材料　　　　　　　　　　　　　　　　40 480
　　贷：材料采购——A 材料　　　　　　　　　　　　　　21 100
　　　　　　　　——B 材料　　　　　　　　　　　　　　40 480

## 二、存货核算制度

存货核算制度也叫存货的盘存制度，是指确定存货结存数量，进而核算其成本的方法。实际经济活动中，存在两种基本的存货核算制度，即永续盘存制与定期盘存制（也叫实地盘存制）。其中，永续盘存制的存货制度，要求平时对各项存货明细账均按每笔存货的收入、发出进行登记并核算相应的成本，期末时，通过账面上各项存货收支记录，计算出存货的期末余额。比如，第三章第三节例 6 对原材料的核算应用的就是永续盘存制。同时，通过实地盘点，确定存货账面数与实存数是否相符。相比之下，定期盘存制的存货制度平时只记录存货的收入，而不登记存货的发出，期末时，通过实地盘点确定存货数量，再倒算出本期存货发出数量与相应的成本。

在实践工作中，定期盘存制的存货制度尽管能节省一部分平时记录存货发出的工作量，但将实际盘点数与账面登记的存货全部可使用数量的差额全部作为本期领用或发出存货的成本，可能会掩盖存货保管、领用等环节存在的漏洞；同时，平时不能及时反映实际存货结存数，不利于企业内部对存货的有效控制，出现积压或短缺情况时不能及时调整，给企业造成损失。因此，它只

在百货零售业等一些特定的行业或部门应用,换言之,多数企业均应该采用永续盘存制。

不同的存货制度下存货收发的会计处理也存在一定的差异。本章所介绍的与原材料或产成品有关的会计处理,是按永续盘存制方式进行的。

下面以商业企业的活动为例,简单介绍定期盘存制下的会计处理。

**例 11** 某商店本月先后共购入鲜蛋计 1 000 千克,单价 5.1 元/千克,款项均未支付。月末,对鲜蛋盘点发现尚有 70 千克未售出,本月初鲜蛋结存为 220 千克。假定该商店以加权平均法计算出的本月鲜蛋单位成本为 5.00 元/千克。相应的会计处理如下:

(1) 购入时:

借:商品采购——鲜蛋　　　　　　　　　　　　　　　　　　　　5 100
　　贷:应付款项　　　　　　　　　　　　　　　　　　　　　　　　5 100

(2) 本月购入的鲜蛋验收入库,结转采购成本:

借:库存商品——鲜蛋　　　　　　　　　　　　　　　　　　　　5 100
　　贷:商品采购——鲜蛋　　　　　　　　　　　　　　　　　　　5 100

(3) 根据定期盘存所确定的本期已销售鲜蛋的成本转出:

借:主营业务成本　　　　　　　　　　　　　　　　　　　　　　5 750
　　贷:库存商品　　　　　　　　　　　　　　　　　　　　　　　5 750

说明:通过盘点,可得出本期实际销售鲜蛋 1 150(220＋1 000－70)千克,计 5 750 元。

商业企业外购商品核算通过设置"商品采购"账户核算外购商品成本,设置"库存商品"账户核算已验收入库商品的收、发、存情况。

# 第四节　产品生产过程核算

生产过程是企业生产人员借助机器、设备,将原材料加工成设计要求的产品。生产阶段各项生产费用的发生、归集与分配,以及完工产品的入库,是生产阶段的主要业务。如果生产的产品品种单一,则所有已发生的生产费用均可直接计入该产品成本,成本核算非常简单。如果产品品种较多,生产过程复杂,则需要划分确定成本核算对象,而已发生的生产费用,往往通过归集、分配等程序计入各成本对象,核算出它们的成本。

成本计算的目的,主要包括:可以帮助管理者作出决策,如定价、评价等;提供存货成本和已销产品成本的信息,这些成本信息是所有者、债权人和税务部门所需要的。可简单概括为定价目的与报告目的。

生产业务核算,是对生产费用的支出核算和产品成本的计算,正确、及时地计算出各种产品的总成本和单位成本。生产业务核算的作用可概括为:① 提供有关材料费用、工资费用、制造费用等成本费用信息;② 确定产品的实际单位成本,分析单位成本的升降变化及其原因;③ 提供产品完工入库的信息,借以考核产品计划的完成情况;④ 提供销售成本信息。

根据生产业务核算的要求,生产阶段一般需要设置以下账户。

**(一)"生产成本"账户**

"生产成本"账户是成本类账户,用来归集产品生产过程中所发生的、应计入产品成本的直接材料、直接人工和制造费用,并据以确定产品的实际生产成本。其借方登记当期发生的、应计入产品成本的生产费用,贷方登记月末结转的完工产品的实际生产成本,余额在借方,表示月末尚未完工产品(在产品)的生产成本。

需说明的是,企业产品成本核算通常是按月进行的。

由于企业产品成本核算最终要具体到每一种产品,因此,该账户的明细核算按所生产的产品种类进行。如果产品生产需要经过多个生产环节或多个车间,"生产成本"账户明细账的设置需要先按生产环节或车间,再按具体产品种类进行。

**(二)"制造费用"账户**

"制造费用"账户用于归集和分配企业在车间范围内为生产产品和提供劳务而发生的、应计入产品成本的各项间接费用,包括制造部门管理人员的工资、机器设备等生产用固定资产折旧费、水电费等不能直接计入产品生产成本的费用。需要说明的是,企业生产车间(部门)和行政管理部门等发生的固定资产修理费用,通过"管理费用"账户核算,可以不通过本账户核算。

该账户借方登记月份内发生的各种制造费用,贷方登记月末按一定标准分配结转给各种产品负担的制造费用,月末一般无余额。本账户应按不同车间和费用项目设置明细账,以考核和控制不同车间的间接费用。

**(三)"应付职工薪酬"账户**

"应付职工薪酬"账户是负债类账户,用于核算企业按规定应付给职工的各种薪酬,包括工资、职工福利、社会保险费、住房公积金等。企业按有关规定向职工支付工资、奖金、福利费等,以及按照国家有关规定缴纳社会保险和住房公积金时,记入本账户借方,贷记现金、银行存款等科目。在贷记本账户时,属于生产部门的人员的职工薪酬,借记"生产成本"、"制造费用"等账户;属管理部门和销售部门人员的职工薪酬,借记"管理费用"、"销售费用"等账户。

本账户期末余额为贷方余额,反映企业应付职工薪酬的结余。

通过"应付职工薪酬"账户,可以全面完整反映与职工薪酬相关的各种事项及发生情况。企业负担的职工社会保险费、住房公积金等也在本科目核算。

**(四)"累计折旧"账户**

固定资产是企业的主要劳动资料,它在使用期内始终保持其原有的实物形态不变,而它的价值将通过折旧程序按期系统地转移到成本费用中去。根据固定资产的这一特点,不仅要设置"固定资产"账户反映固定资产的原始价值,同时要设置"累计折旧"账户,来反映固定资产价值的转移情况。该账户贷方登记固定资产价值中转移到成本费用中去的部分(折旧增加额),借方登记报废或变卖固定资产上累计已计提的折旧额,余额在贷方,表示期末累计已计提的折旧额。从性质上看,该账户是固定资产的备抵(抵减)账户。

**(五)"库存商品"账户**

"库存商品"账户是资产类账户,用来核算企业生产完工验收入库可供销售产成品的收入、发出、结存情况。其借方登记已完工验收入库的各种产成品的实际生产成本,贷方登记发出各种产成品的实际生产成本,余额在借方,表示期末库存产成品的实际生产成本。该账户应按产成品的品种、规格或类别设置明细账,以详细反映和监督各种产成品的收、发、结存情况。

**(六)"预付账款"账户**

在实际工作中,企业连续经营过程中发生的费用,常常会有费用支付期与费用受益期不同的情况发生,按照权责发生制确认、计量基础,这些费用必须在受益期计入产品成本或期间费用,以正确地确认各个会计期间的产品成本费用。因此,在会计核算上有必要预提和摊销这些费用。

那些支付在先、受益在后的各项预付费用支出,按权责发生制基础,应在预付时,先在"预付账款"账户贷方登记,各期当期确认的受益部分的金额登记在"预付账款"账户的借方(它等同于前面会计循环部分所介绍的"预付费用")。

"预付账款"账户所核算的预付费用按照费用的类别设置明细账,以考核费用的发生与实际开支情况。

在实际工作中,当预先支付应由以后期间负担的费用金额较小时,可以简化核算,直接计入当期损益。

下面以 A 公司为例说明产品成本的核算。

**例 12** A 公司本月材料消耗情况为:产品生产领用 80 500 元,车间一般耗用 2 470 元,管理部门领用 3 800 元。

为了管理和核算需要,仓库发出的材料应按不同的用途分别记入不同的账户:直接用于生产产品的材料费用记入"生产成本"账户;用于车间一般耗用的消耗性材料,应先记入"制造费用"账户;用于企业管理部门一般耗用的消耗性材料,应记入"管理费用"账户。

编制分录如下:

借:生产成本　　　　　　　　　　　　　　　　　　　　　　80 500
　　制造费用　　　　　　　　　　　　　　　　　　　　　　　2 470
　　管理费用　　　　　　　　　　　　　　　　　　　　　　　3 800
　　贷:原材料　　　　　　　　　　　　　　　　　　　　　　　　　86 770

**例 13** A 公司计提本月应付职工的工资 45 000 元。其中,生产甲产品人员工资 28 000元,车间管理人员工资 9 000 元,厂部管理人员工资 8 000 元。

这项交易或事项的发生,一方面使企业应付职工薪酬增加了 45 000 元,另一方面,企业的工资费用也增加了 45 000 元,对此,应按不同部门,分别记入不同的账户进行反映。其中,生产工人的工资是直接费用,可直接记入"生产成本"账户;车间管理人员的工资,是车间为组织和管理企业产品生产所发生的共同性费用,属于间接费用,应记入"制造费用"账户;厂部管理人员的工资属于期间费用,应记入"管理费用"账户。这项交易或事项应编制如下会计分录。

借:生产成本　　　　　　　　　　　　　　　　　　　　　　28 000
　　制造费用　　　　　　　　　　　　　　　　　　　　　　　9 000
　　管理费用　　　　　　　　　　　　　　　　　　　　　　　8 000
　　贷:应付职工薪酬　　　　　　　　　　　　　　　　　　　　　45 000

**例 14** 假定 A 公司按工资总额的 10% 计提职工福利费。

企业按一定方法计算确定的福利费,应计入当期成本费用。提取时,应分别记入"生产成本"、"制造费用"、"管理费用"等账户的借方,同时贷记"应付职工薪酬"账户。

会计分录为:

借:生产成本　　　　　　　　　　　　　　　　　　　　　　　2 800
　　制造费用　　　　　　　　　　　　　　　　　　　　　　　　900
　　管理费用　　　　　　　　　　　　　　　　　　　　　　　　800
　　贷:应付职工薪酬　　　　　　　　　　　　　　　　　　　　　4 500

**例 15** A 公司从银行存款中提取现金 45 000 元发放职工工资。

这一交易或事项的处理需要做两笔分录。第一笔是从银行存款中提取现金,导致银行存款减少、现金增加;第二笔是将现金支付给员工,现金减少,负债减少。

分录如下:

借:库存现金　　　　　　　　　　　　　　　　　　　　　　　　45 000
　　贷:银行存款　　　　　　　　　　　　　　　　　　　　　　　　45 000
借:应付职工薪酬　　　　　　　　　　　　　　　　　　　　　　　45 000
　　贷:库存现金　　　　　　　　　　　　　　　　　　　　　　　　45 000

**例 16**　2020 年初 A 公司以银行存款 30 000 元预付厂房 3 个月租金。

根据权责发生制原则,预付租金应在支付时,先记入待摊费用,再在受益期进行摊销,并按收益对象记入成本费用。租金系为生产目的,应记入制造费用,若为企业管理或销售产品而发生,则应记入管理费用或销售费用。

支付时:

借:待摊费用　　　　　　　　　　　　　　　　　　　　　　　　30 000
　　贷:银行存款　　　　　　　　　　　　　　　　　　　　　　　　30 000

在受益期的每期期末,应将所分摊的费用从"待摊费用"账户的贷方转出,记入有关的成本费用账户。本例厂房租金应记入"制造费用"账户的借方,若平均计算,每月应摊费用 10 000 元,可编制分录如下:

借:制造费用　　　　　　　　　　　　　　　　　　　　　　　　10 000
　　贷:待摊费用　　　　　　　　　　　　　　　　　　　　　　　　10 000

**例 17**　A 公司本月对现有的一台生产用机器设备进行日常维护,发生修理费 3 000 元,假定用现金支付。

企业设备在使用过程中,必然会发生各种修理支出。修理支出仅仅是为了维护固定资产的正常使用而发生的,不产生未来的经济利益,因此应在其发生时确认为费用。按照我国企业会计准则的要求,企业生产车间(部门)和行政管理部门等发生的固定资产修理费用计入管理费用;企业设置专设销售机构的,其发生的与专设销售机构相关的固定资产修理费用等支出,计入销售费用。需要注意的是,实践中,生产部门分摊的固定资产修理费可以通过制造费用核算。应费用化的固定资产修理费用,在发生时直接确认为当期费用。

本例应编制如下分录:

借:管理费用　　　　　　　　　　　　　　　　　　　　　　　　3 000
　　贷:库存现金　　　　　　　　　　　　　　　　　　　　　　　　3 000

**例 18**　A 公司按照规定的固定资产折旧方法,计提本月固定资产折旧 16 000 元。其中,车间生产用固定资产折旧 13 000 元,企业管理部门固定资产折旧 3 000 元。

如前所述,固定资产在使用过程中始终保持其原有的实物形态,但价值是逐期损耗的。会计上对固定资产分次记入有关成本费用账户的折旧费,是通过"累计折旧"账户来反映的,这样,既可以保持固定资产原始价值的记录,体现企业的总体生产规模与生产能力,又可以反映固定资产折旧情况。

在本例中,该项业务所增加的折旧费用,一方面应借记"制造费用"账户和"管理费用"账户,另一方面应贷记"累计折旧"账户。

分录如下:

| | |
|---|---|
| 借:制造费用 | 13 000 |
| 管理费用 | 3 000 |
| 贷:累计折旧 | 16 000 |

**例 19** 月末,A 公司汇总本月发生的制造费用 35 370 元,并进行结转。

制造费用是为生产产品而发生的间接费用,最终应由有关产品负担,是产品成本的一个组成部分。对制造费用,可以先按生产车间或生产环节归集,再按一定的标准将其分配到该车间或该环节所生产的产品成本中去。通常采用的分配标准有直接生产工人工资、机器制造小时等。本例中假定 A 公司只生产一种产品,因此,制造费用不需要经过专门分配,可直接从"制造费用"账户转出,记入"生产成本"账户。

会计分录为:

| | |
|---|---|
| 借:生产成本 | 35 370 |
| 贷:制造费用 | 35 370 |

**例 20** A 公司本月投产产品全部完工验收入库,共计 30 000 件。

由于本期只生产一种产品,且所有投产产品全部完工,这样,本期发生的所有生产费用就由这 30 000 件产品承担。经汇总,全部生产费用为 146 670 元,其会计处理是:

| | |
|---|---|
| 借:库存商品 | 146 670 |
| 贷:生产成本 | 146 670 |

需说明的是,这里的举例,目的是为了让同学们了解掌握成本核算的基本账务处理,为今后学习后续课程打下基础。实践中复杂的产品成本计算问题,将在以后的成本会计课程中学习。

> **示 范 题**

某机床厂 2020 年 7 月份生产 $W_1$、$W_2$ 两种型号的机床,共发生制造费用 96 000 元(数据来自"制造费用"账户借方所归集的当月间接费用),按公司会计制度规定,选择生产工人工资作为分配制造费用的标准,$W_1$、$W_2$ 生产工人的工资分别为 50 000 元和 70 000 元。则制造费用分配的核算,首先要计算分配率,然后计算各种产品应负担的制造费用。

根据分配结果编制会计分录。上述会计事项的处理如下:

$$制造费用分配率 = \frac{制造费用总额}{各产品生产工人工资(分配标准之和)} = \frac{96\,000}{50\,000 + 70\,000} = 0.8(元)$$

$W_1$ 产品应负担制造费用 $= 50\,000 \times 0.8 = 40\,000$(元)

$W_2$ 产品应负担制造费用 $= 70\,000 \times 0.8 = 56\,000$(元)

分配制造费用的会计分录如下:

| | |
|---|---|
| 借:生产成本——$W_1$ 产品 | 40 000 |
| ——$W_2$ 产品 | 56 000 |
| 贷:制造费用 | 96 000 |

# 第五节　销售过程核算

销售是企业产品价值实现的过程。企业所生产的产品能否在市场上顺利地销售出去,决定了企业能否在激烈竞争的市场环境下生存、发展并不断壮大。

从会计角度看,销售阶段的主要业务是围绕着产品销售而发生的,例如产品由仓库发出,支付产品包装、运输和广告等销售费用,销售货款的结算等。

通过有效地组织销售阶段交易或事项的核算,可以提供下列信息:① 库存产品和已发出销售产品的数量信息,借以考核产品销售计划的完成程度,了解企业能否及时提供市场需要的产品;② 有关销售费用的信息,用以评价销售部门的业绩;③ 已销售,但尚未收回的销售款信息,这对于货款的及时回收,从而加速资金周转,具有重要意义。

## 一、销售业务核算的账户设置

为了组织销售过程交易或事项的核算,应设置以下账户。

### (一)"主营业务收入"账户

"主营业务收入"账户用于核算企业产品(包括产成品、自制半成品、工业性劳务等)销售所取得的收入。其贷方登记已实现的主营业务收入,借方登记期末转入"本年利润"账户的数额,结转后无余额。该账户应按已销售产品类别设置明细分类账,以反映每种产品的销售收入。

如果企业在正常经营活动中出现多种形式的收入,特别是出现在产品销售以外的其他销售或其他业务收入,如材料销售、资产出租、无形资产转让等收入,根据充分披露原则,企业可单独设置"其他业务收入"账户进行核算。"其他业务收入"账户的结构与"主营业务收入"账户相似,期末也应转入"本年利润"账户。

### (二)"应交税费——应交增值税(销项税额)"账户

核算一般纳税人在销售过程中,向购货方收取的增值税销项税额,发生时计入本账户的贷方。

### (三)"主营业务成本"账户

"主营业务成本"账户用于核算企业已售产品(包括产成品、自制半成品和工业性劳务等)的生产成本。其借方登记已售产品的实际生产成本,贷方登记期末转入"本年利润"账户的数额,结转后无余额。该账户也应按产品类别设置明细分类账,以核算每种已售产品的销售成本。

### (四)"销售费用"账户

"销售费用"账户用于核算企业在产品销售过程中所支付的包装费、运输费、广告费、展览费及专设销售机构费用。其借方登记当期发生的各种销售费用,贷方登记期末转入"本年利润"账户的数额,结转后无余额。

### (五)"税金及附加"账户

"税金及附加"账户用于核算包括消费税、城市维护建设税、资源税、教育费附加,及房产税、土地使用税、车船使用税、印花税等在销售环节缴纳的税金及教育费。其借方登记按税法规定的税率计算应负担的销售税金及附加,贷方登记期末转入"本年利润"账户的数额,结转后无余额。

### (六)"应收账款"账户

现代市场经济是一种信用经济,企业在产品销售过程中,从促销等各方面考虑,在考虑购买方信用的前提下,可能会允许购买方推迟付款,这时应收账款就产生了。

"应收账款"账户是资产类账户,用于反映企业因出售产品或提供劳务而形成的应收而未收的款项。其借方登记应向购货方收取的账款,贷方登记已收回的账款,余额一般在借方,表示期末尚未收回的账款。如果出现贷方余额,则表示预收的货款,在资产负债表上应作为流动负债列入"预收账款"项目。该账户应按购货单位设置明细账。

## 二、销售业务核算举例

下面以 A 公司为例,介绍销售业务的核算,A 公司为一般纳税人,适用增值税税率 13%。

**例 21** 假定 A 公司销售给 B 公司甲产品 50 件,每件售价 400 元,货款计 20 000 元,开具的增值税专用发票注明增值税销项税额 2 600 元,款项已通过银行收讫。

按照收入实现原则,当收入的赚取过程已经完成,且企业已经收取货款或取得收取货款的权利,就可以认为企业的收入已经实现。在本例中,A 公司已经按照合同要求将货物发往 B 公司,完成了收入的赚取过程,同时,企业也取得了相应的货款,符合收入确认的标准。

会计处理如下:

借:银行存款            22 600

  贷:主营业务收入        20 000

    应交税费——应交增值税(销项税额)  2 600

需要说明的是,从会计原理角度,通常在商品已经发出或劳务已经提供(前提是对方接受)的情况下,就可以确认收入实现了,而货款是否收到,不影响收入确认,这就是所谓的收入原则(revenue principle)。在实际工作中,收入确认还要考虑其他因素,例如附有退货条款的销售,是否在销售时已确认为收入呢?会计人员要考虑:企业能否真正获得此经济利益,也就是说风险转移了没有,此经济利益能否可靠计量,这需要会计人员的职业判断。

**例 22** A 公司销售给 C 公司乙产品 200 件,每件售价 80 元,货款计 16 000 元,增值税税额 2 080 元,产品已发出,款项尚未收到。

这项交易或事项与上例基本相似,不同的是款项尚未收到,企业债权增加而不是银行存款增加,所以借方应登记"应收账款"账户。

分录如下:

借:应收账款            18 080

  贷:主营业务收入        16 000

    应交税费——应交增值税(销项税额)  2 080

在现实经济活动中,企业在购买材料和销售商品的过程中,都涉及增值税问题。前面提到,企业购买材料或商品时,支付的货款中,除了买价之外,还包含增值税。企业销售商品时,相应的在应收取的价款中,也包含销售款和增值税。企业还应按照税务部门的要求,按期缴纳增值税(通常是销售收取的增值税销项税额减去购货而支付的增值税进项税额的差额)。

**例 23**　以现金支付销售产品的运输费用 300 元。

产品销售过程中会发生各种形式的销售费用。对它们的核算通过"销售费用"账户进行。

会计处理是：

借：销售费用　　　　　　　　　　　　　　　　　　　　　　300

　　贷：库存现金　　　　　　　　　　　　　　　　　　　　　　300

**例 24**　计算并结转已售产品应缴纳的消费税 5 000 元。

根据相关税法规定，对一些资源消耗性和奢侈性的产品征收消费税，如烟、酒、化妆品等。消费税是一种价内税，一般根据卖方销售额的一定比例计算征收。

我们假定 A 公司所销售的产品属消费税征收对象，按照适用税率，确定本期所销售产品应缴纳 5 000 元消费税，应记入"税金及附加"账户；同时，在这一税款实际缴纳之前，它形成企业对国家的负债，通过"应交税费"账户反映。

分录如下：

借：税金及附加　　　　　　　　　　　　　　　　　　　　5 000

　　贷：应交税费——应交消费税　　　　　　　　　　　　　　5 000

**例 25**　汇总并结转本期已售产品的生产成本。

假定本期 A 公司共销售甲产品 50 件、乙产品 200 件，经核算成本共计 27 000 元。按照配比原则，为了与本期已实现主营业务收入相配比，这些成本应计入主营业务成本，同时，产品已售出，库存商品减少。

应编制的分录：

借：主营业务成本　　　　　　　　　　　　　　　　　　27 000

　　贷：库存商品　　　　　　　　　　　　　　　　　　　　27 000

需要说明的是，结转主营业务成本可以在销售收入成立的同时进行，以体现配比原则的要求。在实际工作中，为了简化核算工作，已售产品生产成本，通常可于月末汇总后一次结转。如果企业采用定期盘存制，有关成本数据，需到月末才能计算得出，只能在期末结转销售成本。

## 第六节　经营成果核算

### 一、财务成果核算

利润是企业一定期间生产经营活动的最终成果，核算利润的基本计算方法是收入减去费用。收入如大于费用，净剩余为正，形成利润；反之，则为亏损。

为了准确地反映企业利润的形成过程，分析企业各项经营活动对利润的影响，通常将其分为营业利润和营业外收支两部分。其中，营业利润是由企业的经营活动所形成的，它应当是企业利润的主要来源；营业外收支则是那些企业发生的与其经营活动无直接关系的各项收入和支出，如非流动资产处置净损失、自然灾害损失等。这部分收支通常不会经常性、重复性地发生，它在利润中所占比重变动幅度过大时，应引起重视。

营业利润和营业外收支两部分合计称为利润总额，扣减所得税后，称为净利润。从所得税角度，利润总额和净利润可被视为税前利润和税后利润，但严格地讲，税前利润和税后利润不是会计术语。

　　经营成果核算主要包括利润形成和分配的核算。通过财务成果的核算,一方面可以得出企业实现的利润总额及其构成,为分析和考核企业经营情况提供必要的信息;还要提供企业对利润进行分配的信息,包括企业的留存收益和向投资者分配利润等,帮助会计信息的使用者作出判断和决策。利润的计算公式为:

$$利润总额=营业利润+营业外收入-营业外支出$$
$$净利润=利润总额-所得税费用$$

## 二、财务成果核算的账户设置

　　为组织财务成果核算,企业除了设置主营业务收入、主营业务成本、管理费用、销售费用等账户外,还应设置以下几个账户。

### (一)"营业外收入"账户

　　"营业外收入"账户用于核算企业取得的、与生产经营没有直接关系的各项净收入,如处置非流动资产利得、罚没利得、接受的捐赠等。其贷方登记取得的营业外收入,借方登记期末转入"本年利润"账户的数额,期末结转后无余额。该账户应按收入项目设置明细账。

### (二)"营业外支出"账户

　　"营业外支出"账户用于核算企业发生的与生产经营没有直接关系的各项净支出,如对外捐赠支出、处置非流动资产损失、非常损失等。其借方登记已发生的营业外支出,贷方登记转入"本年利润"账户的数额,期末结转后无余额。该账户应按支出项目设置明细账。

　　需注意的是,在进行会计核算时,应当区别营业外收入和营业外支出进行核算,即不得以营业外支出直接冲减营业外收入,或以营业外收入冲减营业外支出。

### (三)"所得税费用"账户

　　"所得税费用"账户用于核算企业按所得税准则规定确认的应从当期利润总额中扣除的所得税费用。其借方登记当期应从当期利润总额中扣除的所得税费用,贷方登记期末转入"本年利润"账户的金额,期末结转后应无余额。

　　需要说明的是,所得税费用包括两部分:当期所得税(当期应交所得税)和递延所得税。假如不考虑递延所得税,所得税费用与当期应交所得税一般来说是相同的。本书举例是假定不考虑递延所得税的。

### (四)"本年利润"账户

　　"本年利润"账户是一个过渡性账户,用于核算企业当期实现的净利润(或发生的净亏损)。其贷方登记期(月)末从收入类账户转入的利润增加项目的金额,如主营业务收入、投资收益等;借方登记期末从成本、费用类账户转入的利润减少项目的金额。结转后其贷方余额为当期实现的净利润,若为借方余额则为当期发生的净亏损。年度终了,应将本年实现的净利润,通过本账户借方转入"利润分配"账户的贷方;如为净亏损作相反的会计分录。结转后,本账户应无余额。

### (五)"利润分配"账户

　　"利润分配"账户是所有者权益类账户,年度终了,企业将本年实现的净利润转入本账户时,贷记本账户;如为亏损,则借记本账户;企业按国家规定提留盈余公积金、向股东分发股利等,都是通过本账户借方核算的。

本账户余额在贷方,表明企业尚余部分利润未分配;如余额在借方,表明企业有尚未弥补的亏损。为详细反映每项利润分配情况,本账户一般按所分配项目开设明细账。

### 三、经营成果核算举例

**例 26**　假设 A 公司对外公益性捐赠 50 000 元,已通过银行付讫。

对外捐赠的目的并非取得某项收益,而一般的商业交易是有营利目的的,两者是有区别的,因此捐赠被看作是一项与正常生产经营没有直接关系的支出,会计上将其列为营业外支出。

分录为:

借:营业外支出　　　　　　　　　　　　　　　　　　　　　　50 000
　　贷:银行存款　　　　　　　　　　　　　　　　　　　　　　　50 000

**例 27**　假定 B 企业欠 A 企业销货款 100 000 元。B 企业发生财务困难,经双方协商进行债务重组,A 企业同意减免 B 企业 10 000 元债务,余额用现金立即清偿,A 企业已收到该笔款项。

在正常的商品交换过程中,涉及货款的结算,当债务人出现财务困难,而债权人作出让步,即形成债务重组。当债务人以现金清偿债务的,债务人应将该重组债务的账面价值与支付现金的差额,作为营业外收入处理。

需注意的是,B 企业在这种情况下获得的营业外收入,虽然可以增加企业利润,但却是以损害自身信誉为代价获得的,是不应该鼓励的,故看作是一项个别的、不能与正常经营活动相混淆的利得。

分录如下:

借:应付账款　　　　　　　　　　　　　　　　　　　　　　100 000
　　贷:银行存款　　　　　　　　　　　　　　　　　　　　　　90 000
　　　营业外收入　　　　　　　　　　　　　　　　　　　　　　10 000

**例 28**　结转各种损益类账户。假定 C 公司全年实现的收入和发生的费用为:主营业务收入 830 200 元,主营业务成本 560 339 元,销售费用 30 000 元,管理费用 80 635 元,财务费用 15 000 元,营业外支出 3 000 元,营业外收入 10 000 元。

期末,通常是年末,本期实现的各项收入及与之相配比的费用是分散反映在不同的账户上的。为了使本期的收入与费用相抵,计算本期的利润额或亏损额,确认本期经营成果,应编制结转分录,将各种收入、费用类账户的金额过入"本年利润"账户,结清各损益类账户。

另外,收入费用类账户是临时性账户,期末结清后,也为核算下期的收入费用做了准备。在我国,通常,结账分录包括 3 笔:结平收入类账户、结平费用类账户、结平本年利润账户。

其会计处理如下:

借:主营业务收入　　　　　　　　　　　　　　　　　　　　830 200
　　营业外收入　　　　　　　　　　　　　　　　　　　　　　10 000
　　贷:本年利润　　　　　　　　　　　　　　　　　　　　　840 200
借:本年利润　　　　　　　　　　　　　　　　　　　　　　688 974

| | |
|---|---|
| 贷:主营业务成本 | 560 339 |
| 销售费用 | 30 000 |
| 管理费用 | 80 635 |
| 财务费用 | 15 000 |
| 营业外支出 | 3 000 |

**例 29** 计算并结转 C 公司本年所得税。假定 C 公司适用的所得税税率为 25%。

应交所得税是国家按照企业的应纳税所得额的一定比例(税率)来收取的税额,采用按年征收,分期预缴,年终清算,多退少补的方式征收,带有强制性。在我国,一般企业适用的税率通常为 25%。企业在实际计算应当缴纳的所得税时,要以税法为依据,应纳税所得额(简称应税所得)按应税收益减除允许扣除项目的金额后确定。

应说明的是,应税所得与会计上的利润总额是两个不同的概念,利润总额是指按会计准则的规定所形成的,是收入减去费用的结果,而应税所得的确定,要遵循税法的要求。税法和会计准则在收入、费用等项目的认定上存在一定的差异。例如,某些支出,按会计准则可以作为费用,而在税法中却不允许扣除(如税收争议中的罚款)。同样,一些符合会计准则要求的收入,税法可能不作为计征对象(如购买国库券的利息收入等)。由此,应税所得与会计上的利润总额的金额通常不会相同,存在差异。当然,两者的差异及其处理属于后续课程的内容。

出于简化,我们假定 C 公司的应税所得与利润总额之间不存在差异。计提所得税的会计处理是:

C 公司本年应交所得税 = (840 200 − 688 974) × 25% = 151 226 × 25% = 37 806.5(元)

| | |
|---|---|
| 借:所得税费用 | 37 806.5 |
| 贷:应交税费——应交所得税 | 37 806.5 |

会计期结束时,还应将"所得税费用"账户的余额转入"本年利润"账户。

| | |
|---|---|
| 借:本年利润 | 37 806.5 |
| 贷:所得税费用 | 37 806.5 |

**例 30** C 公司按税后净利润的 10% 提取盈余公积。

根据公司法等有关法规的规定,企业当年实现的净利润,一般应按照如下顺序进行分配:

(1) 提取法定公积金。法定公积金按照税后利润的 10% 比例提取。

(2) 提取任意公积金。提取法定公积金后企业还可以提取任意公积金。

(3) 向投资者分配利润或股利。

盈余公积的提取和使用,可设置"盈余公积"账户加以反映。企业应当分别"法定盈余公积"、"任意盈余公积"进行明细核算。该账户贷方登记所计提增加的盈余公积,借方登记弥补亏损等使用转出的盈余公积,余额在贷方,表示企业按规定提取的盈余公积的余额。

应提取的盈余公积 = (151 226 − 37 806.5) × 10% = 113 419.5 × 10% = 11 341.95(元)

| | |
|---|---|
| 借:利润分配 | 11 341.95 |
| 贷:盈余公积 | 11 341.95 |

**例 31** 假定经 C 公司董事会批准,分配给投资者的利润为 30 000 元。

向投资者分配利润,是投资者出资经营、承担风险的回报。从企业来看,应通过"利润分配"账户反映向投资者分配利润这一业务。在本例中,宣布利润分配时,将导致企业负债的增加;此后实际支付时,负债减少。会计处理为:

借：利润分配　　　　　　　　　　　　　　　　30 000
　　贷：应付利润　　　　　　　　　　　　　　　　　30 000
实际支付股利时：
借：应付利润　　　　　　　　　　　　　　　　30 000
　　贷：银行存款　　　　　　　　　　　　　　　　　30 000

**例 32**　C公司将"本年利润"账户余额转入"利润分配"账户。

经过以上处理，"本年利润"账户的余额表示企业本年实现的累计净利润，利润的分配并没有在"本年利润"账户上反映，而是通过"利润分配"账户来反映。因此，还应将"本年利润"账户余额转入"利润分配"账户，一方面可反映企业未分配的利润的数额，另一方面，结清"本年利润"账户，为下年度的会计核算工作做好准备。

"本年利润"账户余额＝(840 200－688 974)－37 806.5
　　　　　　　　　＝151 226－37 806.5＝113 419.5(元)

借：本年利润　　　　　　　　　　　　　　　113 419.5
　　贷：利润分配　　　　　　　　　　　　　　　　113 419.5

# 第七节　账户按用途和结构的分类

账户的用途是指通过账户记录能够提供什么核算指标，即设置和运用账户的目的。

账户的结构是指在账户中如何记录交易或事项，以取得各种必要的核算指标。具体是指账户的借方核算什么内容，贷方核算什么内容，期末余额在哪一方，表示什么内容。

账户按用途和结构的分类，可以分为：盘存账户、结算账户、所有者权益账户、集合分配账户、跨期摊提账户、成本计算账户、收入账户、费用账户、财务成果账户、计价对比账户和备抵调整账户等。

一般来说，账户通常分为：资产类、负债类、所有者权益类、成本类(广义上属资产类)和损益类。在我国的会计实践中，人们习惯于使用一些名词，如盘存、集合分配、成本计算、财务成果、备抵等对账户加以命名，下面我们简要加以介绍。

## 一、盘存账户

### (一) 含义
盘存账户是用来核算、监督各项货币资金和实物资产的增减变动及其实存数额的账户。

### (二) 盘存账户的特点
(1) 盘存类账户所反映的内容属于资产性质；

(2) 盘存类账户借方登记各项货币资金和实物资产的增加数，贷方登记各项货币资金和实物资产的减少数，期末余额总是在借方，表示期末各项货币资金和实物资产的结存数额；

(3) 盘存类账户仅是资产类账户中的一部分，即表示有实物形体的资产部分，除货币资金账户外，其他可通过设置和运用明细账，提供数量和金额两项指标。

### (三) 分类
盘存类账户包括"现金"、"银行存款"、"原材料"、"库存商品"、"固定资产"等账户。

## （四）结构

盘存类账户

| 期初余额：<br>财产物资、货币资金的期初余额<br>本期发生额：<br>财产物资、货币资金的本期增加额 | 本期发生额：<br>财产物资、货币资金的本期减少额 |
|---|---|
| 期末余额：<br>财产物资、货币资金的期末结存额 | |

# 二、结算类账户

## （一）含义

结算类账户是用来反映和监督本企业与其他单位或个人以及企业内部各单位之间的结算业务的账户。

### （二）结算类账户的特点

（1）反映的内容是企业的各种债权债务业务；

（2）由于结算业务的不同,结算类账户可分为债权结算类账户、债务结算类账户、债权债务结算类账户。

### （三）债权结算类账户

1. 含义

债权结算类账户,亦称资产结算类账户,用来反映和监督本企业与其他债务单位及个人的债权结算业务的账户。

2. 特点

（1）反映的内容均属于资产性质。

（2）账户的结构:借方登记债权的增加数,贷方登记债权的减少数,期末余额一般在借方,表示尚未收回债权的实有数。

3. 分类

债权结算类账户包括"应收账款"、"应收票据"、"预付账款"、"其他应收款"等账户。

### （四）债务结算类账户

1. 含义

债务结算类账户,亦称负债结算类账户,用来反映和监督本企业与其他债权单位或个人之间的债务结算业务的账户。

2. 特点

（1）反映的内容均属负债性质。

（2）账户的结构:贷方登记债务的增加数,借方登记债务的减少数,期末余额一般在贷方,表示尚未偿还的债务的实有数。

3. 分类

债务类结算账户包括"短期借款"、"应付账款"、"应付职工薪酬"、"应交税费"、"其他应付款"等账户。

### （五）债权债务类结算账户

1. 含义

债权债务类结算账户,亦称往来结算账户,是用来反映和监督同其他单位与个人之间的往来结算业务的账户。

2. 特点

（1）所反映的内容兼具资产、负债双重性质。

（2）账户的借方登记债权的增加数和债务的减少数,贷方登记债务的增加数和债权的减少数,期末余额如在借方,表示尚未收回的债权净额（尚未收回的债权大于尚未偿还的债务的差额）;期末余额如在贷方,表示尚未偿还的债务净额（尚未偿还的债务大于尚未收回的债权的差额）。

在实际工作中,为了简化核算,有的企业将债权结算类账户和债务结算类账户合二为一,设置"其他往来"账户。该账户兼具资产、负债双重性质,如果期末余额在借方,属资产性质,如果在贷方,则属负债性质。这样处理,无法揭示资产和负债各自的发生额和余额,所以应尽量避免设置该类账户。

3. 结构

债权债务结算账户

| 期初余额:债权净额<br>本期发生额:债权的增加额;<br>　　　　　债务的减少数 | 期初余额:债务净额<br>本期发生额:债权的减少数;<br>　　　　　债务的增加数 |
|---|---|
| 期末余额:债权净额 | 期末余额:债务净额 |

## 三、资本类账户

### （一）含义

资本类账户是用来反映和监督所有者权益的增减变化及其实有情况的账户。

### （二）特点

（1）反映的内容是所有者投入企业的资本或经营中形成的资本,即所有者权益的性质;

（2）账户贷方登记所有者投入的资本的增加数,借方登记所有者投入资本的减少数,期末余额在贷方,表示期末所有者投入资本的实有数。

### （三）分类

资本类账户包括"实收资本"、"资本公积"、"盈余公积"、"利润分配"账户。

**（四）结构**

资本类账户

| | 期初余额：所有者资本的实有数 |
|---|---|
| | 本期发生额：所有者资本的增加数 |
| 本期发生额：所有者资本的减少数 | |
| | 期末余额：所有者资本的实有数 |

## 四、集合分配类账户

**（一）含义**

集合分配类账户是用来归集生产经营过程中某一方面所发生的费用，并按一定标准将其分配给各成本计算对象的账户。

**（二）特点**

（1）反映的内容是费用类性质；

（2）账户的借方登记费用的发生额，贷方登记费用的分配额，在一般情况下，该类账户一般期末无余额。

**（三）分类**

集合分配类账户包括"制造费用"账户。

**（四）结构**

集合分配账户

| 本期发生额：<br>本期某种费用的发生额 | 本期发生额：<br>本期某种费用的分配额 |
|---|---|

## 五、跨期摊提类账户

**（一）含义**

跨期摊提类账户是用来反映和监督在相连几个会计报告期摊配的费用，以便正确地确定属于各该会计报告期的费用数额，从而正确地计算成本和盈亏的账户。

**（二）特点**

（1）反映费用的支付或使用比较集中，且数额较大，而费用的摊销或预提比较分散，分期计入各期成本。

（2）账户的借方登记待摊费用支出数或预提费用支付数，贷方登记待摊费用摊销数或预提费用预提数，期末待摊费用余额在借方，表示期末尚未摊销的待摊费用数，期末预提费用余额在贷方，表示期末尚未支付的预提费用数。

（三）分类

跨期摊提类账户包括"预付账款"、"长期待摊费用"等账户。

（四）结构

跨期摊提类账户

| | |
|---|---|
| 期初余额:已经支付但尚未摊销的待摊费用 | 期初余额:已预提但尚未支付的预提费用 |
| 本期发生额:待摊费用支出数或预提费用支付数 | 本期发生额:待摊费用摊销数或预提费用预提数 |
| 期末发生额:已经支出但尚待摊销的费用 | 期末余额:已经预提但尚未支付的预提费用 |

## 六、成本计算类账户

（一）含义

成本计算类账户是用来反映和监督生产经营过程中某一阶段所发生的全部费用,并确定该阶段各个成本计算对象实际成本的账户。

（二）特点

（1）既可提供某一计算对象的金额指标,又可提供其实物指标。

（2）账户借方登记生产经营过程中某一阶段所发生的应计入成本的全部费用,贷方登记转出的实际成本,期末余额在借方,表示尚未完成某一阶段的成本计算对象的实际成本。

（三）分类

成本计算类账户包括"材料采购"（通常,原材料以计划成本核算时设置该账户）、"生产成本"、"在建工程"等账户。

（四）结构

成本计算类账户

| | |
|---|---|
| 期初余额:尚未完成的成本计算对象的实际成本 | |
| 本期发生额:生产经营过程所发生的全部费用 | 本期发生额:结转成本计算对象的实际成本 |
| 期末余额:尚未完成的成本计算对象的实际成本 | |

## 七、收益结转类账户

（一）含义

收益结转类账户是用来反映和监督企业在某一时期（月份、季度或年度）内所取得的各种收入和直接计入利润利得的账户。

**（二）特点**

（1）反映的内容是企业在日常活动中形成的、会导致所有者权益增加的、与所有者投入资本无关的经济利益的总流入和直接计入利润的利得。

（2）期末需要将其贷方发生额结转到财务成果账户中。

（3）账户的贷方登记取得的收益数，借方登记收益的减少数和期末转出数，期末结转后无余额。

**（三）分类**

收入结转类账户包括"主营业务收入"、"其他业务收入"、"投资收益"和"营业外收入"等账户。

**（四）结构**

收入结转类账户

| 本期发生额：收入的减少数；<br>期末结转到"本年利润"账户的收入数 | 本期发生额：收入的增加数 |
| --- | --- |

## 八、费用结转类账户

**（一）含义**

费用结转类账户是用来反映和监督企业在某一时期（月份、季度或年度）内所发生的应计入当期损益的各项费用、成本、支出的账户。

**（二）特点**

（1）该类账户所反映的发生额只与某一特定时期有关，且期末需将其借方发生额结转到财务成果账户，所以该类账户期末无余额。

（2）账户的借方登记费用、成本、支出的增加额，贷方登记费用、成本、支出的减少额。

**（三）分类**

费用结转类账户包括"主营业务成本"、"销售费用"、"管理费用"、"财务费用"等账户。

**（四）结构**

费用汇转类账户

| 本期发生额：<br>本期费用、成本、支出的增加额 | 本期发生额：<br>本期费用、成本、支出的减少额；<br>期末转入"本年利润"账户的数额 |
| --- | --- |

## 九、财务成果类账户

**（一）含义**

财务成果类账户是用来反映和监督企业在一定时期（月份、季度或年度）内全部生产经营活动最终财务成果的账户。

**（二）特点**

（1）反映的内容是从年初到报告期末累计实现的净利润或亏损。

（2）账户的结构：贷方登记期末从各收入或收益类账户转入的数额,借方登记期末从各费用、成本、支出类结转的数额,期末余额如在借方,表示企业发生的亏损总额,如在贷方,表示实现的净利润额。

**（三）分类**

财务成果类账户包括"本年利润"账户等。

**（四）结构**

财务成果类账户

| 本期发生额：<br>应计入本期损益的各项费用、成本、支出 | 本期发生额：<br>本期实现的各项收入和收益数 |
|---|---|
| 期末余额：发生的亏损总额 | 期末余额：实现的净利润额 |

## 十、计价对比类账户

**（一）含义**

计价对比类账户是用来对某项交易或事项按照两种不同的计价标准进行对比,借以确定其业务成果的账户。

**（二）特点**

该类账户借贷方采用两种计价,其差额反映业务成果。

**（三）分类**

计价对比类账户包括"材料采购"账户（材料日常核算采用计划成本计价的企业使用,相关内容见财务会计）。

**（四）结构**

计价对比类账户

| 本期发生额：<br>外购材料的实际成本；<br>贷差 | 本期发生额：<br>外购材料的计划成本<br>借差 |
|---|---|

## 十一、备抵调整类账户

**（一）含义**

备抵调整类账户是用来调整被调整账户,以确定被调整账户实际金额（账面价值）的账户。

**（二）特点**

（1）此类账户应与被调整账户结合起来,才能提供管理上所需要的某些特定指标。

（2）备抵调整账户亦称抵减调整账户,是用来抵减被调整账户的余额,以求得被调整账户实际余额的账户。备抵调整账户的余额与被调整账户的余额相反,但性质相同。

**（三）分类**

备抵调整账户的分类：调整账户是"累计折旧"、"坏账准备"、"存货跌价准备"等账户；被调整账户是"固定资产"、"应收账款"、"存货"等账户。

> **应用技能训练**

要求根据导入案例完成：

（1）编制 2018 年 6 月 1 日和 2018 年 9 月 1 日桦木旅行社的资产负债表。

（2）比较两份资产负债表，并计算所有者权益的变化。通过对其分析所有者权益的变化，说明该企业经营本期是否成功。

（3）开设"T"型账户，简单分析银行存款的变化。

### >>> 本章小结

本章主要介绍了应用复式簿记原理对企业生产经营循环中的日常交易或事项会计处理。企业的经营活动是围绕着采购、生产、销售这 3 个环节而发生。大致上讲，是按照筹集资金、采购及付款、生产及产品完工入库、销售及收款等环节，完成一次周转，并不断循环下去。企业还要定期核算盈亏，给投资者分配利润。

本章在从会计原理角度介绍企业的日常交易或事项，包括筹资业务核算、材料采购业务核算、产品生产业务核算、销售业务核算和财务成果核算。为了更好地理解和掌握账户，又按照用途和结构对账户进行了分类。掌握这些业务的处理，是会计专业的基本要求，是学习财务会计、成本会计等课程的基础。

### >>> 关键词

会计程序；交易或事项；投入资本；借入资本；采购成本；生产成本；期间费用；折旧；主营业务收入；主营业务成本；经营成果；利润分配

### >>> 综合练习

**一、复习思考题**

1. 什么是会计要素？会计要素包括哪些？会计要素的划分对会计核算有什么作用？

2. 负债和所有者权益有哪些区别？

3. 交易、事项发生后引起会计要素增减变化的类型有哪些？

4. 什么是会计等式？交易、事项对会计等式的影响如何？

5. 简述会计对象、会计要素和会计科目的关系。

**二、单选题**

1. 用来核算未验收入库的外购原材料实际成本的账户为       （ ）

 A. 在途物资  B. 原材料  C. 库存商品  D. 生产成本

2. 核算车间管理人员工资薪酬的账户为         （ ）

 A. 生产成本  B. 制造费用  C. 管理费用  D. 销售费用

3. 下列各项目中,应计入"管理费用"账户的是　　　　　　　　　　　　　（　　）

　　A. 广告费　　　　　　　　　　　　　　B. 销售人员工资

　　C. 厂部办公用房租金　　　　　　　　　D. 生产耗用材料

4. 与"本年利润"账户的贷方对应的账户是　　　　　　　　　　　　　　（　　）

　　A. 管理费用　　　　B. 主营业务收入　　C. 主营业务成本　　D. 应交税费

5. 结转已销商品成本时,与"主营业务成本"借方账户相对应的账户是　　（　　）

　　A. 生产成本　　　　B. 库存商品　　　　C. 原材料　　　　　D. 制造费用

6. "生产成本"账户的期末借方余额表示　　　　　　　　　　　　　　　（　　）

　　A. 完工产品成本　　　　　　　　　　　B. 半成品成本

　　C. 本月生产成本合计　　　　　　　　　D. 期末在产品成本

7. 计算出已销售产品负担的应交销售税金,应贷记的账户是　　　　　　（　　）

　　A. 主营业务收入　　　　　　　　　　　B. 税金及附加

　　C. 应交税费　　　　　　　　　　　　　D. 所得税费用

8. 企业实际收到投资者投入的货币资金存入银行,应贷记的账户为　　　（　　）

　　A. 盈余公积　　　　B. 银行存款　　　　C. 实收资本　　　　D. 资本公积

9. 下列项目中属于营业外收入的有　　　　　　　　　　　　　　　　　（　　）

　　A. 运输劳务的收入　　B. 出售废料收入　　C. 罚没收入　　　D. 出租包装物收入

10. 下列不属于期间费用的是　　　　　　　　　　　　　　　　　　　（　　）

　　A. 采购材料市内零星运杂费　　　　　　B. 借款利息

　　C. 采购人员差旅费　　　　　　　　　　D. 出售材料成本

11. 下列支出应在"财务费用"账户中核算的是　　　　　　　　　　　（　　）

　　A. 广告费　　　　　B. 医药费　　　　　C. 利息费　　　　　D. 业务招待费

12. 在下列账户中,属于集合分配账户的是　　　　　　　　　　　　　（　　）

　　A. 管理费用　　　　B. 制造费用　　　　C. 销售费用　　　　D. 生产成本

13. 本年利润账户按用途和结构分类属于　　　　　　　　　　　　　　（　　）

　　A. 调整类账户　　　　　　　　　　　　B. 损益类账户

　　C. 财务成果类账户　　　　　　　　　　D. 所有者权益类账户

14. "在途物资"账户的借方登记　　　　　　　　　　　　　　　　　（　　）

　　A. 材料的买价及采购费用　　　　　　　B. 材料的买价及一切税费

　　C. 材料的买价及市外运费　　　　　　　D. 材料的买价及税金

15. 计提短期借款的应计利息应记的贷方账户是　　　　　　　　　　　（　　）

　　A. 短期借款　　　　B. 应付利息　　　　C. 应付账款　　　　D. 财务费用

## 三、判断题

1. "制造费用"账户属于损益类账户。　　　　　　　　　　　　　　　（　　）

2. "在途物资"账户借方余额表示外购在途材料的成本。　　　　　　　（　　）

3. "所得税费用"账户属于所有者权益类账户。　　　　　　　　　　　（　　）

4. "应付职工薪酬"属于流动负债。　　　　　　　　　　　　　　　　（　　）

5. 营业收入减去营业成本、营业税金及附加就等于营业利润。　　　　　（　　）

6. "生产成本"账户按用途和结构分类为成本计算账户。　　　　　　　（　　）

7. 预付账款属于流动资产。　　　　　　　　　　　　　　　　　（　　）

8. "资本公积"和"盈余公积"两个账户的余额一般在借方。　　　（　　）

9. 每月月末,"制造费用"账户借方归集的发生额需要结转到"库存商品"账户。　（　　）

10. 一般纳税人购入材料时增值税专用发票注明的增值税税额不应计入材料采购成本。

　　　　　　　　　　　　　　　　　　　　　　　　　　　　　　　（　　）

## 四、会计核算业务训练

假定有一家制造企业——悦童有限公司,成立于数年前,注册资本 10 万元,该公司为增值税一般纳税,适用增值税税率 13%。业务活动是接受其他企业的委托从事儿童用品的生产,生产的产品全部销售给委托企业——路通公司,不保留库存商品。生产产品品种单一,生产周期较短,不存在月末在产品,生产需要甲、乙两种材料,假定没有期初余额,采用永续盘存制。

以下是该公司 2018 年 12 月份发生的交易或事项:

(1) 1 日,向工行某支行借入 800 000 元,期限 3 个月,年利率 4.5%。

(2) 1 日,向林风公司购买甲材料 20 000 千克,单价 35 元,增值税专用发票注明价款 700 000 元,增值税税额 119 000 元,运杂费计 8 000 元。货款与运杂费通过银行转账付清,材料尚未运到。

(3) 2 日,向贸宏公司购买乙材料 5 000 千克,单价 10 元,取得普通发票,运杂费计 900 元。货款与运杂费尚未支付,材料已验收入库。

(4) 2 日,本月 1 日向林风公司购入的甲材料运抵公司并验收入库。

(5) 3 日,向明高公司购入维修用零部件一批计 8 500 元,对方垫付运杂费 190 元。以银行存款支付货款的 50%及全部的运杂费,余款待货物验收入库后再支付。

(6) 4 日,收到委托方路通公司通过银行转账归还的前欠货款 899 000 元。

(7) 5 日,通过银行向职工发放上月工资共计 505 600 元

(8) 6 日,以银行存款支付某媒体发布人员招聘广告费用 6 000 元。

(9) 8 日,本月 3 日向明高公司购入的货物运抵,验收入库,并以银行存款付清所欠余款。

(10) 9 日,以现金支付公司办公用品款 900 元。

(11) 12 日,以银行存款 52 000 元购入生产用设备,已投入使用。

(12) 13 日,以银行存款支付下年度全年书报费 700 元,按公司会计制度规定属于次要交易。

(13) 15 日,以银行存款向贸宏公司支付本月 2 日购买乙材料货款。

(14) 16 日,以银行存款支付公司生产设备维修费 5 000 元。

(15) 18 日,采购员古洪出差,预支差旅费 6 000 元。

(16) 21 日,按照税务部门要求,缴纳各种应交税金计 36 000 元。

(17) 25 日,以银行存款预付下年度厂房设备保险费 115 200 元,按公司会计制度规定由下年度 12 个月分摊。

(18) 27 日,收到委托方路通公司通过银行转账归还的货款 956 000 元。

(19) 28 日,采购员古洪出差返回公司,报销差旅费 7 800 元,差额部分付给现金。

(20) 31 日,汇总计算出:本月生产工人工资 396 000 元,车间管理人员工资 81 000 元,公司管理人员工资 55 200 元,下月 5 日通过银行转账发放。

(21) 31 日,按工资总额的 10%提取职工福利费。

（22）31 日，结转本月应付水电费 60 000 元，其中：车间水电费 50 000 元，公司管理部门水电费 10 000 元。

（23）31 日，本月汇总发出材料共计：生产领用甲材料 18 000 千克，乙材料 4 500 千克，车间及公司行政部门耗用维修用零部件 8 000 元。

（24）31 日，支付设备本月的租金 960 元。

（25）31 日，计提本月固定资产折旧 12 036 元，其中车间固定资产折旧 8 525 元，公司管理部门固定资产折旧 3 511 元。

（26）31 日，计提本月短期借款利息 12 000 元。

（27）31 日，本月投产的 525 000 个儿童用品已分批全部完工并验收入库，结转制造费用、生产成本账户。

（28）31 日，分批完工的产品已全部销售给路通公司，每个售价 3.5 元，按照双方协议，路通公司收到货品后，将分期通过银行支付货款。编制销售的分录，并结转本月售出产品的实际生产成本。

（29）31 日，计算本月所得税费用。

（30）31 日，结清损益类账户，并结转"本年利润"账户期末余额。

（31）31 日，按本月利润的 10% 提取盈余公积金。

要求：

（1）进行交易分析并编制会计分录。

（2）请参考第八章有关内容试编制悦童有限公司 2018 年 12 月份的利润表。

>>> **延伸阅读书目**

1. 刘峰.会计学基础[M].第 4 版.北京：高等教育出版社，2018.

2. 朱小平，周华，秦玉熙.初级会计学[M].北京：中国人民大学出版社，2020.

3. 郑新成，秦海敏，张献英.基础会计学[M].上海：立信会计出版社，2005.

4. 财政部会计司.企业会计准则第 1 号——存货[M].北京：中国财政经济出版社，2014.

5. 中华人民共和国财政部.企业会计准则——应用指南（2006）[M].北京：中国财政经济出版社，2006.

6. 中华人民共和国财政部.企业会计准则——基本会计准则[M].北京：经济科学出版社，2014.

7. 财政部会计资格评价中心.初级会计实务[M].北京：中国财政经济出版社，2021.

8. 中华人民共和国财政部.企业会计准则——应用指南[M].上海：立信会计出版社，2018.

# 第三篇 会计核算方法(下)
## ——会计核算基本操作技能

# 第五章 会计凭证

🚗 >>> **知识掌握**

① 熟知会计凭证的含义和常见种类；

② 理解审核和填制会计凭证的意义；

③ 熟练掌握会计记账凭证的填制方法；

④ 了解会计凭证的传递和保管要求。

>>> **能力进阶**

① 能够区分原始凭证和记账凭证的作用；

② 能够正确审核原始凭证，并熟练填制记账凭证；

③ 能够参与讨论原始凭证的审核方法。

>>> **素养提升**

① 通过审核与填制原始凭证和记账凭证，养成"一丝不苟"、"认真负责"的做事态度；

② 充分认识到会计档案的重要性，树立职业敬畏感和自豪感。

## 导入案例

某企业采购员小李和老王出差归来，发现由小李保管的差旅费发票和剩余的预借现金丢失，经核实两位确实出差且有发票、现金丢失的事实，为保证所有的记账凭证后面都附有合法的原始凭证，保证会计工作的规范性，有关领导批准让他们两个找金额相当的发票报销。于是，两位照办了，且财务处根据有关领导的批准也进行了相应的会计处理。你认为该企业的该项会计处理可以吗？如果你认为这样做不符合会计规范的有关规定，现在你能为该企业提出合理建议并说明理由吗？企业应如何审核和填制会计凭证？本章将给你答案。

友情提示：请查阅 2017 年 11 月 5 日施行的《中华人民共和国会计法》等文献资料。

## 第一节 会计凭证概述

### 一、会计凭证的意义

会计凭证是记录交易或者事项发生和完成情况，明确经济责任的书面证明。它是证明交易、事项的发生和完成情况的原始资料，是登记账簿的依据。以合法凭证为依据进行会计核算既是会计工作的一大特点，又是对开展会计工作提出的基本要求。《中华人民共和国会计法》

第十四条明确规定:"会计凭证包括原始凭证和记账凭证。办理本法第十条所列的交易或事项,必须填制或者取得原始凭证并及时送交会计机构。……记账凭证应当根据经过审核的原始凭证及有关资料编制。"第二十二条第(二)项规定,财政部门所监督的事项为:"会计凭证、会计账簿、财务会计报告和其他会计资料是否真实、完善。"

合法地取得、正确地填制和审核会计凭证是会计核算的基本方法,是会计核算工作的起点和基础,也是对交易或事项进行核算和监督的最初环节。任何单位的一切会计记录都必须由执行和完成该项交易或事项的有关人员从单位外部取得或自行填制有关原始凭证,以书面形式记录和证明所发生交易或事项的性质、内容、数量、金额等,并在凭证上签名或盖章,以对交易或事项的合法性和凭证的真实性、完整性负责。任何会计凭证都必须经过有关人员的严格审核并确认无误后,才能作为记账的依据。这是会计核算工作应当遵守的一条基本原则,也是证明会计记录真实性、客观性和可验证性的关键。在会计核算中,货币资金的收付,财产物资的收发、债权债务的发生和清算等任何一笔交易或者事项,都必须按照规定的程序和要求,由经办人员取得或填制会计凭证,会计人员要有凭据地进行账务处理。

会计凭证所记载的交易、事项发生的日期、内容、数量、金额以及各有关责任人的签名、盖章,不仅能证明其发生和完成的情况及明确经济责任有直接的作用,而且影响登记账簿、成本计算、财产清查和编制会计报表等会计核算工作,同时还影响会计检查和会计分析等其他会计方法,以及内部控制制度的贯彻和执行等。因此,会计凭证的填制和审核在整个会计核算,乃至整个会计工作中起着重要的作用。填制和审核会计凭证具有十分重要的意义,具体体现在以下几方面。

1. 保证交易或者事项的发生和完成情况得到及时、客观、准确地反映

任何一个会计主体,管理职能的实现都离不开信息的及时搜集、传递与储存,取得和填制合法的原始凭证是会计信息重要的来源,编制会计凭证是对取得会计原始资料进行加工和处理,使之成为有用会计信息的基础工作。通过填制会计凭证,可以将日常发生的大量交易或者事项进行及时、真实、准确地记录下来,提供反映经济活动的原始资料,传递经济信息。比如,某机床厂取得一张银行收款通知,记载宏达公司偿付货款60万元,通过该张原始凭证就可以了解到宏达公司的欠款已经偿还,同时可以知道银行存款增加60万元,可以调度使用。

2. 为登记账簿提供依据

任何一个会计主体,要想连续系统全面地反映和监督经济活动及其结果,都应该采用登记账簿的会计核算方法。账簿的登记要借助于会计凭证,会计凭证上反映的每一项交易或事项,都必须经过审核、整理、归类、汇总后登记到有关账簿中去。所以说,会计凭证是登记账簿的依据。

3. 检查和监督交易或事项的合理性和合法性

会计凭证记录了交易或事项的发生、进程和完成情况等内容。通过严格审核和检查会计凭证,可以确定经济活动是否符合国家和单位的法规、制度的规定,了解经济活动是否符合单位的计划、预算和经济管理要求,可以及时发现是否存在管理上的漏洞,是否存在挥霍浪费、弄虚作假、贪污盗窃等违法乱纪的行为,以保证经济活动的合理性和合法性。会计资料的客观真实性,有利于有关计划、预算的完成,从而发挥会计的监督作用。

4. 有利于明确经济责任,加强岗位责任制

会计凭证是经办和审批交易、事项的重要证明,在会计凭证上记录交易或事项内容时,要

求经办人员、负责人、财务人员以及相关单位也要在相关凭证上签名或盖章,对经济活动的真实性、合理性和合法性负责。签名或盖章既是权利的表现,也是责任的标志。同时,通过会计凭证的合理传递,可以将交易或者事项所涉及的各种部门或个人联系起来,使各职能部门以及有关人员之间形成既相互联系,又相互制约、相互制衡的格局。通过填制和审核会计凭证,能够促使有关部门和人员明确经济责任,尽职尽责,增强责任感,有利于加强经济责任制。

### 二、会计凭证的种类

会计凭证的种类多种多样,可以按照不同的标准进行分类。按其填制程序和主要用途不同,可以分为原始凭证和记账凭证两大类,如图 5-1 所示。

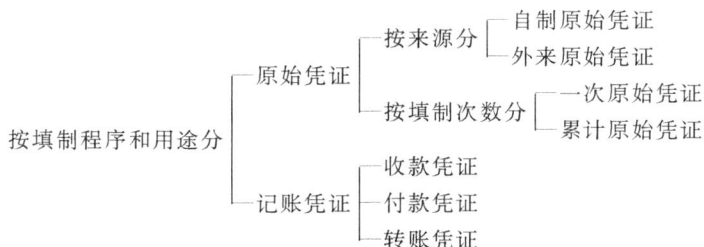

图 5-1　会计凭证按填制程序和用途分类

# 第二节　原始凭证

## 一、原始凭证的含义及种类

### （一）原始凭证的含义

人们通常把会计核算简称为记账、算账和报账。而我们通过前述会计的核算方法,借贷记账法及其应用有关知识的学习,可以看出,在实际会计工作中,会计核算并不是从记账开始,而是先对发生的交易、事项填制原始凭证。

原始凭证也称原始单据,是在交易、事项发生或完成时取得或填制的,用以记录、证明交易、事项发生或完成情况,明确经济责任,据以记账的单据。原始凭证是进行会计核算的原始资料和重要依据。需要注意的是,只有反映的内容能引起会计要素有关项目发生增减变动的交易和事项的单据,才属于原始凭证。例如,购买办公用品时取得的发票、材料出库时填制的领料单等都是原始凭证。

### （二）原始凭证的种类

原始凭证按其来源途径、用途、格式和填制手续的不同,可以有不同的分类。

1. 原始凭证按其来源不同,分为外来原始凭证和自制原始凭证

（1）外来原始凭证

外来原始凭证是在交易或事项发生或完成时,从其他单位或个人直接取得的原始凭证。如企业购货时由供货单位开具的发货票、银行转来的收、付款通知、出差人员出差归来报销的车船票等。表 5-1 例示的是采购货物取得的增值税专用发票。

**表 5-1　××市增值税专用发票**

开票日期:202×年5月5日　　　　　　　　　　　　　　　　　　　　No.0099867

| 购货单位 | 名　称 | 太和机床厂 | 纳税人登记号 | 214014760514822 | | | |
|---|---|---|---|---|---|---|---|
| | 地址电话 | ×市×路5251622 | 开户银行及账号 | 市工行286-520258 | | | |

| 商品或劳务名称 | 计量单位 | 数　量 | 单　价(元) | 金　额(元) | 税率(%) | 税　额(元) |
|---|---|---|---|---|---|---|
| 钢　板 | 吨 | 100 | 2 912.5 | 291 250.00 | 17 | 49 512.5 |
| ⋮ | | | | | | |
| 合　计 | | | | ￥291 250.00 | | ￥49 512.5 |
| 价税合计(大写) | ×佰叁拾肆万零柒佰陆拾贰元五角 | | | | | ￥340 762.5 |

| 销货单位 | 名　称 | ××钢铁公司 | 纳税人登记号 | 230235024516762 |
|---|---|---|---|---|
| | 地址电话 | ××区5148652 | 开户银行及账号 | 市工行096-416236 |

收款人:　　　　　　　　　　　　　　　　开票单位:(未盖章无效)

(2) 自制原始凭证

自制原始凭证是指本单位内部具体经办业务的部门和人员,在执行或完成某项交易或事项时填制的、仅供本单位内部使用的原始凭证。如收料单、领料单、差旅费报销单、产品入库单、折旧费用计算表等,见表5-2、表5-3。

**表 5-2　收料单**

供货单位:××公司　　　　　　　　　　　　　　　　　　　　凭证编号:416
发票编号:01234　　　　　　　　　　202×年6月6日　　　　　收料仓库:2号库

| 材料类别 | 材料编号 | 材料名称及规格 | 计量单位 | 数　量 | | 金额(元) | | | |
|---|---|---|---|---|---|---|---|---|---|
| | | | | 应　收 | 实　收 | 单　价 | 买　价 | 运杂费 | 合　计 |
| 钢　材 | 201 | Φ11毫米圆钢 | 千　克 | 100 | 100 | 0.75 | 75 | 25 | 100 |
| 备　注: | | | | | | 合　计 | | | 100 |

仓管员:　　　　　　　　　　　　　　　　收料:

**表 5-3　领料单**

领料单位:机钳车间　　　　　　　　　　　　　　　　　　　　凭证编号:0618
用途:甲产品　　　　　　　　　　　202×年6月8日　　　　　发料仓库:2号库

| 材料类别 | 材料编号 | 材料名称及规格 | 计量单位 | 数　量 | | 单价(元) | 金额(元) |
|---|---|---|---|---|---|---|---|
| | | | | 请　领 | 实　发 | | |
| 钢　材 | 201 | Φ11毫米圆钢 | 千　克 | 100 | 100 | 0.80 | 80 |
| 备　注: | | | | | 合　计 | | 80 |

记账:　　　　　　发料:　　　　　　领料部门主管:　　　　　　领料:

2. 原始凭证按其填制手续次数和方法不同,分为一次凭证、累计凭证和汇总原始凭证

(1)一次凭证

一次凭证是指反映一项交易或事项,或者同时反映若干同类性质的交易或事项,填制手续一次完成的原始凭证。日常的原始凭证大多属于此类,包括自制和外来两部分。如出差人员出差填制的"借款单"、企业销货时开具的发货票、收料单、领料单、租入设备支付押金收取的收据等。一般外来的原始凭证都属于一次凭证。自制原始凭证绝大多数也是一次凭证,如表5-2、表5-3例示的收料单、领料单,职工的借款单等。

(2)累计凭证

累计凭证是指连续反映在一定时期内重复发生的同类性质的交易或事项,填制手续分次完成的原始凭证。累计凭证是把经常发生的同类交易或事项连续登记在一张凭证上,随时结出发生额、累计数及结余数,并按照限额进行控制,期末按实际发生额进行账务处理。对于经常重复发生的某些交易或事项,使用累计凭证可以简化核算手续,便于同定额、计划、预算数进行比较,可以起到简化编制记账凭证、登记账簿和加强控制的作用。例如企业为了控制材料领料、减少凭证数量与简化会计核算程序而采纳的"限额领料单"就是累计凭证。在限额领料单中,规定某种材料在一定时期内的领用限额。每次领用材料,要在限额领料单中进行逐笔登记,并随时结出累计领用量,到期末再计算出本期实际领用的数量和金额,送交企业有关部门和会计部门作为核算的依据。限额领料单的格式见表5-4。

表 5 - 4　限额领料单

领料单位:一车间　　　　　　　　　　　　　　　　　　　　　　　　　　　　　材料类型:钢材

用途:乙产品　　　　　　　　　　　　　　　202×年6月　　　　　　　　　　　　　发料仓库:1号库

| 编　号 | 材料名称、规格 | 单　位 | 全月领用限额 | 计划单位成本(元) | 备　注 |
|---|---|---|---|---|---|
| 1203 | 圆　钢 | 千　克 | 1 000 | 3 | |

| 日　期 | 实　发 | | | 限额结余 | 退　库 | |
| | 数　量 | 金额(元) | 领料人 | | 数　量 | 金额(元) |
|---|---|---|---|---|---|---|
| 4 | 150 | 450 | | 850 | | |
| 6 | 100 | 300 | | 750 | | |
| ⋮ | | | | | | |
| 31 | 200 | 600 | | 50 | | |
| 合　计 | 950 | 2 850 | | | | |

供应部门负责人(签章):　　　　　生产计划部门负责人(签章):　　　　　仓库负责人(签章):

(3)汇总原始凭证

汇总原始凭证也称原始凭证汇总表,是根据一定时期内若干张反映同类交易或事项的原始凭证汇总编制而成的凭证。在会计实际工作中,为简化填制记账凭证和登记账簿的工作,通常将在一定时期内多张记录同类性质的交易或事项的原始凭证进行汇总、合并,编制汇总原始凭证,如发料凭证汇总表,其格式见表5-5。

在一般情况下,一次凭证和累计凭证的编制大多是以实际发生的交易或事项为依据。但

基础会计学

也有些自制原始凭证是根据账簿的已有记录,把某一项交易或事项加以归类、整理而重新编制的。如在计算产品成本时,月末将"制造费用"账户归集的间接费用分配计入各种产品成本中时,编制的"制造费用分配表"。

表 5-5 发料凭证汇总表　　　第 1 号附件 66 张
202×年 6 月　　　单位:元

| 日　　期 | 领料单张数 | 贷方科目:原材料 | 借方科目 | |
|---|---|---|---|---|
| | | | 生产成本 | 管理费用 |
| 1~10 | 20 | 296 000 | 221 000 | 75 000 |
| 11~20 | 10 | 58 600 | 40 000 | 18 600 |
| 21~30 | 36 | 350 000 | 350 000 | |
| 合　计 | 66 | 704 600 | 611 000 | 93 600 |

会计主管:　　　记账:　　　审核:　　　填制:

## 二、原始凭证的基本内容

由于交易或事项是复杂多样的,经营管理要求也不同,各种原始凭证的具体内容不可能完全一致,格式也各种各样。如收料单和领料单,前者记录某种原材料入库的数量和成本,而后者则记录为某项用途而领用材料的数量和成本。一般来讲,为了能够证明交易或事项的发生或完成情况,客观反映交易或事项的性质,明确有关单位和人员的经济责任等,原始凭证应具备以下基本内容(亦称基本要素):

(1)原始凭证的名称。原始凭证的名称,能基本上反映该凭证所代表的交易或事项的类型及原始凭证的种类。

(2)填制凭证的日期。填制凭证的日期,应该是交易或事项发生或完成的日期。对少数不能按时填制的,在交易或事项发生或完成后,要尽快填制完成。

(3)填制和接受凭证的单位名称或个人姓名。表明交易或事项涉及的当事人及其发生地点。

(4)经办人员的签名或盖章。这是为了明确经手人员的具体经济责任,如果是外来凭证,必须盖有填制单位的公章;从个人取得的原始凭证,必须有填制人的签名或者盖章。自制原始凭证必须有经办单位领导人或者其指定的人员签名或者盖章。对于开出的原始凭证,必须加盖本单位公章。

(5)交易或事项的具体内容(含数量、单价和金额)。主要表明交易或事项涉及的会计要素项目的性质、名称及有关的附注说明。若原始凭证名称本身等项目不足以反映交易或事项的性质,如果经济管理需要,还要设专门的摘要栏记录,如发出材料汇总表;反之,则不需要设专门的摘要栏记录,如火车票。

此外,为满足管理的需求,还会有一些其他内容,如:① 一式多联的凭证,一般都在凭证上注明"第×联"及本联的用途;② 有些凭证预先印定编号,以防止任意撕毁;③ 有些凭证还要列入有关的计划任务、合同号码和预算项目等;④ 有附件的原始凭证,要注明附件的张数。

实际工作中,对于不同单位经常发生的共同性质的交易,有关部门可以统一印制具有统一格式和使用方法的通用原始凭证,如人民银行统一制定的银行转账结算凭证、铁道部统一制定的铁路运单。

### 三、原始凭证的填制

原始凭证既是具有法律效力的书面证明,又是进行会计核算的基础。为了保证会计核算工作的质量,填制原始凭证必须严格遵守以下要求。

#### (一) 真实可靠

凭证填制的内容、数字等,必须根据实际情况填列,确保原始凭证所反映的交易或事项真实可靠,符合实际情况。从外单位取得的原始凭证如有遗失,应取得原签发单位盖有财务章的证明,并注明原来凭证的号码、金额和内容等,经单位负责人批准后,可代作原始凭证。对于确实无法取得证明的,如火车票、轮船票、飞机票等凭证,由当事人写出详细情况,由经办单位负责人批准后,可代作原始凭证。对于实物的数量、质量和数字的计算等,要经过检验和复核。

#### (二) 内容完整

原始凭证的各项内容,必须详尽地填写齐全,不得遗漏少填,而且凭证填写的各项手续必须完备,经办单位和人员签章要齐全。凡填有大写和小写金额的原始凭证,大写与小写金额必须相符;年、月、日要按照填制原始凭证的实际日期填写;名称要齐全,不能简化;品名或用途要填写明确,不能含糊不清。购买实物的原始凭证,必须有验收证明。支付款项的原始凭证,必须有收款单位和收款人的收款证明。一式几联的原始凭证,应当注明各联的用途,只能以一联作为报销凭证。一式几联的发票和收据,必须用双面复写纸(发票和收据本身具备复写纸功能的除外)套写,并连续编号。作废时应当加盖"作废"戳记,连同存根一起保存,不得撕毁。发生销货退回的,除填制退货发票外,还必须有退货验收证明;退款时,必须取得对方的收款收据或者汇款银行的凭证,不得以退货发票代替收据。职工公出借款凭据,必须附在记账凭证之后。收回借款时,应当另开收据或者退还借据副本,不得退还原借款收据。经上级有关部门批准的交易或事项,应当将批准文件作为原始凭证附件。如果批准文件需要单独归档的,应当在凭证上注明批准机关名称、日期和文件字号。

项目填写不齐全的原始凭证,不能作为交易或事项的合法证明和有效的会计凭证。

#### (三) 书写格式要规范、正确

原始凭证上的文字或数字书写要规范、简明,字迹要清楚、工整,易于辨认,不得使用未经国务院公布的简化汉字。交易或事项涉及的数量、单价、金额的计算必须正确。属于需要套写的凭证,必须一次套写清楚。支票必须用碳素笔书写。原始凭证不得涂改、挖补。发现原始凭证有错误的,应当由开出单位重开或者更正,更正处应当加盖开出单位的公章。涉及库存现金和银行存款凭证的,如果填写错误必须作废。

填制原始凭证,大小写金额必须相符且规范,金额的填写要符合下列要求:

(1) 小写金额用阿拉伯数字逐个书写,不得连笔写。合计的小写金额前面应当书写货币币种符号或者货币名称简写,如 ¥,£,US$ 等。币种符号与阿拉伯金额数字之间不得留有空白。凡阿拉伯数字前写有币种符号的,数字后面不再写货币单位。

(2) 所有以元为单位(其他货币种类为货币基本单位,下同)的阿拉伯数字,除表示单价等情况外,一律填写到角、分;无角、分的,角位和分位可写"00"或者符号"—";有角无分的,分位要写"0",不得用符号"—"代替。

(3)汉字大写金额要素如壹、贰、叁、肆、伍、陆、柒、捌、玖、拾、佰、仟、万、亿、元、角、分、零、整等,一律用正楷或者行书体书写,不得用0、一、二、三、四、五、六、七、八、九、十等简化字代替。大写金额数字到元或者角为止的,在"元"或者"角"字之后应当写"整"字或者"正"字;大写数字有分的,"分"的后面不写"整"字或者"正"字。阿拉伯数字金额中间有"0"时,汉字大写金额要写"零"字;阿拉伯数字金额中间连续有几个"0"时,汉字大写金额中可以只写一个"零"字;阿拉伯数字金额"元"位是"0",或者数字中间连续有几个"0"、元位也是"0"但角位不是"0"时,汉字大写金额可以只写一个"零"字,也可以不写"零"字。

(4)大写金额数字前未印有货币名称的,应当加填货币名称,货币名称与金额数字之间不得留有空白。如,大写金额前未印有"人民币"字样的,应加写"人民币"三个字,"人民币"字样和大写金额之间不得留有空白。

### 四、原始凭证的审核

原始凭证的审核是一项十分重要、严肃的工作。各种原始单据在正式进入会计信息系统之前,除了要审核其信息数据是否能进入会计信息系统被确认外,还要由经办业务的有关部门和财会部门审核其所反映的交易、事项是否真实、合法和正确。为了保证原始凭证正确反映交易或事项的执行或完成情况,发挥会计的监督作用,财会部门对各种原始凭证必须进行认真、严格的审查和核对。只有经过审核无误的原始凭证,才能作为编制记账凭证和登记账簿的依据。审核原始凭证主要有以下几项内容。

#### (一)审核原始凭证的填制在形式上是否符合规定要求

在形式上要严格审核原始凭证的真实性、完整性及正确性。其真实性的审核包括日期、内容、数据等内容的审核。完整性审核主要检查各项基本要素是否齐全,是否按规定的项目填写,数字和文字书写是否清晰,有关签名盖章是否齐全等。同时还要审核各项金额的计算及填写是否正确,大小写金额是否相符,有无涂改等。对真实、合法、合理但内容不完整,手续不齐全,书写不清楚,计算有错误的原始凭证,应退回有关部门和人员,及时更正、补办。

#### (二)审核原始凭证的真实性、合法性和合理性

原始凭证通过形式上的审核后,还要进入实质上的审核。实质上的审核既要审查原始凭证所记录的交易或事项的内容是否真实(凭证来源是否可靠),还要审查凭证所反映的交易或事项是否合法、合理,即是否与有关政策、法令、制度等的规定以及有关的计划、预算或合同相符,是否有弄虚作假、违法乱纪、贪污舞弊的行为,费用开支是否符合规定的标准等;审核交易或事项的签章是否符合规定的审核权限和手续。对不合法、不真实的原始凭证,会计机构、会计人员有权不予受理,并向单位负责人报告。

#### (三)审核原始凭证的及时性

原始凭证及时性是保证会计信息及时性的基础。交易、事项在发生或完成时要及时填制原始凭证,并及时传递。审核时要注意审查其填制日期,尤其是支票、汇票、本票等及时性较强的原始凭证,更应仔细验证其签发日期。对审核后完全符合要求的原始凭证,应及时据以编制记账,凭证入账。

# 第三节　记账凭证

## 一、记账凭证的含义和种类

### （一）记账凭证的含义

在登记账簿之前，应按实际发生交易或事项的内容编制会计分录，然后据以登记账簿，在实际工作中，会计分录是通过填制记账凭证来完成的。

记账凭证是会计人员根据审核无误的原始凭证填制的，按照交易或事项内容加以归类，确定会计分录并作为记账依据的会计凭证。由于原始凭证只记录了交易或事项的内容，不能清楚地表明账户的名称和方向，而且种类繁多、格式不一，不能据此直接记账。因此，必须按照会计核算的要求，对审核无误的原始凭证进行归类整理，据以编制记账凭证，指明交易或事项应记入的账户、方向和金额，并作为记账的直接依据。原始凭证作为附件附在记账凭证的后面，以备查验。有些会计事项，如更正错账等可由会计人员直接编制记账凭证。

### （二）记账凭证的种类

#### 1. 按其用途和适用范围不同划分

在进行会计处理时，通常把交易或事项是否与货币资金的收付有关分为收款业务、付款业务和转账业务（与货币资金的收付无关的业务）3类。记账凭证按其记录的内容可以划分为专用记账凭证和通用记账凭证。

（1）专用记账凭证

专用记账凭证是指对交易或事项进行分类编制，专门用于记录某一类交易或事项的记账凭证。专用记账凭证按照记录的交易或事项是否与货币资金的收付有关，又分为收款凭证、付款凭证和转账凭证3种。

① 收款凭证。收款凭证是专门用于记录引起库存现金和银行存款等货币资金增加（收入）的交易或事项的记账凭证。它是根据库存现金和银行存款等收款业务的原始凭证填制的，又可进一步分为现金收款凭证和银行存款收款凭证。根据反映库存现金收入的交易或事项的原始凭证编制的收款凭证，称为现金收款凭证；根据反映银行存款收入的交易或事项的原始凭证编制的收款凭证，称为银行存款收款凭证。收款凭证是登记现金日记账与银行存款日记账以及有关明细账和总分类账的依据，也是出纳人员收讫款项的依据。

② 付款凭证。付款凭证是专门用于引起记录库存现金和银行存款等货币资金减少（付出）的交易或事项的记账凭证。付款凭证又可进一步分为现金付款凭证和银行存款付款凭证。根据现金付出的交易或事项的原始凭证编制的付款凭证，称为现金付款凭证；根据银行存款付出的交易或事项的原始凭证编制的付款凭证，称为银行存款付款凭证。付款凭证是登记现金日记账与银行存款日记账以及有关明细账和总分类账的依据，也是出纳人员付出款项的依据。

在会计实务中，采用专用记账凭证时，如果发生的交易或事项为涉及现金与银行存款等货币资金之间的收付，如从银行提取现金或将现金送存银行，为了避免重复记录，一般只填制付款凭证，不编制收款凭证，即将库存现金送存银行时，编制现金付款凭证；从银行提取现金时，

基础会计学

编制银行存款付款凭证。有关收款凭证和付款凭证的填制及格式见表5-6、表5-7。

**表5-6 收款凭证**

202×年5月5日 银收字第2号

借方科目:银行存款 附件2张

| 摘　要 | 贷方科目 | | 账　页 | 金　额 |
| --- | --- | --- | --- | --- |
| | 一级科目 | 二级或明细科目 | | （元） |
| 收到××公司购货款 | 应收账款 | ××公司 | | 60 000 |
| 合　计 | | | | 60 000 |

会计主管: 记账: 出纳: 审核: 填制:

**表5-7 付款凭证**

202×年5月5日 银付字第5号

贷方科目:银行存款 附件1张

| 摘　要 | 借方科目 | | 账　页 | 金　额 |
| --- | --- | --- | --- | --- |
| | 一级科目 | 二级或明细科目 | | （元） |
| 偿还前欠××公司欠款 | 应付账款 | ××公司 | | 50 000 |
| 合　计 | | | | 50 000 |

会计主管: 记账: 出纳: 审核: 填制:

③ 转账凭证。转账凭证是用于记录与现金和银行存款等货币资金收付无关的转账业务的记账凭证。它是根据反映有关转账业务的原始凭证填制的。转账凭证是登记有关明细账与总分类账的依据。例如,产品完工100件,生产成本为35 000元,验收入库。编制转账凭证的格式和填制方法见表5-8。

**表5-8 转账凭证**

202×年2月28日 转字第4号

附件1张

| 摘　要 | 会计科目 | | 账　页 | 金　额（元） | |
| --- | --- | --- | --- | --- | --- |
| | 一级科目 | 二级或明细科目 | | 借　方 | 贷　方 |
| 100件甲产品 | 库存商品 | 甲产品 | | 35 000 | |
| 完工验收入库 | 生产成本 | 基本生产成本 | | | 35 000 |
| 合　计 | | | | 35 000 | 35 000 |

会计主管: 记账: 审核: 填制:

专用凭证有利于区别不同交易或事项,进行分类管理,有利于交易或事项的检查,但工作量较大,适用于规模较大、收付款业务较多的单位。

(2)通用记账凭证

通用记账凭证是可以用于各种交易或事项的记账凭证。采用通用记账凭证的单位,无论是款项的收付还是转账业务,都采用统一格式的记账凭证。通用记账凭证通常适合于规模不大、款项收付不多的企业。其格式与转账凭证基本相同,格式与填制方法见表 5-9。

表 5-9　记账凭证　　　　　　　　总字第 10 号
202×年 2 月 8 日　　　　　　　　附件 1 张

| 摘　要 | 会计科目 | | 账　页 | 金　额(元) | |
| --- | --- | --- | --- | --- | --- |
| | 一级科目 | 二级或明细科目 | | 借　方 | 贷　方 |
| 领用甲材料 | 生产成本 | B 产品 | | 8 000 | |
| 生产 B 产品 | 原材料 | 甲材料 | | | 8 000 |
| 合　计 | | | | 8 000 | 8 000 |

会计主管:　　　记账:　　　审核:　　　填制:

**2. 按填制方式不同划分**

记账凭证按其填制方式不同,分为单式记账凭证和复式记账凭证两种。

(1) 单式记账凭证。单式记账凭证又称单科目记账凭证,是把一项交易或事项所涉及的会计科目分别编制的记账凭证。每张凭证上只填列一个会计科目,一项交易或事项所涉及多少个会计科目就需要分别填制多少张记账凭证,并采用一定的方法将它们联系起来编号。填列借方账户的称为借项记账凭证,填列贷方账户的称为贷项记账凭证。单式记账凭证的优点是便于记账分工、汇总和加速凭证的传递。缺点是凭证张数多,内容分散,一张凭证上不能完整地反映一笔交易或事项的全貌。因此须加强凭证的复核、装订和保管工作。例如,销售一批商品给 A 工厂,货款 20 000 元已经通过银行收取,该笔业务的填制格式见表 5-10、表 5-11。

表 5-10　借项记账凭证
202×年 5 月 5 日　　　　　　凭证编号记字 1016 1/2 号

| 摘　要 | 总账科目 | 明细科目 | 账　页 | 金　额(元) |
| --- | --- | --- | --- | --- |
| 销售给 A 工厂甲产品一批 | 银行存款 | | | 20 000 |
| 对应总账科目:产品销售收入 | 合　计 | | | 20 000 |

会计主管:　　　记账:　　　审核:　　　出纳:　　　填制:

表 5-11　贷项记账凭证
202×年 5 月 5 日　　　　　　凭证编号记字 1016 2/2 号

| 摘　要 | 总账科目 | 明细科目 | 账　页 | 金　额(元) |
| --- | --- | --- | --- | --- |
| 销售给 A 工厂甲产品一批 | 产品销售收入 | 甲产品 | | 20 000 |
| 对应总账科目:银行存款 | 合　计 | | | 20 000 |

会计主管:　　　记账:　　　审核:　　　出纳:　　　填制:

(2) 复式记账凭证。复式记账凭证又称多科目记账凭证,是指在每张记账凭证上填列一笔交易或事项所涉及的全部科目的记账凭证。复式记账凭证的优点是凭证能完整地反映交易或事项的全貌,且填写方便,附件集中,便于凭证的审核。但不便于按会计科目汇总发生额,也不利于会计人员分工记账。复式记账凭证的格式与转账凭证基本相同。

### 3. 按是否经过汇总划分

记账凭证按其是否经过汇总,可分为非汇总记账凭证和汇总记账凭证。非汇总记账凭证是直接根据原始凭证编制的反映会计分录的记账凭证。上面介绍的收、付、转凭证和单式凭证,均是非汇总记账凭证。汇总记账凭证是按照会计科目对记账凭证定期汇总而重新编制的记账凭证,目的是据以定期登记总账,以简化总账的登记工作。汇总记账按汇总方法不同,可分为分类汇总和全部汇总两种。分类汇总是定期根据收款凭证、付款凭证、转账凭证,分别汇总编制汇总收款凭证、汇总付款凭证、汇总转账凭证的汇总方法。全部汇总是将企业、事业、行政单位在一定时期内编制的记账凭证,全部汇总在一张记账凭证汇总表(亦称科目汇总表)上的汇总方法。汇总记账凭证的格式见第九章会计处理组织程序。

## 二、记账凭证的基本内容

记账凭证的格式有多种,但其主要作用是对原始凭证进行归类、整理,确定会计科目,编制会计分录,直接据以记账。因此,各种记账凭证都具有一些共同的基本内容。

(1) 记账凭证的名称;

(2) 填制凭证的日期和凭证编号;

(3) 交易或事项内容摘要;

(4) 会计科目;

(5) 金额;

(6) 所附原始凭证的张数;

(7) 记账标记;

(8) 填制凭证人员、稽核人员、记账人员、出纳、会计机构负责人、会计主管人员签名或盖章。

收款和付款凭证还应当由出纳人员签名或者盖章。以自制的原始凭证或者原始凭证汇总表代替记账凭证的,也必须具备记账凭证应有的项目。

## 三、记账凭证的填制

### (一) 记账凭证填制的要求

记账凭证的填制,除应严格遵守前述填制原始凭证所要求的,还必须注意以下几点要求。

(1) 填制记账凭证时,应当对记账凭证连续编号。一笔交易或事项需要填制两张以上记账凭证的,可以采用分数编号法编号。如表 5 - 10、表 5 - 11 两张记账凭证的编号分别为 1016 1/2 号和 1016 2/2 号。

(2) 记账凭证可以根据每一张原始凭证填制,或者根据若干张同类原始凭证汇总填制,也可以根据原始凭证汇总表填制,但不得将不同内容和类别的原始凭证汇总填制在一张记账凭证上。

(3) 除结账和更正错误的记账凭证可以不附原始凭证外,其他记账凭证必须附有原始凭证。如果一张原始凭证涉及几张记账凭证,可以把原始凭证附在一张主要的记账凭证后面,并在其他记账凭证上注明附有该原始凭证的记账凭证的编号或者附原始凭证复印件。一张原始凭证所列支出需要几个单位共同负担的,应当将其他单位负担的部分,开给对方原始凭证分割单,进行结算。原始凭证分割单必须具备原始凭证的基本内容:凭证名称、填制凭证单位名称或者填制人姓名、经办人的签名或者盖章、接受凭证单位名称、交易或事项的内容、数量、单价、金额和费用分摊情况等。

（4）如果在填制记账凭证时发生错误，应当重新填制。已经登记入账的记账凭证，在当年内发现填写错误时，可以用红字填写一张与原内容相同的记账凭证，在摘要栏注明"注销某月某日某号凭证"字样，同时再用蓝字重新填制一张正确的记账凭证，注明"订正某月某日某号凭证"字样。如果会计科目没有错误，只是金额错误，也可以将正确数字与错误数字之间的差额，另编一张调整的记账凭证，调增金额用蓝字，调减金额用红字。发现以前年度记账凭证有错误的应当视情况处理，必要时应当用蓝字填制一张更正的记账凭证。

（5）记账凭证填制完交易或事项后，如有空行，应当自金额栏最后一笔金额数字下的空行处至合计数上的空行处画线注销。

**（二）记账凭证的填制方法**

1. 收款凭证的填制

收款凭证是根据现金、银行存款收款的交易或事项的原始凭证填制的。收款凭证摘要栏应简要写明交易或事项的内容，借方科目处应填列"银行存款"或"现金"科目，这应根据收到的款项是现金还是银行存款的具体情况填列。贷方科目栏填写与借方科目相对应的总账科目及其所属明细科目。金额栏填写与贷方科目相对应的金额数。贷方各科目金额合计即为借方科目金额。账页栏内应注明记入"现金"或"银行存款"总账及有关分类账的页数，以便日后查对账目，避免重复登账。在凭证上还要填列凭证编号，注明所附原始凭证（附件）的张数，防止凭证散失。另外还要有相关人员签名和盖章，以表示负责。收款凭证的具体填制方法见表5-6。

2. 付款凭证的填制

付款凭证是根据现金、银行存款付款的交易或事项的原始凭证填制的。付款凭证的填制方法与收款凭证基本相同。不同的只是"借方科目"同"贷方科目"互换了位置，即在付款凭证的左上方是"贷方科目"，也不外是"现金"或"银行存款"科目，证明付出的款项是现金或银行存款。在付款凭证的第二栏则是"借方科目"，应填列与付出现金或银行存款相对应的会计科目。摘要栏应简要写明交易或事项的内容。付款凭证的具体填制方法见表5-7。

对于现金与银行存款之间相互划转的事项，一般只填制付款凭证，而不再填制收款凭证。如从银行提取现金，只填制银行存款付款凭证，将现金存入银行，只填制现金付款凭证，目的是为了避免重复记账。

3. 转账凭证的填制

转账凭证是根据不涉及现金和银行存款收付的转账的交易或事项的原始凭证填制的。转账凭证摘要栏应简要写明交易或事项的内容，科目栏分别填列交易或事项所涉及的总账科目及其所属明细科目，借方科目在上，贷方科目在下。金额栏分别填列与会计科目相对应的金额数，借方金额合计与贷方金额合计应相等。转账凭证的具体填制方法参见表5-8。

**四、记账凭证的审核**

记账凭证是登记账簿的直接依据。为了保证账簿记录的正确性，记账前必须对已编制的记账凭证由专人按照会计凭证的要求进行认真、严格的审核。主要审核以下几个方面的内容：

（1）按照原始凭证要求对所附原始凭证的内容、金额和手续等进行复核；

（2）按照记账凭证要求对记账凭证中的会计科目、记账方向和金额等进行审核。

在记账凭证的审核中,如发现记账凭证有错误,应重新填制。只有经过审核无误的记账凭证,才能作为记账的依据。

# 第四节　会计凭证的传递和保管

## 一、会计凭证的传递

会计凭证的传递是指从原始凭证的填制或取得开始,经过审核、记账、装订到归档为止,在有关部门和人员之间按规定的时间、程序办理业务手续和进行账务处理的过程。

正确、合理地组织会计凭证的传递工作,对于有关部门和人员及时了解经济活动情况,加强经营管理,提高会计核算工作效率,实行会计监督,具有重要意义。各单位应当及时传递会计凭证,不得积压。会计凭证的传递程序应当科学、合理,具体办法由各单位根据会计业务需要自行规定,但一般应包括下列内容:

(1) 合理的会计凭证传递的时间。要根据各部门和有关人员的工作内容和工作数量,确定会计凭证在各环节上停留的最长时间,做到不拖延和积压会计凭证,以保证会计工作的正常进行。所有的会计凭证的传递和处理都应在会计报告期内完成。

(2) 制定有效的会计凭证传递的衔接手续。要根据有关部门和人员的业务及分工情况,按规定制定完备、严密、简便易行的衔接手续,以保证会计凭证的安全和完整。

## 二、会计凭证的保管

会计凭证的保管是指会计凭证记账后的整理、装订归档存查工作。会计凭证作为记账依据,是重要的会计档案之一,会计机构、会计人员要妥善整理保管,不得散乱丢失,不得任意销毁。

记账凭证应当连同所附的原始凭证或者原始凭证汇总表,按照编号顺序,折叠整齐,定期(每天、每五天、每旬或每月)装订成册,并加封面、封底,注明单位名称、凭证种类、所属年月和起止日期、起讫号码、凭证张数等。为防止任意拆装,应在装订处贴上封签,并由装订人在装订线封签处签名或者盖章。

对一些性质相同、数量很多或各种随时需要查阅的原始凭证,可以单独装订保管,在封面上注明记账凭证日期、编号、种类,同时在记账凭证上注明"附件另订"和原始凭证名称及编号。各种经济合同、存出保证金收据以及涉外文件等重要原始凭证,应当另编目录,单独登记保管,并在有关的记账凭证和原始凭证上相互注明日期和编号。

会计凭证装订成册后,应有专人负责分类保管,年终应登记归档。会计凭证的保管期限和销毁手续,应严格遵守会计制度的有关规定。《中华人民共和国会计法》第四十条规定:"隐匿或者故意销毁依法应当保存的会计凭证、会计账簿、财务会计报告,构成犯罪的,依法追究刑事责任。"

会计凭证在归档后,应按年分月顺序排列,以便查阅。

对已归档凭证的查阅、调用和复制,都应得到有关领导批准,并办理一定的手续。原始凭证不得外借,其他单位因有特殊原因需要使用原始凭证时,经本单位领导批准,可以复制,但向外单位提供的原始凭证复制件,应当在专设的登记簿上登记,并由提供人员和收取人员共同签名或者盖章。会计凭证在保管中应防止霉烂破损和鼠咬虫蛀,以确保其安全和完整。

### ➤ 应用技能训练

小李刚刚分到某厂从事会计工作,领导安排他编制 6 月份有关账项调整的会计凭证,资料如下:车间使用固定资产机器设备原值 300 000 元,年折旧率 10%;房屋建筑物原值 400 000元,年折旧率 6%。管理用固定资产原值 180 000 元,综合折旧率 12%。1 月份曾预收全年的出租包装物租金 10 400 元。他认为,这些调整事项不属于企业日常发生的交易或事项,故不需要编制原始凭证。请问,这样可以吗? 试根据以上资料编制调整分录。

### >>> 本章小结

本章阐述了会计凭证类型、审核和填制、传递和保管。填制和审核会计凭证是会计核算的基础工作,也是对交易或事项进行核算和监督的最初环节,是会计核算的一种重要方法。会计凭证是记录交易或事项、明确经济责任的书面证明,是据以登记账簿的依据。会计凭证可以分为原始凭证和记账凭证两类。原始凭证可分为外来原始凭证和自制原始凭证。自制原始凭证按其填制手续和用途不同又分为一次凭证、累计凭证和汇总原始凭证。会计部门的经办人员为确保会计核算资料的真实、合法、准确,应对各项原始凭证进行审核。记账凭证是由会计人员根据审核无误的原始凭证为依据编制、确定的会计分录,是登记账簿的直接依据。企业还必须合理设置会计凭证传递制度,按法规定妥善保管会计凭证,正确使用会计凭证的填制与审核方法,遵守相关的管理规定,这是会计人员的基本技能与业务素质。

#### >>> 关键词

会计凭证;原始凭证;记账凭证;一次凭证;累计凭证;收款凭证;付款凭证;转账凭证

#### >>> 综合练习

**一、复习思考题**

1. 如果在原始凭证审核中发现问题,你怎样提出处理意见及解决办法?

2. 对现金和银行存款之间的划拨业务,在复式记账凭证下,一般只编制付款凭证,为什么?

**二、单项选择题**

1. 从银行提取现金,应填制的记账凭证是　　　　　　　　　　　　　　　　　　(　　)

    A. 现金收款凭证　　　　　　　　　B. 银行存款付款凭证

    C. 转账凭证　　　　　　　　　　　D. 现金支票

2. 在下列单据中,哪一种是企业自制的原始凭证　　　　　　　　　　　　　　(　　)

    A. 材料入库单　　　　　　　　　　B. 购买材料所取得的发票

    C. 银行收取利息的通知单　　　　　D. 承运部门开出的运费发票

3. 当企业将现金存入银行时,应编制　　　　　　　　　　　　　　　　　　　(　　)

    A. 现金收款凭证　　　　　　　　　B. 现金付款凭证

    C. 银行存款收款凭证         D. 银行存款付款凭证

4. 对于现金和银行存款之间相互划转的业务,按照规定应编制 （　）

    A. 付款凭证         B. 收款凭证

    C. 转账凭证         D. 收款和付款凭证

5. 下列交易或事项,应编制转账凭证的是 （　）

    A. 通过银行转账支付上月电费 20 000 元

    B. 收到甲产品销售货款 30 000 元,存入银行

    C. 收到 A 材料 200 千克,货款 2 800 元暂欠,材料已验收入库

    D. 职工李某报销医药费 500 元,以现金支付

6. 下列不能作为登记总账的直接依据的是 （　）

    A. 原始凭证         B. 记账凭证

    C. 汇总记账凭证         D. 科目汇总表

7. 企业月末根据"领料单"和"限额领料单"汇总编制的"发出材料汇总表"是 （　）

    A. 汇总原始凭证         B. 汇总记账凭证

    C. 记账凭证         D. 累计凭证

8. 记账凭证是（　）根据审核无误的原始凭证填制的

    A. 经办人员         B. 会计人员

    C. 复核人员         D. 业务主管人员

9. 下列不属于编制记账凭证依据的是 （　）

    A. 购货发票         B. 经济合同

    C. 收料单         D. 制造费用分配表

10. 会计分录填写在 （　）

    A. 原始凭证上         B. 记账凭证上

    C. 总账上         D. 会计报表上

## 三、多项选择题

1. 下列属于各种原始凭证必须具备的基本内容是 （　）

    A. 凭证名称、填制日期和编号

    B. 经济业务基本内容

    C. 填制和接收凭证单位的名称

    D. 应借、应贷会计科目名称和有关人员签章

2. 下列属于外来原始凭证的有 （　）

    A. 购买材料的发票         B. 出差住宿的收据

    C. 银行结算凭证         D. 完工产品入库单

3. 对会计凭证保管的要求有 （　）

    A. 定期归类装订,以便查阅

    B. 确保安全查阅要有手续

    C. 按规定期限保存凭证

    D. 按规定程序办理凭证销毁手续

4. 收款凭证和付款凭证是 （　）

A. 登记现金、银行存款日记账依据

B. 调整和结转有关账项的依据

C. 出纳人员办理收、付款项的依据

D. 编制会计报表的直接依据

5. 必须根据审核无误的原始凭证填制记账凭证,但(　　　　)的记账凭证可以不附原始凭证。

A. 收款　　　　　　　　　　B. 付款

C. 更正错误　　　　　　　　D. 结账

## 四、判断题

1. 会计凭证按规定,保管期满后可由财会人员自行销毁。　　　　　　　　(　　)

2. 编制记账凭证的主要工作是编制会计分录。　　　　　　　　　　　　(　　)

3. 记账凭证应根据发生的业务直接编制。　　　　　　　　　　　　　　(　　)

4. 记账凭证只能根据原始凭证来编制。　　　　　　　　　　　　　　　(　　)

5. 编制记账凭证是会计工作的第一步。　　　　　　　　　　　　　　　(　　)

6. 自制原始凭证必须由财会部门填制。　　　　　　　　　　　　　　　(　　)

7. 凡是由业务主管签字的原始凭证,会计人员必须接受并据以进行账务处理。　(　　)

8. 一次凭证只能反映一项交易或事项,累计凭证可以反映若干项交易或事项。　(　　)

9. 开出转账支票支付购料 90 600.5 元,在填写支票大写金额时应为玖万零陆佰伍角。

(　　)

## 五、会计核算业务练习

根据第四章的综合练习四——会计核算业务训练给出的交易或事项,编制会计凭证。

### >>> 延伸阅读书目

1. 中华人民共和国财政部.企业会计准则——基本会计准则[M].北京:经济科学出版社,2014.

2. 朱小平,周华,秦玉熙.初级会计学[M].北京:中国人民大学出版社,2020.

3. 财政部,国家档案局.会计档案管理办法.中华人民共和国财政部、国家档案局令第79号令(2015 年 12 月 11 日).

4. 陈国辉,迟旭升.基础会计[M].大连:东北财经大学出版社,2018.

5. 财政部会计资格评价中心.初级会计实务[M].北京:中国财政经济出版社,2021.

# 第六章　会计账簿

>>> **知识掌握**

① 领会设置和登记账簿的作用，了解账簿的种类及格式；

② 熟练掌握常见类型账簿的登记要求和登记方法；

③ 理解对账和期末结账的意义，掌握其方法；

④ 掌握更正错账的基本方法及适用情况。

>>> **能力进阶**

① 能够区分账簿的不同类型，并解释各类账簿的作用；

② 能够解释账簿和会计凭证的关系、账簿和会计报表的关系；

③ 根据登账的依据，能够正确、规范地登记账簿；

④ 能够判断会计凭证或会计账簿是否有错误，并能运用合适的方法进行更正。

>>> **素养提升**

① 明白会计账簿的重要性，树立"依法设置账簿，规范登记账簿、严格管理账簿"的理念；

② 通过更正错账的学习，意识到：做事情允许出现错误，但要及时发现错误，正确更正错误；

③ 通过讨论朱镕基的"不做假账"题词，牢记遵纪守法，爱岗敬业等职业操守，具备良好的职业道德。

## 导入案例

新华社北京 7 月 25 日电：中国著名电影演员刘晓庆因其所办公司涉嫌偷税，7 月 24 日经北京市人民检察院第二分院批准，被依法逮捕。此前，刘晓庆已于 6 月 20 日被北京市公安局依法刑事拘留。

据介绍，2002 年 4 月 2 日，北京市地税局第一稽查分局对北京晓庆文化艺术有限责任公司、北京晓庆实业发展公司和北京刘晓庆实业发展公司，以及北京晓庆经典广告公司涉嫌偷税立案侦查。截至目前，已调查证实北京晓庆文化艺术有限责任公司 1996 年以来采取不列、少列收入，多列支出，虚假申报等手段偷逃巨额税款，已涉嫌偷税犯罪。

4 月 4 日，北京市地税局将此案依法移送北京市公安局。北京市公安局于 4 月 5 日立案侦查。4 月 24 日，根据获取的证据，依法对涉案责任人该公司总经理靖军（刘晓庆的妹夫）和前任会计方利刑事拘留，5 月 30 日，上述二人经北京市人民检察院第二分院批准，被依法逮捕。6 月 18 日对该案责任人冉一红（又名刘晓红，刘晓庆的妹妹）刑事拘留。

北京市地税局于5月9日依法将北京晓庆文化艺术有限责任公司银行存款196万元解缴入库，同时，对已查明其所偷税款余额，税务、公安机关正进行追缴。

相关法律依据如下。《中华人民共和国刑法》第二〇一条：纳税人采取伪造、变造、隐匿、擅自销毁账簿、记账凭证，在账簿上多列支出或者不列、少列收入，经税务机关通知申报而拒不申报或者进行虚假的纳税申报的手段，不缴或者少缴应纳税款，偷税数额占应纳税额10％以上不满30％并且偷税数额在一万元以上不满十万元的，或者因偷税被税务机关给予二次行政处罚又偷税的，处以三年以下有期徒刑或者拘役，并处偷税数额一倍以上五倍以下罚金；偷税数额占应纳税额30％以上并且偷税数额在十万元以上的，处以三年以上七年以下有期徒刑，并处偷税数额一倍以上五倍以下罚款。

# 第一节　会计账簿概述

## 一、会计账簿的意义

会计账簿是由具有一定格式并互相联系的账页组成的，是依据会计凭证序时、分类记录和反映各项交易或事项的簿籍。设置和登记账簿是会计核算的一种专门方法，也是会计核算的中心环节。

任何一个单位发生交易或事项后，首先要取得或填制会计凭证，这是会计核算工作的起点和基础。但会计凭证对交易或事项的反映是零散的、片面的，每一张会计凭证只能记录一笔或性质相同的若干笔交易或事项，不能把一个单位在某一时期内发生的全部交易或事项完整地反映出来。因此，为了全面、系统、连续地反映企事业单位的经济活动和财务收支情况，需要把会计凭证中所记载的大量分散的资料加以分类、整理，这就需要在会计凭证的基础上设置和登记账簿。通过登记账簿，既能对经济活动进行序时核算，又能进行分类核算；既能提供各项总括的核算资料，又能提供明细核算资料。

## 二、会计账簿的种类

会计核算中用到的账簿很多，为了正确地设置和运用会计账簿，有必要对账簿进行分类。常见的分类方法有以下几种。

### （一）按会计账簿的用途分类

账簿按其用途不同，一般可分为序时账簿、分类账簿和备查账簿3种。

1. 序时账簿

序时账簿又称日记账，是指根据交易或事项发生的先后顺序逐日逐笔进行连续登记的账簿。按其记录的交易或事项内容不同，序时账簿又分为普通日记账和特种日记账两种。

（1）普通日记账

普通日记账是指用来登记全部交易或事项发生情况的日记账，通常是把会计分录按照交易或事项发生的先后顺序记入账簿中，作为连续登记分类账的依据，实际工作中已很少应用。

（2）特种日记账

特种日记账是指用来登记特定交易或事项的日记账。通常是把某一类比较重要的交易或事项,按照发生的先后顺序记入账簿中。在会计实务中,为了简化记账手续,除了现金和银行存款收付要记入现金日记账和银行存款日记账外,其他各项目一般不再设置特种日记账进行登记。

2. 分类账簿

分类账簿,简称分类账,是指对交易或事项按照账户的分类进行登记的账簿。分类账按照其反映指标的详细程度,又可分为总分类账簿和明细分类账簿。

（1）总分类账簿,简称总账,是指根据总分类科目设置,用来提供总括核算资料的分类账簿。

（2）明细分类账簿,简称明细账,是指根据总分类科目所属二级或明细科目设置,用来提供比较详细核算指标的分类账簿。明细分类账是对总账的补充和具体化,并受总分类账的控制和统驭。

在实际工作中,序时账簿还可与分类账簿结合起来,即在一本账簿中既进行序时登记,又进行分类登记,称之为联合账簿。日记总账是典型的联合账簿。

3. 备查账簿

备查账簿,又称辅助账簿,简称备查账,是指对某些在序时账簿和分类账簿中未能记载或记载不全的交易或事项进行补充登记的账簿。如租入固定资产备查账簿、委托加工材料备查账簿、应收票据备查账簿等。各单位可以根据实际需要设置备查账簿。

**（二）按会计账簿的外表形式分类**

账簿按其外表形式不同,可以分为订本式账簿、活页式账簿和卡片式账簿3种。

1. 订本式账簿

订本式账簿又称订本账,是指在账簿启用前,将一定数量的印有专门格式的账页按顺序号固定装订成册的账簿。这种账簿的优点是,可以避免账页散失,防止任意抽换账页。它的缺点是,由于账页固定,不能根据需要增减账页,所以在使用时,必须为每一账户预留账页,这样就容易出现预留账页过多或不足,造成浪费和影响账户连续登记的情况。而且,在同一时间里,只能由一人负责登记,不便于分工记账。通常,一些重要的账簿,如现金日记账、银行存款日记账、总账等都采用订本式账簿。

2. 活页式账簿

活页式账簿又称活页账,是指把一定数量的零散的账页放置在活动账夹中形成的账簿。这种账簿平时将账页装置在账夹中,年终结账后装订成册。它的优点是,账页不固定装订在一起,可以根据需要,任意增减空白账页,不会造成账页浪费,使用起来灵活,而且便于分工记账,有利于提高工作效率。它的缺点是,由于账页是散开的,容易散失或被抽换。因此,账页在使用时应连续编号,并在账页上加盖记账人员和会计主管印章,以防止舞弊行为。活页式账簿主要适用于各种明细账。

3. 卡片式账簿

卡片式账簿又称卡片账,是指由若干张分散的、具有专门格式的存放在卡片箱中的硬纸卡片组成的账簿。卡片式账簿平时将账页放在卡片箱中,由专人负责保管。可以随时抽出账页,予以记录,并随时放回。这种账簿的优缺点及防范措施与活页式账簿相同。通常主要用于记载内容比较复杂的财产明细账,如固定资产明细账、周转材料明细账等。

**(三) 会计账簿按账页格式分类**

会计账簿按账页格式不同可分为三栏式账簿、多栏式账簿和数量金额式账簿 3 种。

1. 三栏式账簿

三栏式账簿,是由设置借方、贷方、余额(或收、付、余)3 个金额栏的账页组成的账簿。主要适用于总分类账、日记账,也可用于只进行金额核算而不需要数量核算的债权债务结算类账户的明细分类账。

2. 多栏式账簿

多栏式账簿是指在账页上设置多个专栏的账簿。"制造费用"明细账是典型的多栏式账。

3. 数量金额式账簿

数量金额式账簿是指由在借、贷、余(或收、付、余)三大栏下再设数量、单价、金额等小栏目的账页所组成的账簿。这类账簿可以全面反映交易或事项的数量和金额,主要适用于既要进行金额核算,又要进行数量核算的各种财产物资账簿,如"原材料明细账"、"库存商品明细账"等。

## 三、账簿的基本要素

各种账簿的种类、格式多种多样,不同种类、格式的账簿包括的具体内容也不尽相同,但各种会计账簿应包括的基本要素一般由封面、扉页和账页构成。

**(一) 封面**

封面主要载明账簿名称,如"总分类账"、"应收账款明细账"、"库存商品明细账"、"银行存款日记账"等。

**(二) 扉页**

扉页主要用来载明科目索引和经管人员一览表。科目索引主要表明科目名称及其所包括的页码。经管人员一览表也叫账簿使用登记表,其主要内容有:单位名称、账簿名称、起止页数、启用日期、单位负责人、会计主管人员、经管人员、移交人和移交日期、接管人和接管日期、监交人等。经管人员一览表的内容和格式见表 6-11。

**(三) 账页**

账页是账簿的主体,每张账页应载明的基本内容应包括:

(1) 账户的名称,包括一级、二级或三级科目;

(2) 登账日期栏;

(3) 凭证种类和号数栏;

(4) 摘要栏(记录交易或事项内容的简要说明);

(5) 金额栏(记录账户的增减变动情况);

(6) 总页次和分页次。

# 第二节　账簿的设计和登记

## 一、设计账簿的原则

为了科学地记录和反映经济活动的内容,任何单位都应当根据本单位经营业务的特点和经营管理的需要,设计一定种类和数量的账簿。账簿的设计主要包括确定账簿的种类和数量,各类账簿中账页的格式以及账簿的登记方法等。设计账簿一般应遵循以下原则。

### 1. 全面系统原则

全面系统原则要求单位设计账簿必须根据国家有关会计制度规定的基本要求,结合各单位的经营规模和业务特点,全面、连续、系统地反映和监督经济活动的情况,满足经营管理的需要。也就是说各单位设计账簿要在符合统一规定的前提下,如实反映各单位经济活动的全貌及经济活动某一方面的具体情况和结果。

### 2. 科学适用原则

科学适用原则对单位设计账簿提出了3个方面的要求:

(1) 要根据实际需要,尽量节约人力和物力,不重复设账和因人设账;

(2) 要注意各种账簿结合使用,各有分工,互相配合,既不脱节,也不重复;

(3) 账簿的格式应按所记录的交易或事项的内容和需要提供的会计信息进行设计,尽量简明实用,以有利于提高核算的效率和质量,有利于账簿的使用者使用。

## 二、日记账的设计和登记方法

### (一) 普通日记账的设计和登记方法

#### 1. 普通日记账的设计

普通日记账是根据日常发生的交易或事项逐日逐笔地进行登记的账簿。它是把每笔交易或事项所涉及的借、贷方科目都列入日记账内,故又称为分录簿。其设计一般分为"借方金额"和"贷方金额"两栏,这种账簿不结余额。具体格式见表6-1。

表6-1　普通日记账　　　　　　　　　　　　　第　页

| 2020年 | | 摘　要 | 账户名称 | 借方金额(元) | 贷方金额(元) | 过　账 |
|---|---|---|---|---|---|---|
| 月 | 日 | | | | | |
| 6 | 1 | 从银行提取现金 | 库存现金<br>银行存款 | 1 500 | 1 500 | |
| | 3 | 归还前欠货款 | 应付账款<br>银行存款 | 18 600 | 18 600 | |
| | 8 | 赊销商品 | 应收账款<br>主营业务收入 | 20 000 | 20 000 | |

#### 2. 普通日记账的登记方法

(1) 日期栏,按照交易或事项发生时间的先后顺序逐项登记,年度登在日期栏的上方,月、日记入会计分录的第一行。

（2）在摘要栏内简要说明交易或事项的内容。

（3）将应借账户记入"账户名称"栏第一行，并将金额登入"借方金额"栏，将应贷账户记入"账户名称"栏第二行（缩进一格），并将金额登入"贷方金额"栏。

（4）根据日记账登记总账，在该账户对应行内"过账"栏打"√"，或注明总账账户所在页数，以表示已过总账。

普通日记账的优点是可以全面反映交易或事项的发生情况，其缺点是整个记录不分主次，显得过于庞杂，不能按类别反映交易或事项的发生或完成情况，并且将全部交易或事项记入一本日记账，不利于分工协作，且根据日记账逐日逐笔登记总账工作量较大。目前已很少被采用。

**（二）特种日记账的设计和登记方法**

1. 现金日记账的设计和登记方法

现金日记账是记录和反映库存现金收付业务的一种特种日记账，一般采用订本式账簿。它按账页格式不同可分为三栏式现金日记账和多栏式现金日记账。

（1）三栏式现金日记账的设计和登记方法

三栏式现金日记账是指在同一账页内设计现金的收入、付出和结余3个金额栏，且相应的对方科目不设专栏反映的现金日记账。其账页格式见表6-2。

表6-2 三栏式现金日记账　　　　　　　　　　第　页

| 2020年 | | 凭证号数 | 摘　要 | 对方科目 | 收　入（元） | 付　出（元） | 结　余（元） |
|---|---|---|---|---|---|---|---|
| 月 | 日 | | | | | | |
| 5 | 1 | | 期初余额 | | | | 1 300 |
| | 3 | 现付1 | 预付职工差旅费 | 其他应收款 | | 500 | 800 |
| | | 现付2 | 支付办公费 | 管理费用 | | 400 | 400 |
| | | 现收1 | 出售材料物资收入 | 其他业务收入 | 200 | | 600 |
| | | 银付5 | 从银行提取现金 | 银行存款 | 800 | | 1 400 |
| | | 现收2 | 收到李洋退回出差余款 | 其他应收款 | 120 | | 1 520 |
| | 3 | | 本日合计 | | 1 120 | 900 | 1 520 |

三栏式现金日记账的登记方法是：由出纳人员根据审核无误的现金收款凭证和付款凭证逐日逐笔登记。登记时应填明日期、凭证号数、摘要、对方科目、收入金额或付出金额。对于从银行提取现金的业务，由于只填制银行存款付款凭证，而不填制现金收款凭证，所以现金的收入数应根据银行存款付款凭证登记。每日收付款项登记完毕，应分别计算收入金额和付出金额的合计数，并结出每日余额（通常每笔现金收入或支出后，都要随时计算出一个余额），再将每日账面余额与库存现金数额相核对，以保证账实相符。

（2）多栏式现金日记账的设计和登记方法

多栏式现金日记账是指在账页的现金收入金额栏和付出金额栏分别按对方科目设计专栏反映的现金日记账。通过多栏式现金日记账收入各专栏的金额，可以反映现金收入的来源，通过多栏式现金日记账付出各专栏的金额，可以反映现金的用途。根据表6-2的资料登记多栏式现金日记账见表6-3。

表 6-3　多栏式现金日记账　　　　　　　　　第　页

| 2020 年 | | 凭证号数 | 摘　要 | 收入金额（元） | | | | 付出金额（元） | | | 结　余（元） |
|---|---|---|---|---|---|---|---|---|---|---|---|
| | | | | 应贷对方科目 | | | | 应借对方科目 | | | |
| 月 | 日 | | | 其他业务收入 | 银行存款 | 其他应收款 | 合计 | 其他应收款 | 管理费用 | 合　计 | |
| 5 | 1 | | 期初余额 | | | | | | | | 1 300 |
| | 3 | 现付1 | 预付职工差旅费 | | | | | 500 | | 500 | 800 |
| | | 现付2 | 支付办公费 | | | | | | 400 | 400 | 400 |
| | | 现收1 | 出售材料收入 | 200 | | | 200 | | | | 600 |
| | | 银行5 | 从银行提取现金 | | 800 | | 800 | | | | 1 400 |
| | | 现收2 | 退回出差余款 | | | 120 | 120 | | | | 1 520 |
| | 3 | | 本日合计 | 200 | 800 | 120 | 1 120 | 500 | 400 | 900 | 1 520 |

　　多栏式现金日记账的登记方法是：由出纳人员根据审核无误的现金收款凭证或付款凭证逐日逐笔登记现金收入金额和现金支出金额。将其对应科目的金额，登入"应贷对方科目"栏或"应借对方科目"栏。每日收付款项登记完毕，应分别计算收入金额和付出金额的合计数，并结出每日余额。月终结出多栏式现金日记账的对应账户栏以及现金收入和付出总额（银行存款专栏的合计数除外），作为登记各有关总账的依据。由于提取现金或存入现金要在多栏式银行存款日记账的"支出合计数"和"收入合计数"两个栏目中反映，因此，根据多栏式现金日记账登记总账时，银行存款专栏（借方或贷方）不作为登记银行存款的依据，以避免重复登账。

　　在实际工作中，采用多栏式现金日记账往往会涉及较多的对应科目，需要设计较多的专栏，会使现金日记账表格太大，因此，可以将现金的收入和付出分别反映在两本账簿中，即"现金收入日记账"和"现金付出日记账"，并按现金收入和付出的对应科目设置专栏进行登记。

　　2. 银行存款日记账的设计和登记方法

　　银行存款日记账是记录和反映银行存款收付业务的一种特种日记账。一般采用订本式账簿。按其账页格式不同有三栏式和多栏式两种。

　　（1）三栏式银行存款日记账的设计和登记方法

　　三栏式银行存款日记账格式与三栏式现金日记账格式基本相同。不同之处在于，银行存款的收付必须依据银行规定的结算凭证办理，由于发生银行存款收付业务的结算方式不同，使用的凭证也就不同，编号也不同。因此，三栏式银行存款日记账增设了"结算凭证"一栏，分别注明结算凭证的种类及编号。其中，"种类"栏登记结算凭证的种类，如"现金支票"、"转账支票"、"普通支票"等；"编号"栏登记结算凭证的号码，这样便于和银行对账。三栏式银行存款日记账格式见表6-4。

表 6-4　三栏式银行存款日记账　　　　　　　　第　页

| 2020年 | | 凭证 号数 | 摘　要 | 结算凭证 | | 对方科目 | 收　入 （元） | 付　出 （元） | 结　存 （元） |
| 月 | 日 | | | 种　类 | 编　号 | | | | |
| 6 | 1 | | 期初余额 | | | | | | 28 000 |
| | 5 | 银付1 | 支付材料费 | 转支 | 010 | 物资采购 | | 2 500 | 25 500 |
| | | 现付1 | 将现金存入银行 | | | 现　金 | 1 500 | | 27 000 |
| | | 银收1 | 销售产品收入 | 托收 | 024 | 主营业务收入 | 20 000 | | 47 000 |
| | | 银付2 | 购入固定资产 | 转支 | 015 | 固定资产 | | 7 000 | 40 000 |
| | 5 | | 本日合计 | | | | 21 500 | 9 500 | 40 000 |

　　三栏式银行存款日记账的登记方法与三栏式现金日记账登记方法基本相同。由出纳员根据审核无误的银行收、付款凭证，以及有关现金付款凭证，逐日逐笔顺序登记。每日登记完毕后，应分别结算出银行存款收入、支出和本日结余，以便定期与银行送来的对账单逐笔核对。

　　（2）多栏式银行存款日记账的设计和登记方法

　　多栏式银行存款日记账是把银行存款收入栏和支出栏分别按照对应科目设计若干专栏，收入栏按贷方科目设计专栏，支出栏按借方科目设计专栏，其格式同多栏式现金日记账相似，不再列示。多栏式银行存款日记账也可以采用两本账，分别反映银行存款收入和银行存款支出，即多栏式银行存款收入日记账和多栏式银行存款支出日记账。

　　多栏式银行存款日记账的登记方法与多栏式现金日记账的登记方法相似，在此不再赘述。

### 三、分类账簿的设计和登记方法

#### （一）总分类账簿的设计和登记方法

　　总分类账簿是按照总分类科目设计的账簿，一般采用订本式账簿。每个账户应视其经济内容的多少预留出若干空白账页，以登记一定时期内涉及该账户的所有交易或事项及其发生的增减变动。由于总分类账簿能够全面地、系统地反映全部经济活动情况，并为编制会计报表提供资料，所以每个单位都要设计总分类账簿。

　　总分类账簿的格式一般采用三栏式，即在账页中设置借方、贷方和余额3个金额栏。其格式见表6-5。三栏式总分类账的登记，可以根据各种记账凭证逐笔登记，也可根据汇总记账凭证或科目汇总表汇总登记，还可以根据多栏式现金日记账、银行存款日记账逐笔或定期登记，这主要取决于每个单位所采用的会计处理组织程序。各种总分类账的具体登记方法将在第九章会计处理组织程序中讲述。

表 6-5　应收账款总分类账(三栏式)　　　　　　　　　第　页

| 2020 年 | | 凭证号数 | 摘　要 | 借　方<br>(元) | 贷　方<br>(元) | 借或贷 | 余　额<br>(元) |
|---|---|---|---|---|---|---|---|
| 月 | 日 | | | | | | |
| 4 | 1 | | 期初余额 | | | 借 | 21 300 |
| | 2 | 转字 1 | 赊销产品 | 4 600 | | 借 | 25 900 |
| | 10 | 银收字 2 | 收回前欠货款 | | 5 000 | 借 | 20 900 |
| | 21 | 转字 7 | 赊销产品 | 2 000 | | 借 | 22 900 |
| | 22 | 转字 12 | 发生坏账损失 | | 3 500 | 借 | 19 400 |
| | 31 | | 本月发生额及月末余额 | 6 600 | 8 500 | 借 | 19 400 |

总分类账也可以设成多栏式的,多栏式总分类账是指将全部账户集中在一张账页中登记的总分类账。通常是根据记账凭证汇总后的数字定期进行登记。采用多栏式总账,可以清晰地反映交易或事项的来龙去脉,可以进行全部会计科目的试算平衡。但如果一个单位使用的会计科目较多,栏目也会相应增多,使得账簿篇幅较大,不便于使用和保管。因此,它主要适用于交易或事项较少、规模不大的单位。

**(二)明细分类账簿的设计和登记方法**

明细分类账簿是按照二级或明细科目设计的账簿,一般采用活页式账簿。各单位应结合自己的交易或事项特点和经营管理要求,在总分类账的基础上设计若干明细分类账,作为总分类账的必要补充。明细分类账按账页格式不同,主要有三栏式、数量金额式、多栏式 3 种。

1. 三栏式明细分类账簿

三栏式明细分类账簿的账页格式与三栏式总分类账簿的账页格式相同,即只设有借方、贷方和余额 3 个金额栏,不设数量栏。它适用于仅需进行金额明细分类核算,如应收账款、应付账款、其他应收款等科目的明细分类核算。三栏式明细分类账簿的账页格式见表 6-6。

表 6-6　应付账款明细账(三栏式)　　　　　　　　　第　页

| 2020 年 | | 凭证号数 | 摘　要 | 借　方<br>(元) | 贷　方<br>(元) | 借或贷 | 余　额<br>(元) |
|---|---|---|---|---|---|---|---|
| 月 | 日 | | | | | | |
| 7 | 1 | | 期初余额 | | | 贷 | 2 300 |
| | 2 | 转字 1 | 购买材料欠款 | | 4 600 | 贷 | 6 900 |
| | 10 | 银付 2 | 偿还前欠货款 | 2 000 | | 贷 | 4 900 |
| | 31 | | 本月发生额及月末余额 | 2 000 | 4 600 | 贷 | 4 900 |

2. 数量金额式明细账簿

数量金额式明细账簿是在借方(收入)、贷方(发出)和余额(结存)栏下再设数量、单价和金额 3 个小栏,用来登记既要进行金额核算,又要进行实物数量核算的各种财产物资科目,如"原材料"、"库存商品"等明细账,其格式见表 6-7。

表 6 - 7　原材料明细分类账

材料编号：　　　　　存放地点：　　　　　名称和规格：

材料类别：　　　　　计量单位：　　　　　储备定额：　　　　　　　第　页

| 年 | | 凭证号数 | 摘要 | 收入 | | | 发出 | | | 结存 | | |
|---|---|---|---|---|---|---|---|---|---|---|---|---|
| 月 | 日 | | | 数量 | 单价（元） | 金额（元） | 数量 | 单价（元） | 金额（元） | 数量 | 单价（元） | 金额（元） |
| | | | | | | | | | | | | |
| | | | | | | | | | | | | |
| | | | | | | | | | | | | |

3．多栏式明细账簿

多栏式明细账簿是根据交易或事项的特点和经营管理的需要，在一张账页上按明细项目分设若干专栏，用来登记明细项目多、借贷方向单一且无须数量核算的收入、费用、利润等业务，如"生产成本"、"制造费用"、"管理费用"、"主营业务收入"、"本年利润"等明细账。

多栏式明细账一般都是单方向登记，即平时只在借方或贷方登记。如成本、费用类明细分类账，平时只在借方登记，而收入类明细分类账，平时只在贷方登记，当发生冲减成本费用、冲减收入及月末结转分配业务时，可以用红字进行登记，予以冲减。多栏式明细账也可以双向登记，如本年利润、利润分配明细账等，要按利润构成项目分借、贷方设专栏进行登记。常见的主要是多栏式的成本费用明细账。具体格式见表 6 - 8。

表 6 - 8　生产成本明细账（多栏式）　　　　　　　　　　第　页

| 年 | | 凭证号数 | 摘要 | 借方 | | | |
|---|---|---|---|---|---|---|---|
| 月 | 日 | | | 直接材料 | 直接人工 | 制造费用 | 合计 |
| | | | | | | | |
| | | | | | | | |
| | | | | | | | |

各种明细分类账的登记方法，应根据各个单位业务量的大小和经营管理上的需要，以及记录的交易或事项内容而定，可以直接根据原始凭证、记账凭证逐笔登记，也可以根据汇总原始凭证逐日、定期汇总登记。一般地说，固定资产、债权债务等明细账应当逐笔登记；商品、材料物资明细账，如业务发生不是很多，可以逐笔登记，如业务发生较多，为了简化记账工作，也可以逐日汇总登记；收入、费用等明细账，可以逐笔登记，也可以逐日或定期汇总登记。各种明细账每次登记完毕后，都应结算出余额，以便进行核对和加强日常管理。

## 四、备查账的设计和登记方法

备查账簿的作用是对序时账簿和分类账簿进行补充说明。根据实际需要，其设计方式可以灵活机动，不拘一格。备查账簿的设计，主要包括下列情形：

（1）所有权不属于本企业，但由企业暂使用或代为保管的财产物资，应设计相应的备查账簿，如租入固定资产登记簿、受托加工材料登记簿、代销商品登记簿等；

（2）对同一业务需要进行多方面登记的备查账簿，一般适用于大宗、贵重物资，如固定资产保管登记卡、使用登记卡等；

（3）对某些出于管理上的需要，而必须予以反映的事项的备查簿，如经济合同执行情况记录、贷款还款情况记录、重要空白凭证记录等。

备查账簿的设计参见的格式见表6－9，表6－10。

表6－9　租入固定资产登记簿

| 资产名称 | 规　格 | 合同号 | 租出单位 | 租入日期 | 租　期 | 租　金（元） | 使用地点 | 备　注 |
|---|---|---|---|---|---|---|---|---|
|  |  |  |  |  |  |  |  |  |

表6－10　委托加工材料登记簿

计量单位：

| 材料名称 | 规　格 | 合同号 | 委托单位 | 接收数量 | 成品名称 | 消耗定额 | 预计成品量 |
|---|---|---|---|---|---|---|---|
|  |  |  |  |  |  |  |  |
| 接收日 | 加工日 | 完工日 | 完工量 | 交付日期 | 加工费用 |  | 备注 |
|  |  |  |  |  |  |  |  |

# 第三节　账簿的启用和登记规则

## 一、账簿的启用规则

会计账簿是储存会计信息的重要会计档案。为了确保账簿记录的合法性和账簿资料的完整性，明确记账责任，必须按照一定的规则启用账簿。在启用新的会计账簿时，会计人员应在账簿封面上写明单位名称和账簿名称；在账簿扉页上填写"账簿使用登记表"或"账簿启用表"，其内容主要有：单位名称、账簿名称及编号、启用日期、记账人员和会计主管人员姓名及盖章、单位公章等；记账人员或会计主管人员调动工作或因故离职时，应办理账簿交接手续，在交接记录栏内填明交接日期、交接人员和监交人员的姓名，并由交接双方人员签名或盖章。账簿使用登记表的格式和内容见表6－11。

170

表 6-11　账簿使用登记表

| 使用者名称 | | | | 印　鉴 | |
|---|---|---|---|---|---|
| 账簿名称 | | | | | |
| 账簿编号 | | | | | |
| 账簿页数 | 本账簿共计　　　页 | | | | |
| 启用日期 | 　　年　　月　　日 | | | | |
| 责任者 | 主　管 | 会　计 | 记　账 | 审　核 | |
| | | | | | |
| 经管人姓名及接交日期 | 接管 | 年　　月　　日 | | | |
| | 交出 | 年　　月　　日 | | | |
| | 接管 | 年　　月　　日 | | | |
| | 交出 | 年　　月　　日 | | | |
| | 接管 | 年　　月　　日 | | | |
| | 交出 | 年　　月　　日 | | | |
| | 接管 | 年　　月　　日 | | | |
| | 交出 | 年　　月　　日 | | | |
| 备　注 | | | | | |

启用订本式账簿,应从第一页起顺序编号,不得跳页、缺号。启用活页式账簿,应在使用账页时按顺序编定分页数,并定期装订成册,装订后再按实际使用的账页顺序编定总页数,并标明目录、账户名称和页次。

## 二、会计账簿的登记规则

账簿是形成和储存会计信息的主要工具,登记账簿是会计的基础工作,为了保证记账的准确、完整,并便于查阅和长期保存,登记账簿应遵循下列规则:

(1)登记账簿必须以经过审核无误的记账凭证及所附的原始凭证为依据。记账时,应将记账凭证上的日期、凭证种类和编号、摘要和金额逐项计入账内,记账后要在记账凭证上签章,注明所记账簿的页次或划"√"号,以防重记或漏记。

(2)为了使账簿记录清晰整洁,耐久保存,登记账簿必须使用蓝色或黑色墨水钢笔书写,不得使用铅笔和圆珠笔。在下列情况下,可以使用红色墨水书写:

① 在单向登记的多栏式账页中,登记减少数;

② 用红字更正法更正错账;

③ 结账划线;

④ 会计制度中规定用红字登记的其他记录。

(3)账簿中文字和数据的书写必须规范、整洁、清晰,应紧贴底线,在上面留有适当的空距,一般应占格长的 $1/2\sim2/3$,以便留有改错的空间。

(4)各种账簿应按页次顺序连续登记,不得跳行、隔页。如果发生跳行、隔页,应将空行空页用红线对角划掉或注明"此行空白"或"此页空白"字样,并由记账人员签章确认。

（5）凡需要结出余额的账户,应定期结出余额,并在"借或贷"栏内填写"借"或"贷"字样,以表示余额的方向;没有余额的账户,应在"借或贷"栏内填写"平"字,并在"余额"栏用"0"表示。

（6）每一账页登记完毕结转下页时,应在账页的最末一行结出本页发生额合计数和余额,并在摘要栏中注明"过次页",在次页第一行记入上页的合计数和余额,并在摘要栏中注明"承前页",以保持账页之间登记的连续性。

（7）账簿记录发生错误后,应根据错误的性质和发现时间的不同,按规定的办法进行更正,严禁涂改、刮擦、挖补、用药水更改字迹或撕毁账页等。

### 三、错账的更正方法

会计人员发现账簿记录错误时,应根据具体情况采用正确的方法进行更正,常用的错账更正方法有划线更正法、补充登记法和红字更正法 3 种。

#### （一）划线更正法

划线更正法是指在结账以前,发现账簿中所记录的文字或金额（数字）有错误,但记账凭证无误,而采用划红线注销并进行更正的一种方法。它主要适用于账簿记录错误,但其所依据的记账凭证没有错误,即纯属过账上的错误导致文字或金额（数据）的错误的情况。更正的方法是:先在错误的文字和金额（数据）上"拦腰"划一条红色横线,予以注销,但必须使原有字迹仍可辨认,以备查考;然后在划线上方用蓝色字迹写上正确的文字和金额（数据）,并在划线处加盖记账员的图章,以明确责任。需要注意的是:当金额（数据）发生错误时,必须将错误数据整笔全部划去,不能只更正整笔数据中的几个错误数字。例如,将 8 920 元误记为 9 820 元,更正时不能只划掉 98 两个数字,必须将 9 820 全部用红线划去,在上方用蓝字改为 8 920 元,并应在划线处加盖记账员的图章。

#### （二）红字更正法

红字更正法,是指记账以后,如果发现记账凭证中应借、应贷科目有误,或应借、应贷科目和金额同时出现错误时,用红字冲销或冲减原有的错误,予以更正或调整记账错误的方法。它主要适用于下列两种情况。

（1）记账以后,发现原编制的记账凭证中应借、应贷会计科目有误,应采用红字更正法更正。更正时,先用红字金额填制一张与错误记账凭证内容完全相同的记账凭证,在其摘要栏内注明"冲销某月某日某号凭证",并据以用红字登记入账,冲销原有错误的账簿记录;再用蓝字重新填制一张正确的记账凭证,在其摘要栏内写明"更正某月某日某号凭证",据以用蓝字登记入账。

**例 1**  金华公司接受投资人投入资本 10 000 元,已存入银行存款户。填制如下记账凭证,并据以登记入账。

其错误分录为:

借:银行存款                                                     10 000

　　贷:资本公积                                                   10 000

更正时,先用红字金额填制一张与错误记账凭证完全相同的记账凭证,并据以登记入账。

入账后,表明已全部冲销原有错误记录。

借:银行存款 　　　　　　　　　　　　　　　　　　 $\boxed{10\ 000}$

　　贷:资本公积 　　　　　　　　　　　　　　　　　 $\boxed{10\ 000}$

再用蓝字填制一张正确的记账凭证,并据以登记入账。

借:银行存款 　　　　　　　　　　　　　　　　　　 10 000

　　贷:实收资本 　　　　　　　　　　　　　　　　　 10 000

(2) 记账后发现原编制的记账凭证中应借、应贷会计科目并无错误,但所记金额大于应记金额,应采用红字更正法更正。更正时,保持原错误的记账凭证中的应借、应贷会计科目对应关系,只要将多记的金额冲销掉即可。具体做法是:将多记的金额用红字填制一张与原错误记账凭证相同的记账凭证,在其摘要栏内写明"冲销某月某日某号凭证多记金额",并据以用红字登记入账,以冲销多计的金额。

**例2** 金华公司生产车间计提8月份固定资产折旧费用8 200元,在填制记账凭证时,误记金额为8 800元,而所记会计科目无误,并已入账。

其错误分录为:

借:制造费用 　　　　　　　　　　　　　　　　　　 8 800

　　贷:累计折旧 　　　　　　　　　　　　　　　　　 8 800

将多记的600元用红字填制一张保持原错误的记账凭证中的应借、应贷会计科目对应关系的记账凭证,并用红字入账,以冲销多计的金额。

借:制造费用 　　　　　　　　　　　　　　　　　　 $\boxed{600}$

　　贷:累计折旧 　　　　　　　　　　　　　　　　　 $\boxed{600}$

### (三)补充登记法

补充登记法是指记账以后,记账凭证中的会计科目名称及其记账方向(即应借、应贷会计科目)未错,但记账凭证上所记金额小于应记金额,蓝字编制一张补充凭证,补足账户中少记金额的方法。它主要适用于记账以后发现记账凭证中应借、应贷会计科目正确,而所记金额小于应记金额的情况。更正的方法是:用蓝字填制一张保持原错误的记账凭证中的应借、应贷会计科目对应关系,但金额为少记部分的记账凭证,并据以登记入账,以补足原来少记的金额。

**例3** 美华公司以银行存款4 000元偿还所欠购货款。在填制记账凭证时,误记金额为400元,少记3 600元,而所记会计科目无误,并已入账。

其错误分录为:

借:应付账款 　　　　　　　　　　　　　　　　　　 400

　　贷:银行存款 　　　　　　　　　　　　　　　　　 400

更正时,用蓝字填制一张金额为3 600元的记账凭证:

借:应付账款 　　　　　　　　　　　　　　　　　　 3 600

　　贷:银行存款 　　　　　　　　　　　　　　　　　 3 600

根据更正错误的记账凭证以蓝字或黑字记账后,即可反映其正确的金额为4 000元。

# 第四节  对账和结账

## 一、对账

对账是指对账簿记录进行的核对工作。它是会计核算的一项重要内容,也是审计常用的一种查账方法。通过对账,可以及时发现和纠正记账及计算的差错,做到账证相符、账账相符、账实相符,保证记录的完整和正确,为编制会计报表提供真实可靠的数据资料。对账的时间通常是在月末、季末、年末结出各账户的期末余额之后,结账之前进行。

对账的主要内容包括账证核对、账账核对和账实核对。

### (一) 账证核对

账证核对是指将账簿记录同会计凭证之间进行相互核对,包括总账、明细账以及现金和银行存款日记账等与有关的记账凭证及其所附的原始凭证相核对。账簿与记账凭证核对,主要是检查记账工作是否正确,即账簿记录是否按照记账凭证确定的账户、方向和金额进行登记;账簿与原始凭证核对,主要是对账簿记录的交易或事项的真实性、合法性进行检查。这种核对主要是在平时编制记账凭证和记账过程中进行的。

### (二) 账账核对

账账核对是指将各种账簿之间的有关数字进行相互核对。主要包括:

(1)总分类账户之间的核对。检查全部总分类账户本期借方发生额合计是否等于本期贷方发生额合计,期末所有账户借方余额合计是否等于贷方余额合计。此项核对一般通过编制"总分类账户期末余额试算表"进行。

(2)总分类账户与所属各明细分类账户之间的核对。检查总分类账户本期借、贷方发生额合计及期末余额与所属各明细分类账户相对应数据的合计是否相等,一般通过编制"总分类账户与明细分类账户对照表"进行核对。

(3)总分类账户与现金、银行存款日记账之间的核对。检查总分类账户中"现金"、"银行存款"账户本期借、贷方发生额及期末余额与日记账中相对应数据是否相等。

(4)会计部门的财产物资明细账与财产物资保管、使用部门的明细账的核对。检查各方期末结存数是否相等。

### (三) 账实核对

账实核对是指将各种账簿的记录与有关的财产物资的实有数额进行相互核对。主要内容包括:

(1)现金日记账的账面余额与库存现金实有数之间的核对。此项核对应每日进行,并且还应进行不定期的抽查。

(2)银行存款日记账的账面余额与各开户银行对账单之间的核对,一般每月核对一次,主要通过编制"银行存款余额调节表"进行。

(3)财产物资明细账的结存数与清查盘点后的实有数之间的核对。此项核对应定期或不定期进行。

(4)各种应收、应付、应缴款明细分类账户的账面余额与有关债权、债务单位或个人及有关部门之间的核对。此项核对应定期或不定期进行。

## 二、结账

结账是指在将本期发生的交易或事项全部登记入账的基础上,结算出每个账户的本期发生额和期末余额,并将期末余额结转至下期的一种方法。通过结账,能够全面、系统地反映一定时期内发生的经济活动所引起的资产、负债及所有者权益等方面的增减变动情况及其结果;可以合理确定各期间的经营成果,并且有利于企业定期编制会计报表。

### (一)结账的内容

(1)结账前,必须将本期内发生的交易或事项全部登记入账,对漏记的账项应及时补记,不能将本期发生的交易或事项延至下期入账。只有这样,才能保证结账的正确性。

(2)按权责发生制的要求进行期末账项调整。为了真实地反映各会计期间的收入和费用,以便合理地确定各会计期间的财务成果,就需要调整那些收支期与归属期不一致的收入和费用。如预收收入的分配、预付费用的摊销、应计收入和应计费用的反映以及期末其他账项的调整。

(3)期末分配结转有关成本费用。按照配比原则对有关费用进行分配,并结转损益。如期末将"制造费用"账户分配计入"生产成本"账户,将"辅助生产成本"账户分配计入"基本生产成本"、"制造费用"和"管理费用"账户,将各损益类账户转入"本年利润"账户等。

(4)计算各账户本期发生额和期末余额。在本期全部交易或事项已登记入账的基础上,分别计算出现金日记账、银行存款日记账、总账和明细账的本期发生额和期末余额,并通过试算平衡核对相符,将期末余额结转下期。

### (二)结账的方法

结账工作一般在会计期末进行,主要采用划线法,即期末结出每个账户的本期发生额和期末余额后,加划线标记,并将期末余额结转下期。按照结算时期的不同,可以有月结、季结和年结。具体方法如下。

1. 月结

每月结账时,在各账户本月份最后一笔记录下面划一条通栏红线,表示本月结束;然后,在红线下结算出本月借、贷方发生额和月末余额,如果没有余额,在余额栏内注明"平"字或"0"符号。同时,在摘要栏内注明"本月合计"或"×月份发生额和月末余额"字样;最后,再在下面划一条通栏红线,表示完成月结工作。

实际工作中,应收款和各项财产物资之类明细账需要逐笔结计余额,本月最后一笔的余额即为期末余额,可以不用再结计"本月合计",结账在下面划一栏通栏单红线即可。现金和银行存款日记账和需要按月结计发生额的收入、费用等明细账,每月结账时,要在本月份记录的最后一笔交易或者事项下通栏划单红线,表示本月结束,然后再结出本月发生额和月末余额,并注明"本月合计"或"本月发生额和月末余额"字样,并在下面通栏划单红线。损益类账户和一些需要结出本年累计发生额的明细账,每月结账时,应在"本月合计"下再结出年初至本月的累计发生额,并注明"本年累计"字样,再在下面通栏划单红线。总账账户平时只用结出月末余额。

2. 季结

季末的结账方法与月结基本相同。季结时,在各账户本季度最后一个月的月结下面(需按月结出累计发生额的,应在"本季累计"下面)划一条通栏红线,表示本季结束;然后,在红线下结算出本季借、贷方发生额和季末余额,同时,在摘要栏内注明"本季合计"或"×季度发生额及余额"字样;最后,再在下面划一条通栏红线,表示完成季结工作。

3. 年结

办理年结时,首先在 12 月份月结下面(办理季结的,应在第四季度的季结下面)划一条通栏红线,表示年度终了;然后,在红线下结算出全年 12 个月份的月结发生额合计或 4 个季度季结发生额合计和年末余额。如果没有余额,则在余额栏内注明"平"字或"0"符号。同时,在摘要栏内注明"本年合计"或"×年度发生额及余额"字样,为使借贷双方合计数平衡,应将上年结转过来的年初借(贷)方余额抄至"年度发生额"或"本年合计"下一行的借(贷)方栏内,并在摘要栏内注明"年初余额"字样,再将年末借(贷)方余额抄至下一行的贷(借)方栏内,并在摘要栏内注明"结转下年"字样;最后计算出借贷双方合计数(应该相等),并在摘要栏内注明"合计"字样,再在合计数下面划通栏双红线,表示封账,完成年结工作。结账方法见表 6-12。

表 6-12 应收账款总分类账　　　　　　　　　　　　第 页

| 2020 年 | | 凭证号数 | 摘　要 | 借　方(元) | 贷　方(元) | 借或贷 | 余　额(元) |
|---|---|---|---|---|---|---|---|
| 月 | 日 | | | | | | |
| 1 | 1 | | 年初余额 | | | 借 | 1 600 000 |
| | 5 | 略 | | | 50 000 | 借 | 1 550 000 |
| | 10 | | | | 40 000 | 借 | 1 510 000 |
| | 20 | | | 100 000 | | 借 | 1 610 000 |
| 1 | 31 | | 1 月份发生额及余额 | 100 000 | 90 000 | 借 | 1 610 000 |
| 2 | 1 | | 月初余额 | | | 借 | 1 610 000 |
| | 5 | | | 200 000 | | 借 | 1 810 000 |
| | 10 | | | 50 000 | | 借 | 1 860 000 |
| | 25 | | | | 100 000 | 借 | 1 760 000 |
| 2 | 28 | | 2 月份发生额及余额 | 250 000 | 100 000 | 借 | 1 760 000 |
| 3 | 1 | | 月初余额 | | | 借 | 1 760 000 |
| | | | 略 | 略 | 略 | | 略 |
| | 31 | | 略 | 略 | 略 | | 略 |
| 3 | 31 | | 3 月份发生额及余额 | 290 000 | 50 000 | 借 | 2 000 000 |
| 3 | 31 | | 第一季度发生额及余额 | 640 000 | 240 000 | 借 | 2 000 000 |
| | 略 | | 略 | 略 | 略 | 借 | 略 |
| 12 | 31 | | 略 | 略 | 略 | 借 | 略 |
| 12 | 31 | | 第四季度发生额及余额 | 略 | 略 | 借 | 略 |
| 12 | 31 | | 年度发生额及余额 | 1 900 000 | 800 000 | 借 | 2 700 000 |
| 12 | 31 | | 年初余额 | 1 600 000 | | | |
| | | | 结转下年 | | 2 700 000 | | |
| | | | 合　计 | 3 500 000 | 3 500 000 | | |

注:┈┈ 表示单红线　　　　━━ 表示双红线

# 第五节 账簿的更换和保管

## 一、账簿的更换

账簿更换,是指在每一会计年度结束,新的会计年度开始时,启用新账簿,并将上年度的会计账簿归档保管。账簿更换有利于保持会计账簿资料的连续性,清晰地反映各个会计年度的财务状况和经营成果。

在一般情况下,现金日记账、银行存款日记账、总分类账及绝大多数明细分类账,每年都要更换新账。对于个别采用卡片式的明细分类账,如固定资产卡片,可以跨年度使用,不必每年更换新账。

更换账簿时,首先要检查本年度账簿记录在年终结账时是否全部结清,然后在新账中有关账户的第一行"日期"栏内注明1月1日,在摘要栏内注明"上年结转"或"年初余额"字样,将上年的年末余额以同方向记入新账中的"余额"栏内,并在"借或贷"栏内注明余额的方向。因会计制度改变而需要变更账户名称及其核算内容的,应在上年度结账时,编制余额调整分录,按本会计年度的账户名称、核算内容将上年度有关账户的余额进行合并或分解,结出新账中应列出的余额,然后再过渡到新账中的各有关账户。编制的余额调整分录,应与上年度会计凭证一并归档保管。新旧账簿更换时,账户余额的结转不需编制记账凭证。

## 二、账簿的保管

会计账簿是单位的重要会计资料,并且有些是需要保密的,因此,必须健全账簿管理制度,妥善保管各种账簿。对账簿的管理主要包括日常管理和旧账归档保管两部分内容。

### (一)账簿的日常管理

(1)各种账簿要分工明确,并指定专人管理。账簿经管人员既要负责记账、对账和结账等工作,又要负责保证账簿安全、完整。

(2)会计账簿未经领导和会计负责人批准,非经管人员不得随意翻阅查看。

(3)会计账簿除需要与外单位核对外,一般不准携带外出。对携带外出的账簿,必须经领导和会计主管人员批准,并指定专人负责,不得交给其他人员管理,以保证账簿安全、完整和防止任意涂改、毁坏账簿等问题的发生。

### (二)旧账的归档保管

年度终了更换并启用新账后,对旧账要整理装订,造册归档,具体包括以下内容。

1. 整理

首先检查应归档的旧账是否收集齐全,再检查各种账簿应办的会计手续是否完备,对于手续不完备的应补办手续,如改错签章、结账划线、结转余额、注销空行及空页等。活页账应抽出未使用的空白账页,以便装订成册,并注明各账页的总账页号及每一账户的明细账页号。

2. 装订成册

旧账装订时,应注意以下事项:首先检查账簿扉页的内容是否填列齐全,并将账簿经管人

基础会计学

员一览表及账户目录附在账页前面,加具封面底线。其次检查订本式账簿从第一页到最后一页是否按顺序编写页数,有无缺页或跳页;活页账或卡片式账簿是否按顺序编号,是否加具封面。具体装订时,一般按账户分类装订成册,一个账户装订一册或数册,某些账户账页较少,也可以将几个账户合并装订成一册。将账页整齐牢固地装订在一起后,要将装订线用纸封口,由经办人员及装订人员、会计主管人员在封口处签名或盖章。

3. 办理交接手续,归档保管

账簿装订成册后,要在各种账簿封面上注明单位名称、账簿种类、会计年度、账簿册数与页数等,由经办人员和会计主管人员签名或盖章。然后编制目录,填写移交清单,办理交接手续,归档保管。保管人员应按照《档案管理办法》的要求,编制索引、分类储存、妥善保管,以便于日后查阅。并且要注意防火、防盗,库房通风良好,以防毁损、霉烂等。保管期满后,应按规定的审批程序报经批准后才能销毁,不得任意销毁。

> **应用技能训练**

一、资料:发达钢铁公司 6 月末结账前检查发现了下列情况:

1. 采购员李鸿出差预借差旅费 5 000 元,以库存现金支付。所编制的记账凭证上的会计分录是:

借:管理费用　　　　　　　　　　　　　　　　　　　　　　　5 000
　　贷:库存现金　　　　　　　　　　　　　　　　　　　　　　　　　5 000

根据记账凭证登记有关账簿。

2. 计提行政管理部门使用的固定资产折旧费 78 000 元。所编制的记账凭证上的会计分录是:

借:管理费用　　　　　　　　　　　　　　　　　　　　　　　87 000
　　贷:累计折旧　　　　　　　　　　　　　　　　　　　　　　　　　87 000

根据记账凭证已记入总分类账管理费用账户借方 87 000 元,累计折旧账户贷方 87 000 元。

3. 收到甲公司偿还上月所欠货款 5 万元,存入银行。所编制的记账凭证上的会计分录是:

借:银行存款　　　　　　　　　　　　　　　　　　　　　　　5 000
　　贷:应收账款　　　　　　　　　　　　　　　　　　　　　　　　　5 000

根据记账凭证已记入总分类银行存款账户借方 5 000 元,应收账款账户贷方 5 000 元。

根据上述情况,采用适当的错账更正方法予以更正。

讨论:

(1) 发达钢铁公司的会计处理是否正确?

(2) 如果有错误应怎样纠正发生的差错?

二、西华仪表厂 9 月份有关账项调整的资料如下:

(1) 固定资产中:机器设备原值 240 000 元,年折旧率 12%;房屋建筑物原值 200 000 元,年折旧率 6%。管理用固定资产占 30%。

(2) 第三季度支付银行短期银行借款利息 910 元,7、8 月份已预提利息费用 600 元。

(3) 7 月份曾预收下半年度出租包装物租金 6 400 元。

（4）7月份曾预付半年度财产保险费 4 710 元。

（5）根据本厂水表计量，本月份应计水费 7 200 元，其中车间用 6 000 元。

要求：试根据以上资料编制调整分录。

### 本章小结

本章主要阐述会计账簿的作用和种类，各种账簿的设置和登记方法，登记账簿的规则和错账的更正方法、对账和结账以及账簿的更换和保管。

从外表形式看，账簿是由账页组成的簿籍；从内容看，账簿记录交易或事项，在记录时，应全面、理想、系统、综合。设计和登记账簿是会计核算的专门方法。

总分类账是根据总分类科目设计账簿，提供总括的核算资料。明细分类账根据明细分类科目开设的账簿，是对总账的有关总分类科目进行具体化和详细反映，企业可根据具体情况设计若干本明细账。序时账是根据会计凭证逐日逐笔进行登记的，并每日结出余额的账簿。为了保证账簿记录的正确、真实、可靠，在结账之前，需要对账，对账的内容有账证核对、账账核对、账实核对。为了编制会计报表，在一定时期结束时（如月末、季末或年末），需要进行结账，即结出本期发生额和期末余额。

### 关键词

账簿；序时账簿；分类账簿；备查账簿；对账；结账

### 综合练习

#### 一、复习思考题

1. 账簿在会计核算中具有哪些重要作用？

2. 账簿按结构和用途划分，可以分为哪几类，其特点和格式如何？

3. 在启用账簿时应注意什么问题？

4. 更正错账的方法有几种？各适用什么情况，如何更正？

#### 二、填空

1. 账簿按用途分为_____、_____、_____。

2. 账簿按其外形分为_____、_____、_____。

3. 明细账的主要格式有_____、_____、_____。

4. 对账就是要做到_____、_____、_____。

5. 错账更正方法有_____、_____、_____。

#### 三、单选题

1. 现金日记账按用途分，属于　　　　　　　　　　　　　　　　　　　　　　（　　）

　　A. 序时账　B. 分类账　C. 订本账　D. 活页账　E. 备查账　F. 卡片账

2. 如果记账后，发现账簿记录错误，但凭证正确，则正确的更正方法是　　　　（　　）

　　A. 红字更正法　　B. 补充登记法　　C. 划线更正法　　D. 涂改、挖补法

3. 如果记账后，发现账簿记录错误，而且凭证中所记金额大于应记金额，则正确的更正方

法是 ( )

    A. 红字更正法    B. 补充登记法    C. 划线更正法    D. 涂改、挖补法

4. 活页账簿主要适用于 ( )

    A. 总账    B. 明细账    C. 日记账    D. B 和 C

5. 登记账簿的依据是 ( )

    A. 经济合同    B. 记账凭证    C. 会计分录    D. 有关文件

6. 租入固定资产登记簿属于 ( )

    A. 日记账    B. 明细账    C. 总账    D. 备查簿

7. 现金日记账和银行存款日记账的登记人员是 ( )

    A. 出纳    B. 会计人员    C. 会计主管    D. 业务人员

8. 下列账簿中属于备查账簿的是 ( )

    A. 现金日记账

    B. 银行存款日记账

    C. 固定资产明细账

    D. 租入固定资产登记簿

9. 不应采用红字更正法进行更正账簿的错误是 ( )

    A. 记账后,发现记账凭证所列会计科目有错

    B. 记账后,发现记账凭证所列金额大于正确金额

    C. 记账后,发现记账凭证所列会计科目借贷方向记反

    D. 结账之前,发现账簿记录有文字或数字错误,而记账凭证正确

10. "原材料"明细账一般采用 ( )

    A. 三栏式    B. 多栏式    C. 数量金额式    D. 单栏式

11. 根据权责发生制,下列表述中不正确的是 ( )

    A. 本期支付但以后各期受益的支出不应计入本期费用

    B. 尚未支付但本期已经受益的费用应计入本期费用

    C. 在当期提取但尚未支付的费用称为预提费用

    D. 采用权责发生制期末不需进行账项调整

## 四、判断题

1. 银行日记账属于总分类账。 ( )

2. 银行存款日记账有时可以根据现金付款凭证来进行登记。 ( )

3. 由于记账凭证错误而造成的账簿记录错误,应采用划线更正法进行更正。 ( )

4. 多栏式现金日记账应按照借方科目设置专栏来反映现金收入。 ( )

5. 记账以后,发现所记金额小于应记金额,但记账凭证正确,应采用红字更正法进行更正。 ( )

6. 记账后,只要发现账簿金额记录错误,就应该选择划线更正法。 ( )

7. 为尽快完成报表的编制,可提前结账。 ( )

8. 明细账按用途分属于序时账,按外表形式分属于订本账。 ( )

9. 账簿在换页时,应算出本页借、贷方发生额合计和余额,并结转下页。 ( )

10. 在登账时,如果出现了隔页,应将空白的部分撕掉。 ( )

11. 对账只包括总账和明细账的核对。　　　　　　　　　　　　　　　　（　　）

12. 只要账簿记录过程中不发生差错，就能保证账簿记录的客观性和正确性。（　　）

13. 因有提供虚假财务会计报告，做假账，隐匿或者故意销毁会计凭证、会计账簿、财务会计报告，贪污、挪用公款，职务侵占等与会计职务有关的违法行为，被依法追究刑事责任的人员，不得取得或重新取得会计从业资格。　　　　　　　　　　　　　　　（　　）

### 五、案例分析与讨论

一天，陈会计接到财产清查小组提供的"盘存单"，"盘存单"上显示库存甲产品200件。而会计账簿反映的甲产品的账存数则为260件，单位成本200元。陈会计又重新核对了有关总账、明细账和仓库保管账三种账簿，还进行了账证核对，并没有发现总账、明细账和仓库保管账这三本账簿记录有什么差错。于是，陈会计只好将多出的甲产品按规定计入"待处理财产损溢"账户。一个月后，新华厂采购员前来提货，出示3个月前已经付款，出库单已经开出，但因其他原因新华厂未提货，让暂时代其保管。

该企业如何才能避免类似情况的发生，对陈会计已经进行的会计处理应采用何种更正方法？请在本章寻找答案。

#### >>> 延伸阅读书目

1. 中华人民共和国财政部. 企业会计准则——基本会计准则[M]. 北京:经济科学出版社,2014.

2. 朱小平,周华,秦玉熙. 初级会计学[M]. 北京:中国人民大学出版社,2019.

3. 财政部,国家档案局. 会计档案管理办法. 中华人民共和国财政部、国家档案局令第79号令(2015年12月11日).

4. 中华人民共和国财政部. 企业会计准则(2006)[M]. 北京:经济科学出版社,2006

5. 陈国辉,迟旭升. 基础会计[M]. 大连:东北财经大学出版社,2018.

6. 财政部会计资格评价中心. 初级会计实务[M]. 北京:中国财政经济出版社,2019.

7. (美) F. S. B. Hamilton,等. 会计学:面向使用者·面向决策. 夏冬林,等译. 北京:清华大学出版社,1999.

8. (美) 罗伯特·N. 安东尼,大卫·F. 霍金斯,肯尼思·A. 麦钱特. 会计学:教程与案例. 王立彦,等译. 北京:机械工业出版社,2011.

# 第七章 财产清查

>>> **知识掌握**

① 理解财产清查对会计工作的重要性；

② 熟悉不同种类的财产清查的程序和清查方法；

③ 明确银行存款余额调节表的编制原理和方法；

④ 根据财产清查的结果，能及时正确完成会计处理。

>>> **能力进阶**

① 能够区分比较不同财产的清查方法，如现金清查、银行存款清查、存货清查等；

② 通过财产清查方法的学习，为后续课程审计方法的学习奠定基础。

>>> **素养提升**

① 深刻领会"会计是为经济管理服务的"这句话的道理，账簿记录不是数字游戏，要反映实际情况；

② 认识到企业资产管理的重要性，树立"节约资源、高效利用"的意识；

③ 理解内部控制制度建设对企业的重要性，任何时候都要坚持原则、不碰红线。

## 导入案例

2019 年 11 月，獐子岛再一次收到深交所的关注函，要求其说明计提存货跌价准备的依据。这显然不是獐子岛第一次出现此类事件，网友怒了，"骗我可以，请注意次数"。目前，公司被处罚 60 万，董事长被处罚 30 万，公司 24 个人终身市场禁入。

**关于对獐子岛集团股份有限公司的关注函**

中小板关注函【2019】第 380 号

**獐子岛集团股份有限公司董事会：**

2019 年 11 月 14 日，你公司披露了《关于 2019 年秋季底播虾夷扇贝抽测结果的公告》（以下简称《公告》），称公司预计核销存货成本及计提存货跌价准备合计金额 27 768.22 万元，约占截至 2019 年 10 月末上述底播虾夷扇贝账面价值 30 690.86 万元的 90%，对公司 2019 年经营业绩构成重大影响。我部对此表示高度关注，请你公司结合抽测活动的具体情况，补充说明以下内容：

……

在之前的 2018 年 2 月 9 日，獐子岛收到了中国证监会的《调查通知书》，因獐子岛涉嫌信息披露违法违规，中国证监会决定对其立案调查。证监会的调查结果显示，獐子岛这场财务造假从 2016 年就已开始。

獐子岛的 2016 年年报中以虚减营业成本、虚减营业外支出的方式，虚增利润 1.3 亿元，虚增的利润占当期披露利润总额的 158.15%，獐子岛披露的 2016 年度报告中净利润为 7 571 万元，实际上獐子岛在 2016 年的真实利润总额为－4 822.23 万元，净利润为－5 543.31 万元。

獐子岛公司 2017 年年度报告虚减利润 2.8 亿元，占当期披露利润总额的 38.57%，追溯调整后，业绩仍为亏损。

獐子岛在此前 2014 年、2015 年净利润均为负数，如果 2016 年、2017 年净利润继续为负，按照深交所规定，连续亏损三年将被暂停上市，连续亏损四年将被终止上市。然而，2016 年的净利润并没有追溯调整，依然为正数，2018 年的净利润也为正数，彻底地躲过了净利润连续 4 年为负将被终止上市的规则，把投资者糊弄得团团转。

獐子岛具体如何调整？这与养殖方法有关。据獐子岛内部人士介绍，獐子岛养殖扇贝主要技术是深水贝类底播增殖技术，即通过撒播的方式将贝苗放在适宜养殖的海域，让苗在海底自然生长，长到合适大小再进行捕捞。

而在会计存货科目的盘点方面，生物资产由于其自身的特殊性，一直处于运动过程中，存货盘点存在困难，且从审计的角度，审计师也很难深入到海底进行扇贝的监盘，且扇贝大小不一，定价也不同，存在着巨大的会计估计，也容易被上市公司用来操纵利润。至今 A 股出现过多起因为农产业存货监盘困难而出现财务造假的案例。

# 第一节　财产清查概述

## 一、财产清查作用

所谓财产清查，是指通过对货币资金、有价证券、财产物资、债权和债务进行实地盘点和核对账目实有数，核实实有数与账存数是否相符，并查明账实不符原因的一种会计核算方法。

企业、事业等单位的各项财产物资的增减变动和结存情况，都是通过账簿记录如实地反映出来的。从理论上说，账簿上的结存数与实际结存数应当一致。但在实际工作中，由于人为的和自然的因素，其账面结存数和实际结存数往往不一致。造成账实不一致的主要原因有：

（1）在收发各项财产物资时，由于计量不准确，导致其数量或质量出现差错。

（2）在财产物资的保管过程中，发生了自然损耗。

（3）在管理和核算方面，由于手续不健全或制度上的不严密，发生了计算上或登记上的错误。

（4）由于管理不善或工作人员失职而造成了财产物资的毁损和短缺。

（5）由于不法分子的贪污盗窃等行为而导致了财产物资的损失。

（6）在结算过程中，由于未达账项等原因而造成的单位之间的账目不符。

为了查明上述这些自然的或人为的账实不符的现象，确保会计账簿记录的真实、正确，就需要企业在编制会计报表以前，对企业的各项财产物资进行清查，以做到账实相符。企业在财产清查过程中，如发现账面结存数和实际结存数不相符合，除查明账实不符的原因以外，还应进一步采取措施，改进和加强财产管理。一般说来，财产清查具有下列几方面作用。

**（一）确保账实相符，使会计资料真实可靠**

财产清查可以确定各项财产物资的实际结存数，将账面结存数和实际结存数进行核对，可以揭示各项财产物资的溢缺情况，从而及时地调整账面结存数，保证账簿记录真实、可靠。

**（二）改进保管工作，保护财产安全**

通过财产清查，可以发现各项财产物资是否安全完整，有无短缺、毁损、霉变、变质，有无贪污盗窃等情况。对发现的情况应找出原因，及时进行处理，并制定各项措施，防止类似情况重复发生。对于管理制度不善所造成的问题，应及时修订和完善管理制度，改进管理工作；对于贪污盗窃等不法行为，应给予法律制裁。这样，可以在制度上、管理上切实保证各项财产物资的安全和完整。

**（三）挖掘财产潜力，加速资金周转**

通过财产清查可以及时发现各种财产物资的结存和利用情况，提出加强管理的建议。如发现企业有闲置不用的财产物资应及时处理，以充分发挥它们的效能；如发现企业有呆滞积压的财产物资，也应及时加以处理，并分析原因，采取措施，改善经营管理。这样，才能使财产物资得到充分合理的利用，加速资金周转，提高企业的经济效益。

## 二、财产清查的种类

**（一）按财产清查的对象和范围分类**

按财产清查的对象和范围，可将财产清查分为全面清查和局部清查。

1. 全面清查

全面清查是指对单位的全部财产进行全面的、彻底的清点和核对。全面清查的对象一般包括各种存货、固定资产、货币资金、有价证券、在途商品，代外单位加工、保管的各种财产物资等。全面清查一般在以下几种情况下进行：

（1）年终决算之前，为确保年度会计报表的真实可靠，需要进行一次全面清查。

（2）企业关、停、并、转或改变隶属关系，为明确经济责任，需要进行全面清查。

（3）中外合资、国内联营，企业改组、改制、兼并等需要进行全面清查。

（4）开展清产核资，为准确核定资产，需要进行全面清查。

（5）单位主要负责人调离工作，进行离任审计时，需要进行全面清查。

2. 局部清查

局部清查是指对单位的部分财产所进行的清查。局部清查的主要对象是现金、材料、在产品和产成品等流动性较大的财产。局部清查一般在以下几种情况下进行：

（1）对库存现金每日盘点一次；

（2）对银行存款应每月同银行核对一次；

（3）对材料、在产品和产成品等流动性较大的资产除了年度清查外,应有计划地重点抽查；

（4）对贵重的财产物资,应每月清查盘点一次；

（5）对债权债务等,在一个会计年度内至少核对一至二次。

**（二）按财产清查的时间分类**

按财产清查的时间,可将财产清查分为定期清查和临时清查。

1. 定期清查

定期清查是指按规定或预先计划安排的时间对财产所进行的清查。其清查的时间一般是在年末、季末或月末结账前进行,定期清查根据不同需要,可以是全面清查也可以是局部清查。

2. 临时清查

临时清查是指不规定清查时间,而是根据需要所进行的临时性清查。临时清查可以是全面清查,也可以是局部清查。临时清查一般在以下情况下进行：

（1）更换财产物资和现金保管人员时,为分清经济责任,需对有关人员所保管的财产物资和现金进行清查；

（2）发生非常损失时,应对受损失的财产进行清查,以查明损失情况；

（3）上级主管部门、财政、审计部门,要对本单位进行会计检查时,应按检查要求及范围进行清查,以验证会计资料的真实可信；

（4）根据有关规定,进行临时性的清产核资工作,以摸清单位的家底。

# 第二节　财产清查的内容和方法

## 一、财产清查的内容

财产清查是指对各种财产物资的盘点和各项应收、应付款项的查核。它的范围不仅包括对各种实物的清点,而且也包括各种债权债务和往来款项的查询核对；不仅包括存放在本企业、本单位内部的财产物资,而且也包括属于本企业、本单位所有但并不存放在本企业、本单位的财产物资。同时,为了明确经济责任,对于本企业借用的或其他企业、单位暂时存放在本企业的财产物资,也同样要进行清查。一般企业、单位财产清查的范围应当包括以下几个方面：

（1）房屋建筑物、机器设备、运输设备等固定资产；

（2）各种器具、用具、工具、仪器；

（3）库存原材料、在产品、产成品以及各种库存商品；

（4）现金、银行存款、银行借款；

（5）各种有价证券；

（6）各种应收、应付款项；

（7）在途的材料、商品、物资和货币资金；

（8）委托其他单位加工的材料、商品和物资；

（9）租出的固定资产和包装物；

（10）接受其他单位委托加工的材料、商品、物资；

（11）租入的固定资产和包装物；

（12）各项在建工程。

在实际工作中，由于对财产清查有着各种不同的具体要求，因而对上述各项财产物资，并非每次都要求全面地逐一进行清查，而是根据需要进行全面清查或局部清查。

## 二、财产清查的方法

### （一）财产清查前的准备工作

财产清查，尤其是年末的定期全面清查，是一项非常复杂、细致的工作，不仅工作量大，而且涉及范围很广。为了使财产清查工作能够有组织、有步骤和有秩序地顺利进行，最终达到预期的目的，各单位必须做好财产清查前的准备工作，并选用适当的程序与方法。

（1）成立财产清查领导小组。该领导小组应由企业单位的负责人、会计、业务、保管等有关部门的人员组成。其任务是：制定财产清查计划，确定财产清查的范围和进度，调配工作人员，确定清查方法，研究解决清查过程中出现的问题，提出清查结果的处理意见，出具财产清查报告。

（2）会计人员应在财产清查前，将截至清查日为止的全部有关业务登记入账结出余额，并将总分类账与有关明细分类账的余额进行核对，保证账簿记录完整、计算准确、账证相符、账账相符，使之可以作为账实核对的可靠依据。

（3）财产物资的管理与保管人员，应将截至清查日为止的全部有关业务办理好手续凭证，登入有关账簿记录之中，并结出余额；对各项实物应分类整理清楚，排列整齐，标明品种、规格和结存数量，凡残损变质的物品应另行堆放，以便处理。

（4）准备好各种必要的度量衡器具，进行检查和校正，以保证计量的准确性。

（5）取得银行存款、银行借款和结算款项的对账单以及债权、债务的函证材料。

（6）准备好各种清查使用的表册，如盘点表、账存实存对比表等。

由于企业财产物资的种类繁多，占用形态各异，对实物、货币资金、结算款项等均应采取不同的方法进行清查，下面分别加以介绍。

### （二）财产清查的具体方法

1. 货币资金的清查

货币资金的清查主要包括现金和银行存款的清查。

（1）现金的清查

现金的清查主要是采用实地盘点的方法。首先应确定库存现金的实存数，然后再与现金日记账的账面余额进行核对，以查明账实是否相符。在现金清查时，出纳员要保证到场，以明确经济责任。在现金清查过程中，应注意是否遵守现金管理制度规定，有无不具有法律效力的借条、收据、白条抵充现金等情况。现金盘点以后，应根据盘点的结果，填制"现金盘点报告表"，此表也是重要的原始凭证，它既起着"盘存单"的作用，又起着"实存账存对比表"的作用。值得注意的是，此表必须由盘点人员和出纳员共同签章才能生效。"现金盘点报告表"的一般格式见表7-1。

表 7 - 1　现金盘点报告表　　　　　　　　　　　　单位:元

| 实存金额 | 账存金额 | 对比结果 | | 备　注 |
|---|---|---|---|---|
| | | 盘　盈 | 盘　亏 | |
| | | | | |

盘点人签字:　　　　　　　　　　　　　　　　　　　　出纳员签字:

（2）银行存款的清查

银行存款的清查主要是采用与银行核对账目的方法。将本单位的银行存款日记账与开户银行对账单进行逐笔核对,以查明账实是否相符。企业的银行存款日记账的余额应与银行对账单的余额相等。但在实际工作中,两者往往不一致。其原因有二:一是双方本身记账有误;二是存在未达账项。在查明双方记账无误后,企业应重点审查未达账项。所谓未达账项,是指企业与银行之间,由于结算凭证传递的时间不同,出现了一方已经登记入账,而另一方尚未接到有关结算凭证,而未登记入账的款项。未达账项一般有以下 4 种情况:

① 银行已收款入账,而企业尚未收款入账。例如,购货方电汇货款,银行已收款入账,而企业月末尚未收到收款的通知,因而未入账。

② 银行已付款入账,而企业尚未付款入账。例如,银行在季末已将短期借款利息划出,已付款入账,而企业月末尚未收到付款的通知,而未付款入账。

③ 企业已收款入账,而银行尚未收款入账。例如,企业销售产品收到转账支票一张,企业以进账单的回单联登记收款入账,而银行要等到收妥款后方能记账,此时,银行尚未收款入账。

④ 企业已付款入账,而银行尚未付款入账。例如,企业开出一张转账支票,支付购料款,企业可根据有关凭证登记付款入账,而此时银行尚未接到支付款项的凭证,因而尚未登记付款入账。

以上 4 种情况中第①、④属于企业银行存款日记账余额小于银行余额对账单余额;第②、③属于企业银行存款日记账余额大于银行对账单余额。任何一种未达账项存在,都需要采用一定的方法进行调整。这种方法一般是通过银行存款余额调节表进行的。在银行存款日记账余额和银行对账单的余额的基础之上,分别加减未达账项,调整后双方的余额应该相等,并且是企业当时实际可以动用的款项。其计算公式如下:

$$\begin{array}{l}\text{企业银行存款} \\ \text{日记账余额}\end{array} + \begin{array}{l}\text{银行已收} \\ \text{企业未收款项}\end{array} - \begin{array}{l}\text{银行已付} \\ \text{企业未付款项}\end{array} = \begin{array}{l}\text{银行对账} \\ \text{单余额}\end{array} + \begin{array}{l}\text{企业已收} \\ \text{银行未收款项}\end{array} - \begin{array}{l}\text{企业已付} \\ \text{银行未付款项}\end{array}$$

现举例说明"银行存款余额调节表"的具体编制方法。

**例 1**　某企业 2020 年 11 月 30 日银行存款日记账的余额为 9 000 元,银行对账单的余额为 10 000 元,核对银行对账单所列各项收支活动并与企业银行存款日记账比较,发现有下列事项:

（1）11 月 29 日,企业开出转账支票一张 1 000 元,支付某单位货款。企业已经根据支票存根、发票及收料单等凭证登记银行存款减少,银行尚未接到支付款项的凭证,尚未登记减少。

（2）11 月 30 日,银行代企业支付电费 500 元,银行已经登记减少,企业尚未接到付款结算凭证,未登记减少。

（3）11 月 30 日,企业存入一张银行汇票 2 500 元,已经登记银行存款增加,银行尚未登记增加。

(4) 11 月 30 日,银行收到购货单位汇来的货款 3 000 元,银行已经登记增加,企业未接到收款凭证,尚未登记增加。

根据上述未达账项,编制银行存款余额调节表,见表 7 - 2。

表 7 - 2 银行存款余额调节表

2020 年 11 月 30 日

单位:元

| 项 目 | 金 额 | 项 目 | 金 额 |
|---|---|---|---|
| 企业银行存款日记账余额 | 9 000 | 银行对账单余额 | 10 000 |
| 加:银行已记收,企业尚未记收 | 3 000 | 加:企业已记收,银行尚未记收 | 2 500 |
| 减:银行已记付,企业尚未记付 | 500 | 减:企业已记付,银行尚未记付 | 1 000 |
| 调节后的存款余额 | 11 500 | 调节后的存款余额 | 11 500 |

值得注意的是,在财产清查过程中,应关注长期存在的未达账项。对时间较长的未达账项要做进一步的分析,查明原因,看其是否为错账。另外,"银行存款余额调节表"只起到对账的作用,不能作为调节账面余额的凭证,未入账的一方需等到凭证到达后才能入账。

2. 存货的清查

存货的清查主要是对原材料、委托加工材料、在产品、产成品等的清查。存货的清查一般采用实地盘点法。存货清查的程序和方法如下:

(1) 进行实地盘点。实地盘点就是到现场通过点数、过秤等方法来确定存货的实存数量。对体积大或大堆存放的存货,也可以采用技术推算法来确定其实存数量。在盘点过程中,为了明确经济责任,存货保管员必须在场,并参加盘点工作。

(2) 登记盘存单。存货盘点后,应将盘点的结果如实地登记在"盘存单"上,由盘点人员和存货保管员签字或盖章。"盘存单"是记录各项存货实存数量盘点的书面证明,也是财产清查工作的原始凭证之一。盘存单中所列的实物编号、名称、规格、计量单位和单价等必须与账面记录保持一致,以便进行相互核对。"盘存单"的一般格式见表 7 - 3。

表 7 - 3 盘存单

年 月 日

单位名称:                                                          存放地点:

财产类别:                                                          编 号:

| 编 号 | 名 称 | 单 位 | 数 量 | 单价(元) | 金 额(元) | 备 注 |
|---|---|---|---|---|---|---|
|  |  |  |  |  |  |  |
|  |  |  |  |  |  |  |
|  |  |  |  |  |  |  |
|  |  |  |  |  |  |  |

盘点人签字或盖章:                                          实物保管人签字或盖章:

（3）编制实存账存对比表。为了进一步查明实存数与账存数是否一致，在盘点出各种实物的实存数以后，会计人员应根据盘存单和账簿记录编制"实存账存对比表"，以分析实存数和账面数之间的差异，明确经济责任。此表是调整账簿记录的原始凭证。其一般格式见表7－4。

表 7－4　实存账存对比表

单位名称：　　　　　　　　　　年　月　日　　　　　　　　　类别：

| 编号 | 名称规格 | 计量单位 | 单价（元） | 实　存 | | 账　存 | | 对比结果 | | | | 备注 |
| | | | | | | | | 盘　盈 | | 盘　亏 | | |
| | | | | 数量 | 金额（元） | 数量 | 金额（元） | 数量 | 金额（元） | 数量 | 金额（元） | |
| | | | | | | | | | | | | |
| | | | | | | | | | | | | |
| | | | | | | | | | | | | |
| | | | | | | | | | | | | |

复核人：　　　　　　　　　　　　　　　　　　　　　　　　　编制人：

表内的"实存"栏的数量和金额，应根据盘存单记录填列；"账存"栏中的数量和金额，应根据各种存货明细账的余额填列。账存数小于实存数，填列在"盘盈"栏内；反之，账存数大于实存数，填列在"盘亏"栏内。其盘盈、盘亏的原因则在"备注"栏内注明。

3．固定资产的清查

固定资产的清查同存货的清查一样，一般采用实地盘点法。进行固定资产盘点时，其保管人员必须在场。对各项固定资产盘点的结果，应逐一如实地登记在"盘存单"中（见表7－3），并由参加盘点的有关人员和保管人员同时签章生效。盘点完毕，将"盘存单"中所记录的实存数和账存数余额进行对比，发现某些固定资产账实不符时，填列"实存账存对比表"（见表7－4），确定财产盘亏或盘盈的数额。

4．应收、应付款的清查

应收、应付款主要采用"询证核对法"进行清查，即采取和对方单位核对账目的方法。应首先自查，确认本单位的账簿记录准确无误后，再编制"往来款项对账单（询证函）"，送往对方单位进行核对。该"询证函"一式两联，其中一联作为回单联，对方单位核对相符后，在回单联上加盖公章退回，表示已核对。如发现数额不符，则在回单联上注明不符情况，或另抄对账单退回，以便进一步核对。如有未达账项，需要双方进行调节（调节方法与银行存款余额调节方法相同）。现举例说明"往来款项对账单"的格式。

**例 2**

往来款项对账单(询证函)

＿＿＿＿＿＿单位：

你单位 2020 年 8 月 20 日到我厂购入甲产品 200 件,已付货款 2 000 元,尚有 1 000 元货款未付,请核对后将回单联寄回。

××单位:(盖章)
2020 年 12 月 23 日

沿此虚线裁开,将以下回联单寄回!

‐‐‐‐‐‐‐‐‐‐‐‐‐‐‐‐‐‐‐‐‐‐‐‐‐‐‐‐‐‐‐‐‐‐‐‐

往来款项对账单(回联)

＿＿＿＿＿＿单位：

你单位寄来的"往来款项对账单"已收到,经核对相符无误。

××单位(盖章)
2020 年 12 月 31 日

应收、应付款项清查以后,应将清查的结果编制"往来款项清查表",填列各项债权债务的余额。"往来款项清查表"的一般格式见表 7‐5。

表 7‐5　往来款项清查表
单位:元

| 总分类账户 | | 明细分类账户 | | 清查结果 | | 核对不符及原因 | | | | | 备注 |
|---|---|---|---|---|---|---|---|---|---|---|---|
| 名　称 | 金　额 | 名　称 | 金　额 | 核对相符金额 | 核对不相符金额 | 核对不符单位 | 未达账项金额 | 争执款项金额 | 无法收回款项金额 | 其他 | |
| | | | | | | | | | | | |

记账人员签章:　　　　　　　　　　　　　　　　　清查人员签章:

# 第三节　财产清查结果的处理

## 一、财产清查结果处理的步骤

财产清查的结果,必须以国家有关的法令、财务制度为依据,严肃认真地进行处理。其处理有以下几个步骤。

### (一) 核准数字,查明各种差异的性质和原因,确定处理方法

根据财产清查的情况,编制全部财产清查结果的"实存账存对比表",核准现金、银行存款、

存货、固定资产、往来款项等的盈亏数据,分析产生差异的原因,提出处理意见。在一般情况下,对于定额内和无法确定责任者的盘亏,可以在一定的范围内从管理费用中核销;由于管理人员失职所造成的盘亏,应由过失人负责赔偿;由于非常损失造成的盘亏,经批准后应作为营业外支出处理;对贪污盗窃等违法行为所造成的损失,应依法处理。

### (二)调整账簿记录,做到账实相符

在核准数据,查明各种差异的性质和原因的基础之上,应根据"实存账存对比表"编制记账凭证,并据以登记账簿,通过账簿记录的调整,做到账实相符。

### (三)编制记账凭证,据以登记入账,予以核销

根据发生的财产物资差异的性质和原因,报经有关部门批准后,编制记账凭证,据此登记入账,予以核销。

## 二、财产清查结果的账务处理

设置"待处理财产损溢"账户,以反映和监督各单位在财产清查过程中查明的各种财产的盈、亏、毁损及其转销情况。各项待处理财产物资的盘盈净值,在批准前记入该账户的贷方,在批准后(即转销财产物资的盘盈数)记入该账户的借方;各项待处理财产物资的盘亏及毁损净值,在批准前记入该账户的借方,批准后(即转销财产物资的盘亏及毁损数)登记在该账户的贷方。各项财产物资的损溢,应于期末前查明原因,并根据所在单位的管理权限,经股东大会或董事会、经理(厂长)会议或类似机构批准后,在期末结账前处理完毕。如清查的各种财产物资的损溢,在期末结账前尚未经批准的,在对外提供财务会计报告时先按上述规定进行处理,并在会计报表附注中作出说明,如果其后批准处理的金额与已处理的金额不一致的,再按批准数进行调整,并调整会计报表相关项目的年初数。"待处理财产损溢"账户应设置"待处理固定资产损溢"和"待处理流动资产损溢"两个明细分类账户,进行明细分类核算。

### (一)现金清查结果的处理

现金清查中发现现金短缺或盈余时,应及时根据"现金盘点报告单"进行账务处理,先根据短款或长款的金额记入"待处理财产损溢—待处理流动资产损溢"科目,待查明原因后再转账。现举例说明其会计处理。

**例3**　某企业某月份在现金清查中,发现长款 150 元。

借:库存现金　　　　　　　　　　　　　　　　　　　　150
　　贷:待处理财产损溢—待处理流动资产损溢　　　　　　　　　　150

经反复核查,未查明原因,报经批准作为营业外收入处理。

借:待处理财产损溢—待处理流动资产损溢　　　　　　150
　　贷:营业外收入　　　　　　　　　　　　　　　　　　　　　　150

**例4**　某企业某月份在现金清查中,发现短款 80 元。

借:待处理财产损溢—待处理流动资产损溢　　　　　　80
　　贷:库存现金　　　　　　　　　　　　　　　　　　　　　　80

经核实,属于出纳员的责任,应由出纳员赔偿。

借:其他应收款——××出纳员　　　　　　　　　　　80
　　贷:待处理财产损溢—待处理流动资产损溢　　　　　　　　　　80

### （二）存货清查结果的处理

存货清查结果的会计处理可分为两个步骤进行。

（1）将查明的盘盈、盘亏数记入"待处理财产损溢——待处理流动资产损溢"。账户盘盈时，借记"原材料"、"库存商品"等账户，贷记"待处理财产损溢——待处理流动资产损溢"账户；盘亏、毁损时，做相反的分录（同时需相应调整应交增值税数额）。

（2）根据损溢发生的原因和性质及有关部门的批示进行处理。转销存货盘盈时，借记"待处理财产损溢——待处理流动资产损溢"账户，贷记"管理费用"等账户。转销存货盘亏、毁损时，应先扣除残料价值及可收回的保险赔偿款、过失人赔偿款，借记"原材料"、"其他应收款"等账户，贷记"待处理财产损溢——待处理流动资产损溢"账户；剩余净损失，属于非常损失部分，借记"营业外支出"账户，贷记"待处理财产损溢——待处理流动资产损溢"账户；属于其他经营性质损失部分，借记"管理费用"账户，贷记"待处理财产损溢——待处理流动资产损溢"账户。

现举例说明存货清查结果的会计处理。

**例 5** 某企业经财产清查，发现盘盈甲材料 20 千克。经查明，纯系由于收发计量上的错误所致，按每千克 2 元入账。

批准前：

借：原材料——甲材料     40
    贷：待处理财产损溢—待处理流动资产损溢     40

批准后：

借：待处理财产损溢—待处理流动资产损溢     40
    贷：管理费用     40

**例 6** 某企业发生盘亏 A 产品 10 千克，单位成本 100 元（增值税率 13％）。经查明，属于定额内合理损耗。

批准前：

借：待处理财产损溢—待处理流动资产损溢     1 130
    贷：库存商品——A 产品     1 000
        应交税费—应交增值税（进项税额转出）     130

批准后：

借：管理费用     1 130
    贷：待处理财产损溢—待处理流动资产损溢     1 130

**例 7** 某企业盘亏乙材料 30 千克，每千克 100 元（增值税率 13％）。经查明，是由人为过失造成的材料毁损，应由过失人赔偿。

批准前：

借：待处理财产损溢—待处理流动资产损溢     3 390
    贷：原材料——乙材料     3 000
        应交税费—应交增值税（进项税额转出）     390

批准后：

借：其他应收款——××（过失人）     3 390
    贷：待处理财产损溢—待处理流动资产损溢     3 390

**例 8** 某企业盘亏丙材料一批，实际成本 5 000 元（增值税率 13％）。经查明，属于非常事故造成的损失。

批准前:

借:待处理财产损溢—待处理流动资产损溢     5 650

  贷:原材料——丙材料     5 000

    应交税费—应交增值税(进项税额转出)     650

批准后:

借:营业外支出     5 650

  贷:待处理财产损溢—待处理流动资产损溢     5 650

**(三)固定资产清查结果的处理**

在固定资产清查过程中,如果发现盘盈、盘亏现象,应查明原因,在期末结账前处理完毕。

企业在财产清查中盘盈的固定资产,作为前期差错处理。盘盈的固定资产通过"以前年度损益调整"科目核算。

发现盘亏时,应按盘亏固定资产的净值借记"待处理财产损溢——待处理固定资产损溢"科目,按已提出折旧额借记"累计折旧"科目,按原值贷记"固定资产"科目。按规定程序批准后,按盘亏固定资产的原值扣除累计折旧、过失人及保险公司赔偿款后的差额借记"营业外支出"科目,同时按过失人及保险公司应赔偿款借记"其他应收款"等科目,按盘亏固定资产的净值贷记"待处理财产损溢——待处理固定资产损溢"科目。

现举例说明固定资产清查结果的处理。

**例 9** 某企业在财产清查过程中,发现账外机器设备一台,其全新市场价值为 50 000 元,八成新。

借:固定资产     40 000

  贷:以前年度损益调整     40 000

**例 10** 某企业在财产清查过程中,发现盘亏设备一台,其原价为 10 000 元,已提折旧 1 500 元。

批准前:

借:待处理财产损溢——待处理固定资产损溢     8 500

  累计折旧     1 500

  贷:固定资产     10 000

批准后:

借:营业外支出     8 500

  贷:待处理财产损溢——待处理固定资产损溢     8 500

**(四)应收、应付款清查结果的处理**

企业无法收回的应收款和无法支付的应付款,在报经批准后,应按规定的方法进行会计处理(已计提坏账准备的通过"坏账准备"账户核算),不通过"待处理财产损溢"账户进行核算。

**例 11** 某企业应收某单位账款 3 000 元,已确认无法收回,转作坏账损失。

借:资产减值损失(或坏账准备)     3 000

  贷:应收账款——××      3 000

**例 12** 某企业应付某单位账款 4 000 元,由于对方撤销其机构,已确认无法支付,转作"营业外收入"。

  借:应付账款——××                  4 000

    贷:营业外收入                    4 000

## ➤ 应用技能训练

  胜利公司年终进行财产清查,发现以下问题:

  (1)发现账外机器设备一台,原价5 000元,现值3 000元。

  (2)甲材料账面余额455千克,价值9 555元,盘点实际存量450千克,经查明属日常收发上的差错。

  (3)乙材料账面余额166千克,价值2 650元,盘点实际存量164千克,短缺2千克,经查明属保管人员失职所造成。

  (4)盘盈丙材料25千克,单价每千克15元,经查明其中20千克是代新易公司加工的剩余材料,该厂未及时提回,其余属于日常收发上的差错。

  (5)核查其他应收款,往来方快捷运输站已经撤销,无法收回。

  上列各项盘盈、盘亏和损失,经查明原因属实,报请领导审核批准,做如下处理:

  (1)账外机器尚可使用,即交车间投入生产。

  (2)日常收发上的差错,不论盘盈、盘亏,均列入管理费用处理。

  (3)无法收回的其他应收款700元,列作坏账损失。

  要求:

  (1)胜利公司年终进行的财产清查属于哪一类的财产清查?作用如何?

  (2)将上列清查结果,做审批前的会计分录。

  (3)根据报请批准的结果,做必要的会计分录。

## >>> 本章小结

  为了保证会计资料的真实性,企业必须定期或不定期地对其所拥有的财产物资进行清查,将账存数与实存数相互核对,以便在账实发生差异时及时寻找原因、分清责任,并按规定的程序和方法调整账面记录,做到账实一致。

  财产清查按其清查的范围可分为全面清查和局部清查,按其清查的时间可分为定期清查和不定期清查。

  对现金、存货、固定资产等实物的清查主要采用实地盘点的方法来进行。对银行存款的清查要采取与银行核对账目的办法来进行,如不相符,就需编制银行存款余额调节表。对应收和应付的清查主要通过询证核对的方法来进行。

  为了正确反映财产物资的盘盈、盘亏、毁损及其处理情况,企业应该设置"待处理财产损溢"账户。财产清查的会计处理一般应在期末结账前处理完毕。

### >>> 关键词

  财产清查;盘点;盘盈;盘亏;定期清查;全面清查

>>> **综合练习**

**练习题一**

（一）目的

练习银行存款的清查。

（二）资料

假设东方工厂201×年11月30日银行存款的账面余额为218 000元。经核对,企业和银行双方记账过程都没有错误,只发现下列未达账项:

(1) 11月30日委托银行收款26 000元,银行已收款记入企业存款账户,但尚未通知企业。

(2) 11月29日,企业开出一张1 500元的支票购买办公用品,企业已减少存款记账,但支票尚未送到银行。

(3) 11月30日,企业收到其他单位的支票8 000元,企业已记账,但银行未记账。

(4) 11月30日,银行代企业支付水电费1 600元,银行已记账,但付款通知尚未送达企业。

（三）要求

根据上述资料计算银行对账单的账面余额,编制银行存款余额调节表,并说明企业在12月1日可动用的银行存款最高限额是多少。

**练习题二**

（一）目的

练习财产清查结果的账务处理。

（二）资料

长发工厂于12月31日进行财产清查,发现以下事项:

(1) 发现一台账外刨床,全新市场价值50 000元,估计八成新。

(2) 发现毁损一台钻床,账面原价5 000元,已提折旧3 000元。

(3) 发现下列材料账实不符:

① 甲材料账存7 800元,实存7 500元,系收发计量不准造成。

② 乙材料账存2 600元,实存2 400元,系保管员失职造成。

③ 丙材料账存15 860元,实存14 000元,系自然灾害造成毁损。经确证保险公司应给予赔偿1 000元。

（三）要求

对以上内容进行批准前和批准后有关的账务处理(不考虑增值税)。

**练习题三**

（一）目的

练习"实存账存对比表"的编制。

（二）资料

某企业原定于201×年12月31日进行财产清查,实际上提前于12月24日进行,清查时发现:

甲材料库存1 200千克;

乙材料库存 500 千克;

丙材料库存 850 千克。

在 12 月 24 日至 31 日之间,各种材料的收发数为:

甲材料收入 600 千克,发出 500 千克;

乙材料收入 1 000 千克,发出 800 千克;

丙材料发出 300 千克。

12 月 30 日各材料的账面记录为:

甲材料 1 450 千克,单价 5 元;

乙材料 500 千克,单价 8 元;

丙材料 650 千克,单价 12 元。

(三)要求

试根据上述资料编制"实存账存对比表"。

**案例分析与讨论**

新浪网 2005 年 8 月 11 日报道,南京中北(集团)股份有限公司在进行公司资金使用情况的专项审计时发现,公司与其股东南京万众企业管理有限公司之间存在资金往来,且有人民币 6 亿元左右的公司资金被占用。类似的案例,近年来时有发生。请思考原因是什么? 如果遵循会计基础工作组织的基本规定,按会计核算方法,认真进行财产清查,不是可以减少大量的类似情况的发生吗? 你如何认识财产清查的重要性。

>>> **延伸阅读书目**

1. 中华人民共和国财政部. 企业会计准则——应用指南(2006)[M]. 北京:中国财政经济出版社,2006.

2. 朱小平,徐泓. 初级会计学[M]. 北京:中国人民大学出版社,2020.

3. 刘永泽,陈文铭. 会计学[M]. 大连:东北财经大学出版社,2016.

4. 中华人民共和国财政部. 企业会计准则(2006)[M]. 北京:经济科学出版社,2006.

5. (美)罗伯特·N. 安东尼,大卫·F. 霍金斯,肯尼思·A. 麦钱特. 会计学:教程与案例. 王立彦,等译. 北京:机械工业出版社,2011.

# 第八章　财务报表

>>> **知识掌握**

① 了解财务会计报表种类；

② 掌握资产负债表、利润表的结构、内容和编制原理；

③ 了解现金流量表和所有者权益变动表编制原理，理解附注的含义和内容。

>>> **能力进阶**

① 初步具有编制资产负债表、利润表的能力；

② 具有运用财务报表项目分析的整体思路和方法对企业经营进行初步评价的能力。

>>> **素养提升**

① 树立正确的会计价值观；

② 培养团队合作、独立思考及创新精神；

③ 提高依法行事、履行社会责任、诚实守信的会计职业操守。


## 导入案例

　　贾经理与另外两个朋友共同出资办了一家物流公司，并且随着业务的扩大刚过半年又在其他3个城市开设了3家分公司，总公司和分公司业务都较多，有时不得不租车运输，贾经理很辛苦，忙得不亦乐乎。他想照这样经营下去，一年后的红利让每个投资人赚一辆价值15万元左右的小轿车肯定没问题。他哪里想到，经营到10个月左右的时候，谢会计告诉他，得赶快筹钱，否则，这个月不仅发不出来工资，而且连租车的费用都无法支付了，出纳说了账面上仅剩下8万元的现金和银行存款。什么？原来投资的现金就有60万元，现在就剩8万元？还有忙这10个月赚的钱呢？显然，贾经理不仅吃惊，而且不信。结果，他去查看库存现金和银行存款账，账面结余确实如谢会计所说，而且还有一堆未入账的职工个人随便找一张纸书写的借条。他一脸的疑惑，钱去了哪里？他问谢会计，从营业到现在收入是多少，利润多少？谢会计说，有些收入款，收款员直接给了出纳，我还没有取得这些单据，所以，我也未入账。你们不是也交代过了吗，只要把现金和银行存款账记好就可以了，反正定税，会计报表编不编无所谓。所以，我现在没有办法回答你。

　　贾经理对会计的建议有道理吗？你能给他解释编制报表对企业管理的作用吗？你根据会计基本等式的原理，现在可能会编制简单的资产负债表，但对企业财务报表的种类、编制要求、基本内容和格式等问题，你可能还缺乏深入的认识。希望你能通过本章的学习，有所收获。

# 第一节　财务报表概述

## 一、财务报表的意义

财务会计报告,是指总括反映会计主体某一定日期财务状况和某一时期内经营成果及现金流量等会计信息的一种书面文件。财务会计报告是提供会计信息的一种重要手段,对于改善企业有关方面会计信息使用者的经济决策和加强企业内部经营管理,具有重要的作用。财务会计报告包括财务报表和其他应当在财务报告中披露的相关信息的文件。

财务报表是对企业财务状况、经营成果和现金流量的结构性表述。编制财务报表是会计核算的一种专门方法,也是会计核算程序的最后一个环节。在日常的会计核算中,对于所发生的各项交易或事项,经过会计的确认、计量、记录,依据一定的核算程序和方法,已经在账簿中进行了全面、连续、系统地登记。但是,账簿虽然能够提供比会计凭证更系统化的会计信息,但是,它不能将大量的会计核算资料综合地对外报送,不能集中、概括地反映会计主体财务状况和经营成果,还需要对日常会计核算资料按照一定的方法,进行加工、汇总、整理,编制财务报表对外提供有用的会计信息,供信息使用者决策使用。财务报表的作用主要体现在 3 个方面。

### （一）向企业外部与企业有经济利益关系的单位和个人提供有用的会计信息

企业的投资人、债权人及潜在的投资人、债权人,通过财务报表了解企业的财务状况,企业的获利能力和偿债能力,以及企业的现金流量情况,以此作出对企业是否进行投资和提供信贷,是否继续投资和扩大投资规模的决策。

### （二）向国家有关的宏观经济管理部门提供有用的会计信息

如财政、税务、审计等部门,通过财务报表了解企业的资金筹集和运用情况,了解企业财务成果和利润分配、亏损弥补情况,检查企业缴纳税费情况,企业的各项收支是否符合财经纪律和有关政策规定,以便进一步加强经济管理和监督,运用经济杠杆调控经济活动,优化资源配置。

### （三）向企业内部经营管理者提供有用的会计信息

企业内部经营管理者通过财务报表了解企业当期经营活动的总体情况,评价和考核企业经营业绩,揭示企业经济工作中的成绩和存在问题,以便采取有效措施,改善经营管理,提高经济效益。

## 二、会计报表的种类

根据我国规定和国际惯例,企业的财务报表包括会计报表及其附注,它至少应当包括下列组成部分:① 资产负债表;② 利润表;③ 现金流量表;④ 所有者权益(或股东权益,下同)变动表;⑤ 附注。

会计报表是综合反映会计主体特定日期财务状况和一定时期经营成果及现金流量的书面文件,是财务报表的主要组成部分。它至少应当包括资产负债表、利润表和现金流量表等。会计报表可以根据需要,按照不同的标准进行分类。

**（一）按照会计报表反映的内容，可以分为静态报表和动态报表**

静态报表是总括反映某一时点上会计主体资产、负债和所有者权益状况的报表。主要是资产负债表，资产负债表是指反映会计主体在某一特定日期的财务状况的会计报表。

动态报表是反映一定时期企业资金运动（资金的耗费与回收）情况的报表。主要包括利润表和现金流量表。利润表是指反映企业在一定会计期间的经营成果的会计报表。现金流量表是反映企业在一定时期内现金及现金等价物的流入和流出情况的报表。

**（二）按编报时间，可以分为月报、季报、半年报和年报**

其中月报、季报和半年报为中期会计报表。一般来说，月度报表要求简明扼要、反映及时；年度报表要求揭示完整、信息披露充分；季度报表和半年度报表要求介于两者之间。

**（三）按编制基础不同，可以分为单位个别会计报表、汇总会计报表和合并会计报表**

单位个别会计报表是企业在自身会计核算的基础上，对账簿记录进行加工整理而编制的报表，以反映企业本身的财务状况和经营成果；汇总报表是由企业主管部门或上级单位，根据所属单位报送的财务报表，连同本单位的情况汇总编制的综合性财务报表。如总公司结合分公司情况编制的报表。合并会计报表是由母公司在母公司和子公司个别会计报表的基层上编制的，反映企业集团综合的财务状况和经营成果。

**（四）按报送对象不同，可以分为外部报表和内部报表**

外部报表是企业向外提供的，供外部信息使用者使用的财务报表，外部报表一般有统一的格式和统一的指标体系，如资产负债表、利润表、现金流量表等；内部报表是会计主体根据自己管理需要编制的，不对外公开的报表，内部报表一般不需要统一的格式，也没有统一的指标体系，如成本报表。

## 三、会计报表的编制要求

### （一）财务报表列报的基本要求

1. 企业应当以持续经营为基础，根据实际发生的交易和事项，按照《企业会计准则——基本准则》和其他各项会计准则的规定进行确认和计量，在此基础上编制财务报表。企业不应以附注披露代替确认和计量。企业在编制财务报表过程中，管理层应考虑现代经济中很多不确定因素对企业持续经营的影响，在考虑市场经营风险、企业盈利能力、偿债能力、财务弹性，以及企业管理层改变经营政策的意向等因素的基础上，对企业的持续经营能力进行评价。若对企业持续经营能力产生重大怀疑的，应当在附注中披露导致对持续经营能力产生重大怀疑的不确定因素。企业在当期已经决定或正式决定下一个会计期间进行清算、解体、破产或停止营业，表明其处于非持续经营状态，以持续经营为基础编制财务报表不再合理的，企业应当采用其他基础编制财务报表，并在附注中披露这一事实。如破产企业的资产应当采用可变现净值计量等，并在附注中声明财务报表未以持续经营为基础列报，披露未以持续经营为基础的原因以及财务报表的编制基础。

2. 财务报表项目的列报应当在各个会计期间保持一致，不得随意变更，但下列情况除外：① 会计准则要求改变财务报表项目的列报。② 企业经营业务的性质发生重大变化后，变更财务报表项目的列报能够提供更可靠、更相关的会计信息。

3. 财务报表项目的列报应当考虑报表项目的重要性。按重要性要求,《企业会计准则第30号——财务报表列报》规定在财务报表中单独列报的项目,应当单独列报。其他会计准则规定单独列报的项目,应当增加单独列报项目。对于性质或功能不同的项目,如固定资产、长期股权投资等,应当在财务报表中单独列报,但不具有重要性的项目除外。性质或功能类似的项目,其所属类别具有重要性的,应当按其类别在财务报表中单独列报。如原材料、库存商品、委托加工材料等,应当予以合并,作为存货项目列报。

4. 财务报表中的资产项目和负债项目的金额、收入项目和费用项目的金额不得相互抵消,但满足抵消条件的除外。下列两种情况不属于抵消,以净额列示。

(1) 资产项目按扣除减值准备后的净额列示,不属于抵消。资产计提的减值准备,表明资产的价值已经发生减损,按扣除减值准备后的净额列示更能揭示资产的经济实质,不属于抵消。

(2) 非日常活动产生的损益,以收入扣减费用后的净额列示,不属于抵消。非日常活动的发生具有偶然性,其损益以收入扣除费用后的净额列示,更符合重要性原则,有利于财务报告使用者的经济决策,不属于抵消。

5. 当期财务报表的列报,至少应当提供所有列报项目上可比会计期间的比较数据,以及与理解当期财务报表相关的说明,但其他会计准则另有规定的除外。

财务报表项目的列报发生变更的,应当对上期比较数据按照当期的列报要求进行调整,并在附注中披露调整的原因和性质,以及调整的各项目金额。对上期比较数据进行调整不切实可行的(是指企业在作出所有合理努力后仍然无法采用某项规定),应当在附注中披露不能调整的原因。

6. 企业应当在财务报表的显著位至少披露下列各项:① 编报企业的名称;② 资产负债表日或财务报表涵盖的会计期间;③ 人民币金额单位;④ 财务报表是合并财务报表的,应当予以标明。

7. 企业至少应当按年编制财务报表。年度财务报表涵盖的期间短于一年的,应当披露年度财务报表的涵盖期间,以及短于一年的原因。对外提供中期财务报告的,还应遵循《企业会计准则第32号——中期财务报告》的规定。

**(二)会计报表编制的一般要求**

为了充分发挥会计报表的作用,让会计信息使用者清楚地了解企业的财务状况、经营成果和现金流量情况,企业应当按照国家统一的会计制度规定的财务报表格式和内容,根据登记完整、审核无误的会计账簿和有关会计核算资料编制财务报表,编制时应遵循以下基本要求。

1. 数据真实

数据真实是指会计报表所提供的数据信息必须真实可靠,能够如实反映企业的财务状况和经营成果。会计首先是一个信息系统,只有如实反映会计主体的财务状况和经营成果,才能有效地满足报表使用者的决策需要。这就要求报表的披露能真实地传递信息,不含有任何个人偏见和对事实的歪曲。

2. 内容完整

内容完整是指企业编制的会计报表要能够全面反映企业的财务状况和经营成果。这就要求企业必须按照国家规定的报表种类、格式和内容编制,不得漏编、漏报、隐瞒数据或漏填报表项目,对于重要的交易或事项,应当单独核算,单独反映;对于不重要的交易或事项,可以简化、合并反映。

3．计算准确

计算准确要求企业在日常的核算中按照会计要素的确认和计量标准进行确认和计量，并按照国家统一的会计制度规定进行相应的会计处理，保证凭证、账簿上的资料完整准确，会计报表中各项目的数据、小计、合计及总计等数字必须计算准确。同时，报表之间、报表各项目之间，有对应关系的数据应当相互一致，本期与上期的有关数据应当相互衔接。

4．编报及时

编报及时是指企业应当按照规定的期限和程序及时编制、报送财务报表。会计报表提供的信息具有较强的时效性，这是会计信息质量的重要特征。如果编报不及时，就会失去其效用，影响信息使用人的决策，所以，必须及时编制，及时报送。月度财务报表应于月份终了后 6 天内对外提供；季度财务报表应于季度终了后 15 天内对外提供；半年度财务报表应于前 6 个月终了后 60 天内对外提供；年度财务报表应于年度终了后 4 个月内对外提供。

5．便于理解

便于理解是指企业财务报表提供的财务信息应清晰易懂，为使用者所理解。财务报表是会计部门向企业内外提供会计信息的重要手段，所以要求其编制内容必须清晰明了，便于理解和运用，这样才能更好地发挥报表的作用。

# 第二节　资产负债表

## 一、资产负债表的概念和作用

资产负债表是反映企业某一特定日期（月末、季末、半年末、年末）财务状况的报表，也叫财务状况表。资产负债表的编制是依据会计基本等式"资产＝负债＋所有者权益"编制的，反映企业在某一特定日期资产、负债、所有者权益及其构成情况。财务报表使用者可以从资产负债表上获取以下会计信息进行经济决策。

（1）企业某一特定时期所拥有或控制的经济资源及其分布情况。

（2）企业所承担的现实义务及其偿债能力（包括短期偿债能力和长期偿债能力）和资本结构。资产负债表所列示的资产状况和资本结构，有助于分析和评价企业的财务弹性。

（3）所有者对净资产的所有权。

（4）企业未来财务状况的变动趋势。

## 二、资产负债表的结构和内容

### （一）资产负债表的格式

资产负债表主要有报告式和账户式两种格式。

（1）报告式资产负债表，亦称垂直式资产负债表，是将资产负债表的项目自上而下垂直排列，首先列示资产总额，然后列示负债总额，最后列示所有者权益总额。数额关系为资产总额－负债总额＝所有者权益总额，或者资产总额＝负债总额＋所有者权益总额。其简化格式见表 8-1。

表 8-1  资产负债表

编制单位：                          年    月    日                          单位:元

| 项 目 | 期末余额 |
|---|---|
| 资　产： | |
| 　流动资产 | |
| 　非流动资产 | |
| 资产合计 | |
| 负　债： | |
| 　流动负债 | |
| 　非流动负债 | |
| 负债合计 | |
| 所有者权益： | |
| 　实收资本 | |
| 　其他权益工具 | |
| 　资本公积 | |
| 　其他综合收益 | |
| 　专项储备 | |
| 　盈余公积 | |
| 　未分配利润 | |
| 所有者权益合计 | |

（2）账户式资产负债表，是将资产类项目列示在报表的左方，负债和所有者权益项目列示在报表的右方，资产总额＝负债总额＋所有者权益总额，从而使资产负债表的左右两方保持平衡。根据我国企业会计准则规定，我国资产负债表采用账户式。一般企业账户式资产负债表的基本格式，见表 8-2。

（二）资产负债表的结构

在我国，资产负债表采用资产总额与负债及所有者权益总额平衡对照的结构。账户式结构，由表头和正表组成。正表是根据资产总额必然等于负债和所有者权益的总额的原理设计的，分为左右两方，左方列示资产各项目，反映企业全部资产的分布状况及存在形态；右方列示负债和所有者各项目，反映全部负债和所有者权益的内容及结构情况，"金额栏"设有"期末余额"和"年初余额"两栏，以便于报表使用者掌握和分析财务状况的变化及发展趋势。

（三）资产负债表的内容

资产负债表的表首由报表名称、编制单位、编制日期、货币单位和报表编号等内容组成。

资产负债表的正表由资产、负债和所有者权益三部分构成。为了帮助报表使用者分析、解释和评价资产负债表所提供的信息，企业编制资产负债表时，应按照一定的标准，对资产、负债和所有者权益项目加以归类列示。资产负债表反映企业一定日期全部资产、负债和所有者权益的情况，一般来说，资产和负债应当分别按流动资产和非流动资产、流动负债和非流动负债列示。金融企业的各项资产或负债,按照流动性列示能够提供可靠且更相关信息的,可以按照其流动性顺序列示。所有者权益项目按其永久性的顺序列示,即先实收资本、资本公积,后留存收益。资产负债表还应当列示资产总计项目、负债和所有者权益总计项目。

1. 资产负债表中的资产类项目列示

资产按流动性的大小分为流动资产和非流动资产。

(1) 流动资产

流动资产是指在 1 年以内或超过 1 年的一个正常营业周期内变为现金或者被耗用、售出的资产。按照流动资产的流动性大小,可依次排列为货币资金、交易性金融资产、应收票据、应收账款、预付账款、其他应收款、存货、待摊费用等。

资产满足下列条件之一的,应当归类为流动资产:

① 预计在一个正常营业周期中变现、出售或耗用;

② 主要为交易目的而持有;

③ 预计在资产负债表日起 1 年内(含 1 年,下同)变现;

④ 自资产负债表日起 1 年内,交换其他资产或清偿负债的能力不受限制的现金或现金等价物。

判断流动资产与下述判断流动负债时所称的一个正常营业周期,是指企业从购买用于加工的资产起至实现现金或现金等价物的期间。正常营业周期通常短于 1 年,在 1 年内有几个营业周期。但是,也存在正常营业周期长于 1 年的情况,如房地产开发企业开发用于出售的房地产开发产品,造船企业制造的用于对外出售的大型船只等,往往超过 1 年才变现、出售或耗用,但仍应划分为流动资产;正常营业周期不能确定时,应当以 1 年(12 个月)作为划分流动资产或流动负债的标准。

(2) 非流动资产

流动资产以外的资产应当归类为非流动资产,包括长期股权投资、投资性房地产、固定资产、无形资产、在建工程、固定资产清理、递延所得税资产等。

资产负债表中的资产类至少应当单独列示反映下列信息的项目:① 货币资金;② 应收及预付款项;③ 交易性投资;④ 存货;⑤ 债权投资;⑥ 长期股权投资;⑦ 投资性房地产;⑧ 固定资产;⑨ 生物资产;⑩ 递延所得税资产;⑪ 无形资产。前 4 项的项目为流动资产,后 7 项的项目为非流动资产。资产负债表中的资产类至少还应当包括流动资产和非流动资产的合计项目。

2. 资产负债表中的负债类项目列示

负债按到期日的先后分为流动负债和非流动负债两大类。

(1) 流动负债

流动负债是指在 1 年内或超过 1 年的一个正常营业周期内归还的债务。负债满足下列条件之一的,应当归类为流动负债:

① 预计在一个正常营业周期中清偿;

② 主要为交易目的而持有;

③ 自资产负债表日起 1 年内到期应予以清偿;

④ 企业无权自主地将清偿推迟至资产负债表日后 1 年以上。

应付账款等经营性项目,属于企业正常经营周期中使用的营运资金的一部分,有时在资产负债表日后超过1年才到期清偿,也应划分为流动负债。

(2)非流动负债

流动负债以外的负债应当归类为非流动负债,并应按其性质分类列示。对于在资产负债表日起1年内到期的负债,企业预计能够自主地将清偿义务展期至资产负债表日后1年以上的,应当归类为非流动负债;不能自主地将清偿义务展期的,即使在资产负债表日后、财务报告批准报出日前签订了重新安排清偿计划协议,该项负债仍应归类为流动负债。

企业在资产负债表日或之前违反了长期借款协议,导致贷款人可随时要求清偿的负债,应当归类为流动负债。贷款人在资产负债表日或之前同意提供在资产负债表日后1年以上的宽限期,企业能够在此期限内改正违约行为,且贷款人不能要求随时清偿,该项负债应当归类为非流动负债。其他长期负债存在类似情况的比照上述方法处理。

资产负债表中的负债类至少应当单独列示反映下列信息的项目:① 短期借款;② 应付及预收款项;③ 应交税费;④ 应付职工薪酬;⑤ 预计负债;⑥ 长期借款;⑦ 长期应付款;⑧ 应付债券;⑨ 递延所得税负债。前4项的项目为流动负债,后5项的项目为非流动负债。资产负债表中的负债类至少还应当包括流动负债、非流动负债和负债的合计项目。

3. 资产负债表的所有者权益项目的列示

所有者权益是指企业投资者对企业净资产的要求权。资产负债表中的所有者权益类至少应当单独列示反映下列信息的项目:① 实收资本(或股本);② 资本公积;③ 盈余公积;④ 未分配利润。在合并资产负债表中,应当在所有者权益类单独列示少数股东权益。资产负债表中的所有者权益类应当包括所有者权益的合计项目。

## 三、资产负债表的填列

### (一) 资产负债表的填列方法

为了对比反映企业的财务状况,资产负债表各项目都要分别列示其"年初余额"和"期末余额"。下面以一般企业资产负债表为例介绍资产负债表的列示方法。

1. "年初余额"的填列方法

资产负债表中"年初余额"栏内各项目的数据,应根据上年末资产负债表的"期末余额"栏内各项目所列数据填列。如果上年度资产负债表规定的各个项目的名称和内容同本年度不相一致,应对上年年末资产负债表各项目的名称和数据按照本年度的规定进行调整,按调整后的数据填入本表的"年初余额"栏内。

2. "期末余额"的填列

资产负债表"期末余额"栏内各项数据,应当根据资产、负债和所有者权益期末情况填列。一般是根据资产、负债、所有者权益类等账户的期末余额直接填列,但由于报表项目与账户名称不完全一致,因此也有些项目需要对账户余额进行分析调整后填列。归纳起来,资产负债表的"期末余额"栏各项目的填列方法一般有以下几种。

(1)直接根据总分类账户余额填列

资产负债表中大多数项目都可以根据总分类账户余额直接填列。如交易性金融资产、固定资产清理、长期待摊费用、递延所得税资产、短期借款、应付职工薪酬、应交税费、其他应付款、应付利息、应付股利、递延所得税负债、实收资本、资本公积、库藏股、盈余公积等项目,应根据各相关总账科目余额直接填列。

（2）根据若干个总分类账户的余额计算填列

如货币资金项目需要根据"库存现金"、"银行存款"、"其他货币资金"等账户的期末余额合计数填列；"未分配利润"项目，应根据"本年利润"和"利润分配"账户余额计算填列。

（3）根据有关明细分类账户余额分析计算填列

如"应付账款"项目，应根据"应付账款"、"预付账款"等账户所属明细账户期末贷方余额合计填列；"预收账款"项目，应根据"应收账款"、"预收账款"等账户所属明细账户期末贷方余额合计填列。

（4）根据若干个总分类账户余额和明细分类账户余额分析计算填列

资产负债表中有些项目不能只根据若干个总分类账户余额分析计算填列，也不能只根据若干个明细分类账户余额分析计算填列，需要根据若干个总分类账户余额和明细分类账户余额分析计算填列。如"长期借款"项目，需要根据"长期借款"总账账户余额，扣除"长期借款"账户所属明细账户中反映的将于1年内到期的长期借款部分，分析计算填列。

（5）根据总账账户余额减去其备抵账户余额后的净额填列

如"固定资产"项目，需要根据"固定资产"账户的余额减去"累计折旧"、"固定资产减值准备"等备抵账户余额后的净额填列；"无形资产"项目，需要根据"无形资产"账户的余额减去"无形资产减值准备"账户余额后的净额填列。存货项目，应根据"材料采购"（或"在途物资"、"商品采购"）原材料"委托加工物资"、"周转材料"、"生产成本"、"自制半成品"、"库存商品"、"发出商品"、"受托代销商品"、"商品进销差价"、"代销商品款"、"周转材料"等账户借方余额合计数，加或减"材料成本差异"备抵科目的借或贷方余额（材料计划成本计价下），再减去"存货跌价准备"科目余额后的金额计算填列。

（6）根据明细账账户余额合计减去其备抵项目后的余额填列

"应收账款"项目，应根据"应收账款"、"预收账款"等账户所属明细账户期末借方余额合计数，减去"坏账准备"账户中有关应收账款计提的坏账准备后的金额填列。

**（二）资产负债表主要项目的列示说明**

（1）"货币资金"项目，反映企业期末持有的库存现金、银行存款和其他货币资金等总额。根据"库存现金"、"银行存款"、"其他货币资金"等账户的期末余额合计数填列。

（2）"交易性金融资产"、"应收票据"、"预付账款"、"应收股利"、"应收利息"、"待摊费用"、"其他流动资产"、"其他权益工具投资"、"在建工程"、"工程物资"、"固定资产清理"、"研发支出"、"商誉"、"递延所得税资产"、"其他非流动资产"等项目，反映企业持有的相应资产的期末价值。其中，固定资产清理发生的净损失，以"－"号填列。

（3）"应收账款"、"其他应收款"、"长期应收款"、"存货"、"消耗性生物资产"、"债权投资"、"投资性房地产"、"长期股权投资"、"固定资产"、"生产性生物资产"、"油气资产"、"无形资产"等资产项目，反映企业期末持有的相应资产的实际价值，应当以扣减提取的相应资产减值准备后的净额填列。

其中，"固定资产"、"无形资产"、"生产性生物资产"、"油气资产"项目，还应按减去相应的"累计折旧"、"累计摊销"、"生产性生物资产累计折旧"、"累计折耗"期末余额后的金额填列。

（4）"短期借款"、"交易性金融负债"、"应付票据"、"应付账款"、"预收账款"、"应付职工薪酬"、"应交税费"、"应付利息"、"应付股利"、"其他应付款"、"预提费用"、"预计负债"、"其他流动负债"、"长期借款"、"应付债券"、"专项应付款"、"递延所得税负债"、"其他非流动负债"等项目,一般应反映企业期末尚未偿还的短期借款、应付未付给职工的各种薪酬、应交未交税费等。其中,"应付职工薪酬"、"应交税费"等期末转为债权的,以"－"号填列。建造承包商的"工程施工"期末余额小于"工程结算"期末余额的差额,应在"应付账款"项目反映。"递延收益"应在"其他流动负债"项目反映。

(5)"实收资本(或股本)"、"资本公积"、"盈余公积"、"库存股"等项目,一般应反映企业期末持有的接受投资者投入企业的实收资本、从净利润中提取的盈余公积余额、企业收购的尚未转让或注销的本公司股份金额等。其中,期末累计未分配利润、资本公积为负数的,以"－"号填列。

(6)企业与同一客户在购销商品结算过程中形成的债权债务关系,应当单独列示,不应当相互抵消。即应收账款不能与预收账款相互抵消、预付账款不能与应付账款相互抵消、应付账款不能与应收账款相互抵消、预收账款不能与预付账款相互抵消。长期应收款中将于1年内到期的部分,在"1年内到期的非流动资产"项目反映。

长期待摊费用中将于1年(含1年)内摊销的部分,在"待摊费用"项目反映。"长期应付款"项目,反映企业除长期借款、应付债券外的其他各种长期应付款项减去"未确认融资费用"。长期应付款中将于1年内到期的部分,在"1年内到期的非流动负债"项目反映。

**(三)资产负债表的编制举例**

现以宏达股份有限公司的有关资料为例,说明资产负债表的编制方法。

**例1** 宏达股份有限公司2016年12月31日资产负债表见表8-2和2017年1月31日的账户余额表见表8-3。

表 8-2 资产负债表(简表)

会企01表

编制单位:宏达股份有限公司　　　　2016年12月31日　　　　单位:元

| 资　产 | 期末余额 | 年初余额 | 负债与所有者权益(或股东权益) | 期末余额 | 年初余额 |
|---|---|---|---|---|---|
| 流动资产: | | 略 | 流动负债: | | 略 |
| 货币资金 | 3 515 750 | | 短期借款 | 750 000 | |
| 交易性金融资产 | 37 500 | | 交易性金融负债 | 0 | |
| 应收票据 | 615 000 | | 应付票据 | 500 000 | |
| 应收账款 | 747 750 | | 应付账款 | 2 384 500 | |
| 预付账款 | 250 000 | | 预收账款 | 0 | |
| 应收利息 | 0 | | 应付职工报酬 | 275 000 | |
| 应收股利 | 0 | | 应交税费 | 91 500 | |
| 其他应收款 | 12 500 | | 应付利息 | 2 500 | |
| 存货 | 12 900 000 | | 应付股利 | 0 | |
| 1年内到期的非流动资产 | 0 | | 其他应付款 | 125 000 | |
| 其他流动资产 | 250 000 | | 1年内到期的非流动负债 | 2 500 000 | |
| 流动资产合计 | 11 878 500 | | 其他流动负债 | 0 | |
| 非流动资产: | | | 流动负债合计 | 6 628 500 | |
| 其他权益工具投资 | 0 | | 非流动负债: | | |
| 债权投资 | 0 | | 长期借款 | 1 500 000 | |
| 长期应收款 | 0 | | 应付债券 | 0 | |

续表

| 资　产 | 期末余额 | 年初余额 | 负债与所有者权益(或股东权益) | 期末余额 | 年初余额 |
|---|---|---|---|---|---|
| 长期股权投资 | 625 000 | | 长期应付款 | 0 | |
| 投资性房地产 | 0 | | 专项应付款 | 0 | |
| 固定资产 | 2 750 000 | | 预计负债 | 0 | |
| 在建工程 | 3 750 000 | | 递延所得税负债 | 0 | |
| 工程物资 | 0 | | 其他非流动负债 | 0 | |
| 固定资产清理 | 0 | | 非流动负债合计 | 1 500 000 | |
| 生产性生物资产 | 0 | | 负债合计 | 8 128 500 | |
| 油气资产 | 0 | | 所有者权益(或股东权益): | | |
| 无形资产 | 1 500 000 | | 实收资本(或股本) | 12 500 000 | |
| 开发支出 | 0 | | 资本公积 | 0 | |
| 商誉 | 0 | | 减:库藏股 | 0 | |
| 长期待摊费用 | 0 | | 盈余公积 | 250 000 | |
| 递延所得税资产 | 0 | | 未分配利润 | 125 000 | |
| 其他非流动资产 | 500 000 | | 所有者权益(或股东权益)合计 | 12 875 000 | |
| 非流动资产合计 | 9 125 000 | | | | |
| 资产总计 | 21 003 500 | | 负债与所有者权益(或股东权益)总计 | 21 003 500 | |

表 8 - 3　账户余额表
2017 年 1 月 31 日
单位:元

| 账户名称 | 借方余额 | 账户名称 | 贷方余额 |
|---|---|---|---|
| 库存现金 | 5 000 | 短期借款 | 125 000 |
| 银行存款 | 1 965 335 | 应付票据 | 250 000 |
| 其他货币资金 | 18 250 | 应付账款 | 2 384 500 |
| 交易性金融资产 | 0 | 其他应付款 | 125 000 |
| 应收票据 | 165 000 | 应付职工薪酬 | 450 000 |
| 应收账款 | 1 500 000 | 应交税费 | 566 825 |
| 坏账准备 | −4 500 | 应付利息 | 0 |
| 预付账款 | 250 000 | 应付股利 | 80 535 |
| 其他应收款 | 12 500 | 长期借款 | 2 900 000 |
| 材料采购 | 687 500 | 其中 1 年内到期的非流动负债 | 0 |
| 原材料 | 112 500 | 股本 | 12 500 000 |
| 周转材料 | 95 120 | 盈余公积 | 311 930 |
| 库存商品 | 5 306 000 | 利润分配(未分配利润) | 476 795 |
| 材料成本差异 | 10 625 | | |
| 其他流动资产 | 225 000 | | |

续表

| 账户名称 | 借方余额 | 账户名称 | 贷方余额 |
|---|---|---|---|
| 长期股权投资 | 625 000 | | |
| 固定资产 | 6 002 500 | | |
| 累计折旧 | −425 000 | | |
| 固定资产减值准备 | −75 000 | | |
| 工程物资 | 375 000 | | |
| 在建工程 | 1 445 000 | | |
| 无形资产 | 1 500 000 | | |
| 累计摊销 | −150 000 | | |
| 递延所得税资产 | 24 750 | | |
| 其他非流动资产 | 500 000 | | |
| 合　计 | 20 170 585 | 合　计 | 20 170 585 |

根据上述资料（假设"应收账款"、"预付账款"明细账账户为期末借方余额，"应付账款"明细账账户为期末贷方余额），编制宏达股份有限公司 2017 年 12 月 31 日的资产负债表，见表8-4。

表 8-4　资产负债表(简表)

会企 01 表

编制单位:宏达股份有限公司　　　　　2017 年 12 月 31 日　　　　　单位:元

| 资　产 | 期末余额 | 年初余额 | 负债与所有者权益<br>(或股东权益) | 期末余额 | 年初余额 |
|---|---|---|---|---|---|
| 流动资产: | | | 流动负债: | | |
| 　货币资金 | 1 988 585 | 3 515 750 | 　短期借款 | 125 000 | 750 000 |
| 　交易性金融资产 | 0 | 37 500 | 　交易性金融负债 | 0 | 0 |
| 　应收票据 | 165 000 | 615 000 | 　应付票据 | 250 000 | 500 000 |
| 　应收账款 | 1 495 500 | 747 750 | 　应付账款 | 2 384 500 | 2 384 500 |
| 　预付账款 | 250 000 | 250 000 | 　预收账款 | 0 | 0 |
| 　应收利息 | 0 | 0 | 　应付职工报酬 | 450 000 | 275 000 |
| 　应收股利 | 0 | 0 | 　应交税费 | 566 825 | 91 500 |
| 　其他应收款 | 12 500 | 12 500 | 　应付利息 | 0 | 2 500 |
| 　存货 | 6 211 750 | 6 450 000 | 　应付股利 | 80 535 | 0 |
| 　1 年内到期的非流动资产 | 0 | 0 | 　其他应付款 | 125 000 | 125 000 |
| 　其他流动资产 | 225 000 | 250 000 | 　1 年内到期的非流动负债 | 0 | 2 500 000 |
| 流动资产合计 | 10 348 335 | 1 187 850 | 　其他流动负债 | 0 | 0 |
| 非流动资产: | | | 流动负债合计 | 3 987 860 | 6 628 500 |
| 　其他权益工具投资 | 0 | 0 | 非流动负债: | | |
| 　债权投资 | 0 | 0 | 　长期借款 | 2 900 000 | 1 500 000 |
| 　长期应收款 | 0 | 0 | 　应付债券 | 0 | 0 |

续表

| 资　产 | 期末余额 | 年初余额 | 负债与所有者权益<br>（或股东权益） | 期末余额 | 年初余额 |
|---|---|---|---|---|---|
| 长期股权投资 | 625 000 | 625 000 | 长期应付款 | 0 | 0 |
| 投资性房地产 | 0 | 0 | 专项应付款 | 0 | 0 |
| 固定资产 | 5 502 500 | 2 750 000 | 预计负债 | 0 | 0 |
| 在建工程 | 1 445 000 | 3 750 000 | 递延所得税负债 | 0 | 0 |
| 工程物资 | 375 000 | 0 | 其他非流动负债 | 0 | 0 |
| 固定资产清理 | 0 | 0 | 非流动负债合计 | 2 900 000 | 1 500 000 |
| 生产性生物资产 | 0 | 0 | 负债合计 | 6 887 860 | 8 128 500 |
| 油气资产 | 0 | 0 | 所有者权益（或股东权益）： | | |
| 无形资产 | 1 350 000 | 1 500 000 | | | |
| 开发支出 | 0 | 0 | 实收资本（或股本） | 12 500 000 | 12 500 000 |
| 商誉 | 0 | 0 | 资本公积 | 0 | 0 |
| 长期待摊费用 | 0 | 0 | 减：库藏股 | 0 | 0 |
| 递延所得税资产 | 24 750 | 0 | 盈余公积 | 311 930 | 250 000 |
| 其他非流动资产 | 500 000 | 500 000 | 未分配利润 | 476 795 | 125 000 |
| 非流动资产合计 | 9 822 250 | 9 125 000 | 所有者权益（或股东权益）合计 | 13 288 725 | 12 875 000 |
| 资产总计 | 20 170 585 | 21 003 500 | 负债与所有者权益（或股东权益）总计 | 20 170 585 | 21 003 500 |

# 第三节　利　润　表

## 一、利润表的概念和作用

利润表是反映企业在一定时期内(月份、季度、年度)经营成果的财务报表,它是一张动态报表,也是企业对外报送的主要财务报表之一。

企业的经营成果,通常表现为企业在一定期间取得的利润(或亏损),利润(或亏损)是企业经营业绩和经济效益的综合体现。对于财务报表使用者来说,利润表的作用主要有以下几个方面。

(1)通过利润表反映的收入、费用等情况,能够全面评价企业在一定期间的经营成果和盈利能力及经营效率。

(2)通过利润表提供的不同时期的比较数字,可以分析预测企业未来一定时期的盈利趋势及获利能力。

(3)根据企业过去和现在的利润水平,可以预测企业未来的现金流量。

(4)可以反映投资者投入资本的完整情况等,据以考评企业管理层的经营业绩。

(5)提供企业利润分配的依据。

## 二、利润表的格式和内容

### (一) 利润表的格式

利润表是以"利润＝收入－费用＋直接计入当期利润的利得－直接计入当期利润的损失"为基础而编制的会计报表。常见的利润表的结构主要有单步式和多步式两种。在我国,企业利润表采用的基本格式为多步式。

1. 单步式利润表

单步式利润表是将当期所有的收入加在一起,然后将所有的费用加在一起,两者相减,通过一次计算求出当期利润,其简化格式见表 8-5。

表 8-5　利润表

会计 02 表

编制单位：　　　　　　　　　　　年　月　　　　　　　　　　　单位:元

| 项　　目 | 本月数 | 本年累计数 |
| --- | --- | --- |
| 一、营业收入和直接计入利润的利得 | | |
| 　其中:主营业务收入 | | |
| 　　　　其他业务收入 | | |
| 　　　　投资收益 | | |
| 　　　　营业外收入 | | |
| 　营业收入和直接计入利润的利得合计 | | |
| 二、营业费用和直接计入利润的损失 | | |
| 　其中:主营业务成本 | | |
| 　　　　其他业务成本 | | |
| 　　　　税金及附加 | | |
| 　　　　销售费用 | | |
| 　　　　管理费用 | | |
| 　　　　研发费用 | | |
| 　　　　财务费用 | | |
| 　　　　营业外支出 | | |
| 　营业费用和直接计入利润的损失合计 | | |
| 三、利润总额 | | |
| 　减:所得税费用 | | |

单步式利润表简单明了,编制方便,比较直观,易于理解。但是利润计算过程缺少层次性,不能揭示收入和费用之间的联系,不利于报表使用者分析企业的利润构成和对获利能力的评价,也不利于企业财务报表之间的比较。

2. 多步式利润表

多步式利润表是将收入和费用按类别加以归集,通过多步计算求出当期净利润。在各国的会计实务中,多步式利润表的具体步骤不完全相同。我国是根据经营活动对净利润的影响程度来进行"分步"的,其计算过程一般以营业收入为起点,分为营业利润、利润总额、净利润几个步骤,股份制企业还要计算每股收益。多步式利润表主要包括以下 5 个方面的内容:

(1) 营业收入。由主营业务收入和其他业务收入组成。

(2) 营业利润。营业收入减去营业成本(主营业务成本和其他业务成本)、税金及附加、销售费用、管理费用、财务费用等,加上公允价值变动收益、投资收益、资产减值损失,即为营业利润。

(3) 利润总额。营业利润加上营业外收入减营业外支出,得出利润总额。即

$$利润总额=营业利润+营业外收入-营业外支出$$

(4) 净利润。以利润总额扣除所得税后,得出净利润,即

$$净利润=利润总额-所得税费用$$

(5) 每股收益。每股收益包括基本每股收益和稀释每股收益两项指标。

多步式利润表的一般格式见表 8-7。

**(二) 利润表的内容**

利润表内容可以分为收入和费用两大类,每一类又可细分为若干个项目。

利润表中的收入分为经营性收入和非经营性收入。经营性收入来自企业正常的生产经营活动,根据收入是否持续发生,又可分为主营业务收入和其他业务收入。

费用应当按照功能分类,分为从事经营业务发生的成本、管理费用、销售费用和财务费用等。

利润表至少应当单独列示反映下列信息的项目:① 营业收入;② 营业成本;③ 营业税金;④ 管理费用;⑤ 销售费用;⑥ 财务费用;⑦ 投资收益;⑧ 公允价值变动损益;⑨ 资产减值损失;⑩ 信用减值损失;⑪ 非流动资产处置损益;⑫ 所得税费用;⑬ 净利润。金融企业可以根据其特殊性列示利润表项目。在合并利润表中,企业应当在净利润项目之下单独列示归属于母公司的损益和归属于少数股东的损益。

利润表由表头、正表等部分构成。表头部分列示报表名称、编制单位、编制时期、计量单位等内容。正表部分列示收入、费用、利润和每股收益各项目。

### 三、利润表的编制

**(一) 利润表的编制方法**

利润表是动态报表,表中各项目根据有关收入和费用账户的本期发生额填列。具体来说,"本期金额"栏反映各项目的本期实际发生数。

如果上年度利润表规定的各个项目的名称和内容同本年度不相一致,应对上年度利润表各项目的名称和数据按本年度的规定进行调整,填入本表"上期金额"栏内。

1. 根据有关总分类账户的本期发生额分析填列

利润表中各项目主要根据各损益类科目的发生额分析填列。营业收入、营业成本、税金及附加、销售费用、财务费用、投资净收益、营业外收入、营业外支出、信用减值损失、资产减值损

失、所得税费用等项目,根据有关总分类账户的本期发生额分析填列。

(1)"营业收入"项目,反映企业经营主要业务和其他业务所确认的收入总额。应根据"主营业务收入"、"其他业务收入"账户的发生额分析填列。

(2)"营业成本"项目,反映企业经营主要业务和其他业务发生的实际成本总额。应根据"主营业务成本"、"其他业务成本"账户的发生额分析填列。

(3)"税金及附加"项目,反映企业经营业务应负担的消费税、城市维护建设税、资源税、土地增值税和教育费附加等。

(4)"销售费用"项目,反映企业在销售商品过程中发生的包装费、广告费等费用和为销售本企业商品而专设的销售机构的职工薪酬、业务费等经营费用。"管理费用"项目,反映企业为组织和管理生产经营发生的管理费用。"财务费用"项目,反映企业筹集生产经营所需资金等而发生的筹资费用。企业发生勘探费用的,应在"管理费用"和"财务费用"项目之间,增设"勘探费用"项目反映。

(5)"资产减值损失"项目,反映企业固定资产、无形资产等资产发生的减值损失。

(6)"信用减值损失"项目,反映企业金融资产的减值损失。

(7)"公允价值变动净收益"项目,反映企业按照相关准则规定应当计入当期损益的资产或负债公允价值变动净收益,如交易性金融资产当期公允价值的变动额。如为净损失,以"—"号填列。

(8)"投资净收益"项目,反映企业以各种方式对外投资所取得的收益。如为净损失,以"—"号填列。企业持有的交易性金融资产处置和出账时,处置收益部分应当自"公允价值变动损益"项目转出,列入本项目。

(9)"营业外收入"、"营业外支出"项目,反映企业发生的与其经营活动无直接关系的各项收入和支出。其中,处置非流动资产净损失,应当单独列示。

(10)"利润总额"项目,反映企业实现的利润总额,如为亏损总额,以"—"号填列。

(11)"所得税费用"项目,反映企业根据所得税准则确认的应从当期利润总额中扣除的所得税费用。

(12)"净利润"项目,反映企业交纳所得税后的净利润,如为净亏损,以"—"填列。

(13)"基本每股收益"和"稀释每股收益"项目,应当根据每股收益准则规定计算的金额填列。

2.根据报表中有关项目的数字计算后填列

利润表中的营业利润、利润总额、净利润和每股收益等项目,需要根据报表中有关项目的数据计算后填列。

**(二)利润表的编制举例**

**例2** 宏达股份有限公司 2017 年度有关损益类科目本年累计发生净额,见表 8-6。

表 8-6　损益类科目本年累计发生净额

单位:元

| 科目名称 | 借方发生额 | 贷方发生额 |
|---|---|---|
| 主营业务收入 | | 6 250 000 |
| 主营业务成本 | 3 750 000 | |
| 税金及附加 | 10 000 | |
| 销售费用 | 100 000 | |
| 管理费用 | 875 500 | |
| 财务费用 | 207 500 | |
| 资产减值损失 | 154 500 | |
| 投资收益 | | 157 500 |
| 营业外收入 | | 250 000 |
| 营业外支出 | 98 500 | |
| 所得税费用 | 562 980 | |

根据上述资料,编制宏达股份有限公司 2017 年度利润表,见表 8-7。

表 8-7　利润表

会企 02 表

编制单位:宏达股份有限公司　　　　　　2018 年　　　　　　单位:元

| 项　目 | 本期金额 | 上期金额 |
|---|---|---|
| 一、营业收入 | 6 250 000 | |
| 减:营业成本 | 3 750 000 | |
| 　税金及附加 | 10 000 | |
| 　销售费用 | 100 000 | |
| 　管理费用 | 875 500 | |
| 　研发费用 | 0 | |
| 　财务费用 | 207 500 | |
| 加:其他收益 | 0 | |
| 　投资收益(损失以"—"填列) | 157 500 | |
| 　其中:对联营企业和合营企业的投资收益 | 0 | 略 |
| 　公允价值变动收益(损失以"—"填列) | 0 | |
| 　信用减值损失(损失以"—"填列) | 0 | |
| 　资产减值损失(损失以"—"填列) | −154 500 | |
| 　资产处置收益(损失以"—"填列) | 0 | |
| 二、营业利润(亏损以"—"填列) | 1 400 000 | |
| 加:营业外收入 | 250 000 | |
| 减:营业外支出 | 98 500 | |
| 　其中:非流动资产处置损失 | 略 | |
| 三、利润总额(亏损以"—"填列) | 1 551 500 | |

续表

| 项 目 | 本期金额 | 上期金额 |
|---|---|---|
| 减：所得税费用 | 562 980 | |
| 四、净利润（亏损以"—"填列） | 988 520 | |
| 五、每股收益 | 略 | |
| （一）基本每股收益 | | |
| （二）稀释每股收益 | | |

# 第四节 现金流量表

## 一、现金流量表的概念

### （一）现金流量表的概念

现金流量表是反映企业在一定会计期间现金及现金等价物流入和流出情况的报表。其中，现金是指企业库存现金以及可以随时用于支付的存款。不能随时用于支取的存款不属于现金。现金等价物，是指企业持有的期限短、流动性强、易于转换为已知金额现金、价值变动风险很小的投资。期限短，一般是指从购买日起3个月内到期。现金等价物通常包括3个月内到期的短期债券投资。权益性投资变现的金额通常不确定，因而不属于现金等价物。现金流量，是指企业现金和现金等价物的流入和流出。企业从银行提取现金、用现金购买短期到期的国库券等现金和现金等价物之间的转换不属于现金流量。企业应当根据具体情况，确定现金等价物的范围，一经确定不得随意变更。

现金流量表主要为报表使用者提供企业在一定会计期间内现金流入与流出的信息，以便于报表使用者了解和评价获取现金和现金等价物的能力和企业偿债能力及支付股利的能力，并据以预测企业未来的现金流量，分析企业投资和理财活动对经营成果和财务状况的影响。

### （二）现金流量的分类

现金流量表只反映企业一定会计期间内现金与非现金项目之间发生的交易或事项。按业务性质不同，现金流量可分为经营活动现金流量、投资活动现金流量和筹资活动现金流量三类。

1. 经营活动产生的现金流量

经营活动，是指企业投资活动和筹资活动以外的所有交易和事项。经营活动产生的现金流入量包括：销售商品或提供劳务收到的现金、收到的税费返还、收到的其他与经营活动有关的现金等。经营活动产生的现金流出量包括：购买商品或接受劳务支付的现金、支付职工薪酬、支付的各项税费、支付其他与经营活动有关的现金等。

金融企业在编制现金流量表时，应当根据本企业的实际情况，对经营活动产生的现金流量项目进行合理归类。

2．投资活动产生的现金流量

投资活动，是指企业长期资产的购建和不包括在现金等价物范围的投资及其处置活动。这里的投资是广义的概念，包括对内和对外两部分。投资活动产生的现金流入量包括：收回投资收到的现金；取得投资收益收到的现金；处置固定资产、无形资产和其他长期资产收回的现金净额；处置子公司及其他营业单位收到的现金净额；收到其他与投资活动有关的现金。投资活动产生的现金流出量包括：购建固定资产、无形资产和其他长期资产支付的现金；投资支付的现金；取得子公司及其他营业单位支付的现金净额；支付其他与投资活动有关的现金。

3．筹资活动产生的现金流量

筹资活动，是指导致企业资本及债务规模和构成发生变化的活动。筹资活动产生的现金流入量包括：吸收投资收到的现金；取得借款收到的现金；收到其他与筹资活动有关的现金等。筹资活动产生的现金流出量包括：偿还债务支付的现金；分配股利、利润或偿付利息支付的现金；支付其他与筹资活动有关的现金等。

金融企业可以根据行业特点和现金流量实际情况，合理确定现金流量的类别。

## 二、现金流量表的结构

我国的现金流量表属于年报，由主表和补充资料两部分构成。主表采用垂直报告式结构，由表头和正表两部分组成。

### （一）表头

表头部分列示报表名称、编制单位、编报年度、报表编号和计量单位。

### （二）正表

正表包括 6 个部分的内容：经营活动产生的现金流量、投资活动产生的现金流量、筹资活动产生的现金流量、汇率变动对现金及现金等价物的影响、现金及现金等价物的净增加额和期末现金及现金等价物余额。

除现金流量表反映的信息外，企业还应在附注中披露三方面内容：一是将净利润调节为经营活动现金流量，该部分实际上是用间接法编制经营活动现金流量，应与正表中的"经营活动产生的现金流量净额"数字相等；二是不涉及当期现金收支的重大投资和筹资活动，如本期转为资本的债务金额、一年内到期的可转换公司债券本息，以及当期取得或处置子公司及其他营业单位的有关信息、现金和现金等价物等；三是现金和现金等价物净变动情况等信息。附注是对现金流量表主表的补充说明。

一般企业现金流量表主表的基本格式见表 8－8，补充资料的格式见表 8－9。

### 表 8－8　现金流量表

企会 03 表

编制单位：宏达股份有限公司　　　　　　　　2017 年　　　　　　　　　　　单位：元

| 项　　目 | 本期金额 | 上期金额 |
|---|---|---|
| 一、经营活动产生的现金流量 | | |
| 　销售商品或提供劳务收到的现金 | | |
| 　收到的税费返还 | | |

215

| 项　　目 | 本期金额 | 上期金额 |
|---|---|---|
| 收到的其他与经营活动有关的现金 | | |
| 现金流入小计 | | |
| 购买商品、接受劳务支付的现金 | | |
| 支付给职工以及为职工支付的现金 | | |
| 支付的各项税费 | | |
| 支付的其他与经营活动有关的现金 | | |
| 现金流出小计 | | |
| 经营活动产生的现金流量净额 | | |
| 二、投资活动产生的现金流量 | | |
| 收回投资收到的现金 | | |
| 取得投资收益收到的现金 | | |
| 处置固定资产、无形资产和其他长期资产收回的现金净额 | | |
| 处置子公司及其他营业单位收到的现金净额 | | |
| 收到其他与投资活动有关的现金 | | |
| 现金流入小计 | | |
| 购建固定资产、无形资产和其他长期资产支付的现金 | | |
| 投资支付的现金 | | |
| 取得子公司及其他营业单位支付的现金净额 | | |
| 支付其他与投资活动有关的现金 | | |
| 现金流出小计 | | |
| 投资活动产生的现金流量净额 | | |
| 三、筹资活动产生的现金流量 | | |
| 吸收投资收到的现金 | | |
| 取得借款收到的现金 | | |
| 收到其他与筹资活动有关的现金 | | |
| 现金流入小计 | | |
| 偿还债务支付的现金 | | |
| 分配股利、利润或偿付利息支付的现金 | | |
| 支付其他与筹资活动有关的现金 | | |
| 现金流出小计 | | |
| 筹资活动产生的现金流量净额 | | |
| 四、汇率变动对现金的影响额 | | |
| 五、现金及现金等价物净增加额 | | |
| 　加:期初现金及现金等价物余额 | | |
| 六、期末现金及现金等价物余额 | | |

表 8-9　现金流量表补充资料　　　　　　　　　　单位:元

| 项　目 | 本期金额 | 上期金额 |
|---|---|---|
| 1. 将净利润调节为经营活动现金流量 | | 略 |
| 　净利润 | | |
| 　加:资产减值准备 | | |
| 　固定资产折旧、油气资产折耗、生产性生物资产折旧 | | |
| 　无形资产摊销 | | |
| 　长期待摊费用摊销 | | |
| 　处置固定资产、无形资产和其他长期资产的损失(收益以"-"号填列) | | |
| 　固定资产报废损失(收益以"-"号填列) | | |
| 　公允价值变动损失(收益以"-"号填列) | | |
| 　财务费用(收益以"-"号填列) | | |
| 　投资损失(收益以"-"号填列) | | |
| 　递延所得税资产减少(增加以"-"号填列) | | |
| 　递延所得税负债增加(减少以"-"号填列) | | |
| 　存货的减少(增加以"-"号填列) | | |
| 　经营性应收项目的减少(增加以"-"号填列) | | |
| 　经营性应付项目的增加(减少以"-"号填列) | | |
| 　其他 | | |
| 　经营活动产生的现金流量净额 | | |
| 2. 不涉及现金收支的重大投资和筹资活动 | | |
| 　债务转为资本 | | |
| 　一年内到期的可转换公司债券 | | |
| 　融资租入的固定资产 | | |
| 3. 现金及现金等价物净增加情况 | | |
| 　现金的期末余额 | | |
| 　减:现金的期初余额 | | |
| 　加:现金等价物的期末余额 | | |
| 　减:现金等价物的期初余额 | | |
| 　现金及现金等价物净增加额 | | |

### 三、现金流量的填列方法

#### (一) 经营活动产生现金流量的计算与列示

经营活动产生的现金流量的计算与列示方法有两种,即直接法和间接法。

1. 直接法

直接法是指通过现金收入和支出的主要类别直接反映来自企业经营活动的现金流量。它是以本期利润表、资产负债表和有关账户的明细资料为依据,从利润表中将权责发生制为基础的收入与费用项目调整为以收付实现制为基础的经营活动现金流量。直接以利润表中的营业收入和费用为起点,分别调整与经营活动相关的流动资产和流动负债的增减变化,然后分别计算出经营活动各现金流量。至于不影响现金流量的收入与费用以及营业外收支,则不必调整。

直接法的优点:能在现金流量表上较详细地列示来自经营活动的现金流入量和流出量,直接揭示了现金净流量与企业经营活动的内在联系,有助于预测企业未来经营活动产生的现金流量和正确评价企业的偿债能力和变现能力。相对于间接法,直接法更能够体现编制现金流量表的目的。但是直接法无法说明税后净利润与同期现金增减数之间差额的原因,而间接法则可以弥补这一不足。

2. 间接法

间接法,是指以净利润为起算点,调整经营活动中不涉及现金的收入、费用、营业外收支等有关项目以及存货、应收应付等项目的增减变动,剔除投资活动、筹资活动对现金流量的影响,据此计算出经营活动产生的现金流量。

我国企业会计准则规定,现金流量表的正表中用直接法计算和编制经营活动的现金流量,在补充资料中用间接法来计算和列示经营活动现金流量。

间接法有利于分析影响现金流量的原因以及从现金流量角度分析企业净利润的质量。我国企业会计准则和制度要求企业按直接法编制现金流量表主表,同时在其补充资料中反映按间接法将净利润调整为经营活动现金流量的信息。

**(二)现金流量表填列的具体方法**

现金流量应当分别按照现金流入和现金流出总额列报。但是,代客户收取或支付的现金、周转快、金额大、期限短项目的现金流入和现金流出,以及金融企业的有关项目,包括短期贷款发放与收回的贷款本金、活期存款的吸收与支付、同业存款和存放同业款项的存取、向其他金融企业拆借资金以及证券的买入与卖出等,可以按照净额列报。自然灾害损失、保险索赔等特殊项目,应当根据其性质,分别归并到经营活动、投资活动和筹资活动现金流量类别中单独列报。外币现金流量以及境外子公司的现金流量,应当采用现金流量发生日的即期汇率或按照系统合理的方法确定的,与现金流量发生日即期汇率近似的汇率折算。汇率变动对现金的影响额应当作为调节项目,在现金流量表中单独列报。

1. 经营活动产生的现金流量

在我国,企业经营活动产生的现金流量应采用直接法填列。有关经营活动的信息,可以通过企业的会计记录取得,也可以通过对利润表中的营业收入、营业成本以及其他项目进行调整后取得。固定资产折旧、无形资产摊销、集体资产减值准备等其他非现金项目,属于投资活动或筹资活动现金流量的其他非现金项目。

(1)"销售商品、提供劳务收到的现金"项目,反映企业本期销售商品、提供劳务收到的现金,以及前期销售商品、提供劳务本期收到的现金(包括销售收入和应向购买者收取的增值税销项税额)和本期预收的款项,减去本期销售本期退回的商品和前期销售本期退回的商品支付的现金。企业销售材料和代购代销业务收到的现金,也在本项目反映。本项目可以根据"库存现金"、"银行存款"、"应收票据及应收账款"、"预收账款"、"主营业务收入"、"其他业务收入"等科目的记录分析填列。

根据账户记录分析计算该项目的金额,通常可以采用以下公式:

销售商品、提供劳务收到的现金＝当期销售商品、提供劳务收到的现金＋当期收回前期的
应收账款和应收票据的现金＋当期预收的款项－当期
销售退回支付的现金＋当期收回前期核销的坏账损失

（2）"收到的税费返还"项目，反映企业收到返还的增值税、所得税、消费税、关税和教育费附加返还款等各种税费。本项目可以根据"库存现金"、"银行存款"、"营业外收入"、"其他应收款"等科目的记录分析填列。

（3）"收到其他与经营活动有关的现金"项目，反映企业收到的罚款收入、经营租赁收到的租金等其他与经营活动有关的现金流入，金额较大的应当单独列示。本项目可根据"库存现金"、"银行存款"、"营业外收入"等科目的记录分析填列。

（4）"购买商品、接受劳务支付的现金"项目，反映企业本期购买商品、接受劳务实际支付的现金（包括增值税进项税额），以及本期支付前期购买商品、接受劳务的未付款项和本期预付款项，减去本期发生的购货退回收到的现金。企业代购代销业务支付的现金，也在本项目反映。本项目可以根据"库存现金"、"银行存款"、"应付账款"、"应付票据"、"预付账款"、"主营业务成本"、"其他业务成本"等科目的记录分析填列。

根据账户记录分析计算该项目的金额，通常可以采用以下公式：

购买商品、接受劳务支付的现金＝当期购买商品、接受劳务支付的现金＋当期支付前期的
应付账款和应付票据的现金＋当期预付的账款－当期
因购货退回收到的现金

（5）"支付给职工以及为职工支付的现金"项目，反映企业本期实际支付给职工的工资、奖金、各种津贴和补贴等职工薪酬，以及为职工支付的其他费用。企业代扣代缴的职工个人所得税，也在本项目反映。但是应由在建工程、无形资产负担的职工薪酬以及支付的离退休人员的职工薪酬除外。企业支付给离退休人员的各项费用（包括支付的统筹退休金以及未参加统筹的退休人员的费用），在"支付的其他与经营活动有关的现金"项目反映；支付给在建工程人员的工资及其他费用，在"购建固定资产、无形资产和其他长期资产支付的现金"项目反映。本项目可以根据"应付职工薪酬"、"库存现金"、"银行存款"等科目的记录分析填列。

（6）"支付的各项税费"项目，反映企业本期发生并支付的、本期支付以前各期发生的以及预交的教育费附加、矿产资源补偿费、印花税、房产税、土地增值税、车船使用税等税费。计入固定资产价值、实际支付的耕地占用税、本期退回的增值税、所得税等除外。本期退回的增值税、所得税在"收到的税费返还"项目中反映。本项目可以根据"应交税费"、"库存现金"、"银行存款"等科目的记录分析填列。

（7）"支付的其他与经营活动有关的现金"项目，反映企业支付的罚款支出、支付的差旅费、业务招待费、保险费、经营租赁支付的现金等其他与经营活动有关的现金流出。如果其他与经营活动有关的现金流出金额较大的应当单独列示。本项目可以根据"库存现金"、"银行存款"、"管理费用"、"营业外支出"等科目的记录分析填列。

2. 投资活动产生的现金流量

（1）"收回投资收到的现金"项目，反映企业出售、转让或到期收回除现金等价物以外的交易性金融资产、长期股权投资而收到的现金，以及收回债权投资本金而收到的现金，但债权投资收回的利息、处置子公司及其他营业单位收到的现金净额不包括在本项目内。本项目可根据"其他权益工具投资"、"其他债权投资"、"债权投资"、"长期股权投资"、"库存现金"、"银行存

款"等科目的记录分析填列。

（2）"取得投资收益收到的现金"项目，反映企业因股权性投资而分得的现金股利，从子公司、联营企业或合营企业分回利润而收到的现金，以及因债权性投资而取得的现金利息收入，但股票股利不包括在本项目内。本项目可根据"应收股利"、"应收利息"、"库存现金"、"银行存款"、"投资收益"等科目的记录分析填列。

（3）"处置固定资产、无形资产和其他长期资产收回的现金净额"项目，反映企业出售、报废固定资产、无形资产和其他长期资产所取得的现金（包括因资产毁损而收到的保险赔偿收入），减去为处置这些资产而支付的有关费用后的净额，但是，如果现金净额为负数的，应在"支付其他与投资活动有关的现金"项目中反映。本项目可根据"固定资产清理"、"库存现金"、"银行存款"、"投资收益"等科目的记录分析填列。

（4）"处置子公司及其他营业单位收到的现金净额"项目，反映企业处置子公司及其他营业单位所取得的现金减去相关处置费用后的净额。本项目可根据"长期股权投资"、"库存现金"、"银行存款"等科目的记录分析填列。

（5）"收到其他与投资活动有关的现金"项目，反映企业除了上述1至4各项目以外，所收到的其他与投资活动有关的资金流入。比如，企业收回购买股票和债券时支付的已宣告但尚未领取的现金股利或已到付息期但尚未领取的债券利息。若其他与投资活动有关的现金流入金额较大，应单列项目反映。本项目可以根据"应收股利"、"应收利息"、"银行存款"、"库存现金"等科目的记录分析填列。

（6）"购建固定资产、无形资产和其他长期资产支付的现金"项目，反映企业购买、建造固定资产、取得无形资产和其他长期资产所支付的现金及增值税款、支付的应由在建工程和无形资产负担的职工薪酬现金支出，但不包括为购建固定资产而发生的借款利息资本化部分、融资租入固定资产所支付的租赁费。本项目可根据"固定资产"、"无形资产"、"库存现金"、"银行存款"等科目的记录分析填列。

（7）"投资所支付的现金"项目，反映企业取得的除现金等价物以外的权益性投资和债权性投资所支付的现金以及支付的佣金、手续费等附加费用，但不包括取得子公司及其他营业单位支付的现金净额。本项目可根据"他权益工具投资"、"其他债权投资"、"债权投资"、"长期股权投资"、"库存现金"、"银行存款"等科目的记录分析填列。

（8）"取得子公司及其他营业单位支付的现金净额"项目，反映企业购买子公司及其他营业单位购买出价中以现金支付的部分，减去子公司或其他营业单位持有的现金和现金等价物后的净额。本项目可根据"长期股权投资"、"库存现金"、"银行存款"等科目的记录分析填列。

（9）"支付其他与投资活动有关的现金"项目，反映企业除上述6至8各项目支付的其他与投资活动有关的现金流入或流出，比如企业购买债券时支付的价款中包含的已到期尚未领取的债券利息，企业购买股票时支付的价款中包含的已宣告而尚未领取的现金股利等，金额较大的应当单独列示。本项目可以根据"应收股利"、"应收利息"、"库存现金"、"银行存款"等科目的记录分析填列。

3. 筹资活动产生的现金流量

（1）"吸收投资收到的现金"项目，反映企业以发行股票、债券等方式筹集资金实际收到的款项，减去直接支付给金融企业的佣金、手续费、宣传费、咨询费、印刷费等发行费用后的净额。本项目可以根据"实收资本（或股本）"、"库存现金"、"银行存款"等科目的记录分析填列。

（2）"取得借款收到的现金"项目,反映企业各种短期、长期借款而收到的现金。本项目可以根据"短期借款"、"长期借款"、"库存现金"、"银行存款"等科目的记录分析填列。

（3）"偿还债务支付的现金"项目,反映企业以现金偿还债务的本金。本项目可以根据"短期借款"、"长期借款"、"应付债券"、"库存现金"、"银行存款"等科目的记录分析填列。

（4）"分配股利、利润或偿付利息支付的现金"项目,反映企业实际支付的现金股利、支付给其他投资单位的利润或用现金支付的借款利息、债券利息。本项目可以根据"应付股利"、"应付利息"、"财务费用"、"库存现金"、"银行存款"等科目的记录分析填列。

（5）"收到其他与筹资活动有关的现金"、"支付其他与筹资活动有关的现金"项目,反映企业除上述 1 至 4 项目外,收到或支付的其他与筹资活动有关的现金流入或流出,包括以发行股票、债券等方式筹集资金而由企业直接支付的审计和咨询等费用、为购建固定资产而发生的借款利息资本化部分、融资租入固定资产所支付的租赁费、以分期付款方式购建固定资产以后各期支付的现金等。如果某项其他与筹资活动有关的现金流出金额较大,应在单独列示项目中反映。本项目可以根据"营业外支出"、"长期应付款"、"库存现金"、"银行存款"等科目的记录分析填列。

4. "汇率变动对现金的影响"项目

该项目反映下列两项之间的差额:

（1）企业外币现金流量及境外子公司的现金流量折算为记账本位币时,所采用的现金流量发生日的即期汇率或按照系统合理的方法确定的、与现金流量发生日即期汇率近似的汇率折算的金额。

（2）"现金及现金等价物净增加额"中外币现金净增加额按期末汇率折算的金额。在编制现金流量时,可逐笔计算外币业务发生的汇率变动对现金的影响,也可不必逐笔计算而采用简化的计算方法,即通过现金流量表补充资料中"现金及现金等价物净增加额"数额与现金流量表中"经营活动产生的现金流量净额"、"投资活动产生的现金流量净额"、"筹资活动产生的现金流量净额"3 项之和比较,其差额即为"汇率变动对现金及现金等价物的影响"项目的金额。

5. "现金及现金等价物净增加额"项目

该项目反映企业本期内现金及现金等价物的净增加额或净减少额,该数额为前四部分相加的代数和,应等于资产负债表中现金及现金等价物的期末数减期初数的差额。

6. "期末现金及现金等价物余额"项目

该项目按现金及现金等价物净增加额与期初现金及现金等价物余额之和填列。

**（三）现金流量表补充资料披露的填列方法**

1. "将净利润调节为经营活动的现金流量"各项目

现金流量表采用直接法反映经营活动产生的现金流量,同时,企业还应当采用间接法在现金流量表附注披露将净利润调节为经营活动现金流量的信息,以对现金流量表中采用直接法反映的经营活动现金流量进行核对和补充说明。

采用间接法经营活动产生的现金流量时,需要对四大类项目进行调整:① 实际没有支付现金的费用;② 实际没有收到现金的收益;③ 不属于经营活动的损益;④ 经营性应收应付项目的增减变动。该部分至少应当单独披露对净利润进行调节的下列项目:资产减值准备;固定资产折旧;无形资产摊销;长期待摊费用摊销;待摊费用;预提费用;处置固定资产、无形资产和其他长期资产的损益;固定资产报废损失;公允价值变动损益;财务费用;投资损益;递延所得税资产和递延所得税负债;存货;经营性应收项目;经营性应付项目。

(1)"资产减值准备"项目,反映企业本期计提的坏账准备、存货跌价准备、短期投资跌价准备、长期股权投资减值准备、持有至到期投资减值准备、投资性房地产减值准备、固定资产减值准备、在建工程减值准备、无形资产减值准备、商誉减值准备、生产性生物资产减值准备、油气资产减值准备等资产减值准备。本项目应根据"资产减值损失"科目的记录分析填列。

(2)"固定资产折旧"、"油气资产折耗"、"生产性生物资产折旧"项目,分别反映企业本期计提的固定资产折旧、油气资产折耗、生产性生物资产折旧。本项目应根据"累计折旧"、"累计折耗"科目的贷方发生额分析填列。

(3)"无形资产摊销"、"长期待摊费用摊销"项目,分别反映企业本期计提的无形资产摊销、长期待摊费用摊销。本项目应根据"累计摊销"、"长期待摊费用"科目的贷方发生额分析填列。

(4)"处置固定资产、无形资产和其他长期资产的损失"项目,反映企业本期处置固定资产、无形资产和其他长期资产发生的净损失(或净收益)。如为"净收益"以"一"号填列。本项目应根据"营业外收入"、"营业外支出"等科目所属的有关明细科目的记录分析填列。

(5)"固定资产报废损失"项目,反映企业本期发生的固定资产盘亏净损失。本项目可根据"营业外收入"、"营业外支出"等科目所属有关明细科目的记录分析填列。

(6)"公允价值变动损失"项目,反映企业持有的金融资产、金融负债以及采用公允价值计量模式的投资性房地产的公允价值变动的净损失(或净收益),如为净收益以"一"号填列。本项目可根据"公允价值变动损益"科目所属有关明细科目的记录分析填列。

(7)"财务费用"项目,反映企业本期实际发生的属于投资活动或筹资活动的财务费用,该部分在计算净利润时已经扣除,但其发生的现金流量不属于经营活动现金流量的范畴,所以,在将净利润调节为经营活动现金流量时,需要予以加回。本项目可根据"财务费用"科目的借方发生额分析填列,如为收益以"一"号填列。

(8)"投资损失"项目,反映企业对外投资实际发生的投资损失减去收益后的净损失。本项目可根据利润表"投资收益"项目的数据填列,如为投资收益以"一"号填列。

(9)"递延所得税资产减少"项目,反映企业资产负债表"递延所得税资产"项目的期初余额与期末余额的差额。本项目可根据"递延所得税资产"科目发生额分析填列。

(10)"递延所得税负债增加"项目,反映企业资产负债表"递延所得税负债"项目的期初余额与期末余额的差额。本项目可根据"递延所得税负债"科目发生额分析填列。

(11)"存货的减少"项目,反映企业资产负债表"存货"项目的期初余额与期末余额的差额。期末数大于期初数的差额,以"一"号填列。

(12)"经营性应收项目的减少"项目,反映企业本期经营性应收项目(包括应收票据及应收账款、预付账款、长期应收款和其他应收款中与经营活动有关的部分及应收的增值税销项税额等)的期初余额与期末余额的差额。期末数大于期初数的差额,以"一"号填列。

(13)"经营性应付项目的增加"项目,反映企业本期经营性应付项目(包括应付票据及应付账款、预收账款、应付职工薪酬、应交税费、应付利息、应付股利、长期应付款、其他应付款中与经营活动有关的部分及应付的增值税进项税额等)的期初余额与期末余额的差额。期末数小于期初数的差额,以"一"号填列。

2.不涉及现金收支的重大投资和筹资活动

该项目反映企业一定期间内影响资产或负债但不形成该期现金收支的所有重大投资和筹资活动的信息。这些投资和筹资活动是企业的重大理财活动,对以后各期的现金流量会产生重大影响,因此,应单列项目在补充资料中反映。该部分内容,企业应当在附注中以总额披露。目前,我国企业现金流量表补充资料中列示的不涉及现金收支的重大投资和筹资活动项目主要有以下几项:

(1)"债务转为资本"项目,反映企业本期转为资本的债务金额。

(2)"一年内到期的可转换公司债券"项目,反映企业一年内到期的可转换公司债券的本息。

(3)"融资租入固定资产"项目,反映企业本期融资租入固定资产的最低租赁付款额扣除应分期计入利息费用的未确认融资费用的净额。

3.现金及现金等价物净变动情况

该项目反映企业在一定会计期间现金及现金等价物的期末余额减去期初余额后的净增加额(或净减少额)。企业在附注中披露与现金和现金等价物有关的信息主要包括:现金和现金等价物的构成及其在资产负债表中的相应金额;企业持有但不能由母公司或集团内其他子公司使用的大额现金和现金等价物金额。该部分通过现金及现金等价物账户的期末余额减去期初余额后计算得出,计算结果应与主表部分第五项的金额相符,是对现金流量表中的"现金及现金等价物净增加额"项目的补充说明。

### 四、现金流量表的编制方法

在具体编制现金流量表时,企业可根据业务量的大小及复杂程度,采用工作底稿法、"T"型账户法,或直接根据有关科目的记录分析填列。

#### (一)工作底稿法

工作底稿法是以工作底稿为手段,以利润表和资产负债表数据为基础,结合有关科目的记录,对现金流量表的每一项目进行分析并编制调整分录,从而编制出现金流量表的一种方法。

采用工作底稿法编制现金流量表的具体步骤是:

第一步,将资产负债表的年初余额和期末余额过入工作底稿的年初余额栏和期末余额栏。

第二步,对当期业务进行分析并编制调整分录。调整分录大体有这样几类:第一类涉及利润表中的收入、成本和费用项目以及资产负债表中的资产、负债及所有者权益项目,通过调整,将权责发生制下的收入、费用转换为现金基础;第二类是涉及资产负债表和现金流量表中的投资、筹资项目,反映投资和筹资活动的现金流量;第三类是涉及利润表和现金流量表中的投资和筹资项目,目的是将利润表中有关投资和筹资方面的收入和费用列入现金流量表投资、筹资现金流量中去。此外,还有一些调整分录并不涉及现金收支,只是为了核对资产负债表项目的期末年初的变动。

在调整分录中,有关现金和现金等价物的事项,并不直接借记或贷记现金,而是分别记入"经营活动产生的现金流量"、"投资活动产生的现金流量"、"筹资活动产生的现金流量"有关项目,借记表明现金流入,贷记表明现金流出。

第三步,将调整分录过入工作底稿中的相应部分。

第四步,核对调整分录,借贷合计应当相等,资产负债表项目年初余额加减调整分录中的借贷金额以后,应当等于期末余额。

第五步,根据工作底稿中的现金流量表项目部分编制正式的现金流量表。

### (二)"T"型账户法

"T"型账户法是以利润表和资产负债表为基础,结合有关科目的记录,对现金流量表的每一项目进行分析并编制调整分录,通过"T"型账户编制出现金流量的一种方法。

采用"T"型账户法编制现金流量表的具体步骤是:

第一步,为所有的非现金项目(包括资产负债表项目和利润表项目)分别开设"T"型账户,并将各自的期末年初变动数过入各账户中。

第二步,开设一个大的"现金及现金等价物""T"型账户,每边分为经营活动、投资活动和筹资活动三个部分,左边记现金流入,右边记现金流出。与其他账户一样,过入期末年初变动数。

第三步,以利润表项目为基础,结合资产负债表分析每一个非现金项目的增减变动情况,并据此编制调整分录。

第四步,将调整分录过入各"T"型账户中,并进行核对,该账户借贷相抵后的余额与原先过入的期末年初变动数应当一致。

第五步,根据大的"现金及现金等价物""T"型账户编制正式的现金流量表。

### (三)分析填列法

分析填列法是直接根据资产负债表、利润表和有关会计科目明细账的记录,分析计算出现金流量表各项目的金额,并据以编制现金流量表的一种方法。

# 第五节　所有者权益(股东)变动表

## 一、所有者权益变动表的内容和格式

所有者权益(或股东权益,下同)变动表,是指反映构成所有者权益的各组成部分当期的增减变动情况。当期损益、直接计入所有者权益的利得和损失以及与所有者(或股东,下同)的资本交易导致的所有者权益的变动,应当分别列示。

在所有者权益变动表至少应当单独列示反映下列信息的项目:① 净利润;② 直接计入所有者权益的利得和损失项目及其总额;③ 会计政策变更和差错更正的累积影响金额;④ 所有者投入资本和向所有者分配利润等;⑤ 按照规定提取的盈余公积;⑥ 实收资本(或股本)、资本公积、盈余公积、未分配利润的期初和期末余额及其调节情况。

所有者权益变动表的格式见表8-10。

表 8 - 10　所有者权益变动表

会企 04

编制单位：　　　　　　　　　　年　　　　　　　　　　　　　　单位:元

| 项　目 | 本年金额 | | | | | | 上年金额 | | | | | |
|---|---|---|---|---|---|---|---|---|---|---|---|---|
| | 实收资本（或股本） | 资本公积 | 减:库藏股 | 盈余公积 | 分配利润 | 所有者权益合计 | 实收资本（或股本） | 资本公积 | 减:库藏股 | 盈余公积 | 分配利润 | 所有者权益合计 |
| 一、上年年末余额 | | | | | | | | | | | | |
| 加:会计政策变更 | | | | | | | | | | | | |
| 前期差错更正 | | | | | | | | | | | | |
| 二、本年年初余额 | | | | | | | | | | | | |
| 三、本年增减变动金额（减少以"－"号填列） | | | | | | | | | | | | |
| （一）净利润 | | | | | | | | | | | | |
| （二）直接计入所有者权益的利得和损失 | | | | | | | | | | | | |
| 1.其他债权投资和其他权益工具投资公允价值变动净额 | | | | | | | | | | | | |
| 2.权益法下被投资单位其他综合收益变动、其他所有者权益变动影响 | | | | | | | | | | | | |
| 3.与计入所有者权益项目相关的所得税影响 | | | | | | | | | | | | |
| 4.其他 | | | | | | | | | | | | |
| 上述（一）和（二）小计 | | | | | | | | | | | | |
| （三）所有者投入和减少资本 | | | | | | | | | | | | |
| 1.所有者投入资本 | | | | | | | | | | | | |
| 2.股份支付计入所有者权益的金额 | | | | | | | | | | | | |
| 3.其他 | | | | | | | | | | | | |
| （四）利润分配 | | | | | | | | | | | | |
| 1.提取盈余公积 | | | | | | | | | | | | |
| 2.对所有者（或股东）的分配 | | | | | | | | | | | | |
| 3.其他 | | | | | | | | | | | | |
| （五）所有者权益内部结转 | | | | | | | | | | | | |
| 1.资本公积转增资本（或股本） | | | | | | | | | | | | |
| 2.盈余公积转增资本（或股本） | | | | | | | | | | | | |
| 3.盈余公积弥补亏损 | | | | | | | | | | | | |
| 4.其他 | | | | | | | | | | | | |
| 四、本年年末余额 | | | | | | | | | | | | |

## 二、所有者权益变动表的编制

所有者权益变动表反映企业年末所有者权益变动的情况,应在一定程度上体现企业综合收益的特点,除列示直接计入所有者权益的利得和损失外,同时包含最终属于所有者权益变动的净利润,从而构成企业的综合收益。

所有者权益变动表各项目应当根据当期净利润、直接计入所有者权益的利得和损失项目、所有者投入资本和向所有者权益分配利润、提取盈余公积等情况分析填列。直接计入当期损益的利得和损失应包含在净利润中;直接计入所有者权益的利得和损失,主要包括:其他债权投资公允价值变动净额、其他权益工具投资、公允价值变动净额、现金流量套期工具公允价值变动净额等,单列项目反映。所有者权益变动表中项目的填列方法如下。

1."上年年末余额"项目

该项目反映企业上年资产负债表中实收资本(或股本)、资本公积、库存股、盈余公积、未分配利润的年末余额。

2."会计政策变更"和"前期差错更正"项目

该项目分别反映企业采用追溯调整法处理的会计政策变更的累积影响金额和采用追溯重述法处理的会计差错更正的累积影响金额。

3."本年增减变动金额"项目

(1)"净利润"项目,反映企业当年实现的净利润(或净亏损)金额。

(2)"直接计入所有者权益的利得和损失"项目,反映企业当年直接计入所有者权益的利得和损失金额。

①"其他债权投资公允价值变动净额"、"其他权益工具投资公允价值变动净额"项目,反映企业持有的其他债权投资、其他权益工具投资当年公允价值变动金额;

②"权益法下被投资单位其他综合收益变动、其他所有者权益变动影响"项目,反映企业对按照权益法核算的长期股权投资,在被投资单位其他综合收益、其他所有者权益当年变动中应享有的份额;

③"与计入所有者权益项目相关的所得税影响"项目,反映企业应计入所有者权益项目的当年所得税影响金额。

(3)"所有者投入和减少资本"项目,反映企业当年所有者投入的资本和减少的资本。

①"所有者投入资本"项目,反映企业接受投资者投入形成的实收资本(或股本)和资本溢价或股本溢价;

②"股份支付计入所有者权益的金额"项目,反映企业处于等待期中的权益结算的股份支付当年计入资本公积的金额。

(4)"利润分配"项目,反映企业当年的利润分配金额。

①"提取盈余公积"项目,反映企业按照规定提取的盈余公积;

②"对所有者(或股东)的分配"项目,反映所有者(或股东)分配的利润(或股利)金额。

(5)"所有者权益内部结转"项目,反映企业构成所有者权益的组成部分之间的增减变动情况。

①"资本公积转增资本(或股本)"项目,反映企业以资本公积转增资本或股本的金额;

②"盈余公积转增资本(或股本)"项目,反映企业以盈余公积转增资本或股本的金额;

③"盈余公积弥补亏损"项目,反映企业以盈余公积弥补亏损的金额。

# 第六节　附　　注

## 一、附注的意义

附注是对在资产负债表、利润表、现金流量表和所有者权益变动表等报表中列示项目的文字描述或明细资料,以及对未能在这些报表中列示项目的说明等。

附注是财务报表不可或缺的组成部分,报表使用者了解企业的财务状况、经营成果和现金流量,应当全面阅读附注,附注相对于报表而言,同样具有重要性。附注的作用主要体现在以下几个方面:

(1) 有利于会计信息使用者全面正确地理解财务报表中所提供的信息;

(2) 有利于会计信息使用者更加相信地了解企业的财务状况和经营成果;

(3) 有利于会计信息使用者作出正确的预测和决策。

## 二、附注中应披露的内容

附注披露的相关信息应当与资产负债表、利润表、现金流量表和所有者权益变动表等报表中列示的项目相互参照。我国企业会计准则规定,附注应当按照一定的结构进行系统合理的排列和分类,有顺序地披露以下信息内容。

### (一) 企业的基本情况

下列各项未在与财务报表一起公布的其他信息中披露的,企业也应当在附注中披露:

(1) 企业注册地、组织形式和总部地址;

(2) 企业的业务性质和主要经营活动;

(3) 母公司以及集团最终母公司的名称;

(4) 财务报告的批准报出者和财务报告批准报出日。按照有关法律、行政法规等规定,企业所有者或其他方面有权对报出的财务报告进行修改。

### (二) 财务报表的编制基础

(1) 会计年度;

(2) 记账本位币;

(3) 会计计量所运用的计量基础;

(4) 现金和现金等价物的构成。

### (三) 遵循企业会计准则的声明

企业应当声明编制的财务报表符合企业会计准则的要求,真实、完整地反映了企业的财务状况、经营成果和现金流量等有关信息。

### (四) 重要会计政策和会计估计的说明

企业应当披露重要的会计政策和会计估计,不具有重要性的会计政策和会计估计可以不披露。判断会计政策和会计估计是否重要,应当考虑与会计政策或会计估计相关项目的性质和金额。企业在披露会计政策时,应包括财务报表项目的计量基础和会计政策的确定依据等。例如,如何判断持有的金融资产为持有至到期的投资而不是交易性投资;对于拥有的持股不足50％的企业,如何判断企业拥有控制权并因此将其纳入合并范围;如何判断与租赁资产相关的所有风险和报酬已转移给企业;以及投资性房地产的判断标准等。这些判断对报表中确认的项目金额具有重要影响。在披露会计估计时,企业应当披露会计估计中所采用的关键假设和不确定因素的确定依据,包括在下一会计期间内很可能导致资产、负债账面价值重大调整的会计估计的确定依据等。例如,固定资产可收回金额的计算,需要根据其公允价值减去处置费用后的净额与预计未来现金流量的现值两者之间的较高者确定,在计算资产预计未来现金流量的现值时,需要对未来现金流量进行预测,选择适当的折现率,并应当在附注中披露未来现金流量预测所采用的假设及其依据、所选择的折现率的合理性等。

### (五)会计政策和会计估计变更以及差错更正的说明

企业应当按照《企业会计准则第 28 号——会计政策、会计估计变更和差错更正》及其应用指南的规定,披露会计政策和会计估计变更以及差错更正的有关情况。

### (六)会计报表重要项目的说明

会计报表重要项目的说明,应当尽可能以列表形式披露重要报表项目的构成或当期增减变动情况。对重要报表项目的明细说明,应当按照资产负债表、利润表、现金流量表、所有者权益变动表的顺序以及报表项目列示的顺序,采用文字和数字描述相结合的方式进行披露,报表重要项目的明细金额合计,应当与报表项目金额相衔接。资产减值准备明细表、分部报表、现金流量表补充资料应当在附注中单独披露,不作为报表附表。

例如,交易性金融资产,企业应当披露交易性金融资产的构成及期初、期末公允价值等信息;应收款项,企业应当披露应收款项的账龄结构和客户类别,坏账的确认标准和坏账准备的计提方法、比例,以及期初、期末账面余额等信息。存货,企业对存货应当披露下列信息:① 各类存货的期初、期末账面余额;② 确定发出存货成本所采用的方法;③ 存货可变现净值的确定依据,存货跌价准备的计提方法,当期计提的存货跌价准备的金额,当期转回的存货跌价准备的金额,以及计提和转回的有关情况;④ 用于担保的存货账面价值;⑤ 存货的具体构成;⑥ 消耗性生物资产等。固定资产,企业应当披露下列信息:① 固定资产的确认条件、分类、计量基础和折旧方法;② 各类固定资产的使用寿命、预计净残值和折旧率;③ 各类固定资产的期初和期末原价、累计折旧额及固定资产减速值准备累计金额;④ 当期确认的折旧费用;⑤ 对固定资产所有权的限制及其金额和用于担保的固定资产账面价值;⑥ 准备处置的固定资产名称、账面价值、公允价值、预计处置费用和预计处置时间等;应交税费,企业应当披露应交税费的构成及期初、期末账面余额等信息;短期借款和长期借款,企业应当披露短期借款、长期借款的构成及期初、期末账面余额等信息。

另外,企业还需要在附注中披露:和承诺事项、资产负债表日后非调整事项及其交易等需要说明的事项。

# 第七节　财务报表主要项目分析

## 一、财务报表分析的概念

财务报表分析是以企业财务报表和其他资料为依据和起点,采用专门方法,系统分析和评价企业的过去和现在的经营成果、财务状况及其变动,目的是了解过去、评价现在、预测未来,帮助利益关系集团改善决策。企业的财务报表如资产负债表、利润表、现金流量表等是企业进行财务分析最主要、最基本的资料依据。

企业的每张报表都只是单独反映企业某一方面的经营、财务状况,而且报表所提供的大量会计信息都是绝对数字。从这些绝对数字本身我们很难读出有用的信息,这就需要报表使用者对会计报表中的数据做进一步的加工处理,以显示各项数据之间所隐含的相互关系,也即进行财务报表分析。通过财务报表分析所提供的财务指标及其他有关经济信息,对企业的财务状况和经营成果作出分析、比较、解释和评价 。

## 二、财务报表分析的基本内容

财务报表使用者大体上分为两类:内部使用者和外部使用者。内部使用者主要是公司经营管理层,他们负责企业的经营和战略决策。外部使用者是不参与企业经营活动的单位与个人,如投资者、债权人、贸易伙伴、政府以及中介机构等。财务报表内部使用者和外部使用者所关注的问题是不一样的,因而他们进行报表分析的内容是不同的。

尽管不同利益主体进行财务分析有着各自的侧重点,但就企业整体来看,财务分析可以归纳为 4 个方面:偿债能力分析、营运能力分析、盈利能力分析和发展能力分析。其中,偿债能力是财务目标实现的稳健保证,营运能力是财务目标实现的物资基础,盈利能力是两者共同作用的结果,同时也对两者的增强起着推动作用。四者相辅相成,共同构成企业财务分析的基本内容。

## 三、资产负债表主要项目的分析

### (一) 货币资金

货币资金是企业流动性最强的资产,但同时也是收益性最差的资产。相对而言,虽然它占企业资产总额的比重一般不大,但由于企业的资金运动的最终形态是货币资金,并以货币资金进行购买或偿债,所以它在企业中十分重要。拥有一定数额的货币资金,就拥有了一定的支付能力。没有钱发工资、买材料、还欠款,对企业影响很大。企业因其支付动机、预防动机、投机动机必须拥有一定的货币资金。但企业也不应将大量的货币资金闲置在银行里,只获取极少的利息。企业持有货币资金是有代价的,通常会发生 3 种成本:机会成本、管理成本、短缺成本。机会成本是指企业为从事某项经营活动而放弃另一项经营活动的机会,或利用一定资源获得某种收入时所放弃的另一种收入。管理成本是近年来相对财务成本(实际成本)而提出来的一个概念,即用于企业内部经营管理的各种成本的总称。短缺成本是指在现金持有量不足而又无法及时通过有价证券变现加以补充而给企业造成的损失,包括直接损失和间接损失。

企业持有货币资金的规模因其类型、业务不同而异,如以农副产品为加工对象的企业,在农副产品收获季节之前,应持有大量货币资金以便采购,而在收购季节过后,货币资金持有量则明显下降。再如,企业宣告发放现金股利时,需积累货币资金,而在股利发放之后,货币资金余额明显减少。

### (二)交易性金融资产

交易性金融资产可以理解为短期投资。我国现行会计制度规定,企业取得交易性金融资产时,按照取得时的公允价值入账。企业应当在每期期末,对交易性金融资产进行全面检查,对其公允价值的变动,计入当期损益。

企业在对外投资时,采取交易性金融资产的方式,是为了充分利用暂时富余的货币资金,获取高于银行存款的收益,同时也使手中保留一部分易于变现的有价证券,以备不时之需。持有交易性金融资产是不可能取得其他企业的控股权的。有些交易性金融资产具有投机性,如投资股票,风险很大,数额不易过大。

现行会计制度规定,企业应当计提资产减值准备,这些资产包括存货、应收款项、债权投资、固定资产、在建工程、无形资产、投资性房地产等,这样可以使企业资产的账面价值与实际价值保持一致。但要防止在实践中有人利用这项规定,人为调节报表数据。

有些企业设置资产减值准备作为公司报告业绩的蓄水池或缓冲区,一般都是在收益情况比较好的年度以计提秘密准备的形式设立,在战略需要时转回,以达到其操纵利润的目的。有些企业利用某些对自己不利的事件,夸大问题的严重性,计提巨额的减值准备,一次亏个够,以便今后利用巨额冲销来消化成本,以夸大对外报告的利润。

### (三)应收账款

企业存在大量应收账款,积极的意义表明产品适销对路,销售顺畅。但是,市场存在着风险,企业的应收账款由于各种原因可能收不回来而形成坏账损失。所以,应收账款是典型的风险资产。应收账款若数额过大,企业宝贵的资金被占用在结算环节上不能发挥作用。对应收及预付类资产,不仅要考察其数额大小,更要分析其时间长短。债权在没有变现之前,积聚着风险,而且时间越长,风险越大。在实际生活中,因收不回货款而被拖垮的企业并不鲜见。

因此,应收账款的分析重点在于账龄分析。企业已发生的应收账款时间长短不一,有的尚未到期,有的已超过收款期,而且超过的时间也有长有短。为规避风险,加强资产的变现能力,企业必须对已发生的应收账款实行严密的监控,随时掌握应收账款的动态,防止发生坏账。

### (四)存货

存货是企业的一项特殊资产,它是一项不能给企业直接带来收益的必要投资,又是一项维持企业正常生产经营活动的必要准备。存货是企业(制造业)流动资产中所占比例最大的项目,又是企业流动资产中流动性最差的部分。企业的存货量越大,占用的资金也越多。

在正常的情况下,存货一般在一年内或一个营业周期内,通过出售或生产消耗转化为货币资金,适当的存货保有量对企业生产经营的正常运行非常必要,过多或过少的存货都会对企业产生不利影响。比如"存货"项目金额过大,说明企业的库存越大,生产过剩,销售困难。这样的存货不仅变现能力差,而且时间越长越不值钱。在一个生产相对过剩的经济环境中,多数类别的存货贬值的周期越来越短,过量的存货属于风险资产。

### （五）长期股权投资

长期股权投资与交易性金融资产目的不同，交易性金融资产主要目的是为了谋利，而长期股权投资主要目的是为了使企业经营多样化，为了将来扩大生产经营规模而积累整笔资金，或者是为了扩大本企业的产品销售，为了控制其他企业等。概括地讲，是为了企业长远发展和利益考虑所进行的投资。

在阅读和分析资产负债表中"长期股权投资"项目时，首先要了解企业对外投资的形式是什么，是以现金、实物、无形资产等方式向其他单位投资，还是购买股票。

企业以现金、实物、无形资产和股票进行长期投资，在被投资单位所占股份数高于50%时，说明对被投资单位有实际控制权，应当采用成本法核算；反之，按权益法核算。成本法指长期股权投资按投资的实际成本计价的方法。权益法指长期股权投资按投资企业在被投资企业权益资本中所占比例计价的方法。对股票投资形式，分析时应注意企业有无利用50%这个界限，根据被投资企业的业绩，通过买或卖一定数额的股票，使其持有的股票略高或低于50%，以便在成本法和权益法之间选择对自己有利的方法，粉饰报表。

长期股权投资这类资产若投资成功，就会产生稳定而增长的收益，会增加股东的财富。但若投资不当，长期无收益或收益很少，这类资产等于没有发挥作用。长期股权投资面临的市场风险也比较大，遇到股市动荡、参股公司破产，投资项目失败等情况，这类资产不仅不会给企业带来收益，而且资产本身还会贬值，甚至"血本无归"。

### （六）固定资产

在资产负债表上，"固定资产"项目按固定资产原价减去累计折旧和固定资产减值准备后金额填列。这3个指标非常重要，固定资产原价反映了企业拥有的固定资产的规模；累计折旧反映了固定资产的价值损耗；企业应当在期末或者至少在每年年度终了，对固定资产逐项检查，如果由于市价持续下跌，或技术陈旧、损坏、长期闲置等原因导致其可收回金额低于账面价值的，应当将可收回金额低于其账面价值的差额作为固定资产减值准备，固定资产减值准备反映了固定资产的价值下跌情况。3个指标相互联系地反映了固定资产的原始价值、转移价值和下跌价值。

一般来讲，固定资产的增、减将会影响企业的盈利。固定资产不仅可以增加，也可以转让、闲置或报废，也就是说，固定资产中将有一部分因闲置而不能产生效益，也会因报废减少企业的资产。至于折旧，即使企业的固定资产不出现转让、闲置或报废，每年也要提取一定比例的折旧费来冲减固定资产的价值，从而减少企业的资产规模。必须正确计提折旧，折旧会影响利润的大小，多提或少提折旧会歪曲企业的经营成果，会歪曲企业资产、净资产等财务状况。折旧还会涉及税务问题，多提折旧会使利润减少，从而使所得税减少。

在分析"固定资产"项目时，要注意企业的类型，如制造业与IT业就明显不同，前者固定资产占资产总计比重很大，而后者则较小。对这二者来讲，以固定资产数额的大小来评价其经济规模显然是不适宜的。

### （七）在建工程

"在建工程"项目列示的在建工程的各项支出，在竣工决算之后转入固定资产。若在建工程数额大，从积极的角度看，说明企业在扩充产能，有了新的经济增长点。该项目分析的重点，要注意是否有长期的在建工程。这种超过工期，迟迟不能转为固定资产项目的在建工程，若为

"胡子工程"的话,会拖垮企业的。

### (八) 无形资产

无形资产指企业长期使用而没有实物形态的资产,包括专利权、商标权、专有技术、著作权、场地使用权、商誉等。在知识经济的时代,无形资产相对物质资产有着重要意义。企业提高核心竞争力,拥有自主知识产权,仅靠物质资产是无法实现的。

### (九) 其他项目

资产负债表中有一些"其他"项目,如"其他应收款"、"其他流动资产"、"其他长期资产"、"其他应付款"、"其他流动负债"、"其他长期负债"等,从理论上讲,数额都应相对不大。在分析时,若发现数额较大,应作为重点,查明原因。

### (十) 短期借款与应付账款

在流动负债的诸多项目中,短期借款与应付账款是分析的重点。企业借入短期借款用于生产经营,用别人的钱为自己赚钱,可以为股东增加财富。但是,短期借款如果数额过大,企业近期的偿债压力就会加大,若这时手中的货币资金也短缺的话,企业就会出现偿债危机。而且,短期借款是所欠银行的债务,若拖欠的话,会使企业在银行的信用下降,影响企业今后的融资。

在生产经营过程中,适度的应付账款可以节省企业的资金,它相当于从债权方获取了一笔无息贷款。但是,当应付账款的数额过大时,企业的信用风险就会加大。流动负债的大小考验企业的短期偿债能力。

### (十一) 长期借款

长期借款具有偿还期限长、债务金额巨大、可分期偿还 3 个特点。企业举借长期借款的目的是为了购置固定资产、扩充生产能力等,而不是用于生产经营周转。

企业扩充生产能力,仅依靠向股东筹资是不够的。通过借银行的钱,来完成靠自身积累无法完成的事情。但借债总是要还的,企业不仅要准备到期需偿债的货币,而且金额不菲的利息费用也构成了企业长期性的支出,加重了企业的负担。因此,举借长期债务,既可能给企业带来效益,也可能给企业带来风险。

### (十二) 所有者权益

所有者权益是企业的自有资金,包括实收资本、资本公积、盈余公积和未分配利润。实收资本和资本公积是投资人的投资及股本溢价等;而盈余公积和未分配利润不是来自投资人的直接投资,而是通过企业的生产经营活动产生的,是投资的增值。

## 四、利润表主要项目的分析

对利润表进行分析主要从三方面入手。

### (一) 收入

公司通过销售产品、提供劳务取得各项营业收入,也可以将资源提供给他人使用,获得租金与利息等营业外收入。收入的增加,意味着公司资产的增加或负债的减少。

收入项目分析包括收入的要素分析和结构分析。

1．收入要素分析

收入要素分析主要包括营业收入、公允价值变动收益、投资收益、营业外收入等的分析。

对收入的要素进行分析时应注意收入的作用。收入是判断企业规模和经营能力的重要指标，销售能体现一个企业的经营能力；营业收入直接体现企业的市场占有情况，企业必须把稳定和持续扩展市场作为其生存的重要保障；根据个别产品或劳务的销售增长率指标，可观察企业产品或经营结构情况，观察企业的成长性。收入是企业获得净收益或净利润的基础，一般情况下，收入越多，净利润也越多。但是费用增长超过收入增长的情况下，收入的增长就未必一定能带来净利润的增长，有些企业销售收入增长较快，但经济效益却未增加甚至下降，问题就在于与收入相关的费用。因此，企业应正确认识收入及其增长，应当在收入增长的同时，下大力气降低费用水平。

2．收入结构分析

对收入的结构分析要注意收入的稳定结构，这主要是看经常性收入比重。对企业来说，使经常性收入始终保持一个较高的比例，无疑是必要的。借助这个指标，可以观察企业持续经营能力的大小。收入的有效性结构要是看有效性收入的比重，这是一个极具现实意义的概念。在收入结构分析时，有效性和无效性收入等数据，需要通过会计人员的职业判断来进行，因此带有一定的估计性。

**（二）费用**

费用是收入的扣除，费用的确认、扣除正确与否直接关系到公司的盈利。所以分析费用项目时，应首先注意费用包含的内容是否适当，确认费用应贯彻权责发生制原则、历史成本原则、划分收益性支出与资本性支出的原则等。其次，要对成本费用的结构与变动趋势进行分析，分析各项费用占营业收入百分比，分析费用结构是否合理，对不合理的费用要查明原因。同时对费用的各个项目进行分析，看看各个项目的增减变动趋势，以此判定公司的管理水平和财务状况，预测公司的发展前景。

"费用"项目的分析包括费用要素和结构的分析。

1．费用要素分析

"费用"项目要素主要包括营业成本、税金及附加、销售费用、管理费用、财务费用、资产减值准备、所得税费用和营业外支出等。

对营业成本进行重点分析和研究，其目的就是降低营业成本，增加利润，同时将主要精力放在营业成本的变动上，确定本期与前期或同行业企业的成本差异，从而找出差异的原因。对营业成本项目的分析，使用较多的一个指标就是"营业成本与营业收入的比率"，并在不同会计期间进行比较，观察其变化的趋势，若其呈上升趋势，在其他费用条件一定的情况下，企业的经营获利能力将出现下降的态势，说明企业的内部管理出了问题。

税金及附加虽然不构成产品的成本，却是企业为取得营业收入而必须发生的费用支出。在分析时，应注意其计算的准确性和缴纳的及时性。

销售费用大多属于变动费用，随着销售数量的变化而变化。从销售费用的基本构成及功能来看，有的与企业的业务活动规模有关，有的与企业的未来发展、市场开拓、企业品牌知名度的扩大有关。在企业业务发展的条件下，企业的销售费用不应下降。片面追求在一定时期的费用的降低，可能对企业的长期发展造成不利影响。

在对财务费用进行分析时，要注意企业的利率水平主要受一定时期资本市场的利率水平的影响,所以不应对企业因贷款利率的宏观下调而导致的财务费用降低给予过高的评价。

在对资产减值损失分析时,一般而言,企业资产减值损失金额较大时,表明企业有进行盈余管理的倾向。

对所得税费用项目进行分析时应注意其计算的准确性。

对营业外支出进行分析时,主要是通过各具体项目的比较,说明营业外支出是由哪些项目引起的,对于这些损失,企业应力争控制到最低限度。

2. 费用结构分析

进行费用结构分析时应重视营业成本比重。营业成本是企业费用的主要组成部分,也是在营业收入中所占比例最大的部分。在实际中,对营业成本比重的分析通常借助于"营业成本率"指标,以及三项期间费用(销售费用、管理费用、财务费用)的比重。期间费用的上升是影响其利润下降的主要原因,期间费用中特别值得关注的是利息费用、研发费用比重。在费用总水平降低的情况下,研发费用的比重应进一步提高,这既有利于技术进步、知识经济发展和提高企业综合竞争能力,又是国内外企业发展的共同经验和趋势。一般来说,对管理的重视,将带来企业费用水平的降低,但是对企业来说,优化费用的结构与降低费用同等重要。

### (三)利润项目分析

利润项目的分析包括利润要素、结构分析和核心指标分析。

1. 利润要素分析

对利润要素进行分析时,应关注要素的特殊性。会计利润是根据企业实际发生的经济业务所获得的各种收入和所付出的相关费用计算得出的,因此具有较高的可验证性,相对比较客观。会计利润是分期计算出来的,建立在会计分期假设前提上,因而会计利润是企业某一经营期间的经营成果。会计利润是依据实现原则来确认收入的,收入或收益只有在实现以后才体现在利润表上,未实现的收益不管其发生的可能性程度有多大,均不包括在利润表中。会计利润是按历史成本原则计算出来的,不考虑物价变动的影响。这样,在物价持续上升的情况下,按历史成本计算出来的账面利润有可能会高估企业的净收益水平,导致账面利润与实际利润脱节或虚盈实亏。

(1)主营业务收入越多越好。关注利润中多少是来自主营业务,多少来自其他业务,多少来自投资收益,尤其是投资收益中的特殊情况,通常情况下,依靠主营业务获取稳定利润才是王道。

(2)销售成本越少越好。只有把销售成本降到最低,才能够把销售利润升到最高。尽管销售成本就其数字本身并不能告诉我们公司是否具有持久的竞争力优势,但它却可以告诉我们公司的毛利润的大小。通过分析企业的利润表就能够看出这个企业是否能够创造利润,是否具有持久竞争力。企业能否盈利仅仅是一方面,还应该分析该企业获得利润的方式,它是否需要大量研发以保持竞争力,是否需要通过财富杠杆以获取利润。通过从利润表中挖掘的这些信息,可以判断出这个企业的经济增长原动力,因为利润的来源比利润本身更有意义。

(3)特别关注销售费用。企业在运营的过程中都会产生销售费用,销售费用的多少直接影响企业的长期经营业绩。关注时可与收入进行挂钩来考核结构比的合理性,另外,对于固定性的费用可变固定为变动来进行管控。

(4)衡量销售费用及一般管理费用的高低。在公司的运营过程中,销售费用和一般管理费用不容轻视。一定要远离那些总是需要高额销售费用和一般管理费用的公司,努力寻找具有低销售费用和一般管理费用的公司。一般来说,这类费用所占的比例越低,公司的投资回报率就会越高。如果一家公司能够将销售费用和一般管理费用占毛利润的比例控制在 30% 以下,那就是一家值得投资的公司。但这样的公司毕竟是少数,很多具有持续竞争优势的公司,其比例也为 30%～80%,也就是说,如果一家或一个行业的这类费用比例超过 80%,那就可以放弃投资该家或该类行业了。

(5) 不要忽视折旧费用。折旧费用对公司的经营业绩的影响是很大的,在考察企业是否具有持续竞争优势的时候,一定要重视厂房、机器设备等的折旧费。

(6) 利息支出越少越好。和同行业的其他公司相比,那些利息支出占营业收入比例最低的公司,往往是最具有持续竞争优势的。利息支出是财务成本,而不是运营成本,其可以作为衡量同一行业内公司的竞争优势,通常利息支出越少的公司,其经营状况越好。

(7) 关注信用减值损失和资产减值损失。很多企业通过信用减值损失和资产减值损失的计提来控制利润,已经不是秘密了,盈利好的企业,通过多计提应收账款坏账、固定资产减值准备、存货跌价准备等,以达到增加利润表资产减值损失、进而减少利润的目的,从而隐藏利润,一定程度上减少经营业绩预期,降低经营压力,这种情况在经营好的国有企业中较常见。反之,也有企业在经营业绩较差时,通过少计提资产减值准备,达到利润表扭亏为盈的目的,投资者在分析报表时,要与行业对比、与该企业以前年度对比,找出资产减值损失计提标准的变化。

(8) 关注非经常性损益。非经常性损益主要指的是营业外收支,很多上市公司为了避免连续两年亏损后被 ST 或被退市,往往在发生亏损的次年通过处置资产等方式,增加营业外收益,从而达到盈利的目的,规避退市风险,例如通过处置土地来实现盈利,所以在分析上市公司报表时,尤其对于上年度亏损的上市公司,一定要关注营业外收入。在考察企业的经营状况时,一定要排除非经常性项目这些偶然性事件的收益或损失,然后再来计算各种经营指标。毕竟,这样的非经常性损益不可能每年都发生。还要考虑所得税的影响以分析净利率。

2. 利润结构分析

利润的结构分析的侧重应是当前是否存在结构不够合理、盈利的稳定性和持久性较差。一旦这种情况成为长期趋势,就意味着企业的利润结构从相对稳定性向相对不稳定、不持久的偶发项目转移,企业盈利的风险增加。这种趋势若长期持续下去,对于改善企业的财务状况、提高经济效益、增加财务收入等都是不利的。企业利润结构的不合理性以及盈利风险的增大,也说明企业的结构性矛盾还比较突出。不过,随着市场经济特别是资本市场的发展,企业的对外投资行为会越来越经常化,数量会越来越多,相应的投资收益数量也会持续增加,且投资收益的稳定性也在增强。这时,即使企业的营业外收支净额不变,营业利润的比重也会不断降低。由此造成的营业利润比重下降的现象,合理与否以及合理性的程度,要根据具体情况分析判断,不能一概而论。但是,由于营业外收支净额的变化所造成的营业利润比重的下降的现象,不管在任何情况下都不是合理的,这部分比重越大,利润结构就越不合理,盈利的不稳定性和风险性越大。

3. 核心指标分析

利润表里的核心指标包括毛利率和销售净利率。

(1) 毛利率。毛利率是毛利与销售收入(或营业收入) 的百分比,其中毛利是收入和与收入相对应的营业成本之间的差额。

用公式表示：

$$毛利率＝毛利/主营业务收入×100\%$$
$$＝（主营业务收入－主营业务成本）/主营业务收入×100\%$$

从构成上看，毛利是营业收入与营业成本之差，但实际上这种理解将毛利率的概念本末倒置了，其实，毛利率反映的是一个商品经过生产转换内部系统以后增值的那一部分。也就是说，增值越多毛利自然就越多。比如产品通过研发的差异性设计，比竞争对手增加了一些功能，而边际价格的增加又为正值，这时毛利也就增加了。

毛利率大小通常取决于以下因素：市场竞争、企业营销、研发成本、品牌效应、固定成本、技术成本、技术工艺、周转率、生命周期、产品部件等。拥有其中一项或几项因素，企业就可以对其产品或服务自由定价，让售价远远高于其产品或服务本身的成本。如果企业缺乏相关方面的竞争因素，其毛利率就处于较低的水平，企业就只能根据产品或服务的成本来定价，赚取微薄的利润。

通常是高科技行业的毛利率比普通产业的毛利率高，新兴产业的毛利率比传统产业、夕阳产业的毛利率高，相对于同类产品，新开发的产品毛利率比原有老产品的毛利率高。而不同行业之间，不同商品之间毛利率也有很大差异，不能笼统对比。比如，工业企业的产品销售毛利率、商业企业的商品销售毛利率、建造施工企业毛利率、交通运输业毛利率、旅游饮食服务业毛利率差异很大。此外，类似软件行业、银行业的毛利率有些特殊，需要区别看待。

总体而言，看一家企业的毛利率高低，可以反映出企业产品的竞争能力，毛利率高的竞争能力强。毛利率高的企业才能拥有高的净利润。

一般而言，毛利率超过50%的企业是非常优秀的，40%的毛利率处于中等水平，具有一定的竞争优势，30%的毛利率属于及格水平，低于20%以下的毛利率，除了少数特殊行业外，要么说明企业所属行业已经处于过度竞争，要么表明企业自身的经营出了严重问题。

一般而言，毛利率越稳定越好，说明企业具有持续竞争的优势。维持稳定的毛利率是企业实现长远发展的基石，如果检查一家企业近几年的利润表，发现毛利率波动很大，那就说明企业经营状况不够稳定。企业内部管理层需要自查发展战略是否出现问题或者内部管理不到位，投资者则需多方考量投资意向了。

（2）销售净利率

$$销售净利率＝净利润/主营业务收入×100\%$$

销售净利率体现的是企业每一百元销售收入净额可实现的净利润的比例，该比率越高，说明企业获利能力越强。

销售净利率与净利润成正比关系，与销售收入成反比关系，企业在增加销售收入额的同时，必须相应地获得更多的净利润，才能使销售净利率保持不变或有所提高。经营中往往我们可以发现，企业在扩大销售的同时，由于销售费用、财务费用、管理费用的大幅增加，企业净利润并不一定会同比例增长，甚至出现负增长。盲目扩大生产和销售规模未必会为企业带来正的收益。因此，分析者应关注在企业每增加1元销售收入的同时，净利润的增减程度，由此来考察销售收入增长的效益。通过分析销售净利率的升降变动，可以促使企业在扩大销售的同时，注意改进经营管理，提高盈利水平。

### 五、现金流量表主要项目的分析

#### （一）现金流量表内容分析

企业的现金流量由经营活动产生的现金流量、投资活动产生的现金流量和筹资活动产生的现金流量三部分构成。

1. 经营活动产生的现金流量分析

（1）从"销售商品、提供劳务收到的现金"项目分析评价企业的销售状况。分析时应与本企业的利润表、资产负债表对照，如与销售收入配比高，且应收账款占用少，说明企业产品销路好，资金回笼快，资金周转较灵活。

（2）从"购买商品、接受劳务收到的现金"项目分析企业在成本费用方面节约现金能力。分析时，应比较企业当期销售成本、应付账款。采购环节的付现率越低，应付账款占用时间越长，说明企业商业信用较好，节约现金的能力较强，企业应该有足够的现金用于日常支付。

（3）从"支付的各项税费"项目分析纳税方面的信息。通过现金流量表，结合应交税费报表，可以分析了解企业实际交纳税金情况，进一步了解企业经营活动所产生的现金净流量能否满足纳税的需要，是否存在税费资金缺口。

2. 投资活动产生的现金流量分析

企业对外投资情况及其效果直接关系到投资人和债权人的经济利益能否实现。

从"投资活动产生的现金流量"项目分析企业对外投资或内部长期投资是否合理、有效。分析时不应局限于投资活动现金净流量的正负数，应对企业目前的投资项目进行可行性分析，参考其他财务报表，综合分析判断企业投资决策是否合理。投资人和债权人可以通过对现金流量表中的投资活动所产生的现金流量信息，对企业投资活动及其效益进行评价，从而作出正确的决策。

3. 筹资活动产生的现金流量分析

筹资活动产生的现金净流量来源于权益性资本和债务性资本。债务性资本大，则企业面临的偿债压力也越大，但如果现金净流入量主要来自企业吸收的权益性资本，则不仅不会面临偿债压力，资金实力反而增强。同时分析本指标利息支出时可对照企业费用报表中的财务费用项，分析利息资本化与费用化情况，了解借入资金的用途。

#### （二）现金流量表构成分析

通过分析现金流量表中经营活动、投资活动、筹资活动现金净流量占全部现金净流量的百分比，了解企业现金净流量的性质、来源与用途，及其对企业未来现金净流量的影响。在分析时，信息使用者应特别关注经营活动的现金流量的信息。一般来说，经营活动产生的现金流入量占全部现金流入量比重大的企业，经营状况较好，财务风险较低，现金结构较为合理。

#### ➤ 应用技能训练

马琳是一家商业银行的信贷员，他正在对两家申请贷款的公司进行比较，并期望在评价这两家公司时得到你的帮助。这两家公司分别是莫利斯公司和奥尔克公司，它们的规模相似，而且 2018 年的期初现金余额大致相同。由于 3 年内的每年现金流量总额几乎相同，因此就公司作为贷款申请人的吸引力而言，马琳倾向于对两家公司有相同的评价。

莫利斯公司和奥尔克公司的简略信息如下：

单位:百万元

| 项　　目 | 莫利斯公司 | | | 奥尔克公司 | | |
|---|---|---|---|---|---|---|
| | 2018 年 | 2019 年 | 2020 年 | 2018 年 | 2019 年 | 2020 年 |
| 经营活动产生的现金净流量 | 10 | 13 | 15 | 8 | 3 | −2 |
| 投资活动产生的现金净流量 | −5 | −8 | −10 | −7 | −5 | 8 |
| 筹资活动产生的现金净流量 | 8 | −3 | 1 | 12 | 4 | 0 |
| 所有活动的现金净流量 | 13 | 2 | 6 | 13 | 2 | 6 |

分析：

1. 你是否同意马琳的初步评价,即作为贷款申请人,这两家公司的实力大致相当？为什么？

2. 造成奥尔克 2020 年筹资活动产生的现金净流量为零的原因可能是什么？

3. 总的来说,企业在不同的发展阶段,其健康的现金流量具有什么特征？即经营活动现金流量、投资活动现金流量、筹资活动现金流量的正负一般可能存在什么规律？结合对贷款申请人现金流量表的评价,你将给马琳什么建议？

### >>> 本章小结

财务会计报告是指总括反映会计主体某一定日期财务状况和某一时期内经营成果及现金流量情况的一种书面文件。它是会计核算的最终产品,是提供会计信息的一种重要手段。财务报表是对企业财务状况、经营成果和现金流量的结构性表述。企业的财务会计报告包括会计报表和其他应当在财务报告中披露的相关信息和资料。其中会计报表至少应当包括资产负债表、利润表、现金流量表、所有者权益(或股东权益)变动表和附注。

资产负债表是反映企业某一特定日期财务状况的报表,也叫财务状况表。资产负债表的编制是依据会计基本等式"资产＝负债＋所有者权益"编制的,是静态报表,揭示企业所掌握的各种经济资源、偿债能力和未来财务状况变动趋势等会计信息。资产负债表主要根据总分类账户和有关明细分类账户的期末余额直接填列或分析填列。利润表是反映企业在一定时期内(月份、季度、年度)经营成果的财务报表,它是一张动态报表,各项目是根据"收入－费用＋利得－损失＝利润"的会计等式设计排列的。通过该表可以反映一个企业的盈利状况、分析经营收益增减变动的原因和预测企业收益的发展趋势。利润表是根据损益类账户的本期发生额分析计算填列。现金流量表是反映企业一定会计期间现金及现金等价物流入和流出情况的报表,也是动态报表。我国的现金流量表属于年报,由主表和补充资料两部分构成。主表中按照现金流量的性质,分为经营活动现金流量、筹资活动现金流量、投资活动现金流量三部分列示。通过现金流量表,可以了解企业一定会计期间现金和现金等价物的流入和流出信息以及现金盈缺的原因,并预测企业未来获取现金的能力,分析企业的支付能力和偿债能力等。所有者权益变动表揭示企业当期损益、直接计入所有者权益的利得和损失,以及与所有者的资本交易导致的所有者权益变动等内容。

会计报表内容具有固定性和规范性,此表只能提供定量的会计信息,其反映的信息受到一定的限制,因此还需要编制财务报表附注,对会计报表做补充说明,这有利于会计信息使用者理解会计报表中的内容。此外,为提高会计信息的及时性和有用性,我国规定上市公司还应编制中期财务报告。

财务分析是以企业财务报表和其他资料为基础,对企业财务活动的过程和结果进行评价。财务报表分析的基本功能是将大量的报表数据转换成对特定决策有用的信息,以减少决策的不确定性。财务分析的基本方法有比较分析法、结构分析法、比率分析法等。本章介绍了资产负债表、利润表和现金流量表的项目分析和结构分析,这些分析对于判断企业当前和未来财务状况非常重要。

>>> **关键词**

财务会计报告;财务报表;会计报表;资产负债表;利润表;财务报表分析

>>> **综合练习**

**一、复习思考题**

1. 什么叫财务会计报告? 财务报表编制的基本要求和会计报表编制的一般要求各有哪些?

2. 资产负债表的作用有哪些? 编制资产负债表时,资产、负债项目的流动性应当如何区分,如何理解营业周期?

3. 利润表的作用有哪些? 格式有哪几种? 分别分为哪几个部分?

4. 现金流量表中"现金"的含义是什么,现金流量表的作用有哪些? 其结构如何?

5. 会计报表附注的作用是什么? 主要披露什么内容?

6. 长期债权人与短期债权人对企业财务信息关注的侧重点有何不同? 他们分析企业偿债能力的指标各有哪些?

**二、单选题**

1. 资产负债表的"期末数"栏应根据有关账户的　　　　　　　　　　　　　　　( 　 )

　　A. 本期增加额来编制　　　　　　　　　B. 本期减少额来编制

　　C. 期末余额来编制　　　　　　　　　　D. 期初余额来编制

2. 利润表的"本月数"栏应根据有关账户的　　　　　　　　　　　　　　　　( 　 )

　　A. 本期发生额来编制　　　　　　　　　B. 本年累计发生额来编制

　　C. 期末余额来编制　　　　　　　　　　D. 期初余额来编制

3. 资产负债表属于　　　　　　　　　　　　　　　　　　　　　　　　　　　( 　 )

　　A. 静态报表　　　　　　　　　　　　　B. 动态报表

　　C. 动静结合报表　　　　　　　　　　　D. 有时静态有时动态报表

4. 下列属于内部会计报表的是　　　　　　　　　　　　　　　　　　　　　　( 　 )

    A. 资产负债表               B. 利润表

    C. 现金流量表             D. 期间费用明细表

5. 在利润表中,从利润总额中减去( )后得出净利润。

    A. 净利润                  B. 所得税费用

    C. 管理费用                D. 营业外收入

### 三、判断题

1. 如果"应收账款"明细账户出现贷方期末余额,则应将贷方期末余额并入资产负债表中的"应付账款"项目反映。 ( )

2. 现金流量表是以收付实现制为基础编制的会计报表。 ( )

3. 资产负债表所有项目的"期末数"栏都应根据总账账户的期末余额来编制。 ( )

4. 损益表是反映企业在一定时期经营成果和财务状况的报表。 ( )

5. 企业的净利润和经营活动现金净流量是相等的。 ( )

6. 资产负债表中的货币资金项目应根据"库存现金"和"银行存款"两个账户的期末余额之和来编制。 ( )

### 四、会计核算业务题

宏达股份有限公司 2017 年 1 月 31 日的账户余额表见本章例 1 的表 8-3,2017 年 2 月发生如下交易或事项:

(1) 购进原材料一批已验收入库,价款 600 000 元,增值税税率 13%,款项未付。

(2) 购入不需要安装设备,价款 50 000 元,增值税 6 500 元,运杂费共计 3 000 元,款项均以银行存款支付。

(3) 从银行借入 5 年期借款 500 000 元存入银行,用于购建固定资产。

(4) 产品完工一批,验收入库,成本 800 000 元。

(5) 销售产品一批,价款 300 000 元,应收增值税 39 000 元,款项尚未收到;产品生产成本 12 000 元;销售产品费用 1 000 元,以现金支付。

(6) 通过银行转账支付职工薪酬 520 000 元。

(7) 基本生产车间生产产品领用原材料,成本 800 000 元。

(8) 用银行存款支付产品展览费 6 000 元。

(9) 摊销应由本月负担的办公用房租金 800 元。

(10) 基本生产车间盘亏材料 1 000 元。

(11) 销售产品一批,价款 700 000 元,应收增值税 91 000 元,货款尚未收到。产品生产成本 65 000 元。

(12) 计提折旧 80 000 元,车间负担 68 000 元,行政管理部门负担 12 000 元。

(13) 分配应付职工薪酬 520 000 元,其中生产工人薪酬 320 000 元,车间管理人员薪酬 40 000 元,行政管理部门薪酬 160 000 元。

(14) 收到长期股权投资(成本法核算)现金股利 30 000 元,存入银行。

(15) 以银行存款上交增值税 34 000 元。

(16) 结转制造费用账户。

(17) 计提短期借款利息 2 000 元。

（18）本期应交城市维护建设税 4 760 元,应交教育费附加 2 040 元。

（19）用银行存款支付罚款 1 800 元。

（20）收到罚款收入 350 元,存入银行。

（21）结转损益类账户。

（22）按利润总额的 25% 的所得税率计算应交所得税。

（23）按净利润的 10% 提取法定盈余公积金。按净利润的 6% 提取公益金。

（24）按税后净利润的 30% 计算应付投资者利润。

（25）将利润分配各明细科目余额转入"未分配利润"明细科目。

根据上述资料中的交易或事项编制会计分录,并编制宏达公司 2017 年 1 月 31 日的资产负债表和 2017 年 2 月份的利润表。

### 五、案例分析与讨论

老刘退休以后,用多年的积蓄在临街租了一间门面房,开了一家小食杂店。他以自己的存款 35 000 元作为投资,在工商管理部门登记注册。取得营业执照之后,首先用 6 000 元购入商店用的设备,计划可以使用 10 年,报废后没有残值。用 20 000 元购入商品,另外还预付了 6 个月的房租 2 400 元。

在开业初期,老刘将销售商品的毛利率定为 30%,即进货成本 10 元的商品,按 13 元的价格出售。由于商店的客户都是老刘多年的邻居,所以他的赊销条件非常大方,只要是熟人,都被允许先用商品,等以后再付款。他的供货商也许可他在购货以后的 30 天再支付货款。

开业半年以后,老刘找到一家会计师事务所进行咨询。他目前的财务状况如下:所有到期的购货款均已付清,只有 9 000 元尚未到期,属于正常的赊购。在过去的半年中,原来的存货已经周转了 3 次,利润表中列示的销售收入为 85 500 元,销售毛利为 25 500 元,净利润为 8 600 元。现有的存货总成本是 20 000 元,他的顾客还欠他 26 200 元。除了预付房租以外,他还支付了所有其他费用 14 200 元(含各项税款)。

可是老刘对报表上列示的毛利和净利润感到不解,因为,他是用 35 000 元开业的,但是现在银行存款中只剩下 700 元了,而且还欠供货商 9 000 元。

根据会计基本等式的原理,现在你应该能会编制简单的资产负债表和利润表,请你帮助解释老刘的困惑。

>>> **延伸阅读书目**

1. 中华人民共和国财政部. 企业会计准则——应用指南(2006)[M]. 北京:中国财政经济出版社,2006.

2. 朱小平,徐泓. 初级会计学[M]. 北京:中国人民大学出版社,2020.

3. 刘永泽,陈文铭. 会计学[M]. 大连:东北财经大学出版社,2016.

4. 中华人民共和国财政部. 企业会计准则(2006)[M]. 北京:经济科学出版社,2006.

5. (美)罗伯特·N. 安东尼,大卫·F. 霍金斯,肯尼思·A. 麦钱特. 会计学:教程与案例[M]. 王立彦,等译. 北京:机械工业出版社,2011.

# 第四篇　会计组织

# 第九章 会计处理组织程序

## 导入案例

商华大学毕业后分配到一家大型连锁超市工作，工作 3 年后公司在甲地新开了一家连锁店，商华被调到甲地连锁店做财务经理，公司要求他根据新店的特点制定出一套会计处理组织程序，你认为他应该怎么做？

# 第一节 会计处理组织程序概述

## 一、会计处理组织程序的意义

会计处理组织程序是指记账和产生会计信息的步骤和方法。其基本内容包括填制会计凭证，根据会计凭证登记各种账簿，根据账簿记录提供会计信息这一整个过程的步骤和方法。在会计工作中，不仅要了解会计凭证的填制、账簿的设置和登记以及会计报表的编制，还必须明确规定各种会计凭证、各种账簿和会计报表之间的关系，把它们科学地组织起来，使之构成一个有机的整体。而凭证、账簿和报表之间的一定的组织形式，就形成了不同的会计处理组织程序。在实际工作中，由于各单位的业务性质不一样，组织规模大小各异，交易或事项又有繁简之别，它们需要设置的凭证、账簿的格式和种类也会有不同的要求。为了确保会计工作有条不紊地进行，提高会计工作的质量和效率，确保账簿记录能产生管理所需的信息，各单位应根据自身的实际情况和具体条件，选用合适的凭证、账簿和会计报表，确定它们的格式、填制和登记的步骤和方法，设计并实施适合本单位交易或事项特点的会计处理组织程序。

## 二、合理组织会计处理组织程序的要求

会计处理组织程序是做好会计工作的一个重要前提。合理、科学的会计处理组织程序,不但可以提高会计工作的效率,也能保证会计工作的质量。但不论会计处理组织程序如何设计,都应符合以下3个要求:

(1) 要适合本单位所属行业的特点,即设计会计处理组织程序时,要考虑组织规模的大小、交易或事项的性质和繁简程度,使之有利于会计工作的分工协作和内部控制。

(2) 要能够正确、及时和完整地提供本单位的各方面会计信息,以满足各部门和人员的信息需求以及国家宏观管理的需求。

(3) 在保证正确、及时和完整地提供会计信息的前提下,尽可能地提高会计工作的效率,节约账务处理的时间及费用。

## 三、会计处理组织程序的种类

会计处理组织程序有多种形式,并可根据情况进行适当调整。目前我国常用的主要会计处理组织程序有:记账凭证会计处理组织程序、汇总记账凭证会计处理组织程序、科目汇总表会计处理组织程序、多栏式日记账会计处理组织程序和日记总账会计处理组织程序。

# 第二节  记账凭证会计处理组织程序

## 一、记账凭证会计处理组织程序的特点

记账凭证会计处理组织程序是最基本会计处理组织程序,其他各种会计处理组织程序基本上都是在它的基础上发展形成的,其特点是直接根据各种记账凭证逐笔登记总分类账。在记账凭证会计处理组织程序下,现金日记账和银行存款日记账只被用来序时登记各笔收付款业务,并不作为登记总分类账的依据。

采用记账凭证会计处理组织程序时,一般设置现金日记账、银行日记账、总分类账和各种明细分类账。日记账和总分类账一般采用三栏式。明细分类账可以根据需要采用三栏式、数量金额式和多栏式。记账凭证可采用收款凭证、付款凭证和转账凭证3种格式,也可以采用一种通用的记账凭证格式。

## 二、记账凭证会计处理组织程序的基本内容

结合图9-1,记账凭证会计处理组织程序的基本内容如下:

(1) 根据原始凭证或原始凭证汇总表,填制收款凭证、付款凭证和转账凭证或通用的记账凭证;

(2) 根据收款凭证、付款凭证及所附原始凭证或通用的记账凭证,逐笔按顺序登记现金日记账和银行存款日记账;

(3) 根据各种记账凭证和原始凭证或原始凭证汇总表逐笔登记明细分类账;

(4) 根据收款凭证、付款凭证和转账凭证或通用的记账凭证逐笔登记总分类账;

（5）按照对账的要求,定期将总分类账与日记账、明细分类账相核对;

（6）期末,根据总分类账和明细分类账编制会计报表。

采用记账凭证会计处理组织程序,总分类账能详细地反映交易或事项的发生情况、账户的对应关系和交易或事项的来龙去脉,清晰明了,便于查账和用账。但如果企业的规模的对应关系和交易或事项数量较多,那么登记总账的工作量就会很大。因此,这种会计处理组织程序一般适用于规模较小、交易或事项较少的企事业单位。

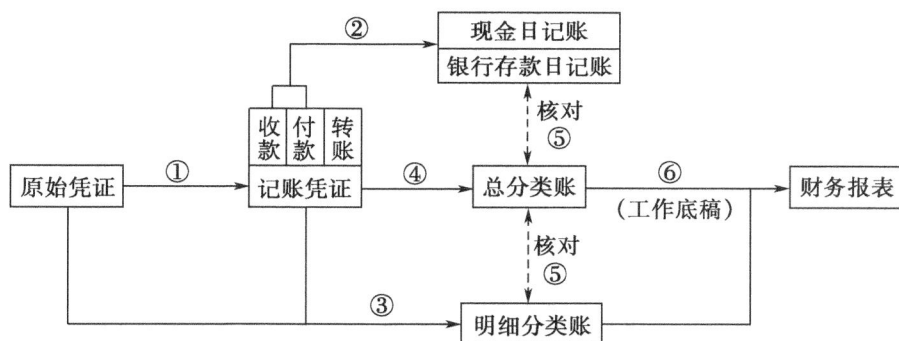

图 9-1　记账凭证会计处理组织程序示意图

## 三、记账凭证会计处理组织程序举例

### （一）资料

（1）东华公司 2021 年 5 月初各类总账账户余额见表 9-1。

表 9-1　东华公司总账账户余额表　　　　　　　　　　　　单位:元

| 账户名称 | 余　额 | 账户名称 | 余　额 |
|---|---|---|---|
| 银行存款 | 2 100 | 累计折旧 | 8 500 |
| 库存现金 | 400 | 短期借款 | 25 000 |
| 原材料 | 5 000 | 长期借款 | 70 000 |
| 库存商品 | 3 000 | 应付账款 | 8 200 |
| 生产成本 | 1 200 | 应交税费 | 900 |
| 预付账款 | 600 | 应付利息 | 800 |
| 应收账款 | 1 000 | 本年利润 | 6 300 |
| 其他应收款 | 1 200 | | |
| 固定资产 | 80 000 | | |
| 利润分配 | 6 300 | | |

（2）5月初"原材料"明细账余额如下：

| 甲材料 | 500 千克 | 每千克 4.02 元 | 金额 2 010 元 |
| 乙材料 | 1 000 千克 | 每千克 2.02 元 | 金额 2 020 元 |
| 丙材料 | 100 千克 | 每千克 9.70 元 | 金额 970 元 |

（3）该厂5月份发生下列交易或事项：

① 1日，购入甲材料2 000千克，每千克4元；乙材料3 000千克、每千克2元，供方代垫运杂费100元，增值税额1 820元，货款及运费以银行存款支付（运费以材料重量为标准分配）。

② 2日，上述甲、乙两种材料运到本厂，验收入库，并按实际采购成本入账。

③ 4日，生产A产品，领用甲材料1 000千克，每千克4.02元，乙材料1 500千克，每千克2.02元。

④ 6日，向上海工厂销售A产品200件，每件售价100元，货款20 000元，应交增值税2 600元，货款已收到并存入银行。

⑤ 9日，以银行存款支付A产品广告费200元。

⑥ 10日，自银行提取现金20 000元，准备发放职工工资。

⑦ 11日，以现金20 000元发放本月职工工资。

⑧ 31日，结转本月应付职工工资20 000元，其中A产品生产工人工资10 000元，车间管理人员工资6 000元，厂部管理人员工资4 000元。

⑨ 31日，按职工工资总额的14%提取职工福利费。

⑩ 31日，提取本月固定资产折旧3 000元，其中生产车间固定资产折旧2 000元，行政管理部门固定资产折旧1 000元。

⑪ 31日，结转本月产品负担的制造费用。

⑫ 31日，本月A产品全部完工，结转完工产品成本。

⑬ 31日，结转已售产品成本（单位成本93元）。

⑭ 31日，将本月"管理费用"、"销售费用"、"主营业务成本"结转至"本年利润"账户。

⑮ 31日，将"主营业务收入"结转至"本年利润"账户。

**（二）根据资料，按时间顺序填制记账凭证（详见表9-2）**

表 9-2　记账凭证　　　　　　　　　　单位：元

| 2021年 月 | 日 | 凭证号数 | 摘要 | 一级科目 | 明细科目 | 借方金额 | 贷方金额 |
|---|---|---|---|---|---|---|---|
| 5 | 1 | 银付1 | 购材料付款 | 在途物资 | 甲材料 | 8 040 | |
| | | | | | 乙材料 | 6 060 | |
| | | | | 应交税费 | 应交增值税 | 1 820 | |
| | | | | 银行存款 | | | 15 920 |
| 5 | 2 | 转1 | 材料验收入库 | 原材料 | 甲材料 | 8 040 | |
| | | | | | 乙材料 | 6 060 | |
| | | | | 在途物资 | 甲材料 | | 8 040 |

| 2021年 | | 凭证号数 | 摘　　要 | 一级科目 | 明细科目 | 借方金额 | 贷方金额 |
|---|---|---|---|---|---|---|---|
| 月 | 日 | | | | | | |
| | | | | | 乙材料 | | 6 060 |
| 5 | 4 | 转2 | 生产产品领用材料 | 生产成本 | A产品 | 7 050 | |
| | | | | 原材料 | 甲材料 | | 4 020 |
| | | | | | 乙材料 | | 3 030 |
| 5 | 6 | 银收1 | 销售产品款项 | 银行存款 | | 22 600 | |
| | | | 存入银行 | 主营业务收入 | A产品 | | 20 000 |
| | | | | 应交税费 | 应交增值税 | | 2 600 |
| 5 | 9 | 银付2 | 支付广告费 | 销售费用 | | 200 | |
| | | | | 银行存款 | | | 200 |
| 5 | 10 | 银付3 | 提取现金备发工资 | 库存现金 | | 20 000 | |
| | | | | 银行存款 | | | 20 000 |
| 5 | 11 | 现付1 | 发放职工工资 | 应付职工薪酬 | | 20 000 | |
| | | | | 库存现金 | | | 20 000 |
| 5 | 31 | 转3 | 结转本月职工工资 | 生产成本 | A产品 | 10 000 | |
| | | | | 制造费用 | | 6 000 | |
| | | | | 管理费用 | | 4 000 | |
| | | | | 应付职工薪酬 | | | 20 000 |
| 5 | 31 | 转4 | 提取职工福利费 | 生产成本 | A产品 | 1 400 | |
| | | | | 制造费用 | | 840 | |
| | | | | 管理费用 | | 560 | |
| | | | | 应付职工薪酬 | | | 2 800 |
| 5 | 31 | 转5 | 提取本月折旧费 | 制造费用 | | 2 000 | |
| | | | | 管理费用 | | 1 000 | |
| | | | | 累计折旧 | | | 3 000 |
| 5 | 31 | 转6 | 结转制造费用 | 生产成本 | A产品 | 8 840 | |
| | | | | 制造费用 | | | 8 840 |
| 5 | 31 | 转7 | 结转完工产品成本 | 库存商品 | A产品 | 28 490 | |
| | | | | 生产成本 | A产品 | | 28 490 |
| 5 | 31 | 转8 | 结转已售产品成本 | 主营业务成本 | A产品 | 18 600 | |
| | | | | 库存商品 | A产品 | | 18 600 |
| 5 | 31 | 转9 | 结转费用 | 本年利润 | | 24 360 | |
| | | | | 管理费用 | | | 5 560 |
| | | | | 销售费用 | | | 200 |

续表

| 2021年 | | 凭证号数 | 摘　要 | 一级科目 | 明细科目 | 借方金额 | 贷方金额 |
|---|---|---|---|---|---|---|---|
| 月 | 日 | | | | | | |
| 5 | 31 | 转10 | 结转主营业务收入 | 主营业务成本<br>主营业务收入<br>本年利润 | A产品<br>A产品 | 20 000 | 18 600<br><br>20 000 |

**（三）根据收款凭证、付款凭证登记日记账**

以银行存款日记账为例，见表9-3。

表9-3　银行存款日记账　　　　　　　　　　　单位:元

| 2021年 | | 凭证号数 | 摘　要 | 对方账户 | 借　方 | 贷　方 | 结　余 |
|---|---|---|---|---|---|---|---|
| 月 | 日 | | | | | | |
| 5 | 1 | | 期初余额 | | | | 21 000 |
| | 1 | 银付1 | 购材料付款 | 在途物资<br>应交税费 | | 14 100<br>1 820 | 5 080 |
| | 6 | 银收1 | 销售产品收款 | 主营业务收入<br>应交税费 | 20 000<br>2 600 | | 27 680 |
| | 9 | 银付2 | 支付广告费 | | | 200 | 27 480 |
| | 10 | 银付3 | 提现备发工资 | | | 20 000 | 7 480 |
| 5 | 31 | | 本月合计 | | 22 600 | 36 120 | 7 480 |

**（四）登记明细分类账**

以原材料明细账为例，见表9-4。

表9-4　原材料明细账

类别:甲材料　　　　　　　　　　　　　　　　　　　　　　　计量单位:千克

| 2021年 | | 凭证号数 | 摘　要 | 借　方 | | | 贷　方 | | | 结　存 | | |
|---|---|---|---|---|---|---|---|---|---|---|---|---|
| 月 | 日 | | | 数量 | 单价 | 金额 | 数量 | 单价 | 金额 | 数量 | 单价 | 金额 |
| 5 | 1 | | 期初余额 | | | | | | | 500 | 4.02 | 2 010 |
| | 2 | 转1 | 材料入库 | 2 000 | 4.02 | 8 040 | | | | 2 500 | 4.02 | 10 050 |
| | 4 | 转2 | 生产产品领材料 | | | | 1 000 | 4.02 | 4 020 | 1 500 | 4.02 | 6 030 |
| 5 | 31 | | 本月合计 | 2 000 | | 8 040 | 1 000 | | 4 020 | 1 500 | | 6 030 |

**（五）登记总分类账**

以生产成本、银行存款总账为例，见表9-5和表9-6。

表 9-5 生产成本（总账） 单位:元

| 2021年 | | 凭证号数 | 摘 要 | 借 方 | 贷 方 | 借或贷 | 余 额 |
|---|---|---|---|---|---|---|---|
| 月 | 日 | | | | | | |
| 5 | 1 | | 期初余额 | | | 借 | 1 200 |
| | 4 | 转2 | 生产产品领料 | 7 050 | | 借 | 8 250 |
| | 31 | 转3 | 结转本月职工工资 | 10 000 | | 借 | 18 250 |
| | 31 | 转4 | 结转本月职工福利 | 1 400 | | 借 | 19 650 |
| | 31 | 转6 | 结转"制造费用" | 8 840 | | 借 | 28 490 |
| | 31 | 转7 | 结转本月完工产品成本 | | 28 490 | 平 | 0 |
| 5 | 31 | | 本月合计 | 27 290 | 28 490 | 平 | 0 |

表 9-6 银行存款（总账） 单位:元

| 2021年 | | 凭证号数 | 摘 要 | 借 方 | 贷 方 | 借或贷 | 余 额 |
|---|---|---|---|---|---|---|---|
| 月 | 日 | | | | | | |
| 5 | 1 | | 期初余额 | | | 借 | 21 000 |
| | 1 | 银付1 | 购料付款 | | 14 100 | | |
| | | | | | 1 820 | 借 | 5 080 |
| | 6 | 银收1 | 销售产品收款 | 20 000 | | | |
| | | | | | 2 600 | 借 | 27 680 |
| | 9 | 银付2 | 支付广告费 | | 200 | 借 | 27 480 |
| | 10 | 银付3 | 提现备发工资 | | 20 000 | 借 | 7 480 |
| 5 | 31 | | 本月合计 | 22 600 | 36 120 | 借 | 7 480 |

**（六）将总账与日记账核对、总账与所属明细账核对(略)**

**（七）编制试算平衡表（见表9-7）**

表 9-7 试算平衡表

2021 年 5 月

单位:元

| 账户名称 | 期初余额 | | 本期发生额 | | 期末余额 | |
|---|---|---|---|---|---|---|
| | 借 方 | 贷 方 | 借 方 | 贷 方 | 借 方 | 贷 方 |
| 银行存款 | 21 000 | | 22 600 | 36 120 | 7 480 | |
| 库存现金 | 400 | | 20 000 | 20 000 | 400 | |
| 在途物资 | | | 14 100 | 14 100 | | |
| 原材料 | 5 000 | | 14 100 | 7 050 | 12 050 | |
| 库存商品 | 3 000 | | 28 490 | 18 600 | 12 890 | |
| 生产成本 | 1 200 | | 27 290 | 28 490 | | |
| 预付账款 | 600 | | | | 600 | |
| 应收账款 | 1 000 | | | | 10 00 | |

| 账户名称 | 期初余额 | | 本期发生额 | | 期末余额 | |
|---|---|---|---|---|---|---|
| | 借　方 | 贷　方 | 借　方 | 贷　方 | 借　方 | 贷　方 |
| 其他应收款 | 1 200 | | | | 1 200 | |
| 固定资产 | 80 000 | | | | 80 000 | |
| 利润分配 | 6 300 | | | | 6 300 | |
| 累计折旧 | | 8 500 | | 3 000 | | 11 500 |
| 短期借款 | | 25 000 | | | | 25 000 |
| 长期借款 | | 70 000 | | | | 70 000 |
| 应付账款 | | 8 200 | | | | 8 200 |
| 应交税费 | | 900 | 1 820 | 2 600 | | 1 780 |
| 应付利息 | | 800 | | | | 800 |
| 应付职工薪酬 | | | 20 000 | 22 800 | | 2 800 |
| 制造费用 | | | 8 840 | 8 840 | | |
| 本年利润 | | 6 300 | 24 360 | 20 000 | | 1 940 |
| 销售费用 | | | 200 | 200 | | |
| 主营业务成本 | | | 18 600 | 18 600 | | |
| 管理费用 | | | 5 560 | 5 560 | | |
| 主营业务收入 | | | 20 000 | 20 000 | | |
| 合计 | 119 700 | 119 700 | 225 960 | 225 960 | 121 920 | 121 920 |

**（八）编制会计报表（略）**

# 第三节　汇总记账凭证会计处理组织程序

## 一、汇总记账凭证会计处理组织程序的特点

汇总记账凭证会计处理组织程序的特点是根据记账凭证定期编制汇总记账凭证，然后根据汇总记账凭证登记总分类账采用汇总记账凭证会计处理组织程序时，其账簿设置、各种账簿的格式以及记账凭证的格式与记账凭证会计处理组织程序基本相同，另外增设汇总记账凭证。

汇总记账凭证也是一种记账凭证，它是根据收款凭证、付款凭证和转账凭证定期（一般为每隔 5 天或 10 天）汇总编制而成，其种类可分为汇总收款凭证、汇总付款凭证和汇总转账凭证。

### （一）汇总收款凭证

汇总收款凭证是根据现金和银行存款收款凭证汇总编制而成的。编制时，汇总收款凭证应按现金账户、银行存款账户的借方设置，并按其对应的贷方账户归类汇总。月终时，结计出汇总收款凭证的合计数，分别记入现金、银行存款总分类账户的借方以及各对应账户的贷方。

### (二)汇总付款凭证

汇总付款凭证是根据现金和银行存款付款凭证汇总编制而成的。编制时,汇总付款凭证应按现金账户、银行存款账户的贷方设置,并按其对应的借方账户归类汇总。月终时,结计出汇总付款凭证的合计数,分别记入现金、银行存款总分类账户的贷方以及各对应账户的借方。

在填制时,应注意现金和银行存款之间的相互划转业务。如果同时填制收款凭证和付款凭证,那么汇总时应以付款凭证为依据,收款凭证就不再汇总。

### (三)汇总转账凭证

汇总转账凭证是根据转账凭证汇总编制而成的。编制时,汇总转账凭证应按现金账户、银行存款账户的贷方设置,并按其相对应的借方账户归类汇总。月终时,结计出汇总转账凭证的合计数,分别记入该汇总转账凭证所开设的应贷账户的贷方和各个对应账户的借方。

为了便于汇总转账凭证的编制,在平时编制转账凭证时,应使账户的对应关系保持一个贷方账户与一个或几个借方账户相对应,尽量避免一个借方账户或几个借方账户与几个贷方账户相对应。即编制的会计分录应为一借一贷或一贷多借,或各个对应账户的借方。尽量避免一借多贷或多借多贷,否则会给汇总转账凭证的编制带来不便。

## 二、汇总记账凭证会计处理组织程序的基本内容

结合图9-2,汇总记账凭证会计处理组织程序的基本内容如下:

(1)根据原始凭证或原始凭证汇总表编制收款凭证、付款凭证和转账凭证;

(2)根据收款凭证、付款凭证及所附原始凭证逐笔顺序登记现金日记账和银行存款日记账;

(3)根据各种记账凭证和原始凭证及原始凭证汇总表登记明细分类账;

(4)根据各种记账凭证编制各种汇总记账凭证;

(5)根据各种汇总记账凭证登记总分类账;

(6)按对账要求,定期将总分类账与日记账、明细分类账相核对;

(7)期末根据总分类账和明细分类账编制会计报表。

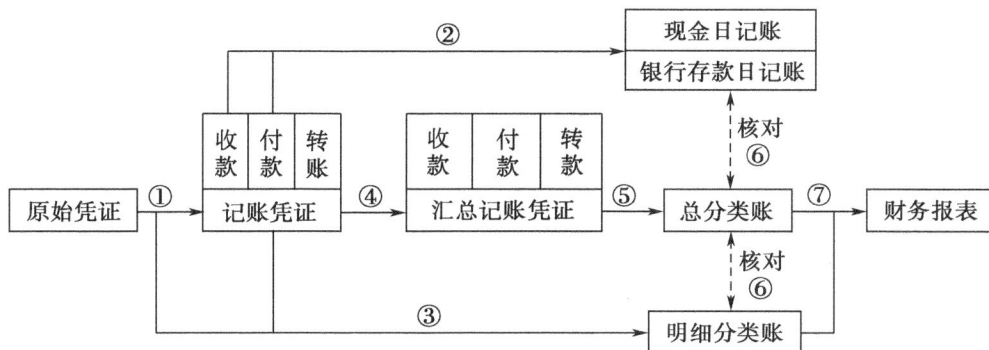

图9-2 汇总记账凭证会计处理组织程序示意图

在汇总记账凭证会计处理组织程序下,利用汇总记账凭证,将许多记账凭证的资料汇总起来,月终一次记入总分类账,可以简化总分类账的登记工作,且账户的对应关系清晰明了,明确

地反映出了交易或事项的来龙去脉,便于查账和用账。但是,由于这种会计处理组织程序的汇总转账凭证,是按每一账户的贷方而不是按业务的性质设计归类汇总的,因而不利于会计工作的合理分工;而且,要增加一道填制汇总记账凭证的手续,工作量较大。因此,汇总记账凭证会计处理组织程序一般适用于经营规模较大、交易或事项较多的企事业单位。

### 三、汇总记账凭证会计处理组织程序举例(资料见第二节)

(1)按时间顺序填制记账凭证,见表 9-2。

(2)根据收款凭证、付款凭证登记日记账,以银行存款日记账为例,见表 9-3。

(3)登记明细分类账,以原材料明细账为例,见表 9-4。

(4)根据记账凭证编制汇总记账凭证。

以银行存款汇总收款凭证、银行存款汇总付款凭证、生产成本汇总转账凭证为例,详见表 9-8,表 9-9,表 9-10,其余略。

表 9-8　汇总收款凭证

借方账户:银行存款　　　　　　　　　　2021 年 5 月　　　　　　　　　　汇收字:1 号

| 贷方账户 | 金　　额(元) | | | | 总账页数 | |
| --- | --- | --- | --- | --- | --- | --- |
| | 1~10 日收款凭证 | 11~20 日收款凭证 | 21~31 日收款凭证 | 合　计 | 借　方 | 贷　方 |
| 主营业务收入 | 20 000 | | | 20 000 | 略 | 略 |
| 应交税费 | 2 600 | | | 2 600 | | |
| 合　计 | 22 600 | | | 22 600 | | |

表 9-9　汇总付款凭证

贷方账户:银行存款　　　　　　　　　　2021 年 5 月　　　　　　　　　　汇付字:1 号

| 借方账户 | 金　　额(元) | | | | 总账页数 | |
| --- | --- | --- | --- | --- | --- | --- |
| | 1~10 日付款凭证 | 11~20 日付款凭证 | 21~31 日付款凭证 | 合　计 | 借　方 | 贷　方 |
| 在途材料 | 14 100 | | | 14 100 | 略 | 略 |
| 应交税费 | 1 820 | | | 1 820 | | |
| 销售费用 | 200 | | | 200 | | |
| 库存现金 | | 20 000 | | 20 000 | | |
| 合　计 | 16 120 | 20 000 | | 36 120 | | |

表 9 - 10　汇总转账凭证

贷方账户：生产成本　　　　　　　　2021 年 5 月　　　　　　　　汇转字：1 号

| 借方账户 | 金　额（元） | | | | 总账页数 | |
| --- | --- | --- | --- | --- | --- | --- |
| | 1～10 日转账凭证 | 11～20 日转账凭证 | 21～31 日转账凭证 | 合　计 | 借　方 | 贷　方 |
| 库存商品 | | | 28 490 | 28 490 | 略 | 略 |
| 合　计 | | | 28 490 | 28 490 | | |

（5）根据各种汇总记账凭证登记总分类账。

（6）将总分类账与日记账、明细分类账相核对。

（7）根据总分类账和明细分类账编制会计报表。

# 第四节　科目汇总表会计处理组织程序

## 一、科目汇总表会计处理组织程序的特点

科目汇总表会计处理组织程序的特点是根据记账凭证定期编制科目汇总表，然后根据科目汇总表登记总分类账。

采用科目汇总表会计处理组织程序时，其账簿设置、各种账簿的格式以及记账凭证的格式与记账凭证会计处理组织程序基本相同，另外增设科目汇总表。

科目汇总表又称记账凭证汇总表，是根据收款凭证、付款凭证和转账凭证或通用的记账凭证，按照相同的账户归类，定期汇总计算每一账户的借方发生额和贷方发生额，并将发生额填入科目汇总表的相应栏目内，对于现金账户和银行存款账户的借方发生额和贷方发生额，也可以直接根据现金日记账和银行存款日记账的收支合计数填列，而不再根据收款凭证和付款凭证归类汇总填列。科目汇总表的一般格式见表 9 - 11。

科目汇总表的作用与汇总记账凭证的作用相同，都可以简化总分类账的登记工作，但它们的填制方法不同，产生的结果也不同，科目汇总表是定期汇总计算每一账户的借方发生额和贷方发生额，并不考虑账户的对应关系，全部账户的借方、贷方发生额可以汇总在一张表内。其结果是科目汇总表和据此登记的总分类账都不能反映各账户之间的对应关系，所以也不便于了解交易或事项的具体内容。汇总记账凭证是定期以每一账户的贷方（或借方），分别按与其对应的借方（或贷方）账户汇总发生额。其结果是汇总记账凭证和据此登记的总分类账户间的对应关系，所以也便于了解交易或事项的具体内容。

## 二、科目汇总表会计处理组织程序的基本内容

结合图 9 - 3，科目汇总表会计处理组织程序的基本内容如下：

（1）根据原始凭证或原始凭证汇总表，填制收款凭证、付款凭证和转账凭证或通用的记账凭证；

（2）根据收款凭证、付款凭证及所附原始凭证逐笔顺序登记现金日记账和银行存款日

记账；

（3）根据记账凭证和原始凭证或原始凭证汇总表,逐笔登记明细分类账；

（4）根据各种记账凭证,定期编制科目汇总表；

（5）根据科目汇总表登记总分类账；

（6）按照对账要求,定期将总分类账与日记账、明细分类账相核对；

（7）期末根据总分类账和明细分类账编制会计报表。

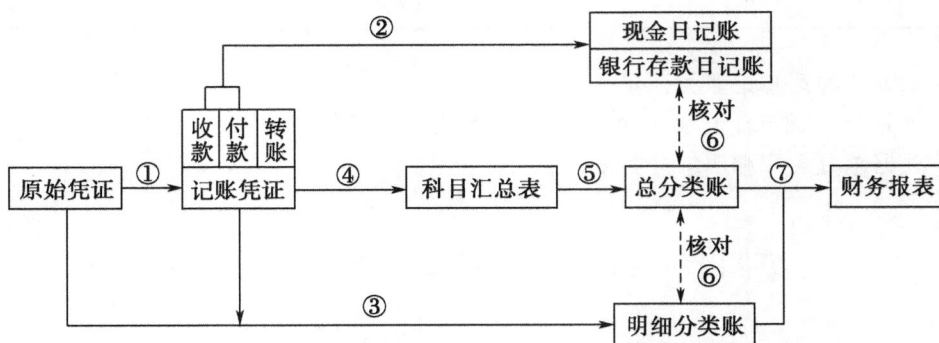

图 9 - 3　科目汇总表会计处理组织程序示意图

采用科目汇总表会计处理组织程序,利用科目汇总表登记总分类账,可以简化总账的登记工作；另外,通过编制科目汇总表,可以进行试算平衡,便于及时发现差错,从而保证会计工作的质量,但是,由于这种会计处理组织程序在科目汇总表和总分类账中不能反映各账户的对应关系,因而不利于对交易或事项进行分析和检查。科目汇总表会计处理组织程序一般适用于规模较大,交易或事项较多的企事业单位

### 三、科目汇总表会计处理组织程序举例(资料见第二节)

（1）按时间顺序填制记账凭证,见表 9 - 2。

（2）根据收款凭证、付款凭证登记日记账,以银行存款日记账为例,见表 9 - 3。

（3）登记明细分类账,以原材料明细分类账为例,见表 9 - 4。

（4）根据记账凭证,编制科目汇总表,见表 9 - 11。

表 9 - 11　科目汇总表

编号：　　　　　　　　　　2021 年 5 月 1 日至 5 月 31 日　　　　　　　　　　单位:元

| 会计科目 | 账目页数 | 本期发生额 | | 记账凭证起讫号数 |
|---|---|---|---|---|
| | | 借　方 | 贷　方 | |
| 银行存款 | | 22 600 | 36 120 | |
| 库存现金 | | 20 000 | 20 000 | 银行收款凭证 1 |
| 在途材料 | | 14 100 | 14 100 | 银行付款凭证 1 - 3 |
| 原材料 | | 14 100 | 7 050 | 现金付款凭证 1 |
| 库存商品 | | 28 490 | 18 600 | 转账凭证 1 - 10 |
| 生产成本 | | 27 290 | 28 490 | |

| 会计科目 | 账目页数 | 本期发生额 | | 记账凭证起讫号数 |
|---|---|---|---|---|
| | | 借 方 | 贷 方 | |
| 累计折旧 | | | 3 000 | |
| 应交税费 | | 1 820 | 2 600 | |
| 应付职工薪酬 | | 20 000 | 22 800 | |
| 制造费用 | | 8 840 | 8 840 | |
| 本年利润 | | 24 360 | 20 000 | |
| 销售费用 | | 200 | 200 | |
| 主营业务成本 | | 18 600 | 18 600 | |
| 管理费用 | | 5 560 | 5 560 | |
| 主营业务收入 | | 20 000 | 20 000 | |
| 合计 | | 225 960 | 225 960 | |

（5）根据科目汇总表登记总分类账。

以生产成本和银行存款总账为例,见表9-12,表9-13。

**表9-12 生产成本(总账)** 单位:元

| 2021年 | | 凭证号数 | 摘 要 | 借 方 | 贷 方 | 借或贷 | 余 额 |
|---|---|---|---|---|---|---|---|
| 月 | 日 | | | | | | |
| 5 | 1 | | 期初余额 | | | 借 | 21 000 |
| | 31 | 科汇 | 1～31日汇总表过入 | 27 290 | 28 490 | 借 | 7 480 |
| 5 | 31 | | 本月合计 | 27 290 | 28 490 | 借 | 7 480 |

**表9-13 银行存款(总账)** 单位:元

| 2021年 | | 凭证号数 | 摘 要 | 借 方 | 贷 方 | 借或贷 | 余 额 |
|---|---|---|---|---|---|---|---|
| 月 | 日 | | | | | | |
| 5 | 1 | | 期初余额 | | | 借 | 21 000 |
| | 31 | 科汇 | 1～31日汇总表过入 | 22 600 | 36 120 | 借 | 7 480 |
| 5 | 31 | | 本月合计 | 22 600 | 36 120 | 借 | 7 480 |

（6）按照对账要求,定期将总分类账与日记账、明细分类账相核对。

（7）根据总分类账和明细分类账编制会计报表。

# 第五节　多栏式日记账会计处理组织程序

## 一、多栏式日记账会计处理组织程序的特点

多栏式日记账会计处理组织程序的特点是根据收款凭证、付款凭证登记多栏式现金日记账和多栏式银行存款日记账,并根据转账凭证填制转账凭证科目汇总表,然后根据多栏式现金日记账、多栏式银行存款日记账和转账凭证科目汇总表登记总分类账。采用多栏式日记账会计处理组织程序时,必须设置多栏式现金日记账和多栏式银行存款日记账(见表 9-14),总分类账一般采用三栏式,明细分类账可根据需要采用不同的格式。记账凭证一般采用收款凭证、付款凭证和转账凭证 3 种格式,另外增设转账凭证科目汇总表(与表 9-11 相同)。

在多栏式日记账会计处理组织程序下,现金日记账和银行存款日记账应按其对应账户设置专栏,从而起到了收款凭证和付款凭证科目汇总表的作用。月末可以直接根据这些日记账的本月收、付发生额和各对应账户的发生额,登记总分类账。登记的方法是:根据多栏式日记账收入合计栏的本月发生额,记入现金、银行存款总分类账的借方,并根据收入栏下各专栏对应账户的本月发生额,记入各有关总分类账的贷方;同时,根据多栏式日记账付出合计栏的本月发生额,记入现金、银行存款总分类账的贷方,并根据付出栏下各专栏对应账户的本月发生额,记入各有关总分类账的借方。对于现金和银行存款之间的相互划转金额,因已分别记入有关日记账的收入和付出合计栏的本月发生额之内,所以不必再根据有关对应账户专栏的合计数登记总分类账,以免重复登记。对于转账业务的登记,一般可根据转账凭证汇总编制转账凭证科目汇总表,然后根据转账凭证科目汇总表登记总分类账。但在转账业务不多的情况下,也可以根据转账凭证逐笔登记总分类账。

## 二、多栏式日记账会计处理组织程序的基本内容

结合图 9-4,多栏式日记账会计处理组织程序的基本内容如下:

(1) 根据原始凭证或原始凭证汇总表,填制收款凭证、付款凭证和转账凭证;

(2) 根据收款凭证、付款凭证及所附原始凭证,逐笔顺序登记多栏式现金、银行存款日记账;

(3) 根据各种记账凭证和原始凭证及原始凭证汇总表,逐笔登记各种明细分类账;

(4) 根据转账凭证汇总编制转账凭证科目汇总表;

(5) 月终根据多栏式现金日记账、多栏式银行存款日记账和转账凭证科目汇总表,登记总分类账;

(6) 按对账要求,定期将总分类账与明细分类账相核对;

(7) 根据总分类账和明细分类账,编制会计报表。

在多栏式日记账会计处理组织程序下,利用多栏式日记账和转账凭证科目汇总表登记总分类账,可以简化总分类账的登记工作。但是,多栏式日记账的登记与三栏式日记账的登记相比,工作量大,同时在业务较为繁杂的企业里,日记账的专栏栏次势必较多,致使账页庞大,因而不便于登记。这种会计处理组织程序一般适用于规模较小,但收支业务较多的企事业单位。

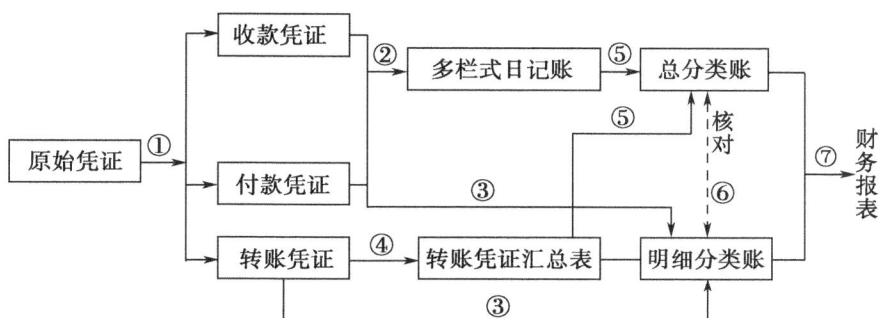

图 9 - 4　多栏式日记账会计处理组织程序示意图

### 三、多栏式日记账会计处理组织程序举例(资料见第二节)

(1) 按时间顺序填制记账凭证,见表 9 - 2。

(2) 根据收款凭证、付款凭证登记多栏式日记账。以银行存款日记账为例,见表 9 - 14。

表 9 - 14　银行存款日记账　　　　　　　　　　　　　　　　　　　　　单位:元

| 2021年 | | 凭证号数 | 摘　要 | 收　入 | | | 支　出 | | | | | 余　额 |
| 月 | 日 | | | 主营业务收入 | 应交税费 | 合　计 | 物资采购 | 营业费用 | 应交税费 | 现　金 | 合　计 | |
| 5 | 1 | | 期初余额 | | | | | | | | | 21 000 |
| | 1 | 银付1 | 采购材料 | | | | 14 100 | | 1 820 | | 15 920 | 5 080 |
| | | 银付1 | 销货收款 | 20 000 | 2 600 | 22 600 | | | | | | 27 680 |
| | | 银付2 | 付广告费 | | | | | 200 | | | 200 | 27 480 |
| | 4 | 银付3 | 提现 | | | | | | | 20 000 | 20 000 | 7 480 |
| 5 | 31 | | 本月合计 | 20 000 | 2 600 | 22 600 | 14 100 | 200 | 1 820 | 20 000 | 36 120 | 7 480 |

(3) 登记明细分类账,以原材料明细账为例,见表 9 - 4。

(4) 根据转账凭证汇总编制转账凭证科目汇总表。

据多栏式现金日记账、多栏式银行存款日记账和转账凭证科目汇总表,登记总分类账。以银行存款总账为例,见表 9 - 15。

表 9 - 15　银行存款(总账)　　　　　　　　　　　　　　　　　　　　单位:元

| 2021年 | | 凭证号数 | 摘　　要 | 借　方 | 贷　方 | 借或贷 | 余　额 |
| 月 | 日 | | | | | | |
| 5 | 1 | | 期初余额 | | | 借 | 21 000 |
| | 31 | | 根据多栏式日记账 | 22 600 | 36 120 | 借 | 7 480 |
| 5 | 31 | | 本月合计 | 22 600 | 36 120 | 借 | 7 480 |

（5）将总分类账与明细分类账相核对。

（6）根据总分类账和明细分类账编制会计报表。

# 第六节　日记总账会计处理组织程序

## 一、日记总账会计处理组织程序的特点

设置日记总账是这种会计处理组织程序的主要特点。日记总账既是日记账，要根据业务发生的时间顺序登记，又是总账，将所有账户的总分类核算都集中在一张账页上，因此日记总账是序时账和分类账相结合的联合账簿。

日记总账由两部分组成：一部分登记交易或事项发生或完成的日期、凭证号码、摘要及发生额等，用来进行序时核算；另一部分对所运用的账户按行按栏对称排列，每一账户设借、贷两栏，用来进行总分类核算。日记总账的格式见表 9－16。

在登记日记总账时，既可以根据记账凭证逐日逐笔登记，也可以将收款凭证、付款凭证逐日汇总后登记。登记日记总账时，每笔交易或事项的金额在记入日记总账"发生额栏"的同时，还应记入同行所涉及账户的"借方"或"贷方"栏。月终时结出各栏合计数，计算各账户的月末借方或贷方余额，进行账簿记录的核对工作。主要核对全部账户的借方发生额的合计数与贷方发生额的合计数是否相符，各账户的借方余额合计数与贷方余额合计数是否相符。

在日记总账会计处理组织程序下，除了日记总账外，其余部分与上述几种会计处理组织程序相同。设置的会计凭证有收款凭证、付款凭证和转账凭证。设置的账簿有现金日记账和银行存款日记账，一般采用三栏式，也可采用多栏式；设置日记总账和各种明细账，根据需要可采用三栏式、数量金额式或多栏式。

## 二、日记总账会计处理组织程序的基本内容

结合图 9-5，日记总账会计处理组织程序的基本内容如下。

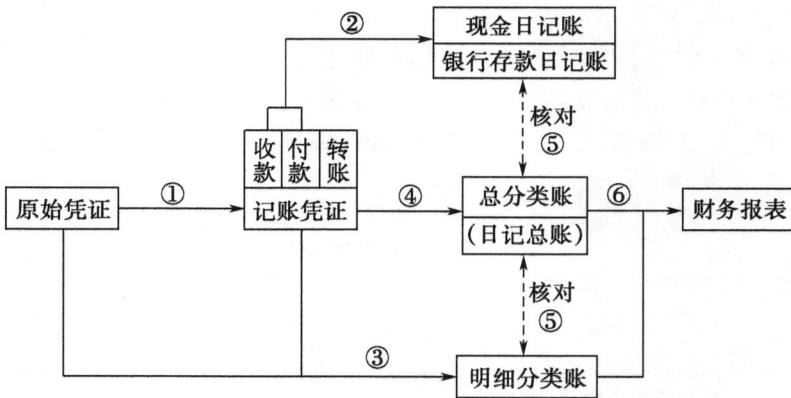

图 9－5　日记总账会计处理组织程序示意图

（1）根据原始凭证或原始凭证汇总表编制收款凭证、付款凭证和转账凭证。

（2）根据收款凭证、付款凭证及所附原始凭证登记现金日记账和银行存款日记账。

（3）根据各种记账凭证和原始凭证及原始凭证汇总表登记明细分类账。

（4）根据收款凭证、付款凭证和转账凭证逐笔登记日记总账。

（5）按对账要求，定期将日记总账与现金日记账、银行存款日记账和明细分类账相核对。

（6）根据日记总账和明细分类账编制会计报表。

在日记总账会计处理组织程序下，将日记账和分类账结合在一起，大大简化了记账手续；同时，将全部账户分专栏列在一张账页上，可以清楚地表现出账户之间的对应关系和交易或事项全貌，有利于进行会计分工。但如果账户较多，会造成账页过大，栏次过多，既不便使用，容易发生串行等记账差错，也不便于业务分工。因此，这种会计处理组织程序一般适用于经营规模较小，交易或事项较简单、账户数量少的小型企事业单位。

### 三、日记总账会计处理组织程序举例（资料见第二节）

（1）按时间顺序填制记账凭证（见表9-2）；

（2）根据收款凭证、付款凭证及所附原始凭证登记现金日记账和银行存款日记账（略）；

（3）根据各种记账凭证和原始凭证及原始凭证汇总表登记明细分类账（略）；

（4）根据收款凭证、付款凭证和转账凭证逐笔登记日记总账（见表9-16）。

表9-16　日记总账　　　　　　　　　　　单位：元

| 2018年 | | 凭证号数 | 摘要 | 发生额 | 银行存款 | | 原材料 | | 材料采购 | | 应交税费 | |
|---|---|---|---|---|---|---|---|---|---|---|---|---|
| 月 | 日 | | | | 借 | 贷 | 借 | 贷 | 借 | 贷 | 借 | 贷 |
| 5 | 1 | 银付1 | 购　料 | 15 920 | | 15 920 | | | 14 100 | | 1 820 | |
| | 2 | 转1 | 料入库 | 14 100 | | | 14 100 | | | 14 100 | | |
| | … | … | | | | | | | | | | |
| 5 | 31 | 合　计 | | ×× | ×× | ×× | ×× | ×× | ×× | ×× | ×× | ×× |

（5）定期将日记总账与现金日记账、银行存款日记账和明细分类账相核对。

（6）根据日记总账和明细分类账编制会计师报表（略）。

> **应用技能训练**

接前文案例，假如商华采用了记账凭证会计处理组织程序，请问他采用的账务处理方法是否妥当？为什么？应该采用哪一类的会计处理组织程序？

>>> **本章小结**

会计处理组织程序是指填制会计凭证，根据凭证登记各种账簿，根据账簿记录编制会计报表，提供会计信息这一整个过程的步骤和方法。

会计处理组织程序的种类主要有：记账凭证会计处理组织程序、汇总记账凭证会计处理组织程序、科目汇总表会计处理组织程序、多栏式日记账会计处理组织程序和日记总账会计处理组织程序。

记账凭证会计处理组织程序的主要特点是根据记账凭证逐笔登记总分类账。汇总记账凭证会计处理组织程序的主要特点是根据记账凭证编制汇总记账凭证,然后根据汇总记账凭证登记总分类账。科目汇总表会计处理组织程序的主要特点是根据记账凭证定期编制科目汇总表,然后根据科目汇总表登记总分类账。多栏式日记账会计处理组织程序的主要特点是设置多栏式现金日记账和多栏式银行存款日记账,并根据它们登记总分类账而设置的。转账业务,可以根据转账凭证逐笔登记总分类账,也可以根据转账凭证填制转账凭证科目汇总表,据此表登记总分类账。日记总账会计处理组织程序中的日记总账既是日记账,要根据业务发生的时间顺序登记,又是总账,将所有科目的总分类核算都集中在一张账页上。

>>> **关键词**

会计处理组织程序;会计凭证;账簿;日记账;科目汇总表

>>> **思考题**

1. 合理组织会计处理组织程序的意义是什么?

2. 建立科学的会计会计处理组织程序应符合哪些要求?

3. 如何编制汇总的收款凭证、付款凭证和转账凭证?

4. 简述记账凭证会计处理组织程序。

5. 简述科目汇总表会计处理组织程序。

6. 简述多栏式日记账会计处理组织程序。

7. 说明各种会计处理组织程序的特点、优缺点及适用范围。

8. 你认为会计从业人员具备良好职业道德的意义何在?

9. 单位会计人员违反职业道德基本规范的主要压力事项有哪些? 自己如何做到自觉遵守职业道德规范?

>>> **综合练习**

**一、记账凭证会计处理组织程序练习**

(一)资料

东华公司 2021 年 12 月发生的部分交易或事项如下:

1. 预付下一年财产保险费 7 200 元。

2. 提现 500 元备用。

3. 领用价值 2 100 元的甲材料,用于生产 A 产品。

4. 摊销管理部门财产保险费 600 元。

5. 销售 A 产品收入 30 000 元,增值税销项税金 3 900 元,款项已收到并存入银行。

6. 结转销售成本 18 000 元。

7. 以存款支付销售运费 100 元。

8. 预提借款利息 1 500 元。

9. 一笔 920 元的无法收回应收账款,经批准冲销账面金额并计入当期资产减值损失。

10. 结转损益至"本年利润"账户。

（二）要求

1. 根据上述资料编制收款凭证、付款凭证和转账凭证。

2. 根据上述资料开设相应三栏式总账,将凭证逐笔记入总账。

## 二、练习科目汇总表会计处理组织程序

（一）资料见综合练习一

（二）要求

1. 根据综合练习一中的业务,按记账凭证编制科目汇总表。

2. 根据综合练习一中的业务资料开设相应三栏式总账。

3. 根据科目汇总表登记三栏式总账。

### ＞＞＞ 延伸阅读书目

1. 中华人民共和国财政部.企业会计准则——应用指南（2006）.北京:中国财政经济出版社,2006.

2. 朱小平,周华,秦玉熙.初级会计学[M].北京:中国人民大学出版社,2020.

3. 刘永泽,陈文铭.会计学[M].大连:东北财经大学出版社,2016.

4. 石本仁.会计学原理[M].北京:中国人民大学出版社,2015.

# 第十章 会计工作组织

>>> **知识掌握**

① 理解合理组织会计工作的意义和原则;

② 明确会计工作的组织形式;

③ 掌握会计机构设置和会计人员工作职责、会计职业道德规范的基本内容,正确认识会计职业及会计职业道德规范。

>>> **能力进阶**

① 掌握文献检索、资料查询的基本方法,了解会计理论与实务前沿,知悉信息技术在会计领域应用的趋势以及全球资本市场的最新发展对会计人员的新需求;

② 培养学生终身学习意识和自我管理、自主学习和自我发展能力。

>>> **素质提升**

① 夯实学生爱岗敬业的思想基础,树立职业价值观;

② 明确会计职业道德的做人要求,具备会计职业的情操、态度、责任、作风和纪律。

## 导入案例

2021 年 8 月,某国有公司的新经理王某上任后,在未报经主管单位同意的情况下决定将原会计科科长冯某调到计划科任科长,提拔会计刘某任科长,并将经理王某的侄女陈某调入该公司会计科任出纳,兼管会计机构内档案保管工作,陈某没有会计证。

上述王某的做法是否合理呢? 学了本章之后请你做个分析。

## 第一节　组织会计工作概述

组织会计工作很重要的内容就是配备会计人员、设置会计机构、制定与执行会计法规。为保证会计工作的顺利进行,企业、事业、行政机关等单位,都应根据实际需要和相关法规配备一定数量的会计人员。各单位应当根据会计业务的需要,设置会计机构,或者在有关机构中设置会计人员并指定会计主管人员;不具备设置条件的,应当委托经批准设立从事会计代理记账业务的中介机构代理记账。

随着科技的进步,电子技术应用到会计领域,会计电算化的实现大大提高了会计工作效率以及企业管理的现代化水平。

### 一、组织会计工作的意义

所谓会计工作组织,从广义上说,凡是与组织会计工作有关的一切事情都可以作为会计工作组织。从狭义上说,会计工作组织应当包括会计人员的配备、会计机构的设置、会计法规的制定与执行,以及会计档案的保管等。

通过前面的学习,我们对会计基本理论、会计核算方法、会计循环有了一个基本的了解和认识。我们知道,会计工作是一个纷繁复杂的过程,会计工作的每一个环节都离不开周密细致的安排和组织。科学地组织会计工作,对全面完成会计任务,充分发挥会计在经济管理中的作用具有重要的意义。

1. 有利于保证会计工作质量,提高会计工作效率

会计所提供的会计信息,要经过会计凭证—会计账簿—会计报表等一系列方法及相应的手续和程序对数据进行记录、计算、分类、汇总、分析、检查等。会计数据的传输、加工在各种手续、各个步骤之间存在着密切的联系。只有严格按照会计工作制度、会计工作程序和方法,科学、合理地组织会计工作,才能保证会计工作各个环节在运行中有序地衔接、合理地组织,才能保证会计工作有条不紊地进行,并在此基础上,不断地提高会计工作效率和会计工作质量。

2. 可以保证会计工作与其他经济管理工作协调一致,有利于全面提高经营管理水平和经济效益

会计工作与企业的其他经营管理工作有着十分密切的联系。一方面会计工作对经济活动进行全面、连续、系统地核算和监督,利用真实、可靠的会计资料分析和检查经济活动的进行情况及结果,以促进其他经济管理工作不断完善,另一方面会计工作也需要其他管理工作的配合。它们相互补充、相互促进、相互影响,达到提高企业经济效益的共同目标。

3. 组织好会计工作,有利于保证各项财经法规和财经纪律的贯彻执行

科学组织会计工作,制定严格的会计制度,培养合格的会计人员,有利于国家的各项方针、政策、相关法律法规在会计工作中的贯彻执行,从而维护财经纪律。

## 二、组织会计工作的基本原则

根据《会计法》的要求和我国会计工作组织管理情况,组织会计工作应遵循以下几项基本原则。

1. 遵循国家的统一要求组织会计工作

会计所提供的信息,既要满足有关各方了解会计主体财务状况、经营成果的需要和加强内部经营管理的需要,又要满足国家宏观经济管理的要求。因此,会计工作要由国家统一管理,《中华人民共和国会计法》明确规定国务院财政部管理全国的会计工作,地方各级人民政府的财政部门管理本地区的会计工作。各企业、事业和行政机关单位组织会计工作,必须符合国家会计工作的统一要求。

2. 根据会计主体生产经营的特点组织会计工作

各个会计主体的经济活动、管理要求不尽相同,对会计信息的需求也有差别,因此,各个单位必须结合自身的实际情况和具体要求组织会计工作;设置符合本单位管理要求的、行之有效的会计机构,配备相应的会计人员,对统一会计法规的执行,作出切实可行的安排和拿出具体办法。

3. 协调会计工作与其他经济管理工作的关系

会计工作是一项综合性很强的经济管理工作,与其他经济管理工作有着十分密切的联系。会计工作只有与其他经济管理工作密切配合,才能完成会计对经济活动的反映和监督,从而顺

利完成会计任务。

4. 保证会计工作质量,提高工作效率

会计目标是提供有用的会计信息,为完成这一目标,需要由会计人员将日常发生的大量错综复杂的交易或事项,通过一系列程序和手续,将其转化为有用的会计信息,这就要求对于每一个环节都要精心设计,科学严密地组织会计工作,细致地规定和执行会计手续和工作程序。同时,要符合精简节约的原则,尽量节约耗用在会计工作上的时间和费用,既要做好工作,又要减少人、财、物的浪费。

# 第二节  会计机构和会计人员

## 一、会计机构

会计机构是指各企事业单位内部直接从事和组织领导会计工作的职能部门。建立健全会计机构,配备数量和素质都相当的、具备会计从业资格的会计人员,是各单位做好会计工作,充分发挥会计作用的重要保证。

### (一) 会计机构的设置原则

(1) 会计机构的设置,必须与该企业的经营类型和业务规模相适应,以精简高效为原则。针对不同的企业经营类型、业务规模及繁简程度,设置相应的会计机构。对于规模较大、业务复杂的企业,会计机构的规模就应大一些,内部分工也应细一些;反之,对于规模较小、业务简单的企业,会计机构的规模就应小一些,内部分工也可以粗一些,做到繁简适当、精简高效,以提高会计的工作效率。

(2) 会计机构的设置,应当符合分工协作的原则。会计机构在进行工作时,必须根据业务内容进行分工,内部分工必须明确,做到职责清、任务明。

(3) 会计机构的设置,应当符合内部控制制度的要求。各会计岗位分工负责、互相牵制、互相监督,从制度上防止各种失误或人为的舞弊。

### (二) 会计机构的具体设置

根据《中华人民共和国会计法》第七条规定:"国务院财政部门主管全国的会计工作。县级以上地方各级人民政府财政部门管理本行政区域内的会计工作。"国家财政部门设立会计司主管全国的会计工作。会计司在财政部门的领导下,拟定全国性的会计法令,研究、制定改进会计工作的措施和总体规划,办理会计工作的各项规章制度,管理报批外国会计公司在我国设立常驻代表机构,会同有关部门制定并实施全国会计人员专业技术职称考评制度等。地方财政部门、企业主管部门一般设财务会计局、处等,主管本地区或本系统所属企业的会计工作。其主要职责是:负责组织、领导和监督所属企业的会计工作;审核、分析、批复所属企业的财务会计报告,并编制本地区、本系统的汇总会计报表;了解和检查所属企业的会计工作情况;负责本地区、本系统会计人员的业务培训,以及会同有关部门评聘会计人员技术职称等。同时,基层企事业单位的主管部门在会计业务上受同级财政部门的指导和监督。

《中华人民共和国会计法》第三十六条规定:"各单位应当根据会计业务的需要,设置会计机构,或者在有关机构中设置会计人员并指定会计主管人员;不具备设置条件的,应当委托经批准设立从事会计代理记账业务的中介机构代理记账。"大、中型企业、业务较多的行政单位、社会团体和其他组织应当设置会计机构。规模很小的企业,业务和人员都不多的行政单位可以不单独设置会计机构,将会计业务并入其他职能部门或者委托代理记账。不单独设置会计机构的单位,应当在有关机构中配备会计人员并指定会计主管人员。不具备设置会计机构和会计人员的单位,应当委托经批准设立从事会计代理记账的中介机构代理记账。

## 二、会计人员

会计人员是指直接从事会计工作、处理会计业务、完成会计任务的人员。企业、事业、行政机关等单位,都应根据实际需要和相关法规配备一定数量的会计人员,这是做好会计工作的决定性因素。

### (一)会计人员的任职要求

1. 从事会计工作的人员,应当具备从事会计工作所需要的专业能力和职业道德

我国现行《会计法》第三十二条第一款第(四)项规定,财政部门对各单位从事会计工作的人员是否具备专业能力、遵守职业道德进行监督。第三十八条规定,会计人员应具备从事会计工作的专业能力。第四十条规定,因提供虚假财务会计报告,做假账,隐匿或者故意销毁会计凭证、会计账簿、财务会计报告,贪污,挪用公款,职务侵占等与会计职务有关的违法行为被依法追究刑事责任的人员,不得再从事会计工作。

第四十二条规定,违反本法规定,有下列行为之一的,由县级以上人民政府财政部门责令限期改正,可以对单位并处三千元以上五万元以下的罚款;对其直接负责的主管人员和其他直接责任人员,可以处二千元以上二万元以下的罚款;属于国家工作人员的,还应当由其所在单位或者有关单位依法给予行政处分:① 不依法设置会计账簿的;② 私设账簿的;③ 未按规定填制、取得原始凭证或者填制、取得的原始凭证不符合规定的。④ 以未经审核的会计凭证为依据登记会计账簿或者登记会计账簿不符合规定的;⑤ 随意变更处理方法的;⑥ 向不同的会计资料使用者提供的财务会计报告编制依据不一致的;⑦ 未按规定使用会计记录、文字或者记账本位币的;⑧ 未按规定保管会计资料,致使会计资料毁损、灭失的;⑨ 未按规定建立并实施单位内部会计监督制度,或者拒绝依法实施监督,或者不如实提供有关会计资料及汇报有关情况的;⑩ 任用会计人员不符合本法规定的。会计人员有上述所列行为之一,构成犯罪的,依法追究刑事责任;有上述所列行为之一,情节严重的,五年内不得从事会计工作。

2. 具备必要的专业知识和专业技能

这是对会计人员的最基本要求。目前我国是通过设置会计专业技术职务和会计技术资格考试来考核和确认会计人员的专业知识和业务技能。会计专业职务分为:会计员、助理会计师、会计师、高级会计师。国家机关对会计专业职务实行任命制,各事业单位一般实行聘任制。

### (二)会计人员的职责与权限

1. 会计人员的职责

明确会计人员的职责,充分调动会计人员的积极性,是做好会计工作,加强财务管理,提高经营管理水平,保证社会主义市场经济健康发展的重要方面。会计人员的职责主要包括以下

几方面的内容。

（1）进行会计核算

会计人员应当按照会计制度的规定,以实际发生的交易或事项为依据进行记账、算账、报账。在会计业务处理过程中,要正确计算各项收入、支出、成本、费用、利润,认真填制和审核会计凭证,登记账簿,按期结算、核对账目,进行财产清查,在保证账证、账账、账实相符的基础上编制财务报告。各个环节都要做到手续完备,内容真实,数据准确,如实反映企业财务状况、经营成果和现金流量情况,满足国家进行宏观经济管理的需要,满足企业加强内部经营管理的需要,满足有关各方了解本单位财务状况、经营成果和现金流量的情况的需要。

（2）实行会计监督

会计监督是会计机构、会计人员的法定职责,各单位的会计机构、会计人员必须依法对本单位的各项交易或事项和会计处理的合法性、合理性实行会计监督。对不真实、不合法的原始凭证不予受理,并向有关负责人报告;对记载不准确、不完整的原始凭证,予以退回,并要求予以更正、补充;对账簿记录与实物、款项不符的问题,应按有关规定进行处理;对违反国家统一的财政制度、财务制度规定的收支的,不予受理。

另外,各单位必须依照法律和国家有关规定,接受审计机关、财政机关进行的监督,如实提供会计凭证、会计账簿、会计报表和其他会计资料以及有关情况,不得拒绝、隐匿、谎报。

（3）拟定本单位办理会计事务的具体办法

各单位应依据国家颁布的会计法规,结合本单位的特点和需要,建立、健全本单位内部使用的会计事项的处理办法。例如,建立会计人员岗位责任制度、钱账分离制度、内部稽核制度、财产清查制度、成本计算办法、会计政策的选择以及会计档案的保管制度等。

（4）参与拟定经济计划、业务计划,考核、分析企业预算、财务计划的执行情况

经济计划或业务计划是指导该单位经济活动或业务活动的主要依据,也是会计人员编制财务计划的重要依据,会计人员应当参与经济计划、业务计划的制定,这样才有利于编制切实可行的财务计划。

另外,会计人员通过会计核算和监督,可以考核、检查各项收支预算或财务计划的执行情况,提出进一步改善经营管理、提高经济效益的建议和措施。

（5）办理其他会计事务

经济越发展,社会分工越细,生产力水平越高,人们对经济管理的要求也就越高,作为经济管理的重要组成部分的会计也就越重要。经济越发展,会计事务也必然向多样化发展,会计人员需要办理的事务将会越来越多。

2. 会计人员的权限

为了保障会计人员顺利地履行其职责,更好地完成会计管理任务,国家相关法规在明确会计人员的职责同时,也赋予了会计人员相应的权限,这些权限主要有以下几个方面。

（1）会计人员有权要求本单位有关部门、人员认真执行国家批准的计划、预算,遵守国家法律和财务会计制度的权利。

（2）会计人员有参与本单位编制计划、制定定额、签订经济合同、参加有关生产经营管理会议等的权利。在交易或事项处理过程中,如果发现有违反国家财经纪律、会计准则的相应会计制度的,会计人员有权拒绝付款、拒绝报销、拒绝执行,并向单位领导人报告;对于弄虚作假、徇私舞弊、欺骗上级等违法乱纪的行为,会计人员必须坚决拒绝执行,并向有关部门或领导汇

报,请求依法处理。否则,会计人员将同有关责任人负有连带责任。

（3）会计人员有监督、检查本单位有关部门的财务收支、资金使用和财产保管、收发、计算、检验等情况的权利。

会计人员的工作权限是国家法律赋予的,是受法律保护的,各级领导和有关人员要支持会计人员正确地行使权利。任何人干扰、阻碍会计人员依法行使其正当权利,都会受到法律的追究和制裁。

### （三）会计机构负责人的任职资格

会计机构负责人或会计主管人员是企业、事业、行政机关各单位会计工作的领导者和组织者。会计机构负责人应按照国家统一的会计法规、制度,结合本单位的具体情况主持制定本单位的会计制度和实施办法,科学地组织会计工作,并领导、督促会计人员贯彻执行;参与经营决策,主持制定和考核财务计划或预算;经常研究工作,总结经验,不断改进和完善会计工作;组织会计人员学习,提高会计人员素质,考核会计人员工作,合理调配会计人员。《中华人民共和国会计法》第三十八条规定:"担任单位会计机构负责人（会计主管人员）的,应当具备会计师以上专业技术职务资格或者从事会计工作3年以上经历。"

### （四）总会计师的任职资格

我国从1961年开始,在规模较大的"国营"企业中试行总会计师制度。总会计师是在单位负责人领导下,主管经济核算和财务会计工作的负责人。总会计师是单位的领导成员,协助单位负责人工作,直接对单位负责人负责。总会计师全面负责本单位的财务会计管理和经济核算,参与本单位的重大经营决策活动,是单位负责人的参谋和助手。

总会计师是一个行政职务,而不是会计人员专业技术职务。但是,总会计师必须是取得会计师任职资格后,主管一个单位或者单位内部一个重要方面的财务会计工作时间不少于3年的会计人员。

总会计师的主要职责有:① 负责组织本单位的财务工作,包括编制和执行预算、财务收支计划、信贷计划,拟定资金的筹措和使用方案,有效地使用资金;进行成本费用预测、计划、控制、核算、分析和考核,督促本单位有关部门降低消耗,节约费用,提高经济效益;建立、健全经济核算制度,利用财务会计资料进行经济活动分析;承办单位主要行政领导人交办的其他工作。② 负责对本单位财务会计机构的设置和会计人员的配备、会计专业技术职务的设置和聘任提出方案;组织会计人员的业务培训和考核;支持会计人员依法行使职权。③ 协助单位主要行政领导人对企业的生产经营、行政事业单位的业务发展以及基本建设投资等问题作出决策;参与新产品开发、技术改造、科技研究、商品价格和工作奖金等方案的制定;参与重大经济合同和经济协议的研究、审查。

总会计师的主要权限有:① 对违反国家法律、法规、方针、政策和有可能在经济上造成损失、浪费的行为,有权制止或者纠正;制止、纠正无效时,提请单位主要行政领导人处理。② 有权组织本单位各个职能部门、直属基层组织的经济核算、财务会计和成本管理方面的工作。③ 主管审批财务收支工作。④ 签署预算与财务收支计划、成本和费用计划、信贷计划、财务专题报告、会计决算报表;涉及财务收支的重大业务计划、经济合同、经济协议等在单位内部须经总会计师签署。⑤ 有权对会计人员的任用、晋升、调动、奖惩等提出意见;会计机构负责人或会计主管人员的人选,应当由总会计师进行业务考核,依照有关规定审批。

国有的和国有资产占控股地位或者主导地位的大、中型企业必须设置总会计师。总会计师由本单位主要行政领导人提名,政府主管部门任命或者聘任;免职或者解聘程序与任命或者聘任程序相同。

# 第三节　会计法规体系

## 一、会计规范的作用

规范,是约定俗成或明文规定的标准,它能够协调和统一人们的行为或工作。会计规范,是会计行为的约束标准,是一套用于规定、约束会计信息系统的数据加工、处理与信息生成等行为的法律、标准、制度的综合,它能够协调和统一人们在会计处理过程中对不同会计处理方法的选择行为。

建立会计规范是十分必要的,由于会计处理方法较多,如果没有统一的规范加以约束,将会出现不同行业、不同企业以及不同时期下,对统一数据产生不同的理解,也不利于不同国家和地区之间的传递、交流。而且,由于会计信息是由企业经营者提供的,经营者可能会出于自身利益而隐匿、篡改信息,提供虚假信息,就会损害信息使用者的利益,影响信息使用者的决策。

所以,只有建立统一的会计规范,才可以约束会计主体对会计处理方法的选择行为,来保持一定范围内和适当程度上会计程序与方法的统一,使会计工作中由估计和判断所带来的不确定性减弱,增强会计信息的可靠性、相关性和可比性,确保会计信息质量,维护社会经济秩序正常运行。

## 二、会计法规体系

改革开放以来,我国建立了以《中华人民共和国会计法》(以下简称《会计法》)为根本,以会计准则为核心,以会计规章和部门规范性文件为补充的新会计法规体系。这个体系分为 4 个层次:第一个层次是基本法,即《中华人民共和国会计法》,它是会计工作的最高层次规范,是指导会计工作的根本大法,也是其他会计法规制定的根本依据。第二个层次是会计行政法规,《中华人民共和国立法法》第六十五条规定,国务院根据宪法和法律制定行政法规。会计相关的行政法规,主要是《企业财务会计报告条例》和《总会计师条例》。第三个层次是会计规章,包括《企业会计准则——基本准则》和《企业财务通则》。第四个层次是部门规范性文件,主要包括 42 项具体会计准则、《小企业会计准则》、《会计基础工作规范》、《会计从业资格管理办法》、《会计专业技术资格考试暂行规定》和《会计档案管理办法》等。

### (一) 会计法

会计法,也就是《中华人民共和国会计法》,它是会计工作的最高层次规范,是指导会计工作的根本大法,是制定其他会计法规的依据。它由全国人民代表大会及其常务委员会经过一定立法程序制定,以国家主席命令颁布。

我国最早的《会计法》是 1985 年 1 月 21 日经第六届全国人民代表大会第九次会议通过,并于 1985 年 5 月 1 日实施。1993 年 12 月 29 日第八届全国人民代表大会常务委员会第五次会议,对其进行了第一次修订。1999 年 10 月 31 日第九届全国人民代表大会常务委员会第十二次会议对《会计法》进行了第二次修订,从 2000 年 7 月 1 日起实施,也就是现行的《会计法》。国家机关、社会团体、公司、企业、事业单位和其他组织必须按照《会计法》的规定办理会计事务。

《会计法》全文共七章五十二条,分为总则,会计核算,公司、企业会计核算的特别规定,会计监督、会计机构及会计人员,法律责任和附则。

《会计法》规定了会计核算的基本要求、会计核算的内容、会计年度、记账本位币、会计凭证、会计账簿、账目核对、会计处理方法、或与事项的披露、财务会计报告、会计记录文字、会计档案管理等。

### (二)会计行政法规

会计相关的行政法规,主要是《企业财务会计报告条例》和《总会计师条例》。

《企业财务会计报告条例》对财务会计报告的构成、编制、对外提供、法律责任等作出了规定。具体内容见附件 10 - 1。

《总会计师条例》对总会计师的设置、任职条件、权限、任免和奖惩等做了规定。具体内容见附件 10 - 2。

### (三)会计规章

1.《企业会计准则——基本准则》

会计准则是会计人员从事会计工作的规则和指南,是规范会计人员行为的具体规定。会计准则规定了会计信息质量要求,规定了各种会计要素的确认及计量的原则,确定了各类交易或事项的具体会计处理方法和程序。我国财政部于 1992 年 11 月 30 日颁布了《企业会计准则》,自 1993 年 7 月 1 日实行,实现了我国会计制度与国际会计制度的接轨。2006 年 2 月 15 日,财政部颁布了新修订的《企业会计准则》,自 2007 年 1 月 1 日起实行。会计准则按其所起的作用,可以分为:基本准则和具体准则。

基本准则概括会计核算工作的基本前提和基本要求,说明会计核算工作的指导思想和基本依据、主要规则和一般程序,是制定具体准则的主要依据和指导原则,在整个企业会计准则体系中扮演概念框架的角色,起统驭作用。我国最新的《企业会计准则——基本准则》,共十一章五十条,其内容有总则、会计信息质量要求、资产、负债、所有者权益、收入、费用、利润、会计计量、财务会计报告和附则。

2.《企业财务通则》

《企业财务通则》对国有企业财务管理体制、资金筹集、资产运营、成本控制、收益分配、重组清算、信息管理、财务监督等方面进行了规范。具体规范内容见附件 10 - 3。

### (四)其他会计规范性文件

1.《企业会计准则——具体准则》和《小企业会计准则》

具体准则是根据基本准则的要求,针对具体交易或事项的会计处理方法和程序作出的具体规定。它的特点是操作性强,可以根据其直接组织该项交易或事项的核算。2006 年我国修订《企业会计准则——基本准则》,同时颁布了 38 项具体会计准则,包括《企业会计准则第 1 号——存货》、《企业会计准则第 30 号——财务报表列报》等。这些具体会计准则为企业如何对会计业务进行核算进行了具体的规定,是企业进行会计核算的依据。为适应社会主义市场经济发展,进一步完善我国企业会计准则体系,提高财务报表列报质量和会计信息透明度,保持我国企业会计准则与国际财务报告准则的持续趋同,2014 年财政部发布了修订的《企业会计准则第 2 号——长期期权投资》、《企业会计准则第 33 号——合并财务报表》、《企业会计准则第 9 号——职工薪酬准则》、《企业会计准则第 30 号——财务报表列报》四项企业具体会计准则,新增《企业会计准则第 39 号——公允价值计量》、《企业会计准则第 40 号——合营安排》、《企业会计准则第 41 号——在其他主体中权益的披露》三项企业具体会计准则,并对《企业会计准则——基本准则》中公允价值的定义也进行了同步修订。另外,财政部又陆续发布了六项企业会计准则解释、四项会计处理规定。2017 年发布了修订的《企业会计准则第 22 号——金融工具确认和计量》、《企业会计准则第 23 号——金融资产转移》、《企业会计准则第 24 号——套期会计》、《企业会计准则第 37 号——金融工具列报》、《企业会计准则第 16 号——政府补助》、《企业会计准则第 14 号——收入》六项企业具体会计准则。

2011 年 11 月 18 日,财政部颁布了《小企业会计准则》,适用于在我国境内依法设立的经营规模小、处于创业或成长期的企业。

2. 会计基础工作规范

为了加强会计基础工作,建立规范的会计工作秩序,提高会计工作水平,财政部根据《中华人民共和国会计法》的有关规定,制定了《会计基础工作规范》。具体规范内容见附件 10-4。

3. 会计档案管理办法

为了加强会计档案管理,有效保护和利用会计档案而制定的法规,2015 年 12 月 11 日,中华人民共和国财政部、国家档案局令第 79 号发布修订后的《会计档案管理办法》,自 2016 年 1 月 1 日起施行。具体管理办法见附件 10-5。

| 附件10-1 | 附件10-2 | 附件10-3 | 附件10-4 | 附件10-5 |
|---|---|---|---|---|
|  |  |  |  |  |

# 第四节  会计职业道德

## 一、会计职业道德的概念

会计的基本目标是为利益相关者决策提供相关、及时的会计信息,涉及单位的经济活动过程和结果、资源配置、资金进出、短期经营规划和长期投资决策等情况,会计信息的质量与使用者的利益息息相关,会计行为的规范化不仅要以会计法律、法规作保障,还要依赖会计人员的道德信念、道德品质来实现。会计职业道德准则只有转化为人们的内在信念和内在品质,才能使会计行为在正确的轨道上运行。因此会计工作特别强调职业道德,会计职业应具有很高的道德水准。会计人员在为管理者提供决策信息的同时,必须遵守法律和职业道德准则规范自己的行为,以向用户提供值得信赖、对决策制定有用的会计信息。

会计职业道德是指会计从业人员在职业活动中应当遵循的、调整会计职业各种经济关系的行为准则和规范，是一般社会道德在会计工作中的具体体现。会计职业道德引导、制约着会计行为，调整会计人员与社会、不同利益集团以及会计从业人员之间的社会经济关系，是保证和促进会计活动达到预期目标的非强制性约束力量。会计职业道德主要包括诚信、客观公正、能力、机密等方面。

## 二、会计职业道德的基本内容

会计职业道德的基本内容是对会计人员有关职业道德方面所提出的具体要求。会计职业道德规范的主要内容归纳为以下几个方面。

### 1. 爱岗敬业

爱岗敬业是会计职业道德的基本规范。爱岗就是会计人员要热爱本职工作，安心本职岗位，并以积极的态度投入会计工作，专心、负责；敬业就是会计人员要具有会计职业认同感，以从事会计工作为荣，对所从事的会计职业或行业有正确认识和恭敬态度，并用这种严肃恭敬的态度认真地对待本职工作，将身心与本职工作融为一体，具有献身会计工作的精神和决心。爱岗和敬业互相支持，相辅相成，爱岗是敬业的基础，敬业是爱岗的升华。爱岗敬业的基本要求是：正确认识会计职业，夯实爱岗敬业的思想基础，树立爱岗敬业精神；热爱会计工作，增强敬业意识，敬重会计职业；安心会计工作，任劳任怨；严肃认真，一丝不苟，尽心尽力；忠于职守，尽职尽责。

### 2. 诚实守信

诚信是我国社会主义核心价值观的重要组成部分，也是一切商业活动的基本行为准则，是会计职业道德中最为首要的行为规范和基本道德修养，会计职业行为准则尤其强调诚信。诚实守信是会计职业道德的精髓和根本，诚实是指实事求是、求真务实、不弄虚作假、不欺上瞒下、知行合一，守信是指遵守自己作出的承诺，讲信用、重信誉、信守诺言，保守机密。朱镕基总理提出的"诚实为本，操守为重，坚持原则，不做假账"，实际上就是对会计人员诚实守信的基本要求。潘序伦先生认为"诚信"是会计职业道德的重要内容，倡导"信以立志、信以守身、信以处事、信以待人，勿忘立信，当必有成"。诚实守信的基本要求是：会计人员在所有的职业活动中保持正直，做到不搞虚假，不为利益所诱惑，执业谨慎，信誉至上，在形式和实质上都要如实地遵守技术标准和道德准则，如实地记录和报告会计信息。提供任何虚假的会计信息都违背会计职业道德要求，失真的会计信息将失去可信度和可靠性，与决策者的需求不相关，会导致使用者难以正确决策，动摇投资者、债权人与单位维持经济关系的信心，带来社会对会计行业的信任危机，影响社会经济秩序的稳定性。《中华人民共和国会计法》第四十三条规定，伪造、变造会计凭证、会计账簿，编制虚假财务会计报告，构成犯罪的，依法追究刑事责任。

### 3. 廉洁自律

廉洁就是不收受贿赂、不贪污钱财；自律就是行为主体能按照一定的标准，自我约束、自我规范、自我控制自己言行和思想，其核心是用道德观念自觉地抵制自己的不良欲望，包括会计人员自律和行业自律，自律是会计职业道德的最高境界。廉洁自律的基本要求是：树立正确的人生观和价值观，会计职业观；公私分明，廉洁奉公，不贪不占；遵纪守法，依法办事。会计人员要做到不利用职权损公肥私，不得以损害国家、单位的整体利益为代价获取私人的短期利益，并能够在职业活动中自我约束、自我规范，以身作则，经得起利益诱惑的考验。

### 4. 客观公正

客观公正是会计人员必须具备的行为准则。客观是指按客观事物的本来面目去反映,既不夸大,也不缩小。客观是会计职业道德的灵魂,要以客观事实为依据,如实记录和反映客观存在的实际交易或事项。公正是指公平正直、不偏不倚,不掺杂个人的主观意愿,不为他人意见所左右。公正既是我国社会主义核心价值观的重要组成部分,也是会计应有的根本价值理念,会计人员在进行会计处理时,要公平公正、不偏不倚地对待各方相关利益者,达到会计信息中立。客观是公正的基础,公正是客观的反映。客观公正原则的基本要求是:会计人员要端正态度,必须以实际发生的经济活动为依据,进行确认、计量、记录和报告,以达到会计信息的可靠性,从客观实际出发,做出客观、公正的判断和处理;同时,在履行职业义务时,必须摒弃单位及个人私利,不违背事实,公平公正、不偏不倚,依法办事,保持应有的独立性。

### 5. 遵纪守法

遵纪守法就是要求会计人员在处理日常业务的过程中,要严格按照会计法律、法规和规章制度办事,不为主观或他人意志所左右。遵纪守法对会计人员的基本要求是:首先要熟悉国家法律、法规、会计准则,以及有关专业团体和单位有关规定,并不断地学习,把握最新的法律、法规、会计准则等会计规范要求。其次,遵守法规,在各项执业活动中,要严格遵守会计法规、会计准则和单位管理制度。最后,坚持原则,维护法律、法规和会计准则的严肃性和权威性,在会计工作中敢于坚决抵制违法乱纪行为。

### 6. 提高专业胜任能力

会计是一项技术性很强的工作,从业人员必须具备专业胜任能力。专业胜任能力指会计人员应具备持续从事会计职业所需要的能力,并能足够勤勉尽责地理智运用职业知识、技能、价值观念和经验,作出正确的职业判断,按照国家、专业团体和单位有关法律、法规、规章和技术标准,高质量完成岗位职责。专业胜任能力是从事会计职业的必备前提,是提供高质量职业服务的基本保障,也意味着会计人员从事力所不及的工作是不道德的。会计人员的专业胜任能力主要包括:职业知识、职业技能、职业价值观及相关的管理能力。提高专业胜任能力的基本要求是:会计人员必须通过培训等继续教育和积累从业经验,不断提高职业知识、职业技能、完善职业价值观,熟知法律法规、技术、专业理论和实务的发展变化,保持应有的专业技术水平和足够的专业能力水平。做到勤勉尽责,保持应有的职业关注或职业谨慎,能够识别并沟通有可能影响职业判断或职能履行的职业局限或限制。

### 7. 保守机密

单位会计人员自身就是单位重要的、机密信息的生产者或监管者,企业的各项交易或者事项最终都反映在会计信息中,工作性质和特殊地位使会计人员掌握单位大量的商业信息,这就要求会计人员要有高度的保密意识,对职业活动中获知的所有涉密信息保密。保守机密的基本要求是:除法律规定外,非经授权,不得外泄工作过程中所获得的单位机密信息,禁止将工作中所获得的机密用于非伦理和违法活动以维护职业声誉,也避免产生利益冲突。作为会计管理者,还要告知下属注意工作中所得到信息的机密性并监督其行为,以确保严守机密。否则,可能会给单位带来极大损失。当然,当保密道德要求与法律或公众利益冲突时,不能对抗法律和公众利益。

### 8. 强化服务

强化服务就是要求会计人员应具有文明的服务态度、强烈的服务意识和优良的服务质量。

强化服务的主要内容是：政策服务、管理服务和决策服务。强化服务的基本要求是：会计人员具有服务管理和决策的意识，熟悉本单位的生产经营和业务管理情况，提供高质量的会计信息，高效率、高质量地为改善内部管理提供服务。

会计职业道德规范的内容与会计职业活动有着紧密的联系，随着社会经济的不断发展，会计职业活动的内容也不断丰富，社会对会计工作的职业技能和职业要求也越来越高。会计职业道德规范的内容也在扬弃中不断地丰富和发展，或被提升为会计法律制度的内容，或由于不合时宜而被淘汰。

在实际工作中，单位管理者和会计人员也常常面临各种利益诱惑、各利益相关者之间的利益对抗、单位财务恶化和监管的压力，以及单位和投资者的期望压力等。利益诱惑、密切关系或外在压力可能会对会计职业道德准则和规范的遵循产生不利影响，尤其是对诚信等产生不利影响，如果没有良好的职业道德行为，有时可能就会丧失道德底线，违背职业道德。所以，会计人员必须强化职业道德意识和修养，树立职业价值观，履行以下职责和义务：利用诚信道德标准作出相关决策，公正而客观地传递信息，披露所有预期将影响使用者理解会计报表的相关信息；避免介入实际或明显的利害冲突并向任何可能的利害冲突方提出忠告，避免或终止从事任何有害与正确履行职责的活动或业务、禁止从事或支持任何有损害职业声誉的事情，不因利益诱惑、偏见、利益冲突或他人的不当影响而丧失职业道德。比如在会计人员处理会计信息的过程中，如果遇到单位利益、外在压力或其他原因对诚信和客观公正等职业道德的遵守带来不利影响，知悉或认为与其职业活动相关的信息存在误导时，可以采取以下措施加以解决：与所在单位的上级或适当级别的管理层沟通，并要求其采用恰当的行动解决，如果对信息进行了更正，在信息已向使用者披露的情况下，告知使用者对信息的更正情况；就单位内部处理此类问题的政策和程序等进行咨询，如果单位未采取行动，在遵循保密原则的情况下，向内部审计部门、外部审计等相关专业机构咨询等；确定是否应当与监管部门等方面进行沟通的要求等。

财政等有关部门和单位应定期检查会计人员职业道德的遵守情况，注重激励具有良好职业道德的会计人员，强化其正向选择的价值判断，同时提高其负向选择的心理成本，提升会计人员自我职业价值认同度，形成共同的职业使命感和正确的职业价值观。

# 第五节　会计电算化

## 一、会计电算化及其意义

会计的发展是与科技的进步、生产力的变革、经济的飞跃、企业组织形式和经营方式的转变分不开的。进入20世纪90年代以后，以计算机技术和网络技术为代表的信息技术迅猛发展，并在世界范围内得到广泛应用，引发了全球范围的信息革命，对社会生活的各个方面产生了重大影响，也为会计工作带来了机遇和挑战，会计工作尽快实现电算化已成为时代发展的要求。

### （一）会计电算化的含义

会计电算化是指在管理信息系统中，利用电子计算机技术对会计信息实施管理的人工和电子计算机结合的控制系统。

### （二）会计电算化的意义

会计电算化是会计技术和电子计算机技术相结合的产物。会计电算化的目的主要是实现会计核算手段的现代化。实现会计电算化有以下几方面的意义。

1. 提高工作效率，提高会计信息质量，减轻会计人员的劳动强度

会计信息处理是对会计数据的收集、校验、分类、排序、运算、汇总、储存、检验、复制、传输和显示打印等。用计算机完成原始数据的录入、建立数据文件代替手工操作的账簿、打印各种财务报表、进行日常管理所需的数据查询等，不但替代原来靠会计人员手工进行的大部分计算、抄写等工作，而且有助于提高数据处理的精度，加快数据处理的速度，大大提高了工作效率。

2. 有助于会计工作规范化，提高企业管理现代化水平

会计信息是企业管理信息的主要组成部分。计算机不仅能够存储大量的信息，而且可以极快的速度和准确性对数据进行处理，从而打破了手工操作的局限性，并为日常管理提供了更为详细、更加及时的信息。另外，会计电算化有一套规范的会计软件，其会计数据的录入、处理以及输出必须符合会计制度的规定和有关操作规范，受人工干预较少，这样就能在很大程度上消除手工操作的不规范、不统一，以及出错和传递缓慢等问题。所以，实现会计电算化后可以促进企业管理的现代化。

## 二、会计电算化的内容

会计电算化的基本内容是由计算机硬件、软件、从业人员和规章制定4个部分组成，是一个组织处理会计业务与会计数据，为企业外部信息使用者提供会计信息，并为企业内部经营管理服务的人际系统。

### （一）硬件

硬件指构成计算机物质实体的装置的总称，是会计电算化的基础。主要包括输入设备、存储设备、输出设备和处理器4个部分。输入设备是指将会计数据输入到计算机内的各种设备，如键盘、鼠标、扫描仪等。存储设备是指用于存储会计数据的各种设备。输出设备是指将存储设备中的会计数据进行输出的各种设备，如显示器、打印机等。处理器包括运算器和控制器。运算器对输入机器的机器代码信息进行算术运算或逻辑运算，并在控制器的控制下与存储器交换信息。控制器产生的各种信号，以控制计算机的输入、输出、存储设备和运算器，指挥整个计算机协调工作。

### （二）软件

软件包括系统软件和应用软件两个部分。会计软件是一种应用软件，它是利用系统软件设计的，是专门应用于会计领域的应用程序的总称。会计软件是实现会计电算化的目的、完成会计电算化任务的重要技术手段和工具，是会计电算化的核心。

### （三）从业人员

从业人员是指参与会计电算化工作的所有人员，包括从事会计电算化软件的开发研制人员、系统维护人员、操作人员、从事会计电算化教学的人员、会计电算化管理的人员。其中，直接从事实际会计工作的人员是会计电算化的主体，他们的专业素质会直接影响会计电算化工作的质量。

**（四）规章制度**

规章制度是指与会计电算化有关的所有法律和规范的总称。实行会计电算化应严格遵守《中华人民共和国会计法》中关于会计电算化工作的有关规定，遵守国家颁布的《会计电算化管理办法》、《会计电算化工作规范》等法规文件的有关规定。此外，还应遵守企业和行政法规制定的会计电算化工作制度、操作制度以及内部控制方法等。

在会计电算化系统中，硬件设备是会计数据的重要载体，系统软件和应用软件共同构成了会计电算化必不可少的物质要素，从业人员是会计电算化不可或缺的人力要素，规章制度则起到规范和协调作用，能够保证会计电算化系统高速有效的运行。

## 三、会计电算化的未来趋势

从近几年我国会计电算化的发展情况和国外会计电算化的发展情况看，我国会计电算化在未来将有如下的发展趋势。

### （一）大部分单位将逐渐实现以计算机代替手工记账

自财政部 1989 年颁布了《会计核算软件管理的几项规定（试行）》之后，很多单位实现了会计电算化，随着会计电算化的深入发展，会计电算化的优点越来越明显，将会有更多企业采用计算机代替手工记账，实现会计电算化。

### （二）向"管理一体化"方向发展

从发展趋势看，会计电算化将逐步与其他本单位的电算化工作结合起来，由单纯的会计实务工作的电算化向形成本单位的财务、统计信息综合数据库、综合利用会计信息的方向发展。随着会计电算化水平的提高，越来越多的单位将建立起包括销售市场、生产、后勤、人事、财务会计、信息处理、高层管理等综合的管理信息系统。目前出现的"ERP 系统"基本实现了这一功能。

### （三）与手工会计制度融合为一体的电算化管理制度体系将全面形成

目前，我国的电算化会计管理制度还很不健全，随着宏观管理工作的逐步开展和经验的积累，以会计软件的开发、评审、验收、规范为特征，各有关管理部门的责权，电算化后岗位责任制、人员管理制度、档案管理制度，各种标准账表文件为主题的电算化管理制度体系将逐步形成与完善。

### （四）商品化会计软件市场将全面形成

多数单位不可能也没有必要自己开发会计软件，在市场经济条件下，商品化会计软件的买方市场和卖方市场都在逐步形成。随着商品化会计软件的日益增多、日趋成熟，维护队伍的日益壮大，我国的商品化会计软件市场将全面形成。

➢ **应用技能训练**

1. 就本章开始的案例分析如下：

（1）新经理王某上任后，在未经主管单位同意的情况下决定将原会计科科长冯某调到计划科担任科长，提拔会计刘某任科长。该行为符合会计法律的规定，理由是：根据有关会计法律的规定，单位负责人对本单位的会计工作和会计资料的真实性、完整性负责。

（2）经理将其侄女陈某调入公司会计科任出纳，兼管会计机构内档案保管工作的行为不符合规定，理由是：未取得会计从业资格证的人员，不得从事会计工作；出纳人员不得兼管会计机构内档案保管工作。

对于上述行为违反《会计法》的规定，由县级以上人民政府财政部门责令限期改正，可以对单位并处 3 000 元以上 5 万元以下的罚款；对其直接负责的主管人员和其他直接责任人员，可以处 2 000 元以上 2 万元以下的罚款；该厂属于国有企业，还应当由其所在单位或者有关单位给予行政处分。

2. 2020 年，某公司由于经营管理和市场方面的原因，经营业绩滑坡。为了获得配股资格，某公司的主要负责人张华便要求公司财务总监李兵对该年度的财务数据进行调整，以保证公司的净资产收益率符合配股条件。李兵组织公司会计人员杨丽以虚增营业额、隐瞒费用和成本开支等方法调整了公司财务数据。该公司根据调整后的财务资料，于 2021 年 7 月申请配股并获批准发行。

简析：当事人存在何种违法行为和应承担的法律责任；当事人违反了哪些会计职业道德要求？并说明理由。

（1）公司张华、李兵、杨丽均存在编制虚假财务会计报告的违法行为。其中，张华是直接负责的主管人员，李兵和杨丽属于其他责任人员。其应承担的法律责任是：

授意、指使、强令会计机构、会计人员及其他人员伪造、变造会计凭证、会计账簿，编制虚假财务报告，构成犯罪的，依法追究刑事责任；尚不构成犯罪的，可以处 5 000 元以上 5 万元以下的罚款；属于单位工作人员的，还应当由其所在单位或者有关单位依法给予降级、撤职、开除的行政处分。

（2）李兵、杨丽作为会计人员，应当拒绝总经理的要求，其行为违背了会计职业道德中的会计人员应当诚实守信、客观公正、坚持原则的要求。理由如下。

诚实守信要求会计人员应做到：做老实人，说老实话，办老实事，不搞虚假；保密守信，不为利益所诱惑；执业谨慎，信誉至上。

客观公正要求会计人员应做到：端正态度，依法办事，实事求是，不偏不倚。

坚持准则要求会计人员熟悉国家法律法规和国家统一的会计制度，始终坚持按法律、法规和国家统一的会计制度要求进行会计核算，实施会计监督。

## >>>> 本章小结

会计工作的每一个环节都离不开周密细致的安排和组织。科学地组织会计工作，对全面完成会计任务，充分发挥会计在经济管理中的作用具有重要的意义。组织会计工作应遵循国家的统一要求及会计主体生产经营的特点进行，并协调会计工作与其他经济管理工作的关系，保证会计工作质量，提高工作效率。

《中华人民共和国会计法》规定：国务院财政部门主管全国的会计工作；县级以上地方各级人民政府财政部门管理本行政区域内的会计工作；各单位应当根据会计业务的需要，设置会计机构，或者在有关机构中设置会计人员并指定会计主管人员；不具备设置条件的，应当委托经批准设立从事会计代理记账业务的中介机构代理记账。为保证会计工作的顺利进行，企业、事业、行政机关等单位，都应根据实际需要和相关法规配备一定数量的会计人员，进行会计核算，实行会计监督,拟定本单位办理会计事务的具体办法,参与拟定经济计划、业务计划,考核、分析企业预算、财务计划的执行情况。

我国的会计法规体系分为 4 个层次:会计法、会计行政法规、会计规章和部门规范性文件。第一个层次是基本法,即《中华人民共和国会计法》,它是会计工作的最高层次规范,是指导会计工作的根本大法,也是其他会计法规制定的根本依据。第二个层次是会计行政法规,主要是《企业财务会计报告条例》和《总会计师条例》。第三个层次是会计规章,包括《企业会计准则——基本准则》和《企业财务通则》。第四个层次是部门规范性文件,主要包括 42 项具体会计准则、《小企业会计准则》、《会计基础工作规范》、《会计从业资格管理办法》、《会计专业技术资格考试暂行规定》和《会计档案管理办法》等。

会计职业道德是指会计从业人员在职业活动中应当遵循的、调整会计职业各种经济关系的行为准则和规范,是一般社会道德在会计工作中的具体体现。会计职业道德规范的主要内容归纳为以下几个方面:爱岗敬业;诚实守信;廉洁自律;客观公正;遵纪守法;提高专业胜任能力;保守机密;强化服务。

会计电算化是会计技术和电子计算机技术相结合的产物,是会计核算手段现代化的一个发展趋势。随着会计电算化的发展,会计电算化工作将逐步与其他部门的电算化工作结合起来,形成财务、统计信息总汇数据库,达到综合利用会计信息的目的。

>>> **关键词**

会计工作组织;会计机构;会计人员;会计法规体系;会计职业道德;会计电算化

>>> **综合练习**

**一、判断题**

1. 会计人员对于弄虚作假、营私舞弊、欺骗上级等违法乱纪行为,应拒绝执行,并向单位领导人或上级机关、财政部门报告。　　　　　　　　　　　　　　　　　　　　(　　)

2. 总会计师是单位的行政领导成员,协助单位主要行政领导人工作,直接对单位主要行政领导人负责。　　　　　　　　　　　　　　　　　　　　　　　　　　　　(　　)

3. 在会计电算化中,规章制度能够保证系统高速有效地运行。　　　　　　　(　　)

4. 会计准则是我国会计法规体系的最高层次。　　　　　　　　　　　　　　(　　)

5. 所有单位必须设置会计机构。　　　　　　　　　　　　　　　　　　　　(　　)

6. 总会计师必须取得会计师任职资格,主管一个单位工作时间不少于 3 年。　(　　)

**二、单项选择题**

1.《中华人民共和国会计法》规定,管理全国会计工作的部门是　　　　　　(　　)

　A. 国务院　　　　　　　　　　　B. 财政部

　C. 全国人民代表大会　　　　　　D. 注册会计师协会

2. 在大中型企业中,领导和组织企业会计工作和经济核算工作的是　　　　(　　)

　A. 厂长　　　　　　　　　　　　B. 注册会计师

　C. 高级会计师　　　　　　　　　D.总会计师

3. 会计人员的职责中不包括　　　　　　　　　　　　　　　　　　　　　(　　)

    A. 进行会计核算                B. 实行会计监督

    C. 编制预算                    D. 决定经营方针

4. 在一些规模小、会计业务简单的单位,可以               ( )

    A. 单独设置会计机构        B. 在有关机构中配备专职会计人员

    C. 在单位领导机构中配备专职会计人员   D. 不进行会计核算

5. 当前,我国会计规范的第一层次是               ( )

    A. 会计法                 B. 企业财务会计报告条例

    C. 企业会计准则            D. 企业会计制度

6. 会计准则分为               ( )

    A. 宏观准则和微观准则两个层次

    B. 企业会计准则和预算会计准则两个层次

    C. 基本准则和具体准则两个层次

    D. 会计准则和财务通则两个层次

7. 担任单位会计机构负责人的应当具备会计师以上专业技术职务资格或者从事会计工作   ( )

    A. 两年以上经历          B. 3 年以上经历

    C. 4 年以上经历          D. 5 年以上经历

8. 个人独资企业、创业阶段的企业适用       ( )

    A. 企业会计制度          B. 企业会计准则

    C. 小企业会计准则        D. 非企业会计制度

### 三、多项选择题

1. 我国会计专业技术职务按规定有       ( )

    A. 高级会计师       B. 会计师       C. 注册会计师

    D. 助理会计师       E. 会计员

2. 会计人员的主要权限有       ( )

    A. 督促本单位有关部门执行国家财务会计制度

    B. 参与本单位编制计划

    C. 对外签订经济合同

    D. 有权检查本单位有关部门的财务收支

    E. 参加有关生产经营管理会议

3. 下列各项中属于会计电算化的组成内容的有     ( )

    A. 计算机硬件       B. 系统软件       C. 应用软件

    D. 从业人员       E. 与会计电算化有关的规章制度

4. 总会计师的工作权限有       ( )

    A. 主管审批财务收支工作

    B. 签署预算与财务收支计划

    C. 组织本单位各个职能部门的经济核算

    D. 决定会计主管人员的任免

5. 会计工作组织从狭义来讲应该包括     ( )

A. 会计人员的配备　　　　　　　　　B. 会计机构设置

C. 会计法规的制定与执行　　　　　　D. 会计档案的保管

6. 我国现行的企业会计准则按其作用不同包括　　　　　　　　　　（　　）

A. 企业会计基本准则　　　　　　　　B. 金融企业会计制度

C. 小企业会计准则　　　　　　　　　D. 具体准则

7. 我国会计规范体系包括（　　　　）4 个层次

A. 会计法　　　　　　　　　　　　　B. 会计行政法规

C. 会计规章　　　　　　　　　　　　D. 财务通则

E. 部门规范性文件

8. 下列属于会计职业道德内容的是　　　　　　　　　　　　　　　（　　）

A. 爱岗敬业　　　　　　　　　　　　B. 诚实守信

C. 廉洁自律　　　　　　　　　　　　D. 客观公正

> > > **延伸阅读书目**

1. 中华人民共和国会计法（根据 2017 年 11 月 4 日第十二届全国人民代表大会常务委员会第三十次会议《关于修改〈中华人民共和国会计法〉等十一部法律的决定》第二次修正）.

2. 中华人民共和国财政部. 企业会计准则——基本会计准则［M］. 北京：经济科学出版社，2014.

3. 中华人民共和国财政部. 会计基础工作规范（1996 年 6 月 17 日财政部发布）.

4. 中华人民共和国财政部、国家档案局. 会计档案管理办法. 中华人民共和国财政部、国家档案局令第 79 号令（2015 年 12 月 11 日）.

5. 财政部会计资格评价中心. 初级会计实务［M］. 北京：中国财政经济出版社，2021.

6. 中华人民共和国财政部. 会计核算软件基本功规范（1994 年 6 月 30 日财政部发布，1994 年 7 月 1 日实施）.

7. 中华人民共和国财政部. 会计电算化工作规范（1996 年 6 月 10 日财政部发布）.

8. 项怀诚. 会计职业道德——全国会计人员继续教育系列教材［M］. 北京：人民出版社，2003.

9. 会计从业资格无纸化考试辅导教材组. 财经法规与会计职业道德［M］. 第 4 版. 大连：东北财经大学出版社，2014.

10. 王红云. 财经法规与会计职业道德［M］. 第 2 版. 北京：人民出版社，2017.

# 参考文献

1. 中华人民共和国财政部. 企业会计准则——基本会计准则[M]. 北京:经济科学出版社,2014.

2. 中华人民共和国财政部. 企业会计准则——应用指南(2006)[M]. 北京:中国财政经济出版社,2006.

3. 中华人民共和国财政部. 企业会计准则——应用指南(2020)[M]. 上海:立信会计出版社,2020.

4. 国家税务总局. 中华人民共和国税收基本法规(2018)[M]. 北京:中国税务出版社,2018.

5. 财政部,国家档案局. 会计档案管理办法. 中华人民共和国财政部、国家档案局令第79号令(2015年12月11日).

6. 财政部会计司. 企业会计准则第30号——财务报表列报[M]. 北京:中国财政经济出版社,2014.

7. 秦海敏. 基础会计学[M]. 第3版. 南京:南京大学出版社,2016.

8. 周姣. 会计学原理[M]. 南京:东南大学出版社,2016.

9. 朱小平,周华,秦玉熙. 初级会计学[M]. 北京:中国人民大学出版社,2020.

10. (美)F. S. B. Hamilton ,et al. 会计学:面向使用者·面向决策[M]. 夏冬林,等译. 北京:清华大学出版社,1999.

11. (美)卡尔·S.沃伦,菲利普·E.菲斯,詹姆斯·M.雷夫. 会计学(英文版)[M]. 大连:东北财经大学出版社,1998.

12. (美)罗伯特·N.安东尼,大卫·F.霍金斯,肯尼思·A.麦钱特. 会计学教程与案例[M]. 王立彦,杜美杰译. 北京:机械工业出版社,2009.

13. 刘峰. 会计学基础[M]. 第4版. 北京:高等教育出版社,2018.

14. 郑新成,秦海敏,张献英. 基础会计学[M]. 上海:立信会计出版社,2005.

15. 会计从业资格无纸化考试辅导教材组. 财经法规与会计职业道德. 第4版. 大连:东北财经大学出版社,2014.

16. 潘爱玲. 基础会计学[M]. 北京:机械工业出版社,2014.

17. 陈国辉,迟旭升. 基础会计[M]. 大连:东北财经大学出版社,2018.

18. 戴德明,林纲,赵西卜. 财务会计学[M]. 北京:中国人民大学出版社,2021.

19. 张瑞君,蒋砚章. 会计信息系统[M]. 北京:中国人民大学出版社,2019.

20. 李树人. 中级财务会计[M]. 北京:中国人民大学出版社,2015.